金文历朔研究

叶正渤 著

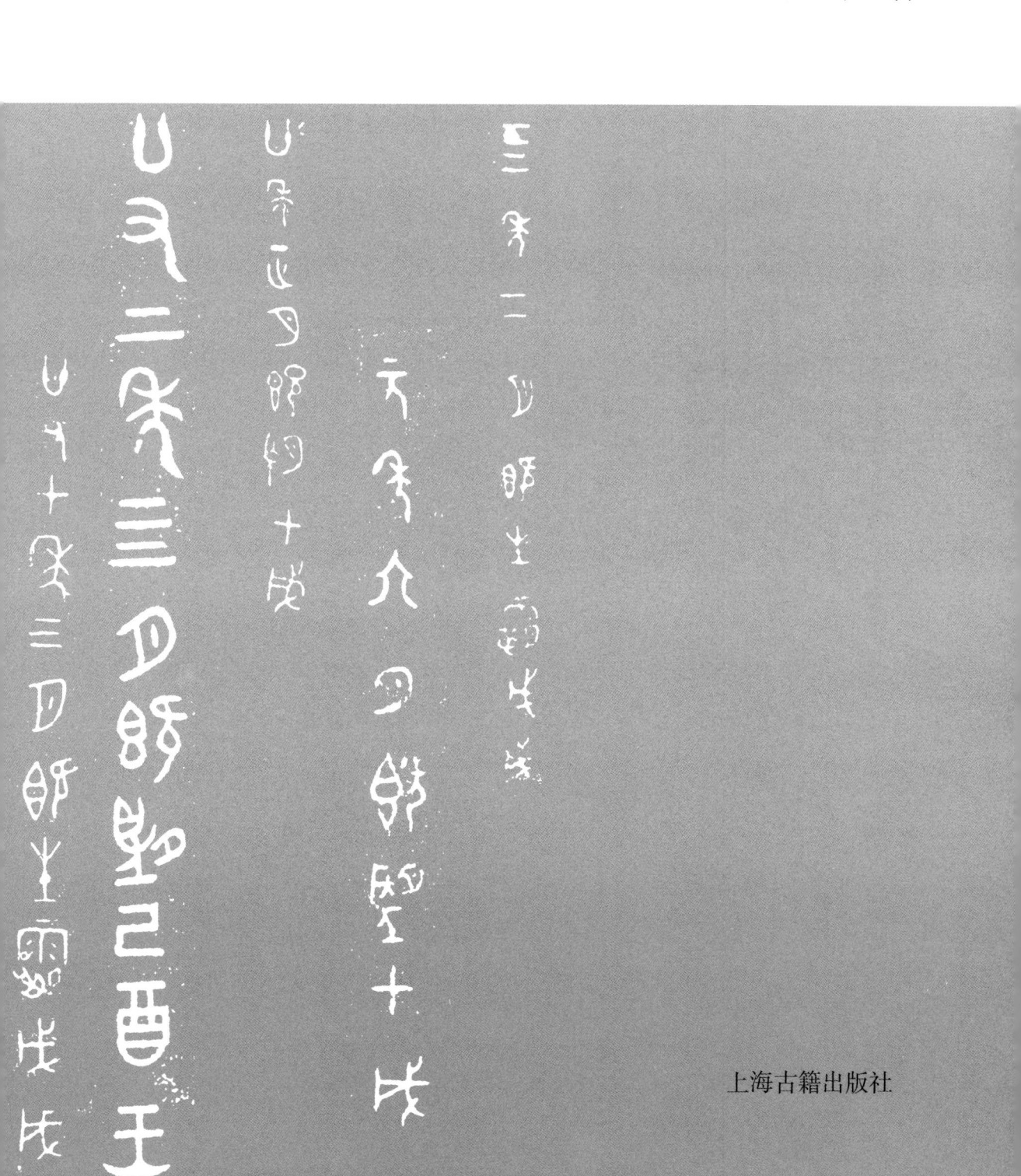

上海古籍出版社

本书是国家哲学社会科学基金 2010 年度规划项目
"金文历朔研究"最终研究成果
（项目批准号：10BYY051；结项证书号：20130383）

本书是 2014 年第二期上海文化发展基金出版资助项目

前　言

　　金文历朔，是指金文中记载的年月日和干支，尤其是用王年、月份、月相词语和干支纪时的铜器铭文所反映出的历法状况。因此，金文历朔研究，就是根据铜器铭文的纪年和纪时，尤其是运用金文月相词语的研究成果复原金文历朔的工作。这是金文月相词语研究成果的进一步运用和延伸，也是运用最新科研成果对王年、月份、月相词语和干支纪时铜器铭文的历朔进行复原的一项基础性研究。这项研究成果不仅对商周青铜器铭文的历史断代起到直接的作用，尤其对西周历法学和年代学研究都将产生重大影响，属于学科前沿研究，也是一项具有基础性和实证性的研究，因此具有重要的学术意义。从学科分类的角度来讲，金文历朔研究属于古文字研究领域的一个重要方面。

　　金文历朔研究所依据的材料，主要是纪时铜器铭文，尤其是西周铭文中王年、月份、月相词语和干支四要素齐全的铭文资料，辅以传世文献中有关西周诸王年代和诸王生平事迹的记载。有明确纪年的铜器铭文，是金文历朔研究的第一手资料，因而也是最宝贵的数据。郭沫若曾说："上列诸器铭多具有年月日，大可用为考订周代历法之资料。近时学人每好以刘歆历法以制殷、周长历，以金文按之多不合，或则合于此而不合于彼，适足证知历法有异耳。欲求周代历法，当就彝铭中求其确属于同一世代者，比并其所系之年月日以寻其相互间之关系，如此方得准确。"①

　　陈梦家也说："郭氏所说周代历法的重构，非常重要。过去吴其昌《金文历朔疏证》和董作宾《西周年历谱》之作，都是先有预先拟的各王年数和一定不变的历法，勉强附合金文材料。我们以为，西周年历的重拟，应该有步骤的作去；首先作铜器断代的工作，从花纹、形制和出土地寻求某组某群铜器外在的联系，再从铭文内容寻求其内部的联系；其次有了若干组、群可以大约断代的铜器，就其所记年月日推求各王在位的最低年数，从一个王朝的几组铜器排比其年月日的历组；最后由于各朝历组的排

---

①　郭沫若：《陕西新出土器铭考释》，《说文月刊》第 3 卷第 10 期，第 153—155 页，转引自陈梦家《西周铜器断代》，第 192 页，中华书局 2004 年版。

比而得西周历法的大概面貌（历法可以小小变易的），将前后相连接的王朝的铜器历法组串接起来，在串接过程中可以参考文献记载的王朝年数。"①

金文历朔研究，由来已久。早在清嘉庆、道光年间，罗士琳（1784—1853）就曾用四分周术尝试对焦山无㠱鼎进行推算。其后，张穆（1805—1849）用四分历推算虢季子白盘的日辰，推算的结果，据说劳多而功少。张穆对虢季子白盘的推步法，见于《攗古录》。为了寻求金文的体系，刘师培（1884—1919）曾对31篇纪年铭文作了推步，著《周代吉金年月考》，引起金文研究学界的关注。该文作为一种研究方法，得到学界的认可。刘师培在序中说："昔平定张氏穆，以四分历推虢盘年月，学者叹其精审，嗣惟甘泉罗氏士琳，考释焦山无㠱鼎，略踵厥法，然继者无闻，予少秉庭诰，志怡推策，近阅吉金各款识，凡铭文备书年月日者，计三十余，因踵张、罗成法，以三统历、周历为主，以殷历、鲁历为辅，信以征信，疑以传疑，纂为一编，以为治吉金者之助云。"刘师培的考订工作，据吴其昌的分析评介，错误比较多。②

笔者涉及的金文月相词语以及金文历朔研究，是建立在吴其昌《金文历朔疏证》的基础之上的。当时，学界对月相的认识主要根据王国维《生霸死霸考》一文的说法。③

吴其昌《金文历朔疏证》八卷，选择金文数据中有历朔记载，或人名、地名、记事记史透露年代信息的312种青铜器铭文进行考证、疏解，用来详细、准确地研究铭文的年、月、日和朔望问题，同时选择234种没有年代信息，但铭文字数在三十以上且有裨史实考证的青铜器铭文，用来进行年代的考察与推断，从而奠定了后代金文年代专题研究的基础。可以说，该书是最早根据金文资料研究西周铜器年代和西周金文历法的一部重要著作。④

后来，笔者在阅读专业杂志上的有关文章时，发现学界对西周金文月相词语的含义和所指时间有好几种不同的说法，越读越觉得意见分歧较大，有些甚至不知所云。于是，从1999年起，笔者花了一年多时间泡图书馆，专门搜集讨论金文月相词语方面的文章和有关论述，决心把这个问题搞清楚。到2000年底，对金文月相词语的含义和所指时间终于有了较为清晰的认识，并形成了自己的观点，同时把自己的见解试着运用到具体的铜器铭文历朔研究之中，撰写并发表了《略论西周铭文的纪时方式》（《徐州师大学报（哲学社会科学版）》2000年第3期）、《〈逸周书〉与武王克商日程、年代研究》（《南京社会科学》2001年第8期）、《邶其卣三器铭文及晚殷历法研究》（《故宫博

---

① 陈梦家：《西周铜器断代》，第192页。
② 参阅拙著《金文月相纪时法研究》，第168页，学苑出版社2005年版。
③ 叶正渤、李永延：《商周青铜器铭文简论》，第43、44页，中国矿业大学出版社1998年版。
④ 原载《燕京学报》第六期，1929年，第1047—1128页；北京图书馆出版社2004年再版。

物院院刊》2001年第6期)、《月相和西周金文月相词语研究》(《考古与文物》2002年第3期)、《西周金文月相词语与静簋铭文的释读研究》(《文博》2002年第4期)等论文,出版了《金文月相纪时法研究》一书(学苑出版社,2005年),从而奠定了笔者对西周金文月相问题研究的基础。

研究金文月相问题不是最终目的,但却是从事其他相关研究的重要前提之一。研究金文月相词语的最终目的,是为了对若干纪年、纪时铜器铭文进行历史断代和研究西周金文历法状况,进而研究西周的历史年代,尤其是西周的起年、王年、积年等。只有首先把时代搞清楚了,才能更好地研究商、周社会历史的状况。所以,本书之研究立足于笔者对金文月相词语的理解,运用金文月相词语研究的成果对若干纪年、纪时铭文,尤其是西周王年、月份、月相词语和干支四要素齐全的铜器铭文进行历朔考证和历史断代。这是本书研究的两项主要工作。本书之研究成果不仅对七十余件四要素铭文的相对年代(王世)和绝对年代(公元纪年)都给出了明确的相对可靠的数据,而且对其中十余件有疑惑的纪年铭文也作了大胆假设和小心求证,且假设和求证业已得到验证,因而结果是有说服力的,是可信的。

为节省读者查检器形和铭文拓片的时间,在"西周四要素纪年纪时铭文历朔研究"部分附有铭文拓片,读者或可参阅本项目前期研究成果《金文四要素铭文考释与研究》一书(台湾花木兰文化出版社2015年版)。

本书所用纪年、纪时铜器铭文资料截止至2014年6月30日相关学术媒体所公布。吴镇烽《商周青铜器铭文暨图像集成》所收未著录青铜器铭文多达2 000余件,基于本书稿已成形,所以本书仅考释了其中五件四要素齐全的未著录铭文的历朔,其他纪年、纪时要素不齐全的铭文历朔皆未作考释。对于其他金文资料,鉴于作者涉猎不够广泛,或有疏漏,在所难免,敬请作者和读者见谅。特此说明。

本书是笔者主持的2010年度国家哲学社会科学基金项目《金文历朔研究》的最终研究成果。从2010年7月立项以来,本书作者旋即在已有研究基础上展开深入研究。经过三年多时间的努力,终于完成了预定的研究目标,在诸多方面取得了较为重大的突破。现在,将最终研究成果奉献给读者,希望能为金文历朔研究作绵薄的贡献。是为之记。

笔者现考订西周起年、王年和积年如下,前之部分说法予以修订。
(前1093—前771年)
武王(前1093—前1093年),灭殷后在位一年;
成王(前1092—前1063年),在位三十年(含周公摄政七年);
康王(前1062—前1023年),在位四十年;

昭王(前1022—前1004年),在位十九年;
穆王(前1003—前949年),在位五十五年;
共王(前948—前929年),在位二十年;
懿王(前928—前909年),在位二十年;
孝王(前908—前894年),在位十五年;
夷王(前893—前879年),在位十五年;
厉王(前878—前828年),在位三十七年,纪年是五十一年(含共和行政十四年);
宣王(前827—前782年),在位四十六年;
幽王(前781—前771年),在位十一年。
西周积年:共323年。

为方便读者查检和对照,现将"夏商周断代工程"阶段成果所公布的《夏商周年表》附于此。

夏　前2070—前1600年;

商　前1600—前1300(盘庚迁殷)—前1046年;

周武王伐纣　前1046年;武王　前1046—前1043年;

成王　前1042—前1021年;　康王　前1020—前996年;

昭王　前995—前977年;　穆王　前976—前922年;

共王　前922—前900年;　懿王　前899—前892年;

孝王　前891—前886年;　夷王　前885—前878年;

厉王　前877—前841年;　共和　前841—前828年;

宣王　前827—前782年;　幽王　前781—前771年。

叶正渤
2014年8月8日

目 录

前言 ... 1

第一章　金文历朔研究之回顾与检讨 ... 1
　第一节　金文历朔研究之回顾 ... 1
　第二节　关于"懿王元年天再旦于郑"问题 ... 10
　第三节　关于铭文中的王号、"康宫"问题 ... 15
　第四节　同篇铭文中的王名与王、天子的关系 ... 19

第二章　商代时期纪年、纪时铭文历朔研究 ... 27

第三章　西周时期纪年、纪时铭文历朔研究 ... 43
　第一节　西周时期四要素纪年纪时铭文历朔 ... 43
　第二节　西周时期三要素纪时铭文历朔 ... 188
　第三节　西周时期二要素纪时铭文历朔 ... 240

第四章　春秋时期纪年、纪时铭文历朔研究 ... 263
　第一节　春秋时期四要素纪年纪时铭文历朔 ... 263
　第二节　春秋时期三要素纪时铭文历朔 ... 268
　第三节　春秋时期二要素纪时铭文历朔 ... 301

第五章　战国时期纪时铭文历朔研究 ... 307
　第一节　战国时期三要素纪时铭文历朔 ... 307
　第二节　战国时期二要素纪时铭文历朔 ... 311

第六章　余论 ··· 315
第一节　研究方法 ·· 315
第二节　西周诸王王年 ·· 322
第三节　干支重复出现问题 ··· 324
第四节　一些铭文的特殊历朔 ·· 325
第五节　研究成果 ·· 327

参考文献 ··· 329
一、专著 ·· 329
二、论文 ·· 331
三、作者论著（古文字学方面） ··· 334

附录一　西周诸王元年的推定 ·· 338
附录二　西周若干可靠的历日支点 ······································ 353
附录三　若干纪年铭文历法疑团解析 ··································· 364
附录四　传世文献纪年纪时资料 ·· 371

索　引 ·· 375

后　记 ·· 386

第一章
金文历朔研究之回顾与检讨

第一节 金文历朔研究之回顾

一、月相的生成变化

在前言中本文亦已作了说明,正确理解金文月相词语的含义和所指时间,是金文历朔研究的重要前提之一。而要正确理解月相词语的含义和所指时间,首先要搞清楚月相的生成变化这一天文现象。

关于月相的形成,专业书籍上有很多介绍,拙著《金文月相纪时法研究》也做了研究和介绍。[①] 简而言之,月相是由于日、月和地球运行的相对空间位置关系而形成的,是先民通过长期的观察而总结归纳出来的。现将《金文月相纪时法研究》一书中有关内容概括迻录于下。

早在东汉章帝时,两位历法家编䜣、李梵等创制四分历术,对月相的形成,就完全用日、月相对的空间位置关系进行解释,具有一定的科学性。曰:"日、月相推,日舒月速,当其同所谓合朔,舒先速后,近一远三谓之弦。相与为衡,分天之中,谓之望。以速及舒,光尽体伏,谓之晦。晦朔合离,斗建移辰,谓之月。"[②] 在这里,编䜣、李梵解释了四种月相:朔、弦、望和晦的生成以及日月在人们想象中天球上的相对位置(距离)。

用今天的科学道理来讲,月相的形成与变化,主要有以下两种因素。

一是地球本是绕太阳运行的,由于地球自西向东自转,且地球的自转速度快,因此在人类的直观感觉中,好像是太阳、月亮绕着地球转的,每天从东边升起,西方落下。实际上,太阳和月亮在人类想象中的天球上也是自西向东运行的。人们把太阳自西向东运行的轨道叫黄道,把月亮沿天球运行的轨道叫白道,白道和黄道的平面交

[①] 叶正渤:《金文月相纪时法研究》,学苑出版社2005年版。
[②] 转引自钱宝琮《汉人月行研究》,《燕京学报》第十七期,第42页。

角平均为5度9分。因白道和黄道的平面有两个交点,因而就会有日、月、地或日、地、月在同一空间直线上的可能,这样就会出现日食和月食的现象。据前人研究,每隔五又二十三分之二十个月,日月交会一次,但不一定就会发生日食或月食。日、月、地三者在广袤的宇宙空间只有处于同一空间直线上时,才有可能发生日食或月食;如果某一个球体稍微偏离同一空间直线,就不会发生日食或月食,或者只发生偏食。

二是由于太阳和月亮在天球上运行的速度有快有慢,速率不同。太阳在天球上日行一度,月亮日行十三度又十九分度之七,因此,日、月、地三者的空间位置就作周期性的(一个月)有规律的变换。当日、月、地运行到一条直线上时,这时发生日月交会,日月交会叫合朔。在地球人来看,月和日在同一方向,而月亮绕地球运行的速度与地球自转的速度是相同的,且月亮朝太阳的一面总是向阳,地球上局部地区的人就看不到月亮。而且,月亮有时会把太阳挡住,就会发生日食,日食是日月交会的结果。日月交会(合朔)只持续四个多小时,合朔以后,新月开始出现,至少从西周开始人们就把合朔这一天作为一个月的开始,叫"初吉"。合朔后,月亮由于运行的速度快,就渐渐偏离合朔时日月地所在的空间直线,在人类的视觉感觉中,与太阳的距离越来越大。这样,就由新月渐渐变成半月(上弦)、满月(望)、再半月(下弦)、残月以至无月(晦),至再合朔。这种变化,就叫月相(the phases of the moon),古人叫"月采"。汉代有古文《月采篇》,大概就记载月相的这种变化,但该书已亡佚。

月相的变化,经历四个较为明显的位置点(同时也是时点),形成四种显著的月相。当月的运行偏离与日的交会点时,月亮呈现出一个极小的光亮部分,这就是新月。新月初现时,人虽然看不到,但是能够根据观察和经验推算出哪天合朔、出现新月,因为合朔前后总共只有三天时间看不到月亮。新月由小逐渐变大到半月(月球在太阳之东90度),即上弦月,此时月光已完全生辉,能照见地上的人影。金文叫"既生霸",传世文献叫"哉生魄"。

当月球的运行完全偏离平面,且运行到与黄经接近成180度时,即月球运行到接近日的对面位置时,地球上的人于太阴月的十四日傍晚就能看到月与日在地平线上的东西天空遥遥相望的月相,金文叫"既望"。"既"是已经到了的意思。清代梅文鼎在《历学答问》中指出:"望策,一十四日七六五二九六五,小余十八时二十二分一秒三十七微有奇。"

当月的运行渐渐偏离与日相望的位置时,地球上的人看到月亮由圆到缺,呈另一半圆形(月球在太阳之西90度),即下弦月。月色也渐至暗淡无光,已照不清地上的人影,就像死了一样没有生气。金文叫"既死霸",传世文献叫"既死魄"。这样,四种月相在天球上的四个位置点,几乎是四等分天球圆周。而与之相对应的时间概念,则几乎是圆周上等分的四个时点(见月相生成变化图)。

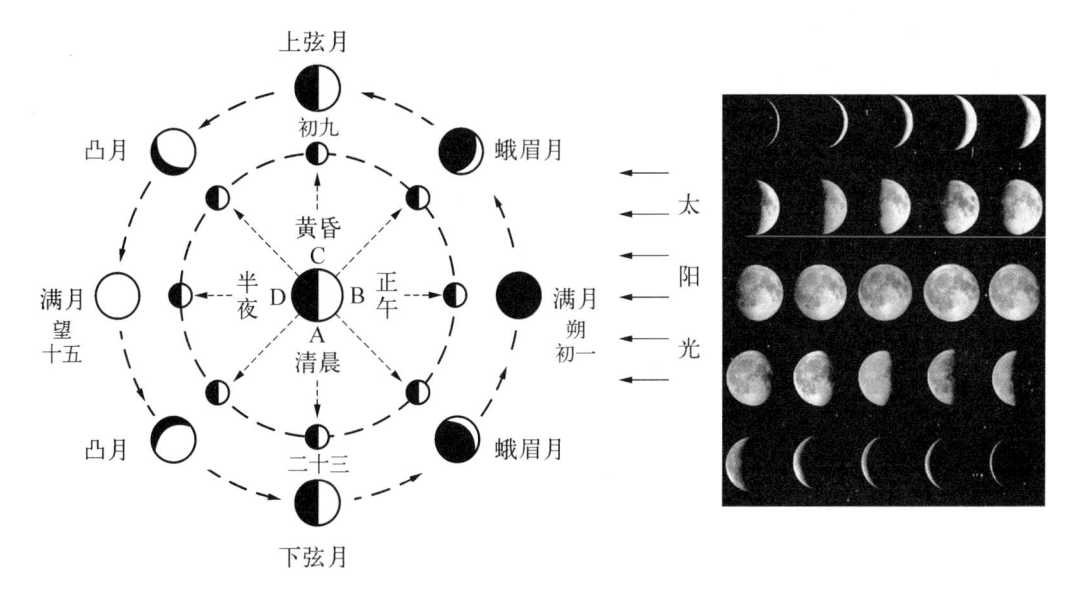

月相生成变化图

清代梅文鼎《历学答问》曰:"按月法者即朔策也,亦曰朔实。其法自太阳、太阴同度之刻,算至第二次同度,为两朔相距之中积分。平分之则为望策,四分之则为弦策。望者,日月相望,距半周天。弦者,近一远三。上弦月在日东,下弦月在日西,皆相距天周四之一。《授时》朔策二十九万五千三百零五分九十三秒,即二十九日五十三刻零六分弱也。《大统》同。"梅文鼎所说的朔、上弦、望和下弦皆相距天周四之一,这四个点同时具有空间位置关系和时间概念。

当月亮在天球上经过一个月时间的运行,又接近赶上太阳,回到与日、地球将近同一直线时,地球上的人又一点也看不到月亮,这就叫"晦",次日便又形成合朔。由上一次合朔到望,到下一次合朔,或由望到朔再到望,这一周期就是一个月,古代叫朔望月。它的平均天数,汉代人称之为朔实,现代叫平朔月(Synodic Month)。平朔月的时间,现代测为 29.530 59 日。月亮绕天球一周实际需要二十七又三分之一日,但月亮的运行不是匀速的,且轨道也不在一个平面上,而是上下移动的,所以,月绕地的周期(朔实)平均约是二十九又二分之一日,实际是 29 天 12 小时 44 分钟。以上所述,就是月相和月相生成变化几个阶段的重要特征。[①]

二、月相词语的含义和所指时间

月相词语研究的学术背景,最早可以追溯到西汉末年的刘歆。在班固的《汉书·

---

① 以上内容引自叶正渤《金文月相纪时法研究》,第2—5页。

律历志》中记载刘歆推演的三统历,其中就有对月相词语生霸、死霸的解释。刘歆说:"死霸,朔也;生霸,望也。是月甲辰望,乙巳旁之,故《武成》篇曰:'惟四月既旁生霸。'"刘歆把月亮背阴无光面叫霸。死霸,指太阴月的初一,即朔日。生霸,太阴月的十五日,也叫望,傍晚时日月在西东地平线上遥遥相望也。因为第二天十六日月亮开始由亮变黑,就叫既生霸。这是刘歆的解释,此说延续二千余年,后世有从其说者。

由于《金文月相纪时法研究》一书第一章第一节"20世纪前的月相词语研究"和第二节"20世纪以来的金文月相词语研究"已经分别详细地介绍评述了此前的研究,所以,本书简要地介绍20世纪以来金文月相词语研究的主要观点,不再重复以往书中的研究。

金文中的月相词语,迄今为止,最早见于西周成王时的保卣(或称宾卣)、保尊铭文:

> 乙卯,王令保及殷东国五侯,贶兄六品,蔑历于保,易宾。用作文父癸宗宝奠彝。遘于四方,会王大祀,佑于周,在二月既望。

铭文先以干支乙卯(干支序是52)标明具体日期,继而叙事,文末又以"在二月既望"标明乙卯所在的月份以及所逢的月相。因此,可以理解为"二月既望"就是乙卯日。陈梦家说:"'既望'为月分之名,不见于殷代。月分之名,当是周人之制。"其后陆续见到"初吉"、"既生霸"和"既死霸"这几个月相词语。例如成王时的御正卫簋铭文:"五月初吉甲申,懋父赏御正马匹,自王。用作文戊奠彝。"贤簋铭文:"唯九月初吉庚午,公叔初见于卫,贤从。"作册夨令簋铭文:"惟王于伐楚伯,在炎。惟九月既死霸丁丑,作册奠宜于王姜。"康王时期的作册大鼎二铭文:"公来铸武王、成王廙鼎,惟四月既生霸己丑,公赏作册大白马。"吕方鼎铭文:"惟五月既死霸,辰在壬戌,王饔于太室,吕征(侍)于太室。"等等。

在传世文献中也有用月相词语纪时的,例如《诗经》《尚书》《逸周书》《国语》等。金文中的月相词语,常见的有初吉、既望、既生霸、既死霸,还有一个方死霸,仅一见。学术界关于金文月相词语研究,详见《金文月相纪时法研究》第一章第一、第二节。[①] 此外,彭裕商在《西周金文月相考》一文中也做了深入探讨。[②]

20世纪以来金文月相词语研究可以分为以下几种不同的观点和说法。

---

① 叶正渤:《金文月相纪时法研究》,第7页。月相生成变化图,转引自百度图片网站。
② 彭裕商:《西周青铜器年代综合研究》,第90—100页,巴蜀书社2003年版。

（一）四分一月说

20世纪初最早提出西周金文月相名词"四分一月"说的代表人物是王国维，他在《生霸死霸考》一文中说："古者盖分一月之日为四分：一曰初吉，谓自一日至七、八日也；二曰既生霸，谓自八、九日以降至十四、五日也；三曰既望，谓十五、六日以后至二十二、三日；四曰既死霸，谓自二十三日以后至于晦也。"①

"四分一月"说影响很大，赞同"四分一月"说的中外学者有新城新藏、吴其昌、郭沫若、周法高、白川静、黄彰健以及倪德卫等。唐兰、张培瑜、黄怀信等则主张一月二分说。

（二）定点说

20世纪较早提出"定点说"的是董作宾。他在《"四分一月"说辨正》中认为：

> 定点月相，异名分为三组。
>
> 第一定点：既死霸是月相名，朔是人起的名，初吉是易不吉为吉语，都是初一；
>
> 第二定点：旁死霸是月相名，朏是人起的名；承大月二日，小月三日；
>
> 第三定点：既生霸是月相名，望是人起的名，十五日；
>
> 第四定点：旁生霸，近于生霸之日，是月相名，既望是人起的名，谓已过望日也。②

此后，持定点说的学者还有陈梦家、刘启益、彭裕商、劳干、张汝舟、张闻玉、李仲操等，但他们所定的时点并不完全相同。例如，前述董作宾以初一朔日为既死霸，以十五日为既生霸。但是，同为定点说者，彭裕商则认为：

> 初　　吉：每月初一，即朔。
>
> 既生霸：上弦后一日。
>
> 既　　望：望后一日。
>
> 既死霸：下弦后一日。③

（三）点段说

"点段说"认为初吉、既生霸、既望、既死霸四个月相词语是把一个月分为不同的时点和时段。认为初吉与月相没有直接关系，它和生霸、死霸、既望等月相名称毫无

---

① 王国维：《生霸死霸考》，《观堂集林》卷一，第21页，中华书局1984年版。
② 董作宾：《"四分一月"说辨正》，《董作宾先生全集》甲编第一册，第6、7页，台北艺文印书馆1978年版。
③ 彭裕商：《西周青铜器年代综合研究》，第95页，巴蜀书社2003年版。

关系;既生霸就是已生霸,既死霸就是已死霸,既生霸不应是十五,而是指上半月,既死霸不应是晦日或朔日,而应是下半月。既生霸、既死霸都是公名,其他名称则为定点,专名。①

"点段说"很明显是受王国维专名和公名说的影响和启发而形成的。莫非斯、冯时等人提出西周金文用两个系统纪日的说法,王国维在《生霸死霸考》一文中早已批判过了。持点段说的还有陈久金、王胜利、冯时等人,但他们所定的时点也不尽相同。

（四）初干吉日说

20世纪早期刘朝阳、莫非斯主张初吉非月相词语,而后来的黄盛璋、刘雨等人则认为:初吉为初干吉日、为"吉善之日"。②若据此说,则在上旬或一个月中,凡是黄道吉日都是初吉。可见初吉是个不确定的日子,它是否适合于人们的纪时和记事,不言而喻。

（五）本书作者的研究

笔者对金文月相词语和所指时间的看法是:金文里的月相词语是定点的,且所定的时日在当时是明确而又固定的,世人皆知,因为只有这样才便于用来纪时。笔者曾结合文献资料和西周金文尤其是作册𦵫簋及晋侯稣编钟等铭文研究认为,西周金文月相词语的含义和所指时间应当如下:

初　　吉:月初见为吉,太阴月的初一,即朔日;

既生霸:上弦月,初九;

既　　望:圆月,十四日;

既死霸:下弦月,二十三日;

方死霸:二十四日。

很显然,初吉和既望是根据月亮在天空的相对位置而命名的,既生霸和既死霸是根据月光的亮度而命名的。由于月光的亮度取决于月亮在天空的相对位置,即月相的变化,所以在本质上它们都是月相词语。

笔者根据以上观点研究西周若干纪年铜器铭文的历朔,将所得到的资料与张培瑜的《中国先秦史历表》和董作宾的《西周年历谱》《中国年历简谱》(简称张表、董谱)③进行比勘验证,几乎完全一致或基本吻合,说明笔者研究所得到的数据是可靠可信的。反过来也可以证明,月相词语所表示的时间是定点又明确的,决非包含几日的

---

① 陈久金:《西周月名日名考》,《自然科学史研究》1985年第2期;冯时:《晋侯稣钟与西周历法》,《考古学报》1997年第4期。
② 黄盛璋:《释初吉》,《历史研究》1958年第4期;刘雨:《金文"初吉"辨析》,《文物》1982年第11期。
③ 张培瑜:《中国先秦史历表》,齐鲁书社1987年版;董作宾:《西周年历谱》,《董作宾先生全集》甲编,台北艺文印书馆1978年版。

时间。也就是说,一个月相词语只指太阴月中固定而明确的一日。在本课题研究的过程中,在推算纪时铜器铭文中的历朔时,关于月相词语所指时间,本书始终坚持上述观点,使用同一个标准,而不会有其他不同的说法。关于西周金文月相纪时法问题,可参阅笔者《月相和西周金文月相词语研究》[①]等相关论文,以及拙著《金文月相纪时法研究》一书。

三、金文历朔研究

运用对金文月相词语的含义和所指时间的理解对纪年铜器铭文进行历史断代、进而研究金文历朔,是一个重大的学术前沿问题,因而参与的学者比较多。有天文历法学家、古文字学家、历史学家、考古学家,还有一些业余爱好者。

根据纪年铭文资料研究金文的历史年代和金文历朔,早在清嘉庆、道光年间,罗士琳、张穆就有过这方面的尝试,只是他们仅对个别纪年铭文的时代和历朔进行推步,对整个金文历朔研究尚未构成一个系统。

为了寻求金文的体系,刘师培不仅对金文中常见的"篾历"一词的含义作了解释,还解释了四个月相词语的含义(见刘氏《既生霸既死霸》、《周历典》等文章),又"以三统历、周历为主,以殷历、鲁历为辅",对西周31件有年月日(干支)记载的纪年铭文作了推步,明确考证具体日期的有25件,存疑的有6件,著《周代吉金年月考》,引起金文研究学界的关注,该研究方法也得到学界的认可。但吴其昌在其《金文历朔疏证》一书中认为,刘师培的推步错误比较多。[②] 而且,其所用推步法也复杂易错,略举数例如下。

散季敦(叶按:即散季簋)　　惟王四年八月初吉丁亥

刘师培考证说:"薛氏《款识》引《考古录》定为武王四年。今以三统历推之,武王四年距入甲申统五百二十一年,积月六千四百四十三,闰余十八,积日一十九万零二百六十七;小余二十九,大余七,得辛卯为天正朔。闰在二月后,由是递推丁亥恰为八月朔。"

大鼎　　惟十有五年三月既霸丁亥

刘师培考证说:"此乃穆王时器。以周历推之,穆王十五年距入丙子蔀二十九年,积月三百五十八,闰余十三,积日一万零五百七十二,小余四十二,大余十二,得戊子为正月朔,则既霸犹言既死霸矣(铭文与历差一日)。"戊子,是"戊巳"之误读。刘师培考证铭文中的"既霸"是既死霸,与今人所考证的结果相同,唯所属王世及既死霸所指的日期不同。又如:

[①] 叶正渤:《月相和西周金文月相词语研究》,《考古与文物》2002年第3期。
[②] 参阅叶正渤:《金文月相纪时法研究》,第168页。

师艅敦盖(即师艅簋)	惟三年三月初吉甲戌
师晨鼎	惟三年三月初吉甲戌
颂壶	惟三年五月既死霸甲戌,王在周康邵宫
颂鼎	惟三年五月既死霸甲戌,王在周康邵宫
史颂鼎	惟三年五月丁子(按:丁子即丁巳)

刘师培考证说:"此疑均厉王时器。以周历推之,厉王三年距入乙卯蔀六十四年,积月七百九十一,闰余十一,积日二万三千三百五十八,小余八百四十九,大余十八,得癸酉为正月朔,壬申为三月朔,甲戌三日。递推得壬申为五月朔,甲戌三日(器铭与历差一日)。十六日丁亥,十七日戊子(以三统历、殷历推之,亦得壬申为三月朔,惟五月之朔为辛未,又后周历一日)。"

再后,就是王国维的学生吴其昌的《金文历朔疏证》一书,堪称是运用金文数据系统研究金文历朔的重要著作。① 吴其昌首先选择金文数据中有历朔记载或人名、地名、记事记史透露年代信息的 312 种青铜器铭文进行考证、疏解,用来详细研究铭文的年、月、日和朔望问题,又选择 234 种没有年代信息,但铭文字数在 30 以上且有裨史实考证的青铜器铭文,用来进行年代的考察与推断,从而奠定了后代金文年代专题研究的基础。《金文历朔疏证》是本书研究过程中的重要参考资料之一,书中多处引用,这里就不再列举。

日本学者新城新藏和白川静也是运用金文纪年资料研究西周历法的两个重要学者。② 不过,此二人于金文月相词语所指时间是采用"四分一月"说的。因此,他们据以推算纪年铭文的月朔与其所排历谱的适宜度(合历的可能性)就很宽。

莫非斯也是研究西周历法比较有影响的学者之一,他的《西周历朔新谱及其他》主要根据纪年铭文所记历日推算而谱成。③

其后,运用金文纪年资料致力于青铜器铭文历史断代和西周历法专题研究用力较勤且较有影响者,如张汝舟《二毋室古代天文历法论丛》,④张闻玉《西周王年论稿》,⑤刘启益《西周纪年》,⑥李仲操《西周年代》,⑦马承源主编《商周青铜器铭文

---

① 吴其昌:《金文历朔疏证》,《燕京学报》第六期,第 1047—1128 页。
② [日]新城新藏:《东洋天文学史研究》,沈璇译,中华学艺社 1933 年版;[日]白川静:《金文通释》,白鹤美术馆 1975 年版。
③ 莫非斯:《西周历朔新谱及其他》,《北平燕京大学考古学社社刊》第五期,1936 年。
④ 张汝舟:《二毋室古代天文历法论丛》,浙江古籍出版社 1987 年版。
⑤ 张闻玉:《西周王年论稿》,贵州人民出版社 1996 年版。
⑥ 刘启益:《西周纪年》,广东教育出版社 2002 年版。
⑦ 李仲操:《西周年代》,文物出版社 1991 年版。

选》，①何幼琦《西周编年史复原》、《西周年代学论丛》，②张闻玉、饶尚宽、王辉《西周纪年研究》，③以及拙著《金文月相纪时法研究》一书等。

这些著作有一个共同做法，那就是学者们大多根据金文纪年资料编制一个西周年历表或年历谱，同时又对西周王年作出推测，列出西周诸王在位的年数。就是说，学者们把金文历法研究与西周年代（王年）研究结合起来进行。他们所编制的历表或历谱一般是以西周诸王王年为纲，以纪年铭文所反映的历朔为维，进行对号入座，使各得其所。当然，由于学术界对金文月相词语所指的时间理解不一，加之对某些器形花纹，乃至铭文所记内容的理解不一，所以，就某些具体的铜器铭文的历史定位来看，往往有很大的差异。由于这些论著或论文是近年出版发表的，读者容易找到，为节省篇幅，他们的有关研究，恕不作具体介绍了。

再有就是"夏商周断代工程"所公布的阶段成果报告，其中一部分就是根据纪年铭文的历日记载推算西周历法的。④ 不过，该成果报告只提供了可资参考的八个历日支点，对于长达三百年左右的西周历史来说，未免显得太少，况且这八个历日支点也受到学者的质疑。

海外一些学者研究西周历朔也取得了可喜的成绩，如美国学者倪德卫（David S Nivison）著有《西周之年历》，可惜他们的著作有些我们不易看到。⑤

此外，还有不少根据出土情况、器形花纹和铭文内容，结合铭文所记历日对新出土铜器铭文进行历史断代和历法研究的单篇文章，许多研究成果也非常有价值，大多数在本书中曾予以参考引述或采纳其观点。由于这些研究成果散见于各种书籍和期刊中，所以也无法一一介绍。例如，王国维《观堂集林》中有关铜器铭文研究的序跋，郭沫若除了《两周金文辞大系图录考释》和《殷周青铜器铭文研究》之外，还有《文史论集》、《金文丛考》等，裘锡圭《古代文史研究新探》、《裘锡圭学术文集》，李学勤《新出青铜器研究》等学者古文字学研究方面的论文集。

同时，网络上也有不少业余爱好者发布的关于西周年代、年历方面的研究资料，有些也有一定的参考价值或启发作用，本书将酌情采用。

---

① 马承源主编：《商周青铜器铭文选》，文物出版社1987年版。
② 何幼琦：《西周编年史复原》，湖北人民出版社2003年版；《西周年代学论丛》，湖北人民出版社1989年版。
③ 张闻玉、饶尚宽、王辉：《西周纪年研究》，贵州大学出版社2010年版。
④ 夏商周断代工程专家组：《夏商周断代工程1996—2000年阶段成果概要》，《文物》2000年第12期。
⑤ ［美］倪德卫（David S Nivison）：《西周之年历》，《哈佛亚细亚研究学报》（*Harvard Journal of Asiatic Studies*）第43卷，1983年。

第二节　关于"懿王元年天再旦于郑"问题

一、诸家意见纷争

古本《竹书纪年》："懿王元年天再旦于郑。"今本《竹书纪年》"(懿王)元年丙寅，春正月，王即位"，"天再旦于郑"，这一条历史记录意义重大。首先，它记录了古代曾经发生的一次天文现象"天再旦于郑"是在日出时发生的日全食，时间是周懿王元年，观察的地点是郑。郑，金文习见，即所谓"西郑"，或称南郑，在今陕西华阴县境内。古本《竹书纪年》"穆王元年，筑祇宫于南郑"，今本《竹书纪年》"穆王以下，都于西郑"，当即此地。此地有穆王行宫，称为"郑宫"。其次，这条天象记录成为西周年代学上的一个重要时间定点，即懿王元年。从理论上说，根据现代天文学知识推算公元前某年日出时南郑发生日全食，就可以确定周懿王元年的绝对年代。但是，事实上问题并不这么简单。从有关研究文章来看，迄今为止，意见仍不一致。意见纷争主要体现在以下两个方面：一是关于"天再旦"的含义，二是周懿王元年南郑发生"天再旦"的具体时间。

董作宾在《中国年历总谱》中说："据古本《竹书纪年》，'懿王元年，天再旦于郑'，见于《太平御览》二所引。《开元占经》三所引为'懿王元年，天再启'，意思相同，即周懿王元年，在南郑有天明之后，忽又昏黑，后又天明。两次天明，此类现象，显然是在天明时，有过一次日全食，所以有此现象。如果寻求此种情形，在奥珀尔子氏《日月食典》中是可以找到的。现在即以合于南郑天再旦之条件之日全食，作为推求懿王元年之根据，此类情形，前后百年之内，仅有一次，即在本年。计：六月二日丙辰，1368723，西前966年5月12日。南郑4时30分58秒，日全食，食甚。此次日全食，在周历六月平朔日为乙卯，二日晨有此现象，不以为是日食，故史臣有此记载。……此日，在南郑早晨3时半，晨光始，天色已明，4时半，忽而天黑，即日全食食甚。至5时3分，日出。故自4时至5时之间，可以称为'天再旦'。"[①]

可见，董作宾认为"天再旦"，就是日出前夕发生日全食的现象。他根据奥波尔策(Oppolzer)《日月食典》推算，懿王元年是公元前966年，天再旦发生于周正六月二日丙辰，儒略日是1368723，即公元前966年5月12日(他在《甲骨文与青铜铭文揭示文王与周王世断代年表》中说："懿王在位积年二十三年，公元前966年至公元前

[①] 董作宾:《董作宾先生全集》甲编第四册，第54页；又见《西周年历谱》公元前966年懿王元年下的解说，《董作宾先生全集》甲编第一册，第293页。

944年。")。

后来,韩国学者方善柱在1975年发表的《西周年代学上的几个问题》一文中首先肯定了董作宾把古本《竹书纪年》"懿王元年,天再旦于郑"作为西周年代学上的一个天文定点来看的做法。然而,在该文中方善柱否定了董作宾关于"天再旦于郑"是日全食的说法。方善柱根据奥波尔策的《交食图表》(Canon of Eclipses)研究认为,在"公元前966年5月11日的日食绝不能惹起像'天再旦于郑'的现象",他认为公元前899年4月20日在河南西南南阳县能看到日环食现象。他说:"因为自公元前千年到幽王末年的西周时期内,惹起天再旦现象的日食中心线日升起点,只在前八九九年的河南西部发生,而没有第二次发生,笔者以为这个天象可作为西周王年复原工作中的一定点,而从懿王元年的定点,可以试算共王与穆王时期之年代段的。"

同时,方善柱以为"天再旦"的语感,跟"天色已明,忽然黄尘盖天,天色变黑,稍后回复原状,太阳自东方升"的情况很有区别。他说:"明显的,'天再旦'是天边平静之中(不碍有云),有了两个旦明的意思。这才是一件奇怪的现象,而所以被志在宫廷记录的缘故在此。"①

刘朝阳以为"天再旦"即日食,并列众家懿王元年之记载,谓至公元前934至公元前895年共13说,并据W. Harter所列之日食表,谓众说中唯公元前926或公元前903年北纬30至40度之中国北部地区才有可能发生日食(前926年为日环食,前903年为日全食)。②

南京紫金山天文台张培瑜对相关时代的日食状况作了详细计算,提出发生"天再旦"的懿王元年为公元前926年或公元前899年。贵州工学院的葛真核算出:公元前899年或前925年确实发生了日全食。而美国加州理工学院三位科学家的计算结果更为具体:"懿王元年天再旦于郑"指的是公元前899年4月21日凌晨5时48分发生的日食,陕西一带可见,郑是今天的陕西华县或凤翔。刘次元及周晓陆利用新疆塔城地区1977年3月的日全食发生在日出时的机会实地考察了"天再旦"的实况,证明古本《竹书纪年》的记载属于日食的可信性,并运用现代天文学方法推算"天再旦于郑"发生于公元前899年4月21日。"夏商周断代工程"论定懿王元年即公元前899年。看来,公元前899年就是懿王元年,问题似乎解决了。

但是,还有学者根据今本《纪年》和传世文献记载日食皆称"日有食之",而否定"天再旦"为日食之说,认为"天再旦于郑"非天象而为气象,有人以为"天再旦"是超新星爆

---

① 方善柱:《西周年代学上的几个问题》,转引自朱凤瀚、张荣明:《西周诸王年代研究》,第125—127页,贵州人民出版社1998年版。
② 刘朝阳:《殷末周初日月食初考》,《中国文化汇刊》第4卷,1944年。

炸。又有学者认为"懿王元年天再旦于郑"应该是公元前899年丑正三月朔戊午日卯时（早上7点25分），合格里历公元前899年3月14日。甚至还有人说"懿王元年天再旦于郑"，应从基督教的圣经里寻找其绝对年份。此外，还有一些学人也对此作了有益的探讨。真是众说纷纭，莫衷一是，可见问题远没有解决，恕不一一胪列各种说法。

二、"天再旦"的真正含义及具体时间

下面，我们来考察一下"天再旦"的真正含义，同时检验上述诸家关于天再旦发生时间的主要说法，看看究竟哪一种说法更符合历史的真实。

旦，东汉著名文字学家许慎在其《说文解字》中解释说："明也。从日见一上。一，地也。"①从"旦"字的字形结构和许慎的解释，可以清楚地看到，"旦"表示日出地平线，因而有"明也"（明亮）之义。清代段玉裁《说文解字注》曰："明，当作朝。下文云：'朝者，旦也。'二字互训。《大雅·板》毛传曰：'旦，明也。'此旦引申之义，非其本义。"②根据段注，可知"旦"的本义指早晨日出之时，然后由早晨日出这一时间概念引申有"明也"的抽象义。"明"的常用义，既有明亮义（与暗相对），又有明白、清楚义（与暗昧相对）。毫无疑问，在"天再旦于郑"这句话中，指的是明亮、亮之义。再，表示第二或第二次。那么，"天再旦于郑"，指的应该是天第二次亮于郑。造成天第二次亮起来的原因，无非是日全食引起的。根据观测，人们早就认识到当发生日全食时，天色由明变暗，大约经过四十几分钟的时间，天色渐渐又明亮起来。当然，古人不知道日全食是由于月亮把太阳遮挡住了的道理，误以为是天狗把太阳吃了，然后又吐出来的结果。所以，"天再旦"应该就是发生在日出之际的日全食现象。其他各种解说，都是把问题复杂化了，因此不值得采纳。

根据上述天文学家们的说法，在日出之际发生日全食的现象比较罕见，百年一遇。因此，根据天文学知识推算西周懿王元年"天再旦于郑"发生的具体年份，据此就可以确定懿王元年是何年，从而解决西周年代学上的一个时间定点。通过上文的介绍，有不少学者专家对此付出了许多辛勤的劳动，取得了许多可资参考的资料。下面本书主要运用张表和董谱给出的科学数据来验证上述几家的说法，比勘一下几种说法是否能够得到验证。不过，无论是哪一种说法，"懿王元年天再旦于郑"年份的确定，必须符合某月朔日日出时发生日食这个条件。

1. 董作宾：六月二日丙辰，前966年5月12日。南郑4时30分58秒，日全食，食甚。

---

① 许慎：《说文解字》卷八，中华书局1983年版。
② 段玉裁：《说文解字注》卷八，上海古籍出版社1984年版。

张表：公元前966年5月12日，周正六月丙辰(53)朔，日食发生在5时19分。正是日出之际。董说日食是六月二日丙辰，与张表有一日之差，日食发生的具体时间则相差不大。

2. 方善柱：公元前899年4月20日，在河南西南南阳县能看到日环食现象。

张表：公元前899年4月21日，周正五月丁亥(24)朔，日食发生在6时31分，日出已经半个多小时。4月20日没有发生日食，方说与张表也有一日之差，这一日之差是允许的。

董谱：公元前899年周正四月丁巳(54)朔，五月丁亥(24)朔，日环食。董谱没有给出日环食发生的具体时间。

3. 加州理工学院三位科学家：公元前899年4月21日凌晨5时48分发生的日食。

张表：公元前899年4月21日，周正五月丁亥(24)朔，日食发生在6时31分。在南郑，日出已经半个多小时。5时48分正是南郑地区日出之际，但发生日食时间比张表早40分钟左右。

董谱：公元前899年周正四月丁巳(54)朔，五月丁亥(24)朔，日环食。董谱没有给出日环食发生的具体时间。

4. 刘朝阳：唯公元前926或公元前903年北纬30至40度中国北部地区有可能发生日食。

张表：公元前926年日出时分(4时至8时)有两次合朔，一次是十月壬辰(29)朔，9月15日，3时56分合朔；另一次是十二月辛卯(28)朔，11月13日，3时50分合朔。

董谱：公元前926年十月辛卯(28)朔，注曰："十月二日壬辰(29)，日环食。"这一条勉强可证刘说懿王元年有可能是该年。但是，按张表十月壬辰3时56分合朔，南郑尚未日出，不会出现"天再旦"的现象，据此公元前926年为懿王元年之说难以成立。

5. 张表：公元前903年日出时分(4时至8时)合朔有三次，第一次是七月庚戌(47)朔，6月4日，4时06分合朔；第二次是十月戊寅(15)朔，8月31日，3时56分合朔；第三次是十二月丁丑(14)朔，10月29日，4时30分合朔。

董谱：公元前903年七月也是庚戌朔，未发生日食。八月己卯(16)朔，注曰："八月朔己卯，日全食。"据张表，八月己卯朔，11时21分合朔；十月、十二月皆未注发生日食，该年恐未发生天再旦于郑的现象，可见公元前903年为懿王元年之说也不能成立。

6. 公元前899年丑正三月朔戊午日卯时(早上7点25分)，合格里历公元前899年3月14日。

丑正三月，相当于子正四月。张表：公元前899年3月22日(不是3月14日)，周正四月丁巳(54)朔,日食发生在 17 时,并非是戊午(55)日卯时(早上 7 点 25 分)朔。周正用建子,而不用建丑,这是肯定的。周历并不像某些人所说的那样,某年用建子,下年用建丑,甚至有时用建寅等,似乎很随意,毫无规律。历法(建正)的实施,关系国家(实际是王朝)的大统,是不能随意改变的。"历者,天之大纪!"周代历法建正是固定的,皆用建子,至少西周是这样。不过,根据《逸周书·周月》的记载,周代历法的确有两个系统,一个是以建子为岁首的纪年记事用的历法系统,另一个是以建寅为岁首的指导农事的历法系统,就好像我们今天实行的阴阳历一样。使用以建寅为岁首的夏历,因为夏历合天,便于农事。《逸周书·周月》:"天地之正,四时之极,不易之道。夏数得天,百王所同。"又曰:"至于敬授民时,巡狩祭享,犹自夏焉。"说的就是这个意思。但是,铜器铭文的纪时记事所用的历法应该是建子,即以夏历十一月(即正月)为岁首,即一年的开始。

董谱:公元前 899 年周正四月丁巳(54)朔,五月丁亥(24)朔,日环食。董谱没有给出日环食发生的具体时间。据张表和董谱,可见"天再旦于郑"为公元前 899 年丑正三月朔戊午日卯时(早上 7 点 25 分)之说不足信。

从上述比勘验证的结果来看,"天再旦于郑"发生的时间有两种可能性,一是董作宾之说为公元前 966 年 5 月 12 日日全食,另一是美国学者之说为公元前 899 年 4 月 21 日日环食。

古本《竹书纪年》"懿王元年天再旦于郑",没有月份记载,所以只能根据历法和天象来推定。如前所述,前人已经做了大量的推定工作。今本《竹书纪年》"(懿王)元年丙寅,春正月,王即位","天再旦于郑"。此句有人引作"懿王元年,天再旦于郑,次年徙都犬丘",犬丘,即槐里。但是,"天再旦于郑"同样没有月份记载。

另外,作者曾经考定西周各王的在位年数,定懿王元年为公元前 922 年,在位 10 年,至公元前 913 年止。① 与根据今本《竹书纪年》的记载而进行的推算相差 2 年。近日根据若干铜器铭文的历日记载推得懿王元年是前 928 年,懿王在位 20 年,前之旧说应予以纠正。现比勘验证如下:

前 928 年张表有四次合朔时间与天再旦相近。一是二月丁丑(14)朔,1 月 13 日,7 时 49 分合朔。二是五月丙午(43)朔,4 月 12 日,10 时 06 分合朔。三是七月乙巳(42)朔,6 月 10 日,10 时 35 分合朔。四是十二月壬申(9)朔,11 月 4 日,9 时 48 分合朔。

董谱前 928 年有两次合朔:六月乙亥(12)朔,日环食;十二月壬申(9)朔,日

---

① 叶正渤:《金文月相纪时法研究》,第 174 页。

全食。

据张表，前928年一年之中日出以后不久有四次合朔；据董谱，前928年一年之中日出以后分别有一次日环食和一次日全食。所以，"懿王元年天再旦于郑"的现象极有可能在这一年发生。

笔者近读吴镇烽《商周青铜器铭文暨图像集成》①一书（以下简称《图像集成》），该书第12册收了一件盷（畯）簋铭文，该器为某私人收藏，故前此未见著录。铭文曰"唯十年正月初吉甲寅，王在周［般］大室。……'今朕丕显考龏（共）王既命汝更乃祖考事，作司徒，今余唯䢔（踵、申）先王命，［命］汝𢷎（摄）嗣（司）西朕司徒讯讼……'"，时王称"丕显考共王"、"先王"，显然共王已亡故，则时王必然是共王之子懿王。《史记·周本纪》："共王崩，子懿王囏立。"所以，这是懿王时期的一件标准器。且据本篇铭文，懿王在位至少十年以上，而非通行的八年之说。

结合铜器铭文的历日记载，前928年为懿王元年当是可信可靠的。懿王时期的纪年铜器铭文有：元年师询簋、三年达盨盖、三年卫盉、四年㝬簋、四年散伯车父鼎、六年史伯硕父鼎、十年盷（畯）簋、十三年㝬壶、十六年士山盘等九件。根据这九篇铭文的历日记载推得某王共有元年是前928年。这是最有力的证明。

第三节 关于铭文中的王号、"康宫"问题

本节所要探讨的两个问题之所以放在一起讨论，是因为关于铭文中的王号问题笔者已经分别在《厉王纪年铜器铭文及相关问题研究》和《从历法的角度看迷鼎诸器及晋侯穌钟的时代》两篇文章中做了讨论。② 至于铭文中的"康宫"问题笔者在《此鼎、此簋铭文历朔研究》一文中也做了探讨，③而杜勇、沈长云两位先生在其《金文断代方法探微》一书中用了一章来探讨，④其说可信。加之这两个问题紧密相关，所以本节一并加以讨论。为便于本课题之研究，下面再简要地阐述一下本书对上列两个问题的看法。

一、关于铭文中的王号问题

据作者统计，铭文中明确记有西周王号的器物共计有22件。学术界大多数学者

---

① 吴镇烽：《商周青铜器铭文暨图像集成》，上海古籍出版社2012年版。
② 叶正渤：《厉王纪年铜器铭文及相关问题研究》，《古文字研究》第26辑，中华书局2006年版；《从历法的角度看迷鼎诸器及晋侯穌钟的时代》，《史学月刊》2007年第12期。
③ 叶正渤：《此鼎、此簋铭文历朔研究》，《中国文字研究》第十七辑，2013年。
④ 杜勇、沈长云：《金文断代方法探微》，人民出版社2002年版。

认为这些王号属于死谥,而非生称。作者以为,西周铜器铭文中的王名究竟是生称,还是死谥?我们应区别对待。作者经研究认为,西周铜器铭文中出现王名的器物分为两种情况。

(一)王名为所祭对象,或所述事件止于前代之王者,则该王号是死谥,时王为其嗣子。

1. 朕簋:"王衣祀于王丕显考文王。"铭文中"衣祀"的对象"丕显考文王",古代称亡父曰考,故孙诒让曰:"则铭文之王为武王无疑。"所以,"王衣祀"之王肯定是武王。

2. 何尊:"复禀珷王礼,福自天。"礼和福都是表示祭祀的动词,所祭的对象是武王,且成周是西周成王时期才营建的,所以,"王初迁宅于成周"的王,肯定是武王之子成王。

3. 德方鼎:"王在成周,延珷,福自镐。"延和福都是表示祭祀类的动词,"珷"是武王的专用字,成周是西周成王时期才营建的,所以,"王在成周,延珷"之王必为成王。

4. 作册大鼎:"公来铸武王、成王异鼎。"为死者铸器,且武王、成王连言,则公来必为成王之子康王时人。

5. 宜侯夨簋:"王省武王、成王伐商图。"所述事件的对象止于成王,则时王必为康王。

6. 大盂鼎:"丕显文王受天有大命,在武王嗣文王作邦……唯王廿又三祀。"

7. 小盂鼎:"王各周庙……禘周王、(武)王、成王……唯王廿又五祀。"禘是合祭的意思,所祭对象止于成王,则"王各周庙"之王必为康王。小盂鼎属于康王时器,那么廿又三祀之大盂鼎亦必为康王时器。

8. 剌鼎:"王禘,用牲于大室,禘邵(昭)王,剌御。"禘是祭祀,"用牲"也是祭祀,且所祭对象止于昭王,则"王禘"之王必为昭王之子穆王。民间有所谓"一代管一代,孙子不管老太太"的说法,生时赡养父母,父母亡后祭祀父母,这是作儿女应尽的责任和孝心,与孙辈已无直接关系。看来民间这种说法由来已久。

9. 吕方鼎:"王祼邵(昭)太室,吕侍于太室。"祼是祭祀,即灌祭,祭祀时洒酒于地。昭太室是供奉昭王木主的地方,所以,该王必为穆王。

10. 鲜簋:"王在蒡京,禘于邵王。"禘祭的对象是昭王,则行祭者必为穆王。

11. 吴虎鼎:"王在周康宫徲宫……王命膳夫丰生、司空雍毅緟(申)剌(厉)王命。"緟,继也,有申述之意;则緟厉王命者,当为厉王之子宣王;且铭文的纪时也基本符合宣王十八年的历法。

以上11件铜器铭文中所出现的西周王名或王号,皆为死谥,而非生称。

(二)所述事件止于某王者,或称王,或称某王,或称天子,其实皆为某王(参阅下一节内容)。某王为生称,而非死谥。

1. 利簋："珷征商,唯甲子朝,岁鼎,克闻夙有商。"所述事件止于武王,则当事人必为武王时期。其铸器,亦为时不会太久。或谓该器是成王时人所铸而追述武王时事,恐非是。

2. 献侯簋："唯成王大祓,在成周,赏献侯。"这是记述成王在成周举行盛大的祭祀活动,并赏赐献侯的事,其铸器亦必在成王生时。

3. 成王方鼎："成王奠。"此器是成王用来祭奠的,不能理解为是康王祭奠成王的。

4. 宗周钟："王肈（敦）伐其至,戠伐厥都。服孳（子）乃遣闲来逆邵（昭）王,南夷东夷具见,廿又六邦。"铭文明言"来逆（迎）邵（昭）王",则该器属于周昭王时期确定无疑。郭沫若就是这样认为的。孙诒让、唐兰释"邵"为"见",意为来迎见王。三个动词连用,即使在语言表达比较严密的现代汉语里也是没有的。

5. 长由盉："穆王在下减廘,穆王飨醴……穆王蔑长由。"铭文详细记述了穆王之行事,属于实录。所以,该器必为穆王时器。

6. 遹簋："王在蒡京,穆王飨酒。穆王亲赐□,遹拜稽首,敢对扬穆王休。"此器最能说明穆王是生称而非死谥。尤其是最后一句"敢对扬穆王休",这是对穆王飨酒,亲赐礼物而表示感谢的话。其铸器必在穆王活着之时,否则,岂有在穆王死后还讲此毫无意义的客套话之理！所以,遹簋必是穆王生时之器。由此可见,其他类似之器也必然是某王生时器。

7. 史墙盘:铭文在历数了文王、武王、成王、康王、昭王的文治武功之后说："祗显穆王,井帅宇诲,緟宁天子,天子周缵文武长烈……方蛮无不扬见。"

有学者据铭文只言及穆王,因此认为此器属于穆王之子共王时。但仔细推敲文意,似乎铭文主要在于歌颂时王即穆王的德行,因为这几句话是一气呵成的,都是在歌颂时王如何如何。尤其是"緟宁天子"一句,"緟"有"继承"的意思。如果说天子不是指穆王的话,那么铭文就很难理解,总不能说死去的穆王继承未来的天子吧。而且,据文献记载,穆王是大有作为之君,所以铭文说"周缵文武长烈"。再者,西周在昭王、穆王、厉王和宣王时期曾发动大规模的对外战争,故铭文言"方蛮无不扬见"。因此,笔者认为墙盘应是穆王时器。

8. 十五年趞曹鼎："龚王在周新宫,王射于射庐。"龚王就是共王,即恭王。龚王在周新宫,与"王射于射庐"之王,显然是一个人。所以,此器应是恭王时器。

9. 五祀卫鼎："余执恭王恤工于昭太室东。"铭文记述一个叫厉的贵族的言行,都说明是在恭王时期,而非恭王之后。据铭文的历日关系来看,也符合恭王五祀的历日。铭文"唯正月初吉庚戌……惟王五祀",初吉是初一朔,则恭王五年正月是庚戌朔,张表和董谱都是庚辰朔,错月相合,可见恭王也是生称。

10. 匡卣："懿王在射庐,作象舞。"这是记述懿王活动的,前之学者已定其为懿王时器,但也有持不同意见者。此类铭文虽没有明确的王年记载,但绝不可能在王死后若干年才铸器。

11. 逨盘:"雩朕皇考龚叔,穆穆趩趩,和询于政,明隋于德,享辟剌(厉)王。逨肇纂朕皇祖考服,虔夙夕敬朕死事,肆天子多赐逨休。天子其万年无疆,耆黄耇,保奠周邦,谏乂四方。"

学者或以为铭文中的天子应是宣王,其实未必然。从逨盘整篇铭文来看,吴逨铸器,虽然歌颂了西周历代诸王的丰功伟绩,但主要还是撰述自己家族的光荣历史,这是主线。吴逨历代祖先忠心耿耿效忠于西周王室,说明他对西周王室的感情是深厚的。尤其是铭文中讲到吴逨的亡父龚叔,如何勤勤恳恳,忠于王事,拥戴厉王,更见其对厉王的感情之深。紧接着就是"肇纂朕皇祖考服,虔夙夕敬朕死事,肆天子多赐逨休",表明吴逨将要继承父亲的官职,尽忠尽职,而天子对其又多加赏赐。这是纪实。所以,此王仍应是厉王。笔者赞同马承源先生"文、武、成、康、邵、穆、龚、懿、考、㝩、剌等十一位王名是西周正式称谓,且王名是生称"的说法。

以上11件器铭文中的王名,皆为生称,而非死谥。或称王,或称某王,或称天子,其实所指相同。由以上22件器可证,尽管西周诸王名生称、死谥相同,但应根据具体铭文作不同理解。

二、关于铭文中的"康宫"问题

"康宫"是西周铜器铭文中经常出现的一个词语,由于它的出现对铜器铭文的历史断代有直接的关系,所以引起人们高度关注。

"康宫"一词最早出现在1929年出土于河南洛阳邙山马坡的矢令方彝铭文中。矢令方彝铭文:"唯八月辰在甲申,王令周公子明保尹三事四方,受卿事寮。丁亥,令矢告于周公宫。公令出同卿事寮。唯十月月吉癸未,明公朝至于成周,出令舍三事,令众卿事寮,眔诸尹、眔里君、众百工,眔诸侯、侯甸男,舍四方令。既咸令。甲申,明公用牲于京宫。乙酉,用牲于康宫。咸既,用牲于王……"

关于铭文中出现的"康宫"一词,王国维首先以为是康王之庙,其后罗振玉引用其说。此后,唐兰在《西周铜器断代中的"康宫"问题》一文中进一步申述"康宫"即康王之庙的观点,[①]并以此作为西周铜器断代的一条重要标准。以为凡是铭文中出现"康宫"一词,皆为康王之后器也。唐兰之说影响很大,似乎已成定谳,从其说者众。

但是,学术界对"康宫"即康王之庙说亦有不同看法。郭沫若在其《由〈矢彝考

---

① 唐兰:《西周铜器断代中的"康宫"问题》,《考古学报》1962年第1期。

释〉论到其它》、《〈矢令簋〉考释》等文章中从铭文的内容、涉及的历史事件及人物等方面,考证矢令方彝以及矢令簋的时代应该是西周成王时器,从而否定了"康宫"是康王之庙的说法,认为"康宫"是西周王室的宗庙,但并不一定就是康王之庙。再后,陈梦家、何幼琦等证成其说,而杜勇、沈长云也不同意"康宫"为康王之庙的说法。详见该书第二章。

根据矢令方彝、矢令簋铭文,康宫应该在成周。然据此簋、此鼎等器铭文,成周也简称周。此簋铭文:"唯十又七年十又二月既生霸乙卯,王在周康宫徲(夷)宫。旦,王格大室,即位。"周康宫,位于周的康宫。周,也指成周。朱骏声在《尚书古注便读·洛诰》下注曰:"所谓成周,今洛阳东北二十里,其故城也。王城在今洛阳县西北二十里,相距十八里。"又在《君陈》篇下按曰:"成周,在王城近郊五十里内。天子之国,五十里为近郊,百里为远郊。今河南府洛阳县东北二十里为成周故城,西北二十里为王城故城。"[①]笔者以为,康宫乃是西周初年在成周雒邑建的一座规模较大的建筑群。之所以命名曰康宫,康者,宁也、安也、乐也、宏大也。《尔雅·释诂》:"康,乐也。"《诗·唐风》"无已大康",《周颂》"迄用康年"。又《尔雅·释诂》:"康,安也。"《书·益稷》"庶事康哉",《洪范》"五福,三曰康宁"。又《尔雅·释宫》:"五达谓之康,六达谓之庄。"《疏》引孙炎曰:"康,乐也,交会乐道也。"《释名》:"五达曰康。康,昌也,昌盛也,车步并列并用之,言充盛也。"《列子·仲尼篇》"尧游于康衢",康衢,犹言康庄大道。《谥法》:"渊源流通曰康,温柔好乐曰康,令民安乐曰康。"所以,康宫者,犹康宁、康乐之宫也,如后世之阿房宫、长乐宫、未央宫、甘泉宫、兴德宫、大明宫、景阳宫、乾清宫之类。[②] 所以,当铭文中出现"康宫",不能就以为一定是康王之庙,一定是康王以后之器。尽管事实上铭文中出现"康宫"的器物绝大多数属于康王以后王世的,但是内涵不同。

第四节　同篇铭文中的王名与王、天子的关系

所谓同篇铭文中出现的王名与王、天子的关系,是指在同一篇铭文中出现的王名与王、天子的称谓,是一个人还是两个人的问题。这个问题看似微不足道,其实它关系到若干铭文所属王世的认定,以及铭文所透露出来的其他历史文化信息的问题。加之在以往的铜器铭文历史断代中的确发生了误解的情况,所以,本文觉得很有必要对这一问题加以澄清,以为铜器铭文准确的历史断代提供依据。

---

① 朱骏声撰、叶正渤点校:《尚书古注便读》,第144、182页,花木兰文化出版社2013年版。
② 叶正渤:《此鼎、此簋铭文历朔研究》,《中国文字研究》第十七辑。

一、同一篇铭文中出现王名与王、天子称谓的时代

同一篇铭文中出现王名与王、天子称谓，贯穿整个西周约三百年间。现略加分析如下。

● 天亡簋

传清道光年间（1850年）出土于陕西眉县。簋内底铸铭文8行78字。铭文曰：

乙亥，王有大豊（礼），王凡三方。王祀于天室，降，天亡又（佑）王。衣祀于王丕显考文王，事喜上帝，文王德在上。……丁丑，王乡（飨），大宜，王降亡勋爵复囊。佳朕又（有）庆，敏扬王休于奠簋。

铭文明确称"丕显考文王，事喜上帝，文王德在上"，则"王祀于天室"、"天亡佑王"、"王飨"之王，肯定是文王之子武王。因为此时文王已死，故称其为显考，曰"文王德在上"，以配上帝，同享武王之祭。所以，这是武王时期的一件标准器。

● 利　簋

1976年出土于陕西临潼县零口镇。簋腹内底铸铭文4行32字。铭文曰：

珷（武王）征商，唯甲子朝，岁鼎克闻夙有商。辛未，王在阑师，赐有事利金，用作檀公宝奠彝。

铭文中出现了"武王"的王名，同时又用"王"的称谓。那么，铭文"辛未，王在阑师"之王，究竟是武王？还是武王之子成王？学术界有不同的看法。大多数学者认为这个王就是武王，因为铭文是陈述事件的，陈述的对象并没有转移，所以，利簋是武王时期的标准器。但是，也有学者认为是成王时器，理由是："本器既然已有武王的称谓，则器之作必在武王之后的成王初年，只是所记为武王伐纣之事。"[①]笔者认为利簋是有事利记述武王征商大获全胜之后自己受到王的赐金而铸器，所以，铭文"辛未，王在阑师"所记仍是武王之事。因而，"王在阑师"之王仍是武王。可见铭文既可以称王名，也可以单称王。

● 德方鼎

出土情况不明。鼎腹内底铸铭文5行24字。铭文曰：

---

① 彭裕商：《西周青铜器年代综合研究》，第216页。

唯四月,王在成周,诞珷(武王),福自镐,咸。王赐德贝廿朋,用作宝尊彝。

征,或读作诞,或读作侍,在此处有祭祀的意思。"福自镐"之福,即归福、致福,即传世文献中所说的归胙,意为祭祀完之后把祭祀所用的酒肉水果等祭品拿回来分给相关的人。由此可见,此时的武王已是祭祀的对象,所以,"王在成周","王锡德贝廿朋"之王,肯定是武王之子成王。这是成王时期的一件标准器。王名既可以是生称,也可以是死谥,两者相同。

● 何 尊

1963年陕西省宝鸡县贾村原出土。何尊内胆底部铸铭文12行122字,残损3字,现存119字。铭文曰:

唯王初迁宅于成周。复禀珷王豊(礼),福自天。在四月丙戌,王诰宗小子于京室,曰:"昔在尔考公氏,克逨文王,肆文王受兹大命。唯珷王既克大邑商,则廷告于天,曰:……敬享哉!"唯王恭德谷(裕)天,训我不敏。王咸诰。何赐贝卅朋,用作庚公宝尊彝。唯王五祀。

根据传世文献记载,周公相宅,营建成周,所以"唯王初迁宅于成周"之王,应是成王。而铭文中的武王是礼和福(祭祀)的对象,且文王、武王又都是时王回顾历史的先王,所以,"唯王恭德裕天","王咸告","唯王五祀"之王,皆是武王之子成王。这是成王时期的一件标准器。这里的文王、武王皆是死谥。

● 宜侯夨簋

1954年6月江苏镇江丹徒大港镇烟炖山出土。铭文曰:

惟四月,辰在丁未,王省武王、成王伐商图,遂省东或(国)图。王卜于宜宗土,南乡。王令虞侯夨曰:……。宜侯夨扬王休,作虞公父丁尊彝。

根据铭文"王省武王、成王伐商图",可见此王肯定是成王之子康王。而"王卜于宜宗土"以及"王令虞侯夨"之王也是康王。武王和成王也都是死谥。这是一件康王时器。

● 大盂鼎

相传清道光初年陕西眉县礼村出土。鼎内壁铸铭文19行291字。铭文曰:

隹九月,王在宗周命盂。王若曰:"盂,丕显玟王受天有大命,在珷王嗣玟作邦,辟厥匿,匍有四方……今我隹即井廩于玟王正德,若玟王令二三正……"王曰:"盂,乃召夹死嗣戎……"王曰:"盂,若敬乃政,勿灋(废)朕命。"……隹王廿又三祀。

● 小盂鼎

相传与大盂鼎同出于陕西眉县礼村,器已亡佚,仅存铭文拓片。铭文曰:

> 唯八月既望,辰在甲申,昧爽,三左三右多君入服酒,明,王各周庙……用牲禘周王、武王、成王,□□□祭,王祼……零若翌日乙酉,三事大夫入,服酒。王各庙,赞王,邦宾侍……唯王廿(卅)又五祀。

郭沫若据小盂鼎铭文"用牲禘周王、武王、成王",于是定大、小盂鼎为康王时器。因为禘祭的先王止于成王,所以定为康王时器是可以的。但是,也有学者以为铭文"成王"之后尚有缺字,可能是康王、昭王的王名,于是认为"王在宗周"之时王当是昭王之子穆王。但是,由于铭文残泐,所缺之字是否即康王、昭王之王名,已经说不清楚了。不过,据所祭祀的先王止于成王而定其为康王之器还是有说服力的。且据大小盂鼎铭文的纪年来看,也是相接续的,一为廿又三祀,一为廿(卅)又五祀,定为同一王世也不会有误。

● 宗周钟

又名㝬(胡)钟。相传出土于清代。钟表面铸铭文 17 行 122 字。铭文曰:

> 王肇遹省文武,堇(勤)疆土。南或(国)服孳敢陷虐我土。王敦伐其至,扑伐厥都。服孳乃遣闲来逆昭王,南夷东夷具见,廿又六邦……

郭沫若谓邵王即昭王,邵王乃生号而非死谥,器为昭王时所作,吴其昌亦谓昭王实名为㝬(胡)。不过,孙诒让读邵王之邵为迎,邵王,迎王也;㝬(胡)是厉王之名,唐兰从其说,因而定其为厉王时器,其后学者意见亦分为此两说。笔者以为,铭文"服孳乃遣闲来逆昭王"之逆,是迎的意思,因而邵王就是昭王,是迎的对象。且根据铭文内容来看,"王肇遹省文武,堇(勤)疆土","王敦伐其至"之王,也应是昭王。这就是说,在同一篇铭文中,既可以称王,也可以直称王名。笔者研究认为,西周王名生称与死谥相同,不同的铭文应区别对待。于本篇铭文,昭王是生称。[①]

● 长由盉

1954 年陕西长安普渡村西周墓出土。盖内铸铭文 56 字,重文 2。铭文曰:

> 唯三月初吉丁亥,穆王在下淢应(居),穆王飨醴,即井伯太祝射。穆王蔑长由迹即井伯……长由蔑历,敢对扬天子丕杯休,用肇乍尊彝。

---

① 见拙著《金文标准器铭文综合研究》,第 1 页,线装书局 2010 年版。

铭文中的穆王也是生称而非死谥。铭文又有"天子"的称谓,根据铭文,穆王蔑历长由,长由对扬天子休,显而易见,天子就是穆王。由此可见,在同一篇铭文中,既可以直称王名,也可以称王称天子。

"天子"之称,始见于成王时的献簋铭文。曰:"唯九月既望庚寅,楷伯于遘王休,亡尤。朕辟天子,楷伯令厥臣献金车。对朕辟休,作朕文考光父乙。十世不忘献身在毕公家,受天子休。"陈梦家曰:"铭之中'王'与'天子'前后互举,则天子之称起于成王之时。"[①]可见铭文既称王,也称天子,"天子"的称谓由来久矣。

● 剌　鼎

鼎内壁铸铭文 6 行 52 字,重文 2,合文 2。铭文曰:

> 唯五月,王在㽙,辰在丁卯,王啻(禘),用牡于大室,啻(禘)卲(昭)王,剌御。王锡剌贝卅朋。天子万年,剌对扬王休……

本篇铭文王和天子互称,根据铭文内容来看,时王就是天子,天子就是健在的时王。而王所禘(合祭)者是昭王,则时王就是昭王之子穆王。所以,该器是穆王时期的标准器。

● 遹　簋

传清庚戌年(1910 年)出土于秦中。器内底铸铭文 6 行 52 字,重文 4。铭文曰:

> 唯六月既生霸,穆=王在㽙京,呼渔于大池。王飨酒,遹御,亡遣。穆=王亲锡遹爵。遹拜首稽首,敢对扬穆王休。用作文考父乙奠彝,其孙=子=永宝。

王国维《遹敦跋》曰:"此敦称穆王者三,余谓即周昭王之子穆王满也。何以生称穆王?曰:周初诸王,若文武成康昭穆皆号而非谥也。"王国维所说极是。所以,遹簋也是穆王时期的标准器。在本篇铭文中,也是既直称王名,也单称王,王名就是时王。

● 曶　鼎

据传清代出土于陕西。鼎内铸铭文 24 行,铭文残泐,今存 380 字。铭文曰:

> 唯王元年六月既望乙亥,王在周穆王大[室,王]若曰:"曶,令汝更乃祖考司卜事……"王在还居,……曶受休[令于]王……

"周穆王大室",一般认为大室是供奉已故周王神主的地方,所以,这个"王若曰"

---

① 陈梦家:《西周铜器断代》,第 54 页,中华书局 2004 年版。

和"舀受休令于王"之王就是穆王之子共王。但是,陈梦家研究指出:"宫与庙是有分别的。宫、寝、室、家是生人所住的地方,庙、宗、宗室等是人们设为先祖鬼神之位的地方。"①据此,则周穆王大室就是穆王住的地方,那么,"王若曰"之王就是穆王,而不是共王。铭文既称王名,又称王,是同一个人,即穆王。铭文中的人物匡是懿王时期人,见匡卣铭文,可能不是同一人。但结合铭文的纪时,发现铭文所记历日符合穆王元年的历朔。参见《舀鼎铭文历朔研究》一节。

● 鲜 簋

内底铸铭文5行43字,合文1。铭文曰:

> 唯王卅又三(四)祀,唯五月既望戊午,王在莽京,禘(禘)于卲(昭)王。鲜蔑历,祼,王赏玉三品、贝廿朋。对王休,用作,子孙其永宝。

铭文言"王在莽京,禘于卲(昭)王",则"王在莽京"、"王赏玉"之时王,是昭王之子穆王。王名所指者,与时王是父子关系。或疑本铭文为伪。参见下文。

● 墙 盘

1976年陕西扶风庄白村西周窖藏出土。盘内底铸铭文18行共284字。铭文曰:

> 曰古文王,初戾和于政……强圉武王,遹征四方……宪圣成王,左右授会纲纪,用肇彻周邦。浚哲康王,遂尹亿疆。宏鲁邵(昭)王,广批楚荆,唯狩南行。祗显穆王,型帅吁谟,腾宁天子,天子周缵文武长烈。天子眉无害……上帝后稷匡保授天子绾命……静幽高祖,在微霝处,雩武王既斩殷……通惠乙祖,彌叵厥辟……灵明亚祖祖辛,胤育子孙……舒迟文考乙公,遽爽德纯无谏……史墙夙夜不坠,其日蔑历,墙弗敢沮,对扬天子丕显休命……

铭文记述西周文、武、成、康、昭、穆六代周王,铭文接着叙述史墙祖先的功德及家世,从高祖、烈祖、乙祖、亚祖祖辛、文考乙公一直到史墙本人,也是六代。铭文在颂扬穆王时,只说"祗显穆王,型帅訏谟",话并没有讲完,所以接下来一连几处用"天子"的称谓称述天子的行事与功烈,实际天子就是穆王,而非有些人所说的穆王之子共王。就是说,史墙夙夜不坠、兢兢业业事奉的是穆王,穆王是生称,又称天子。而不是某些学者所说的穆王王号是死谥,天子是共王,遂定墙盘为共王时器,这是误解铭文了。墙盘应是穆王时器。与墙盘铭文记事体例、性质相类似的还有2003年1月19日出土于陕西宝鸡市眉县杨家村的逑盘铭文。详见后文。

---

① 陈梦家:《西周铜器断代》,第36页。

● 十五年趞曹鼎

鼎内底铸铭文 57 字。铭文曰：

唯十又五年五月既生霸壬午，龏（共）王在周新宫。旦，王射于射庐。史趞曹锡弓矢、虎卢、九、胄、冊、殳。趞曹敢对，曹拜稽首，敢对扬天子休，用乍宝鼎，用飨倗友。

铭文中的共王是生称，这是共王时期的一件标准器。铭文既称王名——共王，又称王，又称天子，其实都是指共王一人。所以，我们不能不加分析地一看到铭文中既有王名，又有王或天子的称谓，于是就以为这后面出现的王和天子就是另外一个周王。十五年趞曹鼎铭文的称谓很典型，很有说服力。

● 匡卣、匡尊

匡卣、匡尊铭文 51 字。铭文曰：

唯四月，初吉甲午，懿王在射庐，作兔罟，匡甫（捕）兔䚄二，王曰："休。"匡拜手稽首，对扬天子丕显休，用作文考日丁宝彝，其子=孙=永宝用。

匡卣、匡尊铭文中的懿王也是生称，这是懿王时期的标准器。铭文既称王名——懿王，又称王，又称天子，其实都是指懿王一人。匡卣和匡尊铭文的称谓也很典型，很有说服力。

● 逨　盘

2003 年出土于陕西宝鸡眉县杨家村。盘内底铸铭文 21 行约 372 字。铭文曰：

逨曰："丕显朕皇高祖单公，桓桓克明慎厥德，夹召文王武王达（挞）殷……雩朕皇高祖公叔，克逨匹成王，成受大命……雩朕皇高祖新室中，克幽明厥心……雩朕皇高祖惠中盠父，懿（戾）龢于政，有成于猷，用会昭王、穆王，盗（剿）征四方，扑伐楚荆。雩朕皇高祖灵伯，粦明厥心，不坠□服，用辟龏王、懿王。雩朕皇亚祖懿中，广谏谏克匍保厥辟考（孝）王、夷王，有成于周邦。雩朕皇考龏叔，穆穆趩趩，龢询（均）于政，明济于德，享辟厉王。逨肇纘朕皇祖考服，虔夙夕，敬朕死事，肆天子多赐逨休。天子其万年无疆……"王若曰："逨，丕显文武，膺受大命，匍有四方……今余唯经乃先圣祖考，申就乃令，令汝胥荣兑，用宫御……"逨敢对天子丕显鲁休扬……逨畯臣天子，子=孙=永宝用享。

铭文中吴逨历数单氏家族八代人（含吴逨本人）事奉十一代周王（至厉王），为周王室的建立和巩固做出了不朽的贡献。铭文在陈述了"享辟厉王"之后，继称"肆天子多赐逨休。天子其万年无疆……"，又言"王若曰……"，那么，这里的天子、王，与厉王是什么关系？有学者或以为既然享辟厉王，铭文中的天子和王就应该是厉王之子宣王。其实非也。

铭文"享辟厉王",享,《尔雅·释诂》:"孝也。"辟,君也。所以,享辟厉王,意思是效忠于君主厉王,而不是祭祀厉王。铭文"雩朕皇考夆叔,穆穆趩趩,龢询(均)于政,明济于德,享辟厉王",正是这个意思。铭文继言"逑肇纘朕皇祖考服,虔夙夕,敬朕死事,肆天子多赐逑休。天子其万年无疆,耆黄耇,保奠周邦,谏乂四方",这是说自己继承祖和父的事业,兢兢业业,为此受到天子的赏赐,祝天子万年长寿无疆,永远保有天下。继而天子又重申对吴逑的任命:王若曰:"逑,丕显文武,膺受大命,……。今余唯经乃先圣祖考,申就乃令,令汝胥荣兑,摄司四方虞林,用宫御。……。"由此来说,厉王、天子和王,都是一人,即厉王。也就是说,吴逑父子二代皆事奉厉王,吴逑在其皇考夆叔亡故后继承了父考的职事。对逑盘铭文中的厉王王名与天子、王的关系只能这样理解。结合四十二年逑鼎和四十三年逑鼎铭文的历法关系,学者们已经觉察到与宣王世不合历,而笔者研究发现却与厉王世的历朔正相合历。这也证明吴逑所铸诸器属于厉王王世,而逑鼎诸器的历日记载合于厉王之世。铭文既称王名厉王,有时也称天子、王,其实是同一个人。可见西周王名生死合称并无忌讳。

西周时期同时出现王名和王、天子称谓的铭文共十七件,从西周初成王一直到厉王世。

二、同一篇铭文中出现王名与王、天子称谓的关系

根据以上的分析,西周时期同一篇铭文中出现的王名与王、天子的关系,可以概括如下:

1. 王名如果是祭祀的对象,那么,王名与王或天子是父子关系。如天亡簋、德方鼎、何尊、小盂鼎、剌鼎、鲜簋。

2. 王名如果是陈述的先王,那么,王名与王或天子也是父子关系。如宜侯夨簋、大盂鼎。

3. 王名如果是叙事陈述的对象,那么,王名与王、天子是同一个人。如利簋、宗周钟、长由盉、遹簋、墙盘、十五年趞曹鼎、匡卣(尊)、曶鼎、逑盘等。

第二章
商代时期纪年、纪时铭文历朔研究

一、殷历概述

商代历法,史称殷历。其状况究竟如何?学术界很早就有人进行过探讨,大抵上有两种不同的看法。一是以刘朝阳为代表,他在《殷历质疑》一文中认为,殷用360日为一太阳年,闰月20日附于年终。一个月三旬,每旬十日,每月都是三十日。每月月初皆为甲日,每月月终也皆为癸日。每旬第一日皆为甲日,每旬第十日皆为癸日,等等。[①] 王国维亦曾对殷历有所论说。他说:"余徧搜卜辞,凡云'贞旬亡囚'者,亦不下数百见,皆以癸日卜,殷人盖以自甲至癸而一徧,故旬之义,引申为徧。《释诂》云:'宣、旬,徧也。'《说文》训裹之勹,实即此字,后世不识,乃读若包,殊不知勹乃旬之初字。"[②]二是以董作宾为代表,他在《殷历谱》中按照四分历来看待殷历,就月中的天数来说,认为大月三十日,小月二十九日,并编排殷历谱。[③] 当然,其他一些学者也进行了有益的探讨,恕不一一介绍。

《汉书·律历志》:"《殷历》曰:'当成汤方即世用事十三年,十一月甲子朔旦冬至,终六府首。'"六府首,即六蔀首。又曰:"《四分》,上元至伐桀十三万二千一百一十三岁,其八十八纪,甲子府首,入伐桀后百二十七岁。"《四分》指四分术,也叫四分历法,由一回归年的时间为三百六十五日又四分之一日为回归年长度调整年、月、日周期的历法,它是战国至汉初普遍实行的一种历法。其内容如下:

一岁:三百六十五日又四分日之一,即365.25日,十二月又十九分之七月。

一月:二十九日九百四十分日之四百九十九,即29.530 851 63日。

一章:十九年,七闰,二百三十五月。即一章19年中置7闰,共有235个月。

[①] 刘朝阳:《殷历质疑》,《燕京学报》第17期,第2009—2059页。
[②] 王国维:《释旬》,《观堂集林》第286页,中华书局1984年版。
[③] 董作宾:《殷历谱》,《董作宾先生全集》甲编,台北艺文印书馆1979年版。

置闰只能加在第三、六、九、十一、十四、十七、十九年中。

一蔀：四章，七十六年。即 $4 \times 19 = 76$ 岁 $= 940$ 月 $= 27\,759$ 日。就是说，76 年日月皆成整数，且四章 76 年立春与合朔一致。

一纪：二十蔀，一千五百二十年。20 蔀 1 520 年后立春与合朔一致，而日名（干支）才又回复原来的名称。

一元：三纪，四千五百六十年。就是说，4 560 年后立春与合朔一致，而日名、年名（干支）又回复原来的名称。①

这是说，经过 4 560 年后而前一年的十一月朔旦冬至又为日名甲子，岁名甲寅。据说殷历与四分历法相同。关于中国古代历法，读者可参阅朱文鑫《历法通志》一书。②

此外，关于甲骨卜辞里的殷代历法，陈梦家在《殷墟卜辞综述》第七章中有专节加以论述。陈梦家说："历法是根据天象以一定的单位对于长的时间间隔的计算。"另有说细论述：

甲骨刻辞中所见到的殷代历法，其可确知者有以下各点：(1) 它是一种阴阳历，所以有闰月。(2) 闰月最初置于年终，称十三月；后来改置年中，一年只有正月至十二月。(3) 月有大小，大月三十日，小月二十九日；一年之中大小月相错，有频大月的。(4) 年有大小，平年十二个月，闰年十三个月。(5) 它虽然利用祀周的甲子记日，但每年每月不一定始于甲日，朔日不一定逢甲。(6) 武丁至殷末，历法是改易的。"陈梦家又补充了几条推测意见，还对董作宾的《殷历谱》提出了批评，认为董作宾所作的"《殷历谱》是工程浩大的著作，但其基础很不坚强"，"它的内容，实际上涉及历法本身的并不多，大部分讨论了天象（日月食），年代（殷周的年数），祀周（即他所谓祀典和祀谱）。③

当然，对殷历进行探讨的除了上述学者以外，还有日本新城新藏《东洋天文学史》，奥波尔策《日月食典》，张汝舟《二毋室古代天文历法论丛》，张培瑜《中国先秦史历表》，冯时《中国天文考古学》、《出土古代天文学文献研究》等。但是，各家的说法往往不一致，目前唯张培瑜的《中国先秦史历表》被学术界公认比较科学可靠。张是专业人士，张书又晚出，所谓"前修未密，后学转精"是也。但是，董作宾的《殷历谱》也不容忽视。

不过，笔者在《邲其卣三器铭文及晚殷历法研究》一文中认为，晚殷历法实行祀周年制度，一个月 30 日，一个月 3 旬，一旬 10 日，一年 360 日；闰月 30 日置于年终，一年

---

① 朱文鑫：《历法通志》，民国二十三年（1934）商务印书馆初版；张培瑜：《中国先秦史历表·前言》，齐鲁书社 1987 年版。

② 朱文鑫：《历法通志》，民国二十三年（1934）商务印书馆初版。

③ 陈梦家：《殷墟卜辞综述》，第 217—223 页，中华书局 1992 年版。

13个月,380日。每个月的月首皆为甲日,而旬末皆为癸日。① 其根据是晚殷甲骨卜辞占卜下一旬之吉凶都是在癸日举行这一事实。

那种认为殷代历法分大小月的根据就是《甲》2122片甲骨(即大龟四版之四)。不过,从排比该片刻辞九个月的干支就会发现,这里是有问题的。现将陈梦家的排比移录于下。②

十　月			癸酉
十一月	(癸未)	癸巳	癸卯
十二月	癸丑	(癸亥)	癸酉
十三月	(癸未)	癸巳	[癸卯]
(一月)	[癸卯]	(癸丑)	(癸亥)
二　月	癸酉	癸未	(癸巳)
三　月	(癸卯)	(癸丑)	(癸亥)
四　月	癸酉	(癸未)	癸巳
五　月	癸卯	癸丑	癸亥

从上列九个月每月三旬旬末的干支可以清楚地看到,十三月第三旬旬末是癸卯,而下一年一月第一旬旬末也是癸卯,十二月第三旬是癸酉,而二月的第一旬也是癸酉,董作宾、陈梦家、郭沫若等学者遂以为十三月和一月必须是30日和29日的分配。③ 那么,该如何解释十三月最后一日所逢癸卯,与下一年一月上旬最后一日所逢也是癸卯的问题?按照干支表,上一个癸卯日与下一个癸卯日之间间隔应该是60日,但这里的两个癸卯紧挨着。如果说这两个癸卯指的是同一日,那么,就出现十三月或一月只有二十日的情况,刘朝阳在《再论殷历》一文中就是这样推测的,他认为殷朝的历法,以一年为三百六十日,每月都有三十日。一月三旬,一旬十日。每旬第一日皆为甲,每旬最末一日皆为癸。则每月月初也皆为甲,每月月终也皆为癸日。(殷历)无闰月,只在某些月后加上十日或二十日。十三月为下一年的正月。周初同殷历,一个天文年(地球绕太阳一周)等于三六五又四分之一日。一个历法年等于360天,用闰月的办法使之与天文年相协调。④ 本书觉得刘朝阳的说法是有根据的。晚殷使用的是太阳历,故而一旬十日,这是常识。按照殷历有大小月之分说者的看法,即太阴月的说法,那么,在殷代就会出现一旬九日的情况。这显然是不符合常理的,同时也不符合殷墟

---

① 叶正渤:《邿其卣三器铭文及晚殷历法研究》,《故宫博物院院刊》2003年第6期。
② 陈梦家:《殷墟卜辞综述》,第219页。
③ 董作宾:《大龟四版考释》,《安阳发掘报告第一期》1931年;郭沫若:《卜辞通纂》,《郭沫若全集·考古编》第2卷,科学出版社1983年版。
④ 刘朝阳:《再论殷历》,《燕京学报》第十三期,第89—114页。

甲骨卜辞的实际情况。周历月分大小,所以,无论是传世文献,还是大量的纪时铭文,周代不用旬这个时间概念纪时。这是公认的。西周时期新邑鼎(亦称王奠新邑鼎、柬鼎)和繁卣等极少数铭文使用过"旬"这个纪时概念。新邑鼎铭文:"癸卯,王来奠新邑。[粤]二旬又四日丁卯,[王]自新邑于寓(阑)。王[易]贝十朋,用作宝彝。"(括号里的字是笔者根据铭文辞例而补。《史征》王奠新邑鼎)铭文中的王是周成王。据彭裕商先生考证,该器是殷遗族所作。① 所以,铭文仍沿用晚殷时的纪时方式和术语。繁卣铭文:"唯九月初吉癸丑,公酻祀。雩旬又一日辛亥,公禘酻辛公祀。衣祀,亡尤……"繁卣铭文显然也是殷遗族所作,故而铭文既使用西周纪时术语"初吉",又沿用殷代历法"旬"的概念,同时还沿用殷代祭名酻。不过,根据繁卣铭文的纪时和干支,公于九月初吉癸丑(50)举行了酻祀,此前当于本旬之辛亥日酻祭了辛公,亡尤。可见本铭文中的"雩"当读作越、粤,是"在"的意思,而不是"过了"的意思,否则过了一旬又一日就不是辛亥(43),而是癸亥(60)。根据殷代祭祀某先祖(以日干命名)必在某相同日干日进行的规律,铭文"公禘酻辛公祀"亦当在辛亥日,而不是在某癸日。

下面以甲骨卜辞为例来说明殷历的实际。例如,《殷虚书契后编》卷下第20·7片:

癸亥[卜,王]贞,旬亡[囚],在三月。乙丑酻小乙。丁卯酻父丁。

癸酉[卜,王]贞,旬亡囚,在四月。甲戌工典,其酻彡(肜)。

癸未[卜],王贞,旬亡囚,在四月。甲申酻[彡(肜)]上甲。

(以上是《后编》第20·7片,即《卜通》第301片)

癸巳卜,王贞,旬亡囚,在四月。菁(遘)示癸彡(肜),乙未彡(肜)大乙。

癸卯卜,王贞,旬亡囚,在五月。甲辰彡(肜)大甲。

癸丑卜,王贞,旬亡囚,在五月。甲寅彡(肜)小甲。

□□卜……贞,……五月……

按:曾毅公将本片与《甲骨七集》第78片缀合。董作宾《殷历谱下》卷二第23页把本片看作是祖甲十一年的。

这是典型的周祭卜辞。由本片来看,三月最后一个甲日应该是甲子(1),四月的三个甲日依次是甲戌(11)、甲申(21)和甲午(31),五月的三个甲日依次是甲辰(41)、甲寅(51)和甲子(1)。董作宾《殷历谱》说本片是祖甲十一年。查检董作宾《中国年历简谱》,祖甲十一年是前1263年,该年三月董谱是辛丑(38)朔,四月是辛未(8)朔,五月是庚子(37)朔,虽然与本片卜辞纪日相合,但是,如何解释卜辞皆于癸日占卜下一旬之"旬亡祸"呢?

---

① 彭裕商:《周初的殷代遗民》,《四川大学学报》2002年第6期。

由此看来,殷历一个月的确是三十日,不分大小月。在对殷历有了基本的了解之后,才能讨论殷代纪年铭文中的历朔问题。

二、商代纪年、纪时铭文历朔研究

● 戍嗣子鼎

> 丙午,王赏戍嗣子贝廿朋,在阑(阑)宗,用作父癸宝餗。唯王馆寓(阑)大室,在九月。犬鱼。(《集成》2708)

本篇铭文中的戍嗣子是作器者人名,其父考庙号曰癸。铭文只有月份和一个干支,即九月丙午,而无王年记载。因此,它的具体时代及历朔不好断定。但是,铭文中还出现阑宰这个地名,这为我们研究该铜器铭文的时代增添了重要的线索。阑宰,或释作阑宗,有些铭文也称阑师,见于商晚期宰椃鼎、阪方鼎、父己簋、监弘鼎和西周初年的利簋、噩侯鼎等铭文。阪方鼎是保利艺术博物馆新近收藏,据学者考证属于帝辛时期。①

利簋,西周初期青铜器,为周武王时有事利所作。该器侈口鼓腹,双兽耳垂珥,方座圈足,器形与大丰簋相似,是典型的西周初期风格。簋腹和方座饰有饕餮纹、夔纹,圈足饰有夔纹、云雷纹。腹内底有铭文,其辞曰:"武王征商,唯甲子朝,岁鼎,克昏夙有商,辛未,王在阑师,赐有事利金,用作檀公宝尊彝。"因铭文有"珷征商"三个字,所以被作为武王时期的标准器。②

根据利簋铭文来看,戍嗣子鼎铭文里的阑宰,与利簋铭文里的阑师应是同一地点,只不过戍嗣子鼎铭文中在阑宰和阑大室的是商王,而利簋铭文中在阑师的是周武王。此外,在阑宰有大室,大室是商王举行祭祀或朝见贵族大臣的重要场所,可见阑宰或阑师应在商都朝歌附近。或说阑即管,其地望就是昔日郑州的管城,即西周时期管叔所封之地。《史记·周本纪》:"(武王)封弟叔鲜于管,弟叔度于蔡。"张守节《史记正义》引《括地志》曰:"郑州管城县外城,古管国城也,周武王弟叔鲜所封。"③西周成王时期的新邑鼎铭文:"癸卯,王来奠新邑,粤二旬又四日丁卯[王]自新邑于柬。王[赐]贝十朋。"黄天树说:"若新邑在'郑州管县',距离洛阳较近,不必历时'二旬又四

---

① 李学勤:《试论新发现的阪方鼎何荣仲方鼎》,《文物》2005年第9期;《保利艺术博物馆收藏的两件铜方鼎笔谈》,《文物》2005年第10期;冯时:《阪方鼎、荣仲方鼎及相关问题》,《考古》2006年第8期。
② 临潼县文化馆:《陕西临潼发现武王征商簋》,《文物》1977年第8期;叶正渤:《金文标准器铭文综合研究》,第70页。
③ 王进锋:《卜辞管字与管地》,复旦大学出土文献与古文字研究中心网站。

日'。"①这个柬,极有可能是阑师之阑。

从时间方面来看,到武王克商时阑师还是一个很重要的场所,可见戍嗣子鼎之制作时代当在商王纣之时。由于铭文没有具体的商王祀年记载,所记只是某年九月丙午之事,但属于商王纣是不会错的。笔者研究认为,晚殷历法实行祀周年制度,一个月是三十日,一年是三百六十日,闰月三十日置于年终,一年是十三个月,三百九十日。② 据此推算,则九月的月首干支就可能是甲申、甲午或甲辰,否则九月无丙午。如果九月月首干支是甲申(21),则丙午(43)就是九月二十三日;如果九月月首干支是甲午(31),则丙午就是九月十三日;如果九月月首干支是甲辰(41),则丙午就是九月三日。

由于张表和董谱于殷历是基于月分大小的理念,原则上皆是按太阴月大小月相间来编排的。这样,一来无法运用张表和董谱来验证推算晚殷有年祀记载的铭文的历朔,二来无法解释晚殷甲骨卜辞中皆于每旬之癸日贞卜下旬之吉凶的现象。更何况有些铭文仅有月份和干支纪日,而无年祀记载,更无法进行比勘验证。

铭文末尾"犬鱼"二字,根据铭文来推断当是戍嗣子家族的族徽。

● 寝蒅鼎

庚午,王令寝蒅省北田四品,在二月,作册友史赐贝。(《集成》2710)

本篇铭文中的寝蒅是作器者人名。寝蒅于二月庚午这一日受商王之命省视位于北部的四品田。品,用为量词,在金文里可以用指土田,如本篇铭文;也可以用指方国,如邢侯簋铭文"赐臣三品:州人、重人、庸人";宾尊、宾卣铭文:"乙卯,王命保及殷东国五侯,诞贶六品。蔑历"。六品,或说指六个方国,即殷东国五侯:徐、奄、熊、盈、薄姑。

根据晚殷历法一个月是三十日的看法推算,则二月月首干支就可能是甲辰、甲寅或甲子,否则二月无庚午(7)。如果二月月首干支是甲辰(41),则庚午(7)是二月二十七日;如果二月月首干支是甲寅(51),则庚午是十七日;如果二月月首干支是甲子(1),则庚午是二月七日。但铭文没有年祀记载,所以,不知铭文所记为何年二月庚午日。

● 我方鼎

唯十月又一月丁亥,我作御,祭祖乙、妣乙、祖己、妣癸。征祊,繋(祭)二母,咸举。遣(福)。二(王)束(赐)贝五朋,用乍(作)父己宝奠彝。亚若。(《集成》2763,共二件)

---

① 黄天树:《保利艺术博物馆收藏的两件铜方鼎笔谈》,《文物》2005年第10期。
② 叶正渤:《鄂其卣三器铭文及晚殷历法研究》,《故宫博物院院刊》2001年第6期。

一件鼎广腹敛口,口下饰云雷纹填地的兽面纹,足饰变形蝉纹,平底圆柱脚,无耳。盖作平顶,沿下折,四角有曲尺形扉,盖沿饰云雷纹填地的兽面纹带。另一件呈椭方形,半圈足,形似盘。从器形、纹饰等要素来看,当属商器。说者也有将其列入西周早期。笔者从铭文书体风格,尤其是以日干为名,同辈祖妣合祭,有亚形文字等方面来考察,将其定为商代之器。①

铭文记载某祀十一月丁亥(24),根据晚殷历法一个月是三十日的看法推算,则十一月月首干支就可能是甲子、甲戌或甲申,否则十一月无丁亥。如果十一月月首干支是甲子(1),则丁亥(24)就是十一月二十四日;如果十一月月首干支是甲戌(11),则丁亥(24)就是十一月十四日;如果十一月月首干支是甲申(21),则丁亥就是十一月四日。

● 二祀邲其卣

> 亚貘,父丁。丙辰,王令邲其兄(貺)殷于夆田,香,宾贝五朋,在正月,遘于妣丙肜日,大乙爽(奭),惟王二祀。既妿(扬)于上下帝。(《集成》5412)

铭文"亚貘,父丁",与殷晚期亚貘父丁鼎五器为同一人所铸。铭文称"父丁",则其为邲其之亡父。邲其,作器者人名。王,据下列二器铭文来看,应该是帝辛。所以,唯王二祀就是帝辛的祀年。于正月丙辰日肜祭妣丙,符合晚殷周祭制度。香,从禾从口,字书所无,疑是人名。大乙,成汤,文献或作成唐。妣丙,是成汤的配偶。肜日,祭了又祭谓肜日。其祭祀仪式,根据肜字的字形推测当是伐鼓之祭。

笔者在《邲其卣三器铭文及晚殷历法研究》一文中认为,本器与四祀邲其卣、六祀邲其卣为同一人所铸。根据晚殷历法一个月是三十日的看法推算,则二祀正月月首干支就可能是甲午、甲辰或甲寅,否则正月无丙辰。如果正月月首干支是甲午(31),则丙辰(53)就是正月二十三日;如果正月月首干支是甲辰(41),则丙辰就是正月十三日;如果正月月首干支是甲寅(51),则丙辰就是正月三日。据《邲其卣三器铭文及晚殷历法研究》推算,二祀正月月首干支为甲寅(51),丙辰(53)是正月三日。②

虽然张表和董谱于殷历基于月分大小的理念,原则上皆是按太阴月大小月相间来编排的。且殷商年代乃至武王伐纣灭殷究竟是何年?至今仍无定论,仍在探讨之中。更何况有关殷历的状况究竟怎样?学术界至今亦无定说。尽管如此,该做的探讨还是要做,故本文仍试以董谱和张表来进行比勘验证,所得资料以作学术界研究参考。

---

① 叶正渤:《我方鼎铭文今释》,《故宫博物院院刊》2001年第3期。
② 叶正渤:《邲其卣三器铭文及晚殷历法研究》。

董作宾根据传世文献的有关记载,推算出帝辛元祀是公元前1174年,那么,二祀就是前1173年。该年正月董谱是庚寅(27)朔,张表同,那么丙辰(53)就是正月二十七。

目前,通行的说法(指"夏商周断代工程"的阶段成果报告)以为帝辛元祀是公元前1075年,帝辛在位三十年。那么帝辛二祀就是前1074年。查检董谱,前1074年正月是乙卯(52)朔,张表是丙辰(53)朔。按董谱,铭文丙辰是正月初二;按张表,丙辰是正月初一。

● 四祀邲其卣

亚貘,父丁。乙巳,王曰:奠文武帝乙,宜。在召大厅。遘乙翌日,丙午,酯。丁未,煮。己酉,王在梌,邲其赐贝,在四月,唯王四祀。翌日。(《集成》5413)

根据铭文来看,祭奠的对象是文武帝乙,据《竹书纪年》《史记·殷本纪》等文献记载,帝乙是帝辛之父,则举行祭祀之王必然是帝乙之子帝辛,即商王纣。于乙巳日祭奠文武帝乙,符合晚殷周祭制度。根据晚殷历法一个月是三十日的看法推算,则帝辛四祀四月月首干支应该是甲申、甲午或甲辰,否则四月无乙巳、丙午和丁未三日。《邲其卣三器铭文及晚殷历法研究》一文据三器铭文综合考察研究认为,帝辛四祀四月月首干支是甲申(21),乙巳(42)是二十二日,丙午(43)是二十三日,丁未(44)是二十四日。

按照董作宾的推算,帝辛元祀是公元前1174年,那么,四祀就是前1171年。该年四月董谱是丁丑(14)朔,张表同,那么乙巳(42)就是四月二十九。铭文乙巳之后的丙午(43)有可能是四月晦日,而丙午之后的丁未(44)和己酉(46)两日就肯定不在四月之内。但是,铭文是在四月。这就是说,要么帝辛元祀不是董作宾所推算的前1174年;要么二祀邲其卣、四祀邲其卣和六祀邲其卣所记历日都不是帝辛之世的历朔;或者,殷历就不是历谱和历表所显示的那种状况。

按照通行的说法帝辛元祀是前1075年,那么帝辛四祀就是前1072年。查检董谱,前1072年四月是壬寅(39)朔,张表是癸卯(40)朔。按董谱,铭文乙巳是四月初四;按张表,乙巳是四月初三。其后的丙午、丁未和己酉都在四月之内。当然,这也并不能表明通行的帝辛元祀是前1075年的说法就是正确的,还需要多方面的数据来证明。

● 小臣邑斝

癸巳,王赐小臣邑贝十朋,用作母癸奠彝,唯王六祀,肜日,在三(四)月。亚疑。(《集成》9249)

根据晚殷历法一个月是三十日的看法推算,则帝辛六祀四月月首干支应该是甲子、甲戌或甲申,否则四月无癸巳。若是四月月首干支是甲子(1),则癸巳(30)就是四月三十日;若四月月首干支是甲戌(11),则癸巳就是四月二十日;若四月月首干支是甲申(21),则癸巳就是四月十日。

又,《殷契佚存》518号雕花骨(宰丰刻辞)刻辞:"壬午,王田于麦麓,获商戠兕,王赐宰丰寑,小戠兄(貺)。在五月。惟王六祀肜日。"

根据晚殷历法一个月是三十日的看法推算,六祀五月壬午(19),那么五月月首干支就可能是甲寅、甲子或甲戌,否则五月就没有壬午。如果宰丰刻辞所记历日与小臣邑斝铭文所记历日相承的话,那么六祀五月月首干支就只能是甲寅(51),而六祀四月月首干支只能是甲申(21)。六祀五月月首干支只能是甲寅(51),那么壬午(19)为五月二十九日。

这样一来,又与六祀䢅其卣铭文所记历日有可能相矛盾。因为六祀䢅其卣铭文所记六祀六月有乙亥,六月能有乙亥(12)日的月首干支也只能是甲寅、甲子或甲戌,就与五月可能出现的月首干支完全相同。这显然是不应该的。如果说在六祀五月和六月之间有闰月的话,那也不可能,因为殷商时期闰月皆置于年终,称十又三月,而不置于年中。这样,宰丰刻辞所记的六祀五月壬午,就有可能与四祀䢅其卣、小臣邑斝铭文所记历日不属于同一个王世。

根据董作宾之说,帝辛元祀是前1174年,则帝辛六祀就是前1169年。该年四月,董谱是乙丑(2)朔,张表是丙寅(3)朔。铭文癸巳(30)是月之二十九或月之二十八。

按照目前通行的说法,帝辛元祀是前1075年,则帝辛六祀就是前1070年。该年四月,董谱是庚申(57)朔,张表是辛酉(58)朔,则本月无铭文的癸巳。

● 六祀䢅其卣

  乙亥,䢅其赐作册䈪征一、玽一,用作祖癸奠彝,在六月,唯王六祀,翌日。亚𦉢。(《集成》5414。共二件。)

根据晚殷历法一个月是三十日的看法推算,六祀六月能有乙亥的月首干支可能是甲寅、甲子或甲戌,否则六月就没有乙亥。如果六月月首干支是甲寅(51),则乙亥(12)就是六月二十二日;若六月月首干支是甲子(1),则乙亥就是六月十二日;若六月月首干支是甲戌(11),则乙亥就是六月二日。

根据董作宾之说,帝辛元祀是前1174年,则帝辛六祀就是前1169年。该年四月,董谱是乙丑(2)朔,张表是丙寅(3)朔。铭文乙亥(12)是月之十一日或月之初十。

按照目前通行的说法,帝辛元祀是前 1075 年,则帝辛六祀就是前 1070 年。该年四月,董谱是庚申(57)朔,张表是辛酉(58)朔,则铭文的乙亥分别是月之十六日或月之十五日。但是,这样就和小臣邑斝铭文所记历日不相容,或两器不属于同一个王世。

● 亚鱼鼎

　　壬申,王赐亚鱼贝,用作兄癸尊,在六月,唯王七祀,翌日。(《汇编》140)

发掘简报称:"从该墓中出土的陶器、铜器的器形和组合特征来看,此墓应属殷墟四期晚期,其具体年代属帝辛时期。"因此,"该墓的发现为研究帝辛时期的铜器、进而研究帝辛时期的祀周,提供了珍贵的科学数据"。[①]

铭文所记为帝辛七祀六月壬申,根据晚殷历法一个月是三十日的看法推算,则七祀六月月首干支就应该是甲辰、甲寅或甲子,否则六月无壬申(9)。若是六月月首干支是甲辰(41),则壬申是六月二十九日;若六月月首干支是甲寅(51),则壬申是六月十九日;若六月月首干支是甲子(1),则壬申是六月九日。排比干支表,从六祀邲其卣铭文的六祀六月至亚鱼鼎铭文的七祀六月,干支相连续,可见两器应该属于同一王世。

根据董作宾之说,帝辛元祀是前 1174 年,则帝辛七祀就是前 1168 年。该年六月,董谱是戊子(25)朔,张表是己未(56)朔。按照董谱,本月无铭文壬申(9);按照张表,壬申是月之十四。

按照目前通行的说法,帝辛元祀是前 1075 年,则帝辛七祀就是前 1069 年。该年六月,董谱是甲寅(51)朔,张表同,则壬申是月之十九。

● 隽卣作兄癸卣

　　丁巳,王赐隽卣贝,在寝,用作兄癸彝,在九月,唯王九祀,叠(协)日。(《集成》5397。共二件。)

关于本器,宋代吕大临在《考古图》卷四中就有论述:"右得于邺……按河亶甲居相,即邺郡。其文又称九祀,为商器无疑。"协日,晚殷周祭制度之一,即合祭。参阅拙文《邲其卣三器铭文及晚殷历法研究》。铭文所记历日为唯王九祀九月丁巳,根据晚殷历法一个月是三十日的看法推算,则九祀九月月首干支应该是甲午、甲辰或甲寅,否则九月无丁巳(54)。若九月月首干支是甲午(31),则丁巳(54)是九月二十四日;

[①] 杨锡璋、杨宝成:《安阳殷墟西区一七一三号墓的发掘》,《考古》1986 年第 8 期。

若九月月首干支是甲辰(41),则丁巳是九月十四日;若九月月首干支是甲寅(51),则丁巳是九月四日。

根据董作宾之说,帝辛元祀是前 1174 年,则帝辛九祀就是前 1166 年。该年九月,董谱是乙亥(12)朔,张表是丙午(43)朔。按照董谱,本月无丁巳(54);按照张表,丁巳是月之十二。

按照目前通行的说法,帝辛元祀是前 1075 年,则帝辛九祀就是前 1067 年。该年九月,董谱是辛丑(38)朔,张表同,丁巳是月之十七。

● 戍铃方彝

己酉,戍铃奠宜于召,康庚禀九律,禀赏贝十朋、亥(豕)豚,用宝(铸)丁宗彝,在九月,唯王十祀,肜(协)日,唯来东。(《集成》9894)

铭文唯王十祀九月己酉,根据同一原则推算,则九月月首干支应该是甲申、甲午或甲辰,否则九月无己酉(46)。若九月月首干支是甲申(21),则己酉是九月二十六日;若九月月首干支是甲午(31),则己酉是九月十六日;若九月月首干支是甲辰(41),则己酉是九月六日。联系隽盉作兄癸卣与戍铃方彝铭文的历日记载,两件铭文所记历日相连续,应该属于同一王世之器。

根据董作宾之说,帝辛元祀是前 1174 年,则帝辛十祀就是前 1165 年。该年九月,董谱是己巳(6)朔,张表是庚午(7)朔,则本月无己酉(46),错月才有。

按照目前通行的说法,帝辛元祀是前 1075 年,则帝辛十祀就是前 1066 年。该年九月,董谱是乙未(32)朔,张表同,则己酉是月之十五日。本年董谱闰九月,张表也有闰月。结合甲骨卜辞来看,的确是帝辛征人方时期的历日记载。可参阅陈梦家《殷墟卜辞综述》一书。

● 小子䍃簋

癸巳,䟒(扬)商(赏)小子䍃贝十朋,在上鲁。唯䟒(扬)令伐人方䍃,宾贝,用作文父丁奠彝,在十月彡。䍃(冀)。(《集成》4138)

本篇铭文记载征人方,这是殷商帝辛十祀时的一次重要对外战争,不仅传世文献有所记载,大量的甲骨卜辞也有记载,从而引起学术界极大的关注和研究。为此,有学者对殷商征人方的具体时间、地望等做了深入研究,描绘了征人方的时间表和路线图,对商代历法学、地理学研究具有重要意义。[①] 小臣艅犀尊铭文:"丁巳,王省夔且(京),王赐小

[①] 董作宾:《殷历谱》,《董作宾先生全集》甲编。

臣艅夒贝,唯王来征人方,唯王十祀又五,肜日。"小子峯卣铭文:"在十月,隹子曰令望人方霉"。文革期间上海博物馆收集到一片甲骨刻辞,其上也有伐人方的记载,其辞曰:"[从]多侯甾伐人方伯,……人方伯霉[率]……"霉,当是人方的首领。①

本篇铭文没有年祀记载,只有十月彡(肜)和干支癸巳。根据所记事件涉及征人方,因此,十月彡(肜)和癸巳,也当属于帝辛十祀时的。十月有癸巳(30),因此,十月的月首干支就可能是甲子、甲戌或甲申,否则十月无癸巳。

铭文末尾"十月彡(肜)",《集成》作"十月四",从铭文拓片来看,的确很像是"十月四",但根据商代铭文的体例来看,当是"十月彡(肜)"之误,且最后还有一个"㸚(冀)"形的族徽符号。该符号旧释为"析子孙"。也见于小子峯卣、文嫘已觚等铭文。其实,这是上古时期陈尸的象形。其中,"爿"像木从中剖开之形,后来分化为爿和片两个字。"爿"一般不单独使用,只作声符;"片"作偏旁和量词,而"爿"也就是床的象形。子,即所陈之尸,一般由儿子充任,将尸置于几或床上,作为祖先(亡父)的象征而祭祀。廾,是双手举尸之形状。"㸚(冀)"是商代铭文里常见的符号。西周初利簋铭文里甲子的子,就是陈尸之形,只不过是把尸陈在几上。商代开国郡主成汤就曾经为民求雨而扮演尸,让民祭祀之。今本《竹书纪年》:"(汤)二十四年,大旱。王祷雨于桑林,雨。"《吕氏春秋·顺民》篇:"汤克夏而正天下,天大旱,五年不收,汤乃以身祷于桑林,雨乃大至。"所言即其事也。

● 小臣艅犀尊

　　丁巳,王省夒且(京),王赐小臣艅夒贝,唯王来征人方,唯王十祀又五,肜日。(《集成》5990)

本篇铭文"王省夒且",省,是省视、视察的意思。夒祖,地名。小臣艅是人名。铭文"唯王来征人方",陈梦家说,意思是王来自征人方。②

铭文只有祀年十祀又五和一个干支丁巳的记载,无法确定其具体月份。这要结合甲骨卜辞征人方的记载,或许能够推算出具体月份。参阅陈梦家《殷墟卜辞综述》第301—304页。

● 小子峯卣

　　乙巳,子令小子峯先以人于堇,子光赏峯贝尔朋……在十月,唯子曰令望人方霉。㸚(冀)(《集成》5417。共二件)

---

① 沈之瑜:《介绍一片伐人方的卜辞》,《考古》1974年第4期。
② 陈梦家:《殷墟卜辞综述》,第301—312页。

本篇铭文亦记载殷商征人方之事。铭文曰"唯子曰令望人方噩",子,是征人方时的一位将军。小子夆是人名,子的部下,受命于子。人方噩,噩是人方头领的名字。

铭文所记十月有乙巳(42),则十月月首干支应该是甲申、甲午或甲辰,否则十月无乙巳。文末亦"🅇(嬰)"形族徽,说明与小子夆簋当属于同一个部族。

● 文嬕己觥

🅇(嬰)。 丙寅,子赐囗贝,用作文嬕己宝彝,在十又三[月]。(《集成》9301.1—2)

本篇铭文亦有"🅇(嬰)"形族徽,说明与以上两件铭文同属于一个部族。铭文只有"十又三月,丙寅"的纪时,说明该年有闰月,此外无法确定其具体年代。十三月有丙寅,则十三月月首干支就应该是甲辰、甲寅或甲子,否则无丙寅。

● 貔簋(戊辰彝)

戊辰,弜(彌)师赐貔叀户囊贝,用乍(作)父乙宝彝,在十月一,唯王廿祀,协日,遘于妣戊武乙奭(母),豕(豕)一、旅。(《集成》4144)

弜(彌)师,彌,人名;师,职官名。弜(彌)师也见于帝乙十年前后征盂方卜辞。且妣戊是武乙之配偶,是帝乙的祖母。因此,弜(彌)师及作器者貔皆当是帝乙时期人物。于戊辰(5)协祭妣戊,符合商代周祭制度。郭沫若说帝乙廿祀"六月之三癸日为癸卯、癸丑、癸亥,七月之三癸日为癸酉、癸未、癸巳,以此推之,知翌年二月之三癸日为癸卯、癸丑、癸亥,二年之间无闰也。"[①]本书作者曾据此推得廿祀十一月之三癸日应是:癸酉、癸未、癸巳,即十一月以甲子日为始。本月戊辰是第五日。且妣戊之死,应在帝乙二十祀十一月之前,而不是在帝乙二十祀之后。[②]

根据董作宾之说,帝乙元祀是前 1209 年,则帝乙廿祀就是前 1190 年。该年十一月,董谱是甲子(1)朔,张表同,则铭文戊辰(5)是月之初五。

按照目前通行的说法,帝乙元祀是前 1101 年,帝乙在位二十六年,则帝乙廿祀就是前 1082 年。该年十一月,董谱是丙申(33)朔,张表是丁卯(4)朔。按照董谱,则本月无戊辰,错月才有,是月之初三;按照张表,戊辰是月之初二。

---

① 叶正渤:《貔簋铭文研究》,《古文字研究》第 24 辑,第 206 页,中华书局 2002 年版。
② 同上注。

● 帚(寝)孳鼎

> 甲子,王赐帚(寝)孳商(赏),用作父辛奠彝,在十月又二,遘且(祖)甲协日,唯王廿祀。(《汇编》924)①

本篇铭文记载王赐给寝品物,寝为其父辛作器,时间在唯王廿祀十月又二,甲子,其日正好是祖甲的协日。罗琨认为:"在商代,王宫守卫部队之长当为'寝',其职权、地位显然在'亚'之下。"②甲子日协祭祖甲,这是晚殷周祭制度之一,则帝辛二十祀十二月月首干支应该是甲辰、甲寅或甲子,否则无甲子。

根据董作宾之说,帝辛元祀是前1174年,则帝辛廿祀就是前1155年。该年十二月,董谱是庚子(37)朔,张表是辛未(8)朔,闰十三月是庚子朔。按照董谱,铭文甲子(1)是月之二十五;按照张表,则本月无甲子,错月才有,是月之二十四。

按照目前通行的说法,帝辛元祀是前1075年,则帝辛廿祀就是前1056年。该年十二月,董谱是乙丑(2)朔,张表是丙寅(3)朔,则本月无甲子,错月才有,分别是月之三十,或二十九。

根据肆簋铭文唯王廿祀十一月有戊辰(5),那么,就不可能有寝孳鼎铭文的唯王廿祀十有二月的甲子。就是说,这两件器不可能属于同一个王世。或者其一属于帝乙廿祀,另一属于帝辛廿祀。笔者曾推得肆簋铭文所记是帝乙廿祀十一月的历日,见前文肆簋。

● 阪方鼎

> 乙未,王宾文武帝乙彡(肜)日,自阑俌,王返入阑。王商(赏)阪贝,用作父丁宝奠彝。在五月,唯王廿祀又二。鱼。(《汇编》1566)③

王,当是帝辛。宾,恭迎。文武帝乙,帝辛之父帝乙,此指文武帝乙在天之灵,则该器属于帝辛时期之物。于乙未祭祀帝乙,符合晚殷周祭制度。五月有乙未,则帝辛二十二祀五月月首干支应该是甲戌、甲申或甲午,乙未(32)可能是月之二十二日、十二日或二日。④

根据董作宾之说,帝辛元祀是前1174年,则帝辛廿又二祀就是前1153年。该年五月,董谱是辛卯(28)朔,张表是壬戌(59)。按照董谱,铭文乙未(32)是月之初五;

---

① 北京大学考古学系商周组、山西省考古研究所:《天马—曲村(1980—1989)》,第336页,科学出版社2000年版。
② 罗琨:《商代的寝官》,山东省博物馆网站,2009年6月3日。
③ 李学勤:《试论新发现的鈑方鼎和荣仲方鼎》,《文物》2005年第9期。
④ 冯时:《阪方鼎、荣仲方鼎及相关问题》,《考古》2006年第8期。

按照张表，则本月无乙未，错月才有，是月之初四。

按照目前通行的说法，帝辛元祀是前1075年，则帝辛廿又二祀就是前1054年。该年五月，董谱是丁巳(54)朔，张表同，则本月无乙未，错月才有，是月之初九。

● 㸼伯諆卣

  庚寅，㸼伯諆作父辛宝彝，在二月。生。(《汇编》1588，又《保利藏金(续)》第128—135页)

㸼伯諆，諆字从言从木从又，左右结构，字书所无，是㸼伯人名。铭文只记二月庚寅，无祀年，则某王某年二月月首干支应该是甲子、甲戌或甲申，庚寅(27)是月之二十七日、十七日或七日，否则二月无庚寅。

● 宰椃角

  庚申，王在阑，王各，宰椃从，赐贝五朋，用作父丁尊彝，在六月，唯王廿祀翌又五。庚册。(《集成》9105)

角为古代青铜礼器中的酒器。礼器是宗庙中和宫室中陈设的器物，使用于各种祭祀、宴飨和典礼仪式的场合，盛行于商末周初。角的形制，后有尖锐状尾、中为杯，下有三尖足，角的出土和传世数量少于爵。宰椃角通体透出青铜器特有的翠绿色，角身及錾上皆有纹饰，足为三棱锥形，简洁、典雅。据传为公元前16世纪—前11世纪时器物。

铭文有"王在阑"的记载，又有"唯王廿祀翌又五，六月庚申"的纪年与纪时，则帝辛二十五祀六月月首干支应该是甲午、甲辰或甲寅，否则六月无庚申(57)。

根据董作宾之说，帝辛元祀是前1174年，则帝辛廿祀翌又五就是前1150年。该年六月，董谱是甲戌(11)朔，张表是甲辰(41)朔。按照董谱，则本月无铭文庚申(57)，按照张表，则庚申是月之十七。

按照目前通行的说法，帝辛元祀是前1075年，则帝辛廿祀又五就是前1051年。该年六月，董谱是己亥(36)朔，张表同，则铭文庚申是月之二十二。

根据上列晚殷有年祀记载的铜器铭文的纪时方式"干支→记事→在某月→唯王某祀"，是推导不出某月具体准确的朔日干支的。笔者基于晚殷历法使用的是太阳历这一观念而进行的推算，故而对铭文的具体月份往往列出有可能的三个甲日朔日干支，这是可供参考的数据。本书又试着对铭文的具体年祀、月份与董谱和张表进行比勘验证，而董谱和张表是根据殷历月分大小，即太阴历的观念编排的，无法解释甲骨卜辞中皆于每旬的癸日占卜下一旬之吉凶这一现象,因此比勘的结果也只能作为参考数据来看待。这就是说,适用于推算西周王年的比较科学的数器共元年的推导方法,不适用于对晚殷纪年铭文的推算。这是因为,晚殷纪时铭文的纪时方式与西周纪时铭文根本不同,而根据晚殷有年祀记载的铭文根本推导不出所记月份的月首干支。如此,对晚殷有年祀记载的铜器铭文所属王世的推导,更主要的是依据铭文的内容,辅以年祀记载,结合传世文献记载综合考虑。这关涉方法论的问题,我们应予以注意。

第三章
西周时期纪年、纪时铭文历朔研究

第一节　西周时期四要素纪年纪时铭文历朔

四要素纪年纪时铭文,是指王年、月份、月相词语和干支四项信息俱全的铜器铭文,共有 70 余篇。主要是西周时期的,其中有 3 篇疑为伪铭,另有 2 篇是春秋时期的。推定这 70 余篇铭文的历朔和所属王世,是本书所做研究的主要内容之一。笔者在推定这些铜器铭文所记年月的历朔时,将张表和董谱两部历法方面的工具书进行比勘验证,从而复原这些纪年铜器铭文的绝对年代和历朔、探讨它们所属的王世。这是本项成果研究的重点,也是本书的主要贡献之一。

复原纪时铜器铭文中所记历日的历朔,传统的干支表是我们经常要使用的工具。为方便推算时查检和核对,特将干支表列于下方。干支名之前的数目字表示干支的顺序,简称干支序。

1. 甲子	11. 甲戌	21. 甲申	31. 甲午	41. 甲辰	51. 甲寅
2. 乙丑	12. 乙亥	22. 乙酉	32. 乙未	42. 乙巳	52. 乙卯
3. 丙寅	13. 丙子	23. 丙戌	33. 丙申	43. 丙午	53. 丙辰
4. 丁卯	14. 丁丑	24. 丁亥	34. 丁酉	44. 丁未	54. 丁巳
5. 戊辰	15. 戊寅	25. 戊子	35. 戊戌	45. 戊申	55. 戊午
6. 己巳	16. 己卯	26. 己丑	36. 己亥	46. 己酉	56. 己未
7. 庚午	17. 庚辰	27. 庚寅	37. 庚子	47. 庚戌	57. 庚申
8. 辛未	18. 辛巳	28. 辛卯	38. 辛丑	48. 辛亥	58. 辛酉
9. 壬申	19. 壬午	29. 壬辰	39. 壬寅	49. 壬子	59. 壬戌
10. 癸酉	20. 癸未	30. 癸巳	40. 癸卯	50. 癸丑	60. 癸亥

说到干支表,笔者觉得有一事需要加以澄清。本人曾看到有人在其所著有关古代历法的书中竟把干支表写作"甲子(0)……癸亥(59)"。把首个甲子的干支序用(0),把最后一个干支癸亥用(59)来表述。0 表示没有,癸亥的干支序表述为 59,那就

是说干支只有59个。笔者以为,这种表述是违反常识的,因而也是荒唐的。首先,干支是中华民族先民发明的,据文献记载早在黄帝时就被发明出来了。《吕氏春秋·勿躬》"大挠作甲子",大挠传说是黄帝之史官。其次,自然数是从一开始的,这是先民普遍的认识。《易·系辞》"数生于一,成于十",郑玄注:"数始于一,终于十。"《说文》:"十,数之具也。一为东西,丨为南北,则四方中央具矣。《易》'数生于一,成于十'。"老子《道德经》第二十五章:"道生一,一生二,二生三,三生万物。"所言皆是也。且民间也有"六十甲子"之说,这是读书人皆知的。所以,对于干支应该用符合我们传统文化的方式来表述,干支序只能表述为"1. 甲子……60. 癸亥"。在对商周纪时铭文的历朔进行推算和复原时,人们经常要对照干支表,也用干支来检验推算的结果或用干支序来表述,故特加说明。

一、成王时期

● 庚嬴鼎

敛口鼓腹,窄沿方唇,口沿上有一对立耳,圜底三柱足。口下饰云雷纹填地的鸟纹带,足上部饰兽面纹。鼎内铸铭文36字,其中合文1。

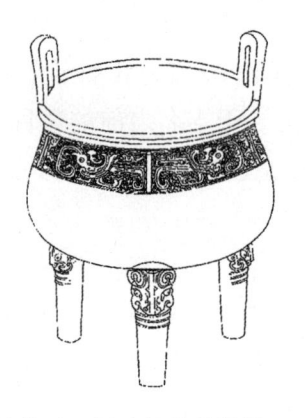

隹(唯)廿又二年三(四)月既望己酉,王客琱宫,衣事。丁子(巳),王蔑庚嬴历,易(锡)尋(祼)瓄(璋)、贝十朋。对王休,用乍(作)宝贞(鼎)。(《集成》2748)

按:有关本器年代,学术界意见分歧较大,分歧的年代跨度也较大。彭裕商根据器形具有鸟纹的特征定本器为穆王世,并说:"另外,本器赏字的写法也同穆王后期的鲜簋。"[①]"赏"字的写法同于穆王时期的鲜簋铭文,笔者也注意到了。但是,陈梦家根据鸟形纹饰定庚嬴鼎和庚嬴卣为康王时器,是不会有大错的。因为鸟形纹

---

① 彭裕商:《西周青铜器年代综合研究》,第335页,巴蜀书社,2003年版。

饰大抵属于西周早期,是穆王及其以前的铜器纹饰。

铭文"唯廿又二年四月既望己酉",既望是太阴月的十四日,干支是己酉(46),则某王二十二年四月是丙申(33)朔。铭文中的丁巳(54),是四月二十二日,非定点月相之日,故只用干支纪日,且在既望之后,既死霸之前,符合西周铜器铭文的纪时体例。①

由于西周诸王尤其是所谓共和以前的诸王在位的时间史籍无明确记载,因而有所谓共和以前只有王世而无王年的说法。笔者根据若干铜器铭文的纪时,结合《史记·周本纪》等文献的记述,经过研究,确定了厉王的在位年数是三十七年,但厉王纪年应包含共和行政十四年在内,共计是 51 年,从而推定厉王元年是公元前 878 年。② 厉王以前西周诸王之王年虽然也曾做过探讨,形成了自己的看法,但不敢遽为定论。③ 有鉴于此,凡是涉及厉王以前铜器铭文的纪时,首先列吴其昌《金文历朔疏证》中的说法(如果有的话),其次以目前通行的说法(指"夏商周断代工程"阶段成果的说法)西周诸王年代为依据,再次以张表和董谱所列周代历表和历谱为工具书进行比勘验证。

成王说。目前通行的说法以前 1042 年为成王元年,成王在位二十二年,则成王二十二年是前 1021 年。该年四月张表是丙子(13)朔,董谱同,丙子(13)距铭文四月丙申(33)朔含当日相差二十一日,显然不合历。

康王说。通行的说法以前 1020 年为康王元年,康王在位二十五年,则康王二十二年是前 999 年。该年四月张表是己巳(6)朔,错月是己亥(36)朔,己亥(36)距铭文四月丙申(33)朔含当日相差四日,也不合历。董谱是戊辰(5)朔,错月是戊戌(35)朔,距丙申(33)含当日是三日,近是。从历法的误差概率来看,比勘的结果相差三日就不太可靠。

昭王说。通行的说法以前 995 年为昭王元年,昭王在位十九年,容不下铭文所记二十二年。由此看来,与昭王时期的历朔显然不合。

穆王说。通行的说法以前 976 年为穆王元年,穆王在位五十五年,则穆王二十二年是前 955 年。该年四月张表是癸丑(50)朔,董谱同,癸丑(50)距铭文四月丙申(33)朔含当日相差十八日,显然不合历。

共王,虽然学界无人说庚嬴鼎为共王时器,但我们不妨也验证一下看结果如何? 通行的说法以前 922 年为共王元年,共王在位二十三年,则共王二十二年是前 901 年。

---

① 叶正渤:《金文月相纪时法研究》,第 43 页。
② 叶正渤:《厉王纪年铜器铭文及相关问题研究》,《古文字研究》第 26 辑,中华书局,2006 年;《从历法的角度看逑鼎诸器及晋侯稣钟的时代》,《史学月刊》2007 年第 12 期;《亦谈晋侯稣编钟铭文中的历法关系及所属时代》,《中原文物》2010 年第 5 期;《西周共和行政与所谓共和器的考察》,《纪念徐中舒先生诞辰 110 周年学术研讨会论文集》,第 162 页,巴蜀书社 2010 年版;收入叶正渤《金文标准器铭文综合研究》,线装书局 2010 年版。
③ 叶正渤:《金文月相纪时法研究》,第 174 页。

该年四月张表是己亥(36)朔,董谱同,己亥(36)距铭文四月丙申(33)朔含当日相差四日,显然不合历。比勘的结果含当日相差达三日及以上就不太可靠了,所以与共王时期的历朔也不合。

懿王说。通行的说法以前899年为懿王元年,懿王在位八年,不足二十二年,显然不合懿王时期的历朔。经过比勘,发现庚嬴鼎铭文所记历日与通行的说法西周诸王之历朔皆不合。

如果不考虑具体的王世,仅从西周早期所在的大致年代范围的前1100年至前1000年这百年间来查检比勘张表和董谱,则庚嬴鼎铭文所记历日符合前1071年四月的历朔。该年四月张表是丁酉(34)朔,铭文四月丙申(33)朔比历表迟一日合历。董谱闰三月是丙申朔,四月是丙寅(3)朔,也完全合历。据此向前逆推二十二年(均含当年在内),则某王元年是前1092年。

前1040年四月,张表和董谱皆是丙申(33)朔,完全合历。据此向前逆推二十二年(均含当年在内)是前1061年,该年就是某王元年。

庚嬴还铸有一件卣,铭文纪时要素不全,无王年。但是从铭文拓片来看,庚嬴卣铭文的字迹具有显著的西周早期铭文字体风格特征,所以庚嬴鼎也应该是西周早期的。

庚嬴卣铭文"惟王十月既望,辰在己丑,王格于庚嬴宫……",既望是十四日,辰在己丑(26),则十月是丙子(13)朔。比勘历表和历谱,前1068年十月张表是丙午(43)朔,错月是丙子(13)朔,错月与庚嬴卣铭文合历。董谱正是丙子(13)朔,完全合历,则庚嬴卣铭文所记历日符合成王二十五年十月的历朔。

1963年出土于陕西宝鸡贾村原公社贾村大队成王时期的标准器何尊,铭文"在四月丙戌……唯王五祀"。[①] 成王元年是前1092年,则成王五年是前1088年,该年四月张表是乙亥(12)朔,董谱同,铭文丙戌(23)是四月十二日,非月相之日,故只用干支纪日。卿方鼎铭文"唯四月,在成周。丙戌,王在京宗,赏贝",所记历日与何尊铭文是同一日。

《汉书·律历志》:"成王三十年四月庚戌朔,十五日甲子哉生霸,故《顾命》曰:'惟四月哉生霸,王有疾,不豫。甲子,王乃洮沬水,作《顾命》。翌日乙丑,成王崩。'"《尚书·顾命》:"成王将崩,命召公、毕公率诸侯相康王,作《顾命》。""惟四月,哉生魄,王不怿。甲子,王乃洮颒水……越翼日乙丑,王崩……丁卯,命作册度。越七日癸酉,伯相命士须材。"据《汉书·律历志》,四月是庚戌(47)朔。

---

① 叶正渤:《金文标准器铭文综合研究》,第81—86页。

本文推定成王元年是前1092年,《汉书·律历志》说"成王元年正月己巳朔",该年正月张表是庚子(37)朔,二月是己巳(7)朔,错月合历。董谱正月是己亥(36)朔,二月是己巳朔,也错月合历。而成王三十年是前1063年,该年四月张表是庚辰(17)朔,董谱同,错月是庚戌(47)朔,与《汉书·律历志》所记同。十五日是甲子(1),十六日乙丑(2),成王崩。丁卯(4)十八日,命作册度。越七日癸酉,二十四日,伯相命士须材。《顾命》所记历日与历表、历谱完全吻合。只有既符合《汉书·律历志》(据《尚书·顾命》)的历日记载,同时又符合庚嬴鼎铭文和何尊等铭文所记历日,才能确定成王元年。而前1092年即符合以上相互制约的诸条件,因此可定前1092年为成王元年。

又,排比庚嬴鼎铭文所记历日与小盂鼎铭文所记历日,发现并不相衔接,因此二器不属于同一王世。本书原来根据小盂鼎铭文所记历日推得康王元年应该是前1055年,据此上推至前1092年,正好是三十七年,与《通鉴外纪》"成王在位三十年,通周公摄政三十七年"正合。所以,笔者推定前1092年为成王元年既有传世文献为根据,又符合出上文献所记历日,因此是可靠可信的。

以上的排比推论,是根据本人《金文四要素铭文考释与研究》一书的研究。[①] 2016年8月25日,我的关门弟子王森同学发来电子邮件表示疑惑,认为我将周公摄政七年置于成王三十年之后欠妥。他认为周公摄政应该是在成王年幼时,而不应该在成王死后,即不应该在成王死之年的前1063年之后。王森的疑惑是符合事理的,是我一时疏忽而致误。现在基于作为西周起年的前1093年和穆王元年的前1003年这两个年份不能轻易改动的看法,现调整为:成王元年依然是前1092年,至前1063年,成王在位三十年,含周公摄政七年,比原来推算少七年。康王元年调整为前1062年,至前1023年,康王在位四十年,比以前推算多出六年。昭王元年调整为前1022年,至前1004年,昭王在位十九年,比以前推算多出一年。这样一来,《金文四要素铭文考释与研究》中康王时期的两件铜器铭文的绝对年代(公元纪年)就需要重新比勘验证。参阅本书下文。于此,特向王森同学致以谢意。

二、康王时期

● 师遽簋盖

《陇右金石录》1·3曰:"传陕西岐山出土。"盖面隆起,上有圈状捉手,饰瓦纹。

[①] 叶正渤:《金文四要素铭文考释与研究》,第11页,台湾花木兰出版社2015年版。

盖内铸铭文 7 行 56 字,合文 1。

隹(唯)王三祀四月既生霸辛酉,王在周。客(各)新宫,王徥(诞)正师氏。王乎(呼)师朕易(锡)师遽贝十朋。遽拜稽首,敢对扬天子不(丕)杯(丕)休,用乍(作)文考旄吊(叔)障(奠)殷(簋),世孙子永宝。(《集成》4214)

按:或以为穆王时器,或以为共王时器,或以为懿王时器,或以为孝王时器。吴其昌曰:"共王三年(前944年)四月大,丙午朔;既生霸十六日得辛酉。与历谱合。余王尽不可通。"于师遽方彝铭文"隹正月,既生霸丁酉"条下曰:"恭王二年(前945年)正月大,癸未朔;既生霸十五日得丁酉。与历谱合。按:此器铭文没有年份,本不可考。但与下师遽敦为师遽一人所铸,则必出于一年,或前后年可知矣……下师遽敦既决定为共王三年,余王尽不可通;而此彝在其上年,又适与历谱相符,是前后二器互相证明而益恳矣。"①

由于吴其昌不仅给出了具体的王世(共王),而且还给出了具体的年份(前944年),所以,可以用张表、董谱对吴说进行验证。铭文"唯王三祀四月既生霸辛酉(58)",既生霸是初九,则某王三年四月是癸丑(50)朔。前944年四月张表是己酉(46)朔,董谱同,己酉(46)距铭文四月癸丑(50)朔含当日相差五日,显然不合历。且吴说"共王三年(前944年)四月大,丙午(43)朔",而张表、董谱皆是己酉(46)朔,丙午距己酉含当日是四日,所以,吴说本身就不合历。

吴其昌说师遽同年或前后年内还铸有一件师遽方彝。师遽方彝盖及器体饰变形兽面纹,口沿下及圈足饰兽体变形纹饰,器身两侧置有较为少见的上卷象鼻形双耳。方彝有盖,形如屋顶,盖有中脊和坡脊,盖顶有一个帽形柱。方彝器内有中壁,分隔成左右两室,可放置两种不同的酒,盖的一侧边沿有两个方形缺口,与器的两室相通,可

---

① 吴其昌:《金文历朔疏证》,《燕京学报》第六期,第 1047—1128 页。

见本当有斗从此处挹酒,今斗已遗失。器和盖内铸有相同的铭文,器 6 行,盖 8 行,各 67 字。师遽方彝铭文曰:"唯正月既生霸丁酉,王在周康寝,乡醴(酒)。师遽蔑历友。王乎(呼)宰利易(锡)师遽……"铭文未记王年,只有月份、月相词语和干支。正月既生霸丁酉(34),既生霸是初九,则某年正月是己丑(26)朔。

按照吴其昌的说法共王三年是前 944 年,则共王二年便是前 945 年。该年正月张表是丙戌(23)朔,董谱同,丙戌(23)距铭文正月己丑(26)含当日相差四日,不合历,但近似。

吴其昌以为历日符合共王二年正月。从二年正月己丑(26)朔排比干支表,至师遽簋盖铭文的三年四月,如果是癸丑(50)朔,那就说明两器铭文所记历日符合前后二年的历朔。

	正月	二月	三月	四月	五月	六月	七月	八月	九月	十月	十一月	十二月
二年	己丑	己未	戊子	戊午	丁亥	丁巳	丁亥	丙辰	丙戌	乙卯	乙酉	甲寅
三年	甲申	甲寅	癸未	癸丑								

从二年正月到三年四月这十六个月中至少有两个连大月,这样,到三年四月就是癸丑(50)朔,说明师遽方彝和师遽簋盖铭文所记历日符合某王二年正月和三年四月的历朔。本书现在调整康王元年是前 1062 年,康王三年就是前 1060 年,比勘张表和董谱该年四月皆不合历。师遽方彝铭文"唯正月既生霸丁酉(34)",所记之历日也不合康王二年正月的历朔。

据师遽簋盖铭文"唯王三祀四月既生霸辛酉,王在周。客(各)新宫"等内容来看,其时代应在西周早期或中期偏早,不会晚于共王以后。但比勘穆王和共王时期相关年份的历朔,也不合历。这样一来,师遽二器铭文所记历日就真如吴其昌所言"余王尽不可通"矣。暂置于此,存疑待考。

● 小盂鼎

据传小盂鼎与大盂鼎于清道光初年同出土于陕西岐山县礼村,同出三鼎,现仅存大盂鼎一件,藏中国国家博物馆。《攈古录》:"器出陕西岐山县,安徽宣城李文翰令岐山时得之。"王国维《观堂别集补遗》:"此鼎与大盂鼎同出陕西郿县礼村。"铭文共 390 余字。[1]

---

[1] 陈梦家:《西周铜器断代》,第 104—113 页。

隹(唯)八月既望,辰在[甲申],昧丧(爽),三左三右、多君入服酉(酒)。明,王各(格)周庙,□□□□宾,徣(延)邦宾奠其旅服,东乡(向)。盂以多旗佩鬼方……用作□伯宝隣(奠)彝。隹王廿又五祀。(《集成》2839)

按:王国维以为文王时器,大多数学者以为康王时器。吴其昌曰:"康王二十五年(前1054年)八月小,癸未朔。所缺□□乃甲申也。初吉二日得甲申,既望乃初吉之误也。又:是鼎前人皆云成王器,今考正实康王器。"[1]吴其昌认为铭文"唯八月既望,辰在甲申(21)"中"既望"是"初吉"之误,其说可参。或以为昭王三十五年时器,或以为穆王时器。铭文"啻(禘)周王[珷]王成王",所祭先王只到成王,所以,铭文中的时王应是成王之子康王,该器可作为康王时期的标准器。[2] 对于以上诸说,理应加以验证。但是,由于西周诸王,尤其是所谓共和以前的诸王在位的时间不明确,故而有所谓共和以前只有王世而无王年的说法。有鉴于此,对涉及厉王以前铜器铭文的纪时进行比勘验证时,一般以目前通行的说法西周诸王年代为据,以张表董谱为比勘验证的工具。[3]

由于吴其昌明确给出了他认为的周康王二十五年的具体年份,即前1054年,所以,首先来验证一下吴其昌的说法,看结果如何。

铭文"唯八月既望,辰在甲申(21)……唯王廿又五祀",既望是十四日,则康王二十五年八月是辛未(8)朔。前1054年八月,张表是乙酉(22)朔,董谱同。乙酉(22)距

---

[1] 吴其昌:《金文历朔疏证》,《燕京学报》第六期,第1047—1128页。
[2] 叶正渤:《金文标准器铭文综合研究》,第104—110页。
[3] 夏商周断代工程专家组:《夏商周断代工程1996~2000年阶段成果概要》,《文物》2000年第12期;张培瑜:《中国先秦史历表》,齐鲁书社1987年版;董作宾:《中国年历简谱》,台北艺文印书馆1991年版。

铭文八月辛未(8)含当日相差十五日,显然不合历。吴其昌认为铭文"既望"是"初吉"之误,则八月应该是甲申(21)朔,张表是乙酉(22)朔,董谱同,铭文比历表迟一日合历,则康王元年就是前1078年。虽然铭文误记月相词语或误记干支的例子的确存在,但是,根据数器共元年的原理,吴其昌说康王元年是前1078年,但比勘康王时期的其他铭文记载的历日,发现并不衔接,说明吴说只是偶然合历而已,康王元年并不是前1078年。参阅下文。

目前通行的说法以前1020年为康王元年,康王二十五年就是前996年,该年八月张表是己卯(16)朔,董谱同,己卯(16)距铭文八月辛未(8)朔含当日是九日,显然不合历。即使如吴其昌所说"既望"是"初吉"之误,则为甲申(21)朔,己卯(16)距甲申含当日也有六日之差,显然也不合历。

不合历并不说明小盂鼎铭文所记历日就不是康王二十五年的历朔,而是因为我们至今还无法确定康王在位究竟是多少年?康王元年又是何年?至今都还无法确定。

本书现在调整康王元年是前1062年,则康王二十五年是前1038年,同时根据吴其昌所说铭文"唯八月既望,辰在甲申(21)",既望是初吉之误,初吉是初一朔,则八月应该是甲申(21)朔。前1038年八月,张表是壬午(19)朔,与铭文(校正后)甲申(21)含当日相距三日,合历;董谱是癸丑(50)朔,错月是癸未(20)朔,与甲申(21)含当日相差二日,合历。一说小盂鼎铭文是隹王卅又五祀,①则康王三十五年八月是甲申(21)朔(校正后)。按笔者所推,康王三十五年是前1028年,该年八月张表是甲申(21)朔,董谱是乙酉(22)朔,完全合历。

本书结合传世文献的记载和成王时期铜器铭文的纪时,经过综合考察,确定小盂鼎铭文所记历日(按照吴其昌之说校正后)符合康王二十五祀(前1038年)八月,或康王三十五祀(前1028年)八月的历朔。康王元年是前1062年,康王在位四十年。

与小盂鼎密切相关的还有一件大盂鼎。大盂鼎铭文中的盂,一般认为是周文王第十子冉季载之孙,因两器同出土于陕西眉县礼村,其铭文中的盂当是一人。大盂鼎铭文"唯九月,王在宗周,令盂……唯王廿又三祀",小盂鼎铭文"唯八月既望,辰在甲申,昧丧(爽),三左三右多君入服酉(酒)……唯王廿又五祀",可见两器铭文的纪时体例完全相同,皆属于西周早期的纪时体例,可见大盂鼎与小盂鼎当同属于康王之世。

前文涉及的庚嬴鼎,或以为康王时器。铭文"唯廿又二年四月既望己酉(46)",既望是十四日,则某王二十二年四月是丙申(33)朔。笔者根据日差法经过演算和排比干支表,发现从庚嬴鼎铭文之二十二年四月丙申(33)朔至二十五年八月辛未(8)朔,

---

① 严一萍:《金文总集》,第704页,台北艺文印书馆1983年版;陈梦家:《西周铜器断代》,第112页;叶正渤:《金文标准器铭文综合研究》,第104—110页。

历日并不相衔接,可见二器不属于同一王世。

由于康王时期的纪年铜器铭文较少,所以,要确定康王元年是何年,一方面要结合康王时期其他铜器铭文的纪时,同时还要结合成王时期的相关铜器铭文所记历日进行考察。

康王时期的标准器还有两件,其一是作册大鼎,铭文"公来铸武王、成王翼鼎,唯三月既生霸已丑……",铭文无王年记载。既生霸是初九,干支是已丑(26),则某年三月是辛巳(18)朔。根据本人所推定康王元年是前1062年,查检张表和董谱,康王五年前1058年三月,张表和董谱皆是辛巳(18)朔,铭文完全合历。这至少说明,在康王世确有一年的三月是辛巳朔。

其二是宜侯夨簋,铭文"唯四月,辰在丁未,王省武王成王伐商图,诞省东国图……",铭文既无王年,又无月相词语,所以很难比勘验证其绝对年代。铭文"唯四月,辰在丁未",只是说四月丁未这一日王省视了武王、成王伐商图,又省视了东国图。所以,这两件标准器铭文的纪时对考订康王元年的具体年代不起作用。

最后的结论,小盂鼎铭文所记历日符合康王二十五祀(前1038年)或三十五祀(前1028年)八月的历朔。康王元年是前1062年,康王在位四十年。

三、昭王时期

吴其昌和董作宾根据师颖簋铭文中有"王在周康宫"之语,定师颖簋为昭王时器。很显然,这是受唐兰关于康宫乃康王之庙说法的影响,因为康王之后是昭王继位。其实,康宫为康王之庙的说法早就受到郭沫若等人的怀疑和否定。从铭文字体风格来看,师颖簋铭文亦不似昭王时期如过伯簋等器铭文那种结构松散笔力遒劲的风格特点,倒像西周中后期的风格;从所赏赐的物品来看,同样不像西周早期常用之物。所以,定其为昭王元年是欠妥的。这样一来,昭王时期暂时就没有四要素齐全的纪年铜器铭文。

尽管昭王时期暂时没有四要素齐全的铜器铭文,但是,传世文献有关昭王在位的年数还是透露出一些信息的。古本《竹书纪年》:"周昭王十九年,天大曀,雉兔皆震,丧六师于汉。""周昭王末年,夜清,五色光贯紫微。其年,王南巡不返。"《史记·周本纪》:"昭王南巡狩不返,卒于江上。其卒不赴告,讳之也。"昭王死而不赴告诸侯,是因为昭王之死属于非正常死亡,故不赴告,这是为了避讳。

今本《竹书纪年》:"十九年春,有星孛于紫微。"《吕氏春秋·音初篇》:"周昭王将亲征荆,辛余靡长且多力,为王右。还反涉汉,梁败,王及祭公抎于汉中。辛余靡振王北济,又反振祭公,周公乃侯之于西翟,实为长公。"又,"天大曀,雉兔皆震,丧六师于汉。"《初学纪》七引《纪年》:"周昭王十九年,天大曀,雉兔皆震,丧六师于汉。"说明昭王陟于十九年。可见,昭王在位最多只有十九年。

本书据成王、康王王年以及穆王时期铜器铭文推得昭王元年为前1022年。《史记·周本纪》:"昭王南巡狩不返,卒于江上。其卒不赴告,讳之也。"昭王卒而不赴告,是因为昭王之死属于非正常死亡,故而不赴告天下诸侯,但穆王即位当昭告天下四方使知之。董谱所列昭王王年只有十八年。董作宾怀疑昭王崩之年穆王就即位,他说:"《太平御览》八百七十四引'昭王末年,王南巡不返'。似是昭王自十六年伐楚,至十九年丧六师,苦战三年,死于汉水,穆王闻讯即位。故可能穆王元年即昭王崩年,以昭王元年计之,故《竹书》有'十九年丧六师于汉'之说。"[1]当年改元之说缺乏文献资料作佐证,不可遽信。按照古礼,先王既崩,太子当年即位为天子,次年改元,方开始纪年。现在根据对成王、康王在位年数的调整,推算昭王元年是前1022年,至前1004年,昭王在位十九年。[2]

四、穆王时期

● 师虎簋

失盖,又失耳上之环。体较宽,弇口鼓腹,兽首耳,矮圈足向外撇。通体饰瓦沟纹。内底铸铭文121字,重文3。

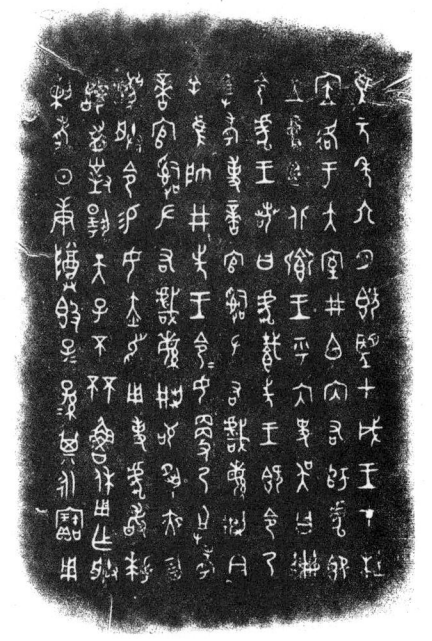

---

[1] 董作宾:《中国年历简谱》,第72—74页。
[2] 参阅第三章第一节。

隹(唯)元年六月既望甲戌,王在杜应(居),佫(格)于大室,井白内右(佑)师虎即立中廷,北向。王乎(呼)内史吴曰:"册令(命)虎。"王若曰:"虎,䩼(载)先王既令(命)乃且(祖)考事,啻(嫡)官司左右戏緐荆。今余隹(唯)帅井(型)先王令(命),令女(汝)更(赓)乃祖考,啻(嫡)官司左右戏緐荆,苟(敬)夙夜勿灋(废)朕令。易(锡)女(汝)赤舄。用事。"虎敢拜稽首,对扬天子不㔻鲁休,用作朕列考日庚𩰬(奠)殷(簋),子=孙=其永宝用。(《集成》4316)

按:王国维曰:"案:宣王元年六月丁巳朔,十八日得甲戌。是十八日可谓之既望也。"① 吴其昌也曰:"宣王元年六月小,丁巳朔;既望十八日得甲戌。与历谱密合。"② 郭沫若《大系》定师虎簋为共王时器,其他学者或以为共王时器,或以为懿王时器,或以为孝王时器。下面我们根据历表和历谱分别验证一下,看结果如何。

宣王说。铭文"唯元年六月既望甲戌(11)",既望,月相词语,太阴月的十四日,则某王元年六月是辛酉(58)朔。王国维和吴其昌以为合宣王元年六月的历朔,宣王元年是前 827 年,该年六月张表是戊午(55)朔,董谱是己未(56)朔,距铭文六月辛酉(58)朔,含当日有三四日的差距,恐不可靠。

共王元年说。陈梦家说:"此器右者是井伯而作于王之元年,今以为当在共王元年。其字体紧凑,近于穆王诸器。共伯见于穆王与共王七年器,则此右者共白宜在元年。此器之内史吴与吴方彝之乍册吴当是一人,后者作于王之'二祀',字体亦与此器相近。共王元二年之间,作册与内史互用,至此以后作册废而但称内史。"③

共王元年的确切年份至今尚未明确,目前通行的说法定前 922 年为共王元年。该年六月张表是庚子(37)朔,董谱同,庚子(37)距铭文六月辛酉(58)朔含当日有二十二日之差,显然不合历。这种情况有三种可能,或者师虎簋铭文所记历日不是共王元年六月的历朔,或者共王元年不是前 922 年,或者两者都不是。说者或以为共王元年为公元前 951 年,该年六月张表是戊子(25)朔,董谱同,错月则是戊午(55)朔。即使错月戊午(55)朔,与铭文六月辛酉(58)朔含当日也有四日之差,看来也不合历。

懿王元年说。懿王元年的确切年份同样至今尚未明确,目前通行的说法定前 899 年为懿王元年。该年六月张表是丙辰(53)朔,董谱是丁巳(54)朔,距铭文六月辛酉(58)朔含当日相距五六日,显然也不合历。

孝王元年说。孝王元年的确切年份至今也尚未明确,目前通行的说法定前 891 年为孝王元年。该年六月张表是庚子(37)朔,董谱同,庚子(37)距铭文六月辛酉(58)朔含当日有二十二日之差,显然不合历。

---

① 王国维:《生霸死霸考》,《观堂集林》卷一,第 21 页。
② 吴其昌:《金文历朔疏证》,《燕京学报》第六期,第 1047—1128 页。
③ 陈梦家:《西周铜器断代》,第 151 页。

笔者曾从历法的角度以为师虎簋铭文所记历日合于穆王元年六月的历朔,笔者推得穆王元年为前1003年。该年六月张表是庚寅(27)朔,错月是庚申(57)朔,铭文六月辛酉(58)朔比庚申早一日合历。董谱是庚申(57)朔,铭文早一日合历。①

如果单纯从铭文所记历日的角度来考察,师虎簋铭文所记历日可以说完全符合幽王元年六月的历朔。幽王元年是前781年,该年六月张表是壬戌(59)朔,董谱正是辛酉(58)朔,完全合历。但是,从铭文内容方面来看,人物与史实不符,陈梦家说之已详。从器形纹饰等方面来看亦不符合幽王之世的特征。陈梦家说:"此器的纹饰是全部瓦纹,环耳,由于前器(指利鼎)瓦纹与顾龙并存于一器,可见此等全部瓦纹在共王时尚流行。"②所以,陈梦家将师虎簋列于共王之世。瓦纹和顾龙状或始见于穆王世,是穆王时器的主要特征之一。

再从师虎簋铭文的字形、字体和篇章来看,完全符合穆王时期铭文的特征。字形方面,师虎簋铭文的字形与穆王时期的标准器长由盉、剌鼎、遹簋、吕方鼎和静簋等铭文中的某些字的写法完全相同或极相近。如佳字,且大多数不带口。"六月"二字同于遹簋铭文,隣(尊)字同于长由盉,段(簋)字同于静簋等,宀字头皆作方形,如出一手。字体方面,更是具有穆王时期金文的显著特征,秀气、规矩、严谨,不似共王时期那么松散。篇章方面,横竖成行,严谨,一丝不苟,都是按照写前规划好的,每行字数基本相等。

1996年陕西商洛地区丹凤县出土的西周虎簋盖,铭文中有人物虎以及虎的父考庙号日庚,于是学界有人认为该器中的虎与师虎簋中的虎当是同一个人,只是任职有先后,虎为初次任职,师虎则已为师,时间应在后。但虎初任职时是某王三十年四月,而虎为师以后则是某王元年六月,遂将两器分别置于先后两个不同的王世(共王和懿王)。我们考察研究的基本结论是,虎簋盖铭文中的虎与师虎簋铭文中的虎不是同一个人,只是同名;父考庙号相同,但其含义不同;铭文所记历日都是穆王时期的历朔。

本书据伯吕盨、五祀卫鼎、九年卫鼎等器铭文的历朔推得共王元年是前948年,穆王元年是前1003年。穆王时期的静簋铭文"唯六月初吉,王在蒡京。丁卯,王令静司射学宫,小子及服及小臣及尸仆学射。零八月初吉庚寅,王……",根据铭文穆王元年(前1003年)六月是辛酉(58)朔,丁卯(4)是初七,张表是初六,董谱是初七,非月相之日,故只用干支纪日。八月张表是己丑(26)朔,比铭文八月初吉庚寅(27)迟一日合历。董谱八月是己未(56)朔,错月是己丑(26),比铭文八月庚寅(27)朔迟一日合历。由此证明穆王元年就是前1003年,静簋铭文所记是穆王元年事。

穆王时的标准器长由盉铭文"唯三月初吉丁亥,穆王在下减……",穆王二年是前

---

① 叶正渤:《金文月相纪时法研究》,第180、221页。
② 陈梦家:《西周铜器断代》,第151页。

1002年,三月张表是丙戌(23)朔,董谱同,比铭文三月丁亥(24)朔迟一日合历,证明长由盉铭文所记历日符合穆王二年三月的历朔。

综上所论,师虎簋铭文所记历日应该是穆王元年即前1003年六月的历朔,虎簋盖铭文所记则是穆王三十年即前964年四月的历朔。

● 曶 鼎

据《积古斋钟鼎彝器款识》卷四,该器原为清代毕沅得之于西安。款足作牛首形。据推测这件鼎应当是在周原地区出土的,后来毁于兵火。该鼎内腹铸铭文,铭文仅有拓本流传于世,共24行,底边残泐不清,现存380个字。铭文共有三段。①

隹(唯)王元年六月既望乙亥,王才(在)周穆王大[室]。[王]若曰:曶(曶),令(命)女(汝)更乃且(祖)考嗣(司)卜事……
　　隹(唯)王四月既眚(生)霸,辰在丁酉,丼(邢)吊(叔)在譻(异)为□……
　　昔馑岁,匡众厥(厥)臣甘夫寇曶禾十秭,以匡季告东宫……(《集成》2838)

---

① 陈梦家:《西周铜器断代》,第198页。

按：或以为穆王时器，或以为共王时器，或以为懿王时器，或以为孝王时器，意见分歧颇大。

吴其昌曰："幽王元年（前781年）六月小，庚申朔；既望十六日得乙亥。与历谱密合。……佳王四月既生霸，辰在丁酉。按：幽王二年（前780年）四月小，乙酉朔；既生霸十三日得丁酉。与历谱合。"又曰："按：此器共分三节，第一节记六月，第二节记四月，是明记二年之事。第一节记上年六月，第二节记下年四月，以次相及也。"①

下面验证吴其昌之说，看结果如何？

幽王元年是前781年，该年六月张表正是壬戌（59）朔，与铭文六月壬戌（59）朔完全吻合。董谱是辛酉（58）朔，比壬戌（59）朔迟一日相合。但是，这仅仅是从历日记载的角度来比勘的。从铭文中舀与匡这两个人物来考察，不应是幽王时期的人物。

郭沫若认为："铭分三段，均非一时事。首段与次段尤不得在一年，以六月既望有乙亥，则同年四月不得有丁酉。或谓四月与六月之间有闰。然古历均于年终置闰，《春秋》时犹然，此说殊不足信。余以为次段乃第二年事，元年年终有闰，则翌年四月之既生霸即可以有丁酉。此乃孝王时器。第一段有'穆王大室'，知必在穆王后。第二段有效父当即效父簋之效父，第三段有匡，当即懿王时匡卣之匡也。第二段中自'我既贾'起至'罙趯金'止均斣讼限之辞。……于省吾认为：'此铭分三段，一段因赐金作鼎，二三段皆纪讼狱之词，二段不可尽解，而三段最为奇古，乃一有机趣之文字也'。"②郭沫若的论述已揭示舀鼎铭文的纪时不正常。

本人初以为是懿王时器。③ 舀鼎铭文开头言"唯王元年六月既望乙亥，王在周穆王大[室]。"周穆王大室，一般认为是供奉穆王神主和祭祀穆王的场所，说明此时穆王已故，此器之铸必在穆王之后。但是，比勘其他诸王相关年月的历朔皆不合。古本今本《竹书纪年》皆曰"穆王元年，筑祗宫于南郑"，根据下文当是"西郑"之误。周穆王大室或即位于祗宫之内。陈梦家指出："宫与庙是有分别的。宫、寝、室、家是生人所住的地方，庙、宗、宗室等是人们设为先祖鬼神之位的地方。"④据此，则周穆王大室就是穆王住的地方，铭文"唯王元年六月既望乙亥，王在周穆王大[室]"之王皆是穆王，穆王是生称。

铭文"昔馑岁，匡众厥臣廿夫，寇舀禾十秭，以匡季告东宫"，匡这个重要人物，多数学者认为可能与懿王时期匡卣铭文之匡是同一个人。如是，则舀鼎属于懿王时器。

舀鼎铭文两处所记的时间是，"唯王元年六月既望乙亥（12）"，既望是十四，则某王元年六月是壬戌（59）朔；"四月既生霸辰在丁酉"，既生霸是初九，日辰所逢干支是

---

① 吴其昌：《金文历朔疏证》，《燕京学报》第六期，第1047—1128页。
② 郭沫若：《两周金文辞大系图录考释》，《郭沫若全集·考古编》卷八，科学出版社2002年版。
③ 叶正渤：《金文标准器铭文综合研究》，第172—177页。
④ 陈梦家：《西周铜器断代》，第36页。

丁酉(34),则次年四月是己丑(26)朔。符合铭文元年六月壬戌(59)朔,次年四月己丑(26)朔的条件,在这期间至少有一个闰月,两次三个连大月,否则次年四月得不到己丑朔。根据干支表,正常情况下(指大小月相间)次年四月应该是丁亥(24)朔。

下面再以目前通行说法所定的西周诸王年代验证以上诸王之说,看结果如何。①

穆王时说。通行的说法以前976年为穆王元年,该年六月张表是甲寅(51)朔,甲寅距铭文六月壬戌(59)朔含当日相差九日,显然不合历。董谱是癸未(20)朔,错月是癸丑(50)朔,癸丑距壬戌(59)含当日相差十日,可见亦不合历。

共王时说。通行的说法以前922年为共王元年,该年六月张表是庚子(37)朔,董谱同,庚子(37)距铭文六月壬戌(59)朔含当日相差二十三日,显然也不合历。

懿王时说。通行的说法以前899年为懿王元年,该年六月张表是丙辰(53)朔,丙辰(53)距铭文六月壬戌(59)含当日相差七日,显然不合历。董谱是丁巳(54)朔,丁巳距壬戌含当日相差六日,显然也不合历。

孝王时说。通行的说法以前891年为孝王元年,该年六月张表是庚子(37)朔,董谱同,庚子(37)距铭文六月壬戌(59)朔含当日相差二十三日,显然也不合历。

夷王时说。通行的说法以前885年为夷王元年。该年六月张表是丙寅(3)朔,铭文壬戌(59)距丙寅含当日相差五日,显然不合历。董谱是乙丑(2)朔,距铭文壬戌含当日相差四日,也不合历,但近是。

笔者近据若干铭文所记历日推得前1003年是穆王元年。该年六月张表是庚寅(27)朔,错月是庚申(57)朔,董谱是庚申朔,据铭文所推六月是壬戌(59)朔,距庚申含当日相差三日,实际相差二日,合历。含当日相差三日,犹如十五的月亮有时十七圆一样,是历先天二日所致,属于正常现象。但是,历不能先天三日(含当天是四日)或三日以上,那样就不合历了。次年(穆王二年)四月张表、董谱皆是丙辰(53)朔,错月是丙戌(23)朔,与据铭文所推己丑(26)朔含当日相差四日,近似。上文业已指出,根据郭沫若所言,舀鼎铭文的纪时是不正常的。由此看来,舀鼎铭文所记历日符合穆王元年二年的历朔。这就是说,舀鼎当属于穆王世,不属于懿王世。

但是,结合师虎簋铭文的纪时,似乎又有未妥之处。师虎簋铭文言"唯元年六月既望甲戌,王在杜应(居)",而舀鼎铭文言"唯王元年六月既望乙亥,王在周穆王大[室]",同是某王元年六月既望,但是二器铭文所记干支却不同,一为甲戌(11),一为乙亥(12),有一日之差。根据笔者的研究,既望是一个固定而又明确的月相词语,是太阴月十四日傍晚所呈现的月相。两器所记属于同一王世元年六月既望,则所逢的

---

① 夏商周断代工程专家组:《夏商周断代工程1996~2000年阶段成果概要》,《文物》2000年第12期。

干支理应相同(笔者不同意月相四分的说法。若按四分说,则两器所记毫无疑问符合同一王世的历朔)。《周礼·春官·大史》"颁告朔于邦国",郑注:"天子颁朔于诸侯,诸侯藏之祖庙。至朔朝于庙,告而受行之。"《礼·玉藻》:"听朔于南门之外。"可见古代月朔是由天子颁布的,诸侯不得各行其是。抑或穆王元年六月朔日当时就有甲戌(11)或乙亥(12)之异说。至于合朔存在一日之差的问题,根据推步历法,合朔恰巧在夜分前后两三个时辰之内,所以合朔可以算在前一日,也可以算在后一日。这就有了一日之差,含当日是二日。

● 吴方彝(盖)

四阿式房屋形,盖钮缺失,五脊和四坡中线有透雕扉棱。盖顶边缘饰回顾式夔龙纹,四面坡饰倒置的解体式兽面纹,以云雷纹衬底。[①] 盖内铸铭文10行101字,合文1。

隹(唯)二月初吉丁亥,王在周成大室。旦,王各庙,宰朏右(佑)乍(作)册吴入门,立中廷(庭),北乡(向)。王乎(呼)史戊册令(命)吴:……隹(唯)王二祀。(《集成》9898)

按:或以为共王时器,或以为懿王时器,或以为孝王时器,或以为夷王时器,或以为宣王时器,或以为幽王时器。可见对吴方彝盖所属的王世,学界不仅意见分歧较大,而且历史跨度也较大。

吴其昌:"宣王二年(前826年)二月大,壬午朔;初吉六日得丁亥。与历谱合。"[②] 吴其昌以六日得初吉,这本身就是错误的。下面来验证一下看结果如何。

铭文"唯二月初吉丁亥……唯王二祀",初吉,是初一朔,则某王二祀二月是丁亥

[①] 吴镇烽编著:《商周青铜器铭文暨图像集成》第24册,第429页。以下凡引该书简称《图像集成》,标注所在册数和页码。

[②] 吴其昌:《金文历朔疏证》,《燕京学报》第六期,第1047—1128页。

(24)朔。前826年二月,张表是己酉(46)朔,己酉(46)距铭文丁亥(24)含当日是二十三日,显然不合历。即使错月己卯(16)朔,己卯距铭文丁亥含当日也有十日之差,显然也不合历。董谱该年二月是甲申(21)朔,甲申距丁亥含当日是四日,也不合历。可见,从历法的角度来考察,吴方彝铭文所记历日不符合宣王二年二月的历朔。

目前通行的说法定前976年为穆王元年,①则穆王二年是前975年。该年二月张表是庚辰(17)朔,庚辰距丁亥(24)含当日是八日,显然不合历。董谱是己卯(16)朔,己卯距丁亥含当日是九日,显然也不合历。

从历法以及铭文称年为祀的角度来看,本文以为吴方彝盖铭文应属于穆王世的纪时。铭文"唯二月初吉丁亥,……唯王二祀",初吉是初一朔,则穆王二年二月是丁亥朔。笔者曾定穆王元年是前1003年,则穆王二年是前1002年。该年二月张表是丁巳(54)朔,董谱同,错月是丁亥(24)朔,与铭文二月初吉丁亥完全合历。② 传世文献关于穆王在位五十五年之说应该是可信的,穆王元年就是前1003年。作册吴其人又见穆王三十年作册吴盉铭文。

西周诸王在位年数除了穆王、宣王和幽王而外史无明载。据《史记》记载推算,厉王在位是三十七年,但笔者据若干纪年铭文结合传世文献记载研究认为,厉王纪年应该是五十一年。③ 其他各王在位年数就更加不清楚了,所以也难以进行验证。

● 趞觯

侈口束颈,下腹向外倾垂,矮圈足与口径等大且外撇。颈饰垂尾鸟纹,两两相对,以云雷纹衬底。内底铸铭文8行69字,其中合文1字。(《图像集成》19—475)

---

① 夏商周断代工程专家组:《夏商周断代工程1996~2000年阶段成果概要》,《文物》2000年第12期。
② 叶正渤:《金文月相纪时法研究》,第181页。
③ 叶正渤:《厉王纪年铜器铭文及相关问题研究》,《古文字研究》第26辑;《从历法的角度看逨鼎诸器及晋侯稣钟的时代》,《史学月刊》2007年第12期;《金文标准器铭文综合研究》,第30—35页。

隹(唯)三月初吉乙卯,王才(在)周,各(格)大室,咸。井(邢)弔(叔)入右(佑)趞。王乎(呼)内吏(史)册令(命)……隹(唯)王二祀。(《集成》6516)

按：或以为穆王时器,或以为共王时器,或以为懿王时器,或以为孝王时器,或以为夷王时器。吴其昌曰："宣王二年三月小,壬子朔;初吉四日得乙卯。与历谱合。"① 初吉是定点月相词语,是初一朔,四日得乙卯,肯定不准确。宣王二年是前826年,该年三月张表是甲寅(51)朔,董谱同,乙卯(52)比甲寅(51)早一日合历。

但是,从趞觯铭文内容、人物有丼叔,以及纪年用祀不用年这些特点来看,显然不可能是宣王世所应有的。陈梦家在《西周铜器断代》中把免簋、免簠、免尊、免盘、趞觯、守宫盘等六器称为丼叔组或免组,认为它们可以作为断代的标准,指出其中的右者丼叔尤为重要。② 在上述六器中只有免簋、免尊和趞觯铭文中出现丼叔。此外,舀鼎铭文中也出现丼叔。前三器铭文中丼叔都是右者,而舀鼎铭文中丼叔是贵族大臣,赐给舀品物,并且给舀断讼。1959年陕西蓝田县出土两件弭叔簋,铭文中丼叔也是担任右者,与免簋诸器完全相同。1984年至1985年社科院考古所在陕西长安县张家坡发掘丼叔家族墓地,获得多件丼叔自作铜器。③ 这些丼叔铜器基本上属于西周中期偏早时期。所以,宣王之说不足信。

但是,夷王及以前诸王的在位年数都不确定,所以,对于夷王及以前诸王之说也就难以进行验证。不过,厉王在位是三十七年,这是根据《史记》推算而得到的,且厉王元年是前878年,这也得到许多纪年铜器铭文的证实。④ 所以,从公元前878年往前查检张表和董谱,看这百年左右符合三月初吉乙卯(52)朔或近似者都有哪些年份。

铭文"唯三月初吉乙卯……唯王二祀",初吉是初一朔,则某王二年三月乙卯(52)朔。

前883年三月,张表是乙卯(52)朔,董谱同,完全相合,则某王元年是前884年。

前914年三月,张表是丙辰(53)朔,比乙卯(52)早一日相合。董谱正是乙卯(52)朔,完全相合,则某王元年是前915年。

前945年三月,张表是乙酉(22)朔,董谱同,错月是乙卯(52)朔,合历,则某王元年是前946年。

前950年三月,张表是甲寅(51)朔,董谱同,比铭文乙卯(52)迟一日相合,则某王

---

① 吴其昌:《金文历朔疏证》,《燕京学报》第六期,第1047—1128页。
② 陈梦家:《西周铜器断代》,第177—185页。
③ 张长寿:《论丼叔铜器——1983～1986年沣西发掘资料之二》,《文物》1990年第7期。
④ 叶正渤:《厉王纪年铜器铭文及相关问题研究》,《古文字研究》第26辑。《从历法的角度看逨鼎诸器及晋侯稣钟的时代》,《史学月刊》2007年第12期。《亦谈晋侯稣编钟铭文中的历法关系及所属时代》,《中原文物》2010年第5期。《西周共和行政与所谓共和器的考察》,《纪念徐中舒先生诞辰110周年学术研讨会论文集》,第162页,巴蜀书社2010年版;收入叶正渤《金文标准器铭文综合研究》,线装书局2010年版。

元年是前951年。

前971年三月,张表是丙辰(53)朔,比乙卯(52)早一日相合。董谱三月是丙戌(23)朔,四月是乙卯(52)朔,则某王元年是前972年。

前997年三月,张表是丁巳(54)朔,董谱同,早二日相合,则某王元年是前998年。

前1002年三月,张表是丙戌(23)朔,董谱同,错月是丙辰(53)朔,铭文乙卯(52)比丙辰迟一日,合历,则某王元年是前1003年。

笔者根据伯吕盨、五祀卫鼎、九年卫鼎等器铭文的历朔推算共王元年是前948年,进而又根据传世文献记载穆王在位五十五年反推穆王元年是前1003年。结合本器饰鸟纹,鸟纹是西周早期的特点,铭文称祀不称年,且置于铭文之末等特征,而趞曶铭文所记历日符合穆王二祀即前1002年三月的历朔,因此本文定其为穆王时器。

● 亲簋

亲簋,2005年国家博物馆新征集,相传清末或民国初年出土于陕西宝鸡。形制比较特殊,是一带支架形底座的长冠鸟形双耳无盖簋。簋身侈口,颈内收,腹下稍鼓,双耳作有耸冠的鸟形。颈部饰顾首夔纹,腹面饰垂冠大鸟纹。低圈足,足下有镂空的峰峦形支座。器腹内底铸铭文11行110字。[①]

隹(唯)廿又四年九月既望庚寅,王在周,各大室,即立(位)。嗣(司)工逨入右(佑)亲,立中廷,北向。王呼作册尹氏䚄(申)命亲曰:……亲其万年孙子其永宝用。

按:王冠英、李学勤、张永山诸位分别从铭文内容、器形、纹饰、人名称谓等方面定

[①] 王冠英:《亲簋考释》,《中国历史文物》2006年第3期。

本器为西周穆王时期。张永山说："器表装饰垂冠鸟纹和以鸟身作器耳的技法，兴于昭王晚期，盛行于穆王和共王、懿王时期。"又说："'内史吴'之名屡屡出现在牧簋、吴方彝。'内史吴'和'作册吴'至今未在穆王时期的铜器铭文中出现。"[1]王、李又根据"夏商周断代工程"阶段成果从历法的角度进一步将本器定为穆王二十四年即公元前953年器。下面来验证二位的说法，看结果如何。

铭文"惟廿又四年九月既望庚寅"（27），既望是十四日，则该年九月是丁丑（14）朔。前953年九月，张表是己亥（36）朔，根据干支表本月无庚寅（27）。错月是己巳（6）朔，铭文"既望庚寅"（27）是月之二十二日，这不符合人们通常对既望这个月相词语的理解。且己巳（6）距铭文丁丑（14）朔含当日相差九日，显然不合历。董谱前953年九月是戊戌（35）朔，本月亦无庚寅（27）。错月为戊辰（5）朔，则既望庚寅是月之二十三日，显然也不合人们通常对既望这个月相词语的理解。且戊辰（5）距铭文丁丑（14）朔含当日相差十日，显然也不合历。而铜器铭文属于穆王二十四年九月基本上是没有问题的，那么，唯一的解释就是穆王二十四年的绝对年代不是前953年。换句话说，亲簋铭文所记历日根本就不是前953年九月既望庚寅。

本文同意本器属于穆王世的看法。笔者推得穆王元年是前1003年，穆王二十四年则是前980年。铭文"惟廿又四年九月既望庚寅"，既望是十四日，干支是庚寅（27），则该年九月是丁丑（14）朔。在《金文月相纪时法研究》"西周纪年铜器铭文所属王世及月朔一览表"中，笔者根据士山盘铭文所属年代，运用天文学波动理论，向前逆推93年，得到前980年九月是丙子（13）朔。该年九月张表正是丙子朔，与本人所推完全吻合。董谱该年九月是乙亥（12）朔。笔者所推亲簋铭文廿又四年九月是丁丑（14）朔，比张表早一日，比董谱早二日合历。可以说，这个数据是比较准确的。这说明，穆王二十四年很可能就是前980年，而亲簋铭文所记历日就是该年九月的历朔。[2]按："作册吴"见于下文作册吴盉铭文。

另外，亲这个人物也见于师瘨簋盖铭文，而师瘨簋盖铭文中有"内史吴"这个史官，一般认为其与吴方彝、师虎簋和牧簋铭文里所见之吴应是同一人。《武功县出土的青铜器》一文说："如按长由盉的铭文分析，可能是穆王元年，则知吴在穆王元年已为内史，到共王初年仍任此职。……这说明'内史吴'在懿王元年以前，共王十五年三月以后这一时间死的。"[3]吴方彝、师虎簋学者认为属于穆王时器，师瘨簋盖铭文有人认为属于恭王时器。本文以为，亲簋铭文和师瘨簋盖铭文应该同属于穆王

---

[1] 张永山：《亲簋作器者的年代》，《中国历史文物》2006年第3期。
[2] 叶正渤：《亦谈亲簋铭文的历日和所属年代》，《中国历史文物》2007年第4期。
[3] 陕西省文物管理委员会：《陕西省永寿县、武功县出土西周铜器》，《文物》1964年第7期。

时期,在师瘨簋盖铭文中亲已经担任司马之职了,称为司马井伯。据《武功县出土的青铜器》一文说,井伯其名也见于师虎簋、师毛父簋、豆闭簋、走簋、长由盉。以及趞曹鼎、师奎父鼎、利鼎诸器铭文,但没有井伯之名,唯师瘨簋铭文曰司马井伯亲。该文说:"井伯为王室重臣,据长由盉铭文知他在穆王时已很有地位,当穆王时他已为司马(见师奎父鼎),由走簋更可知他在穆王十二年已为司马。"又曰:"师虎簋被考为穆王时器,则是在穆王元年他已经是很有势力的了。"该文还指出"井伯为司马的时间较长,如按《史记·周本纪》说穆王在位五十五年的话,时间是很长的,今由所知道的各有关井伯器物推算,由穆王十二年到恭王初年,前后有四十三年,井伯的职务可能一直没有改变,可见他是当时很有势力的一个武力集团","他可能为大司马之类的人物"。[1] 陈梦家早已指出井伯可能是同名,但未必是同一个人。可惜师瘨簋盖铭文没有王年记载,给历朔研究带来不便。但是,报道文章将其定为共王初年器。[2]

● 附:师瘨簋盖

1963年4月2日,武功县南仁公社北坡村出土。盖内铸铭文10行98字,重文2。

　　隹(唯)二月初吉戊寅,王在周师嗣(司)马宫,各大室,即立(位)。嗣(司)马井伯亲右师瘨入门立中廷(庭)。王乎(呼)内史吴册令(命)师瘨曰:……瘨其万年孙=子=其永宝用亯于宗室。

铭文"唯二月初吉戊寅(15)",初吉,月相名,初一朔,则穆王某年二月是戊寅朔(15)。查检张表,前985年二月是戊寅(15)朔,董谱同。根据笔者的研究,穆王元年是前1003年,则前985年是穆王十九年。所以,师瘨簋盖铭文所记历日可能是穆王十九年二月的历朔。查检张表和董谱,师瘨簋盖铭文所记历日也符合前954年二月的历朔,该年是穆王五十年。

● 二十七年卫簋

1975年陕西省岐山县董家村西周1号窖藏出土。这批共出土37件青铜器,其中:鼎13,簋14,壶2,鬲2,盘1,盉1,匜1,鎣1,豆2件,且不是同一个王世之器,从穆王之世到宣王末幽王初。现藏岐山县博物馆。二十七年卫簋侈口,圈足,盖冠作圈状,长舌兽面耳,有珥,下腹微向外倾垂,颈部饰以细雷纹填地的窃曲纹,窃曲纹之间用兽头间隔,其下为一道阳弦纹,腹部素面,盖沿饰窃曲纹,圈足饰一道阳弦纹。器内

---

[1] 陕西省文物管理委员会:《陕西省永寿县、武功县出土西周铜器》,《文物》1964年第7期。
[2] 同上注。

底和盖内各铸铭文 7 行 73 字,重文 2,盖、器同铭。①

隹(唯)廿又七年三月既生霸戊戌,王才(在)周,各大(太)室,即立(位)。南白(伯)入右(佑)裘卫入门,立中廷,北乡(向)。……(《集成》4256)

按:或以为穆王时器,或以为共王时器,或以为厉王时器。唐兰曰:"裘卫四器,三器均在共王时,则此器应为穆王二十七年。"②铭文"惟廿又七年三月既生霸戊戌",既生霸是初九,干支是戊戌(35),则穆王二十七年三月是庚寅(27)朔。下面来验证一下以上几种说法。

穆王元年,目前通行的说法是前 976 年,则穆王二十七年是前 950 年。该年三月张表是甲寅(51)朔,董谱同,该月无庚寅(27)。错月是甲申(21)朔,甲申距庚寅(27)含当日相差七日,显然不合历。验证的结果,说明二十七年卫簋铭文所记历日或者不是穆王二十七年三月的历朔,或者穆王元年不是前 976 年,或者两者都不是。但是,学界从器形纹饰以及与他器铭文纪年的关系,认为应该属于穆王时期。这样,穆王元年的确定就是关键。

共王元年,目前通行的说法是前 922 年,共王在位二十三年,不足二十七年,则本器就不可能属于共王时期。所以,如果按照目前通行的说法,则共王世之说不能成立。

厉王元年是前 878 年,则厉王二十七年是前 852 年。该年三月张表是丙戌(23)

---

① 岐山县文化馆庞怀清,陕西省文管会镇烽、忠如、志儒:《陕西省岐山县董家村西周铜器窖穴发掘简报》,《文物》1976 年第 5 期。
② 唐兰:《陕西省岐山县董家村新出西周重要铜器铭辞的译文和注释》,《文物》1976 年第 5 期。

朔,丙戌(23)距铭文三月庚寅(27)含当日相差五日,显然不合历。董谱是乙酉(22)朔,乙酉距庚寅(27)朔含当日相差六日,显然也不合历。所以,厉王世之说同样不能成立。

结合学界的研究,本文认为二十七年卫簋属于穆王之世。笔者推算确定穆王元年是前1003年,则穆王二十七年是前977年。该年三月张表、董谱皆是辛卯(28)朔,铭文庚寅(27)朔比历表、历谱三月辛卯(28)朔迟一日合历。

裘卫四器除本器外,其余三件分别是三年卫盉、五祀卫鼎和九年卫鼎,学界大多认为是共王时器。笔者推算三年卫盉铭文所记历日符合懿王三年三月的历朔,五祀卫鼎和九年卫鼎铭文的历朔分别符合共王五年正月和九年正月的历朔,本器铭文所记历日符合穆王二十七年三月的历朔,说明裘卫四器分属于穆、共、懿三个王世。裘卫从穆王中期开始到懿王初年,历仕穆、共、懿三王。

● 斱 盂

私人收藏品。该器侈口深腹,圈足外撇,颈部有一对附耳略高出口沿。颈部饰垂冠回首体呈S形回首夔龙纹,以云雷纹衬底。内底铸铭文72字。[①] 该器铭文中王年、月份、月相词语和干支四要素齐全,对历史断代和金文历朔研究颇为重要。吴镇烽、朱艳玲《斱簋考》一文将器物命名为斱簋,验之器形,本文觉得应命名为斱盂,其时代则属于西周穆王时期。

---

① 吴镇烽、朱艳玲:《斱簋考》,《考古与文物》2012年第3期。

唯廿八年正月既生霸丁卯，王在宗周，各大室，即位，毛伯右斳立中廷，北乡（向）。王令作册寏（宪）尹易（锡）斳：……

按：吴镇烽从形制纹饰、文字字体等角度考证认为，该器不可能晚到懿、孝时期，放到穆、共时期比较合适，但是，比勘"夏商周断代工程"所给出的穆王在位的年代，发现与年历不合，所以他倾向于共王时期，觉得如果所定不误，共王在位年数至少就有二十八年之多。本文认为，从器物形制以及铭文字体特征等要素来看，将其定为穆、共时期大抵上是对的。尽管传世文献关于共王在位的年数说法不同，但都没有二十八年之久，且若干纪年铜器铭文的王年研究也表明，共王在位没有二十八年。

铭文"唯廿八年正月既生霸丁卯"，既生霸是初九，干支是丁卯（4），则某王二十八年正月是己未（56）朔。从共王在位的可能年代向前查检张表和董谱，符合正月己未（56）朔或近似的年份有：

前899年正月，张表是己丑（26）朔，董谱同，错月是己未（56）朔，错月合历，则某王元年是前926年。

前904年正月，张表是戊午（55）朔，董谱同，铭文己未（56）朔比历表早一日合历，则某王元年是前931年。

前930年正月，张表是己丑（26）朔，董谱同，错月是己未（56）朔，错月合历，则某王元年是前957年。

前935年正月，张表是戊午（55）朔，董谱同，铭文己未（56）朔比历表早一日合历，则某王元年是前962年。

前961年正月，张表是己未（56）朔，董谱同，完全合历，则某王元年是前988年。

前966年正月，张表是戊子（25）朔，董谱同，错月是戊午（55）朔，错月又迟一日合历，则某王元年是前993年。

前992年正月，张表是己未（56）朔，董谱同，完全合历，则某王元年是前1019年。

前997年正月，张表是戊午（55）朔，董谱同，铭文早一日合历，则某王元年是前1024年。

将根据斳盂铭文推得的某王元年若干资料与目前通行认定的穆、共二王元年（分别是公元前976年和前922年）相比勘，结果皆不合。① 本人曾推得穆王元年是公元前1003年，穆王二十八年则是前976年。② 前976年正月，张表是丁亥（24）朔，错月是丁巳（54）朔，铭文正月己未（56）朔比张表错月又早二日合历。董谱该年正月是丙戌（23）朔，错月是丙辰（53）朔，铭文错月又早三日合历，近是。但是，排比廿七年卫簋

---

① 夏商周断代工程专家组：《夏商周断代工程1996～2000年阶段成果概要》，《文物》2000年第12期。
② 叶正渤：《金文标准器铭文综合研究》，第67页。

铭文三月庚寅(27)朔,至廿八年正月应该是乙酉(22)朔,与张表丁亥(24)朔、董谱错月丙辰(53)朔相合历。与下文倗叔壶铭文"唯廿又八(六?)年十月初己卯"历朔也不相衔接。参阅倗叔壶铭文历朔研究。

笔者曾据共王时期若干纪年铭文的历日记载推得共王元年是前948年,假设共王在位有二十八年,将斷盂铭文所记历朔正月己未(56)朔核之历表和历谱,结果也不合历,说明斷盂不是共王时器。暂置于穆王世,存疑待考。

● 倗叔壶

《图像集成》第22册第320页收录一件倗叔壶铭文,曰"传晋西南出土",前此未著录,为某收藏家收藏。器直口圆腹,长颈中部略有收束,矮圈足沿外侈,U形扁条提梁,两端有圆雕兽首头,内插式盖,盖冠作圈状。提梁、盖面和颈部饰卷尾长鸟纹,以云雷纹衬底。盖内铸铭文6字,器外底铸铭文28字,其中重文2。

盖铭:弔(叔)作田甫(父)票壶。
器铭:唯廿又八(六?)年十月初己卯,倗叔作田甫宝奠壶,其万年子=孙=永宝用。

按:本器铭文字迹边沿有些模糊,且字体结构松散,有些字铸得与他器也有些不同。例如:八(六?)、初、弔、甫、奠、万、年等,还有两个冷僻字田、票,前者是人名,后者是壶名。月相词语初吉,漏铸"吉"字。因此,颇有铭文为伪造之嫌疑。姑且存疑。

铭文"唯廿又八(六?)年十月初己卯","初",当是"初吉"之漏铸,初吉是初一朔,干支是己卯(16),则某王二十八年十月是己卯朔。"八"字写得有些像"六字",《图像集成》定其为"西周中期前段(穆王廿八年)",但铭文释文隶作"唯廿又六年",当误。笔者曾推得穆王元年是前1003年,则穆王二十八年是前976年,该年十月张表是壬子(49)朔,错月是壬午(19)朔或辛巳(18)朔,则与铭文初吉己卯(16)含当日相差三日或四日。董谱是辛巳(18)朔,与铭文己卯(16)朔含当日相差三日,合历(张表和董谱该年皆有闰月)。

若铭文如《图像集成》释文隶作"唯廿又六年",穆王二十六年是前978年,该年十月张表是癸亥(60)朔,董谱同,癸亥距铭文己卯(16)含当日相差17日,显然不合历。

据历法推算,铭文所记应是廿又八年十月初吉己卯,与笔者所推穆王二十八年(前976年)十月的历朔完全合历。但是,与前文斲盂铭文所记正月己未(56)朔不相衔接。本器与斲盂铭文所记历日皆存疑待考。参阅斲盂铭文历朔研究。

● 虎簋盖

1996年8月陕西省丹凤县冠区西河乡山沟村出土。仅出土一件盖,无器身,盖面饰直棱纹。盖内铸铭文161字。[①] 另一件虎簋盖与底座曰老簋的器为香港私人收藏,可能是张冠李戴所致。张光裕《虎簋甲、乙盖铭合校小记》论之甚详。[②] 本文以为,盖甲铭文"三月",盖乙作"三月",可能是铭文未剔清所致,本文铭文释文据盖甲。

隹(唯)卅年三(四)月初吉甲戌,王才(在)周新宫,各(格)于大室,密弔(叔)内(入)右虎即立(位),王乎(呼)入(内)史曰:"册令(命)虎。"曰:"䩹(载)乃且(祖)考事先王,嗣(司)虎臣。今令(命)女(汝)曰:更(赓)乃且(祖)考,足师戏嗣(司)走马驭(驭)人眔(暨)五邑走马驭(驭)人,女母(毋)敢不龏(善)于乃政。……"(《汇编》1257、1874)

---

① 王辉:《虎簋盖铭座谈纪要》,《考古与文物》1997年第3期;王翰章、陈良和、李保林:《虎簋盖铭简释》,《考古与文物》1997年第3期。
② 张光裕:《虎簋甲、乙盖铭合校小记》,《古文字研究》第24辑,中华书局2002年版。

按：说者或以为穆王时器，或以为共王时器，或以为夷王时器。① 我们以为王辉先生从器形、字体、名物、人物、语词五个方面论证虎簋盖铭属于穆王时器物，是有足够说服力的。王翰章则从作器时间、铭文中所出现的人名，以及书体和用语，证明此器属穆王时期无疑。现验证如下。

穆王说。说者或以为虎簋盖和师虎簋铭文所记历日属于穆王的纪年，并据通行的说法定穆王元年是前976年，穆王三十年则为前947年。说者遂据此推算虎簋盖所记历日，认为该年四月丙寅朔，甲戌为初九，虎簋盖的历日正好与此相合，可知以上推定的共王、穆王年代可信。其实，此说极不准确，不可遽信。首先，初吉是定点月相日，指初一朔，根本不可能是初九。其次，虎簋盖铭文和师虎簋铭文所记历日与以前976年为穆王元年、以前947年为穆王三十年四月的历朔根本不合。

师虎簋铭文"唯元年六月既望甲戌"，既望，月相词语，十四日，干支是甲戌（11），则某王元年六月是辛酉（58）朔。按说者观点，穆王元年是前976年，该年六月张表是甲寅（51）朔，甲寅（51）距师虎簋铭文六月辛酉（58）朔含当日有八日之差，根本不合历。该年六月董谱是癸未（20）朔，错月是癸丑（50）朔，与辛酉（58）朔含当日有九日之差，亦不合历。

虎簋盖铭文"唯卅年四月初吉甲戌"，初吉，月相词语，指初一朔，干支是甲戌（11），则某王三十年四月是甲戌朔。按说者观点，穆王三十年是前947年，该年四月张表是丁酉（34）朔，丁酉（34）距虎簋盖铭文之四月初吉甲戌（11）朔含当日相差二十四日，显然不合历。该年四月董谱是丙申（33）朔，距虎簋盖铭文四月甲戌朔相差二十五日，也不合历。比勘验证的结果说明穆王元年并不是前976年。但是，根据器形、花纹、人物等要素来看，师虎簋和虎簋盖铭文所记历日皆是穆王纪年范围内的历朔，这是不会错的。

共王说。共王元年始于何年？共王在位有无三十年？至今都不明确。目前通行的说法以前922年为共王元年，则共王三十年就是前893年。张表该年四月是癸未（20）朔，董谱同，虎簋盖铭文"唯三十年四月初吉甲戌"，则四月是甲戌朔。癸未（20）距甲戌（11）含当日相差正好十日，根本不合历。这种情况表明，虎簋盖铭文所记历日不是共王三十年四月的历朔，或者共王元年不是前922年，或两者都不是。

夷王说。夷王元年始于何年？夷王在位有无三十年？至今仍不明确。通行的说法定夷王元年为前885年，则夷王三十年就是前856年。我们知道，厉王元年是前878年，前856年已经在厉王纪年的范围了。通行的说法定厉王元年为前877年，众多厉

---

① 分别见王辉、王翰章等人的文章，以及李学勤《论虎簋二题》，《考古与文物》1997年第3期；彭裕商：《也论新出虎簋盖的年代》，《文物》1999年第6期；又见张光裕的文章所引。

王时期的铜器铭文的历日记载业已证明厉王元年当以《史记》的记载为准进行推算，即前878年。①

本文研究认为，虎簋盖铭文所记历日应该是穆王三十年四月的历朔。本文定穆王元年是前1003年，穆王三十年则是前974年。该年四月张表正是甲戌(11)朔，与虎簋盖铭文所记四月初吉甲戌完全吻合。董谱是癸酉(10)朔，比甲戌迟一日，完全合历。②

作册吴盉铭文"唯卅年三月既生霸壬午"，既生霸是初九，干支是壬午(19)，则某王三十年四月是甲戌(11)朔，与据虎簋盖铭文所记历日所推穆王三十年四月甲戌朔完全相同。参阅下文作册吴盉铭文历朔研究。

师虎簋铭文所记历日符合穆王元年六月的历朔，穆王元年是前1003年。师虎簋铭文"唯元年六月既望甲戌"，既望是十四日，干支是甲戌(11)，则穆王元年六月是辛酉(58)朔。该年六月张表是庚寅(27)朔，错月是庚申(57)朔，铭文六月辛酉(58)朔比庚申朔早一日合历。董谱是庚申(57)朔，也早一日合历。所以，师虎簋铭文所记历日合于穆王元年六月的历朔，虎簋盖铭文所记历日符合穆王三十年四月的历朔，二器同属于穆王之世。从师虎簋铭文的字形、字体和篇章来看，也完全符合穆王时期铭文的特征。

由于师虎簋和虎簋盖铭文中都有"虎"以及虎的父考庙号"日庚"，于是学界有人认为两器中的虎当是同一个人，只是任职有先后，虎为初次任职，师虎则已为师，时间应在后。但虎初任职时是某王三十年四月，而虎为师以后则是某王元年六月，遂将虎簋盖置于前一个王世，而将师虎簋置于后一个王世元年(共王和懿王)。将两器铭文结合起来进行考察就很有必要，师虎簋铭文与虎簋盖铭文乍看起来似乎有相同之处，密切相关，但经过仔细分析，就会发现两器铭文不同之处还是多于相同之处的。现分析比较如下。

相同点：名字相同。一称虎，一称师虎或虎，师是职官名，两者名字相同。

庙号相同。虎簋盖称"虎用作文考日庚奠簋"，师虎簋"虎敢拜稽首……。用作朕列考日庚奠簋"，都称日庚。但是，又有些微的区别，详见下文分析。

不同点：地点不同。虎簋盖"王在周新宫，格大室"，师虎簋"王在杜居，格于大室"。周新宫，根据西周诸多铜器铭文出现的例子来看，当是穆王时期新建的宫殿，因为在共王时期的铜器铭文已有出现，如十五年趞曹鼎"龏王在周新宫，王射于射庐"，望簋"隹王十又三年六月初吉戊戌，王在周康宫新宫"等，说明新宫位于周康宫之内。

---

① 叶正渤：《厉王纪年铜器铭文及相关问题研究》，《古文字研究》第26辑；《从历法的角度看逨鼎诸器及晋侯稣钟的时代》，《史学月刊》2007年第12期；《亦谈晋侯稣编钟铭文中的历法关系及所属时代》，《中原文物》2010年第5期。
② 叶正渤：《金文月相纪时法研究》，第181、223页。

而师虎簋"王在杜居,格于大室",说明杜居与周不是一个地方,但也有大室。西周铭文里王在某居者较多,但不一定有大室。

佑者不同。虎簋盖是密叔入右虎,师虎簋是井白内右师虎。前者是密叔,后者是井伯。

内史不同。虎簋盖仅言"王呼内史曰:册命虎",内史无名字;师虎簋曰"王呼内史吴:册令虎"。当然,同一个王世,王室的内史可能不止一个。

世袭的职官不同。虎簋盖在王册命虎时曰"载乃祖考事先王,司虎臣。今命汝曰:更乃祖考,足师戏司走马驭人眔五邑走马驭人",虎簋盖铭所言虎的祖考以及王申命虎的职官很明确,都是武职。而师虎簋在王册命时曰"虎,载先王既命乃祖考事,啻官司左右戏繇荆。今余唯帅型先王命,令汝更乃祖考,啻官司左右戏繇荆",师虎簋铭所言虎的祖考以及王重新任命虎所担任的职官也很明确,都是"啻官司左右戏繇荆",郭沫若在《大系考释》中说:"官司左右戏繁荆,谓管理两偏之马政也。"且虎簋盖明言王重新任命他"足师戏司走马驭人眔五邑走马驭人",是其家族的"常官"。这一不同点很重要。

所赐品物不同。虎簋盖"赐汝缁市、幽黄、玄衣、臌屯、繺(鸾)旗五日。用事",而师虎簋"易汝赤舄。用事",非常简略,只有赤舄一样。当然,所赐品物不同可以忽略不计。

父考庙号修饰语不同。虎簋盖铭文称"文考日庚",师虎簋铭文称"列考日庚"。虽然两个虎的父考庙号都称日庚,但是,庙号的修饰语有些微区别。《逸周书·谥法解》:"经纬天地曰文,道德博闻曰文,学勤好问曰文,慈惠爱民曰文,愍民惠礼曰文。锡民爵位曰文。"又曰:"有功安民曰烈,秉德遵业曰烈。"可见谥号"文"和"列(烈)"的含义是不一样的。《谥法解》:"谥者,行之迹也。号者,功之表也。"谥号不同,表明两器主虎的父考生平事迹也不同。由此推断,虎簋盖铭文中的文考日庚与师虎簋铭文中的列(烈)考日庚,只是庙号相同,但未必是同一个人。由此进一步推断,虎簋盖铭文中的虎与师虎簋铭文中的虎应该不是同一个人,可能是同宗兄弟辈。用十天干作祖先的庙号且庙号相同,在商代和周初的铜器铭文里很多,兹不一一列举。

综上所论,本文以为虎簋盖铭文中的虎和师虎簋铭文中的虎极有可能是不同的两个人,只不过两人的名字和父考的庙号相同而已。尤其是两器器主世袭的职官不同,更足以说明两器器主可能属于不同的近支。

● 作册吴盂

《图像集成》第26册第224页收录一件作册吴盂铭文,曰"据传出土于山西新绛县",前此未著录,为中国文物信息中心收藏。器作低体宽腹式,侈口束颈,肩微折,腹外鼓,浅腹圆底,三矮柱足。颈部和腹部饰变形兽面纹,以云雷纹衬底。内底铸铭文60字。铭文锈蚀严重。

第三章 西周时期纪年、纪时铭文历朔研究 73

唯卅年三(四)月既生霸壬午,王在𣱛,执驹于𣱛南林,衣执驹。王乎(呼)雀偈召作册吴,……

按:《图像集成》定其为西周中期前段。铭文"唯卅年三月既生霸壬午",既生霸是初九,干支是壬午(19),则某王三十年四月是甲戌(11)朔。铭文记载周王令衣执驹、赐驹之事,与穆王时期盠驹尊铭文所记内容相似,①西周中期在位三十年以上之王唯有周穆王。虎簋盖铭文"唯卅年四月初吉甲戌",初吉,月相词语,指初一朔,干支是甲戌(11),则某王三十年四月是甲戌朔,与据本器铭文所推完全一致。笔者推得穆王元年是前1003年,则穆王三十年是前974年,该年四月张表正是甲戌朔,完全合历,董谱是癸酉(10)朔,与铭文甲戌(11)朔仅一日之差,可以说完全合历。此器前未著录,本人早在2005年出版的《金文月相纪时法研究》一书中就推得穆王元年是前1003年,②如此巧合,绝非偶然。据此证明金文月相词语既生霸指的就是太阴月的初九,且本人所推穆王元年是前1003年也是可信的。

又,作册吴其人也见于上文吴方彝铭文,或称内史吴,当是同一个人。

五、共王时期

● 伯吕盨

椭方形,直口微敛,盖缺失,腹部稍鼓,腹两端有一对附耳,底部有四个矩尺形足。通体饰瓦纹。内底铸铭文27字,含重文2。③

---

① 盠驹尊,郭沫若、唐兰定为懿王世器,陈梦家定为共王世器,其实应该是穆王世器。
② 叶正渤:《金文月相纪时法研究》,第174、221页。
③ 王慎行:《吕服余盘铭考释及其相关问题》,《文物》1986年第4期。

隹(唯)王元年六月既眚(生)霸庚戌,白(伯)吕又乍(作)旅盨,其子＝孙＝万年永宝用。(《汇编》1459)

按：说者或以为穆王时器,或以为共王时器。铭文"唯王元年六月既生霸庚戌",既生霸是初九,干支是庚戌(47),则某王元年六月是壬寅(39)朔。现验证如下。

穆王元年,目前通行的说法穆王元年是前976年。该年六月张表是甲寅(51)朔,甲寅(51)距铭文壬寅(39)朔含当日相差十三日,显然不合历。董谱是癸未(20)朔,距铭文壬寅(39)朔含当日相差二十日,显然也不合历。

共王元年,目前通行的说法共王元年是前922年,该年六月张表是庚子(37)朔,董谱同。庚子(37)距铭文壬寅(39)朔含当日相差三日,近是。陈佩芬在《夏商周青铜器研究(西周篇下)》中说,伯吕盨铭文所记历日与西周诸王纪年皆不合历。[①] 其实非是。

笔者曾据共王时的伯吕盨、五祀卫鼎、九年卫鼎等器铭文推得共王元年是前948年,[②]该年六月张表是辛丑(38)朔,铭文壬寅(39)比辛丑早一日合历。董谱是辛未(8)朔,错月是辛丑朔,铭文壬寅(39)比辛丑(38)错月又早一日合历,则伯吕盨铭文所记历日就是共王元年六月的历朔。笔者据上述几件铜器铭文及共王元年的时间反推穆王元年是前1003年,经过比勘,伯吕盨铭文所记历日不符合穆王元年的历朔。伯吕盨铭文所记历日非共王世莫属。这个伯吕也许就是历仕穆王、共王时期的甫侯。今本《竹书纪年》:"(五十一年)穆王命甫侯(伯吕)于丰,作《吕刑》。"作《吕刑》是穆王五十一年,穆王在位五十五年,所以伯吕在共王世还能供职。共王元年是前948年,而不是前922年。

---

① 陈佩芬:《夏商周青铜器研究(西周篇下)》,第493—494页,文物出版社2005年版。
② 叶正渤:《金文月相纪时法研究》,第174页。

第三章　西周时期纪年、纪时铭文历朔研究　75

此外,有一件吕伯簋,铭文曰:"吕伯作厥公室宝尊彝簋,大牢其万年祀厥祖考。"铭文中吕伯或即伯吕,应是同一个人。可惜铭文无历日记载,因此不好推算其具体时代。

还有一件吕服余盘,1978年陕西省西安市文物商店收购,现藏西安市文管会。铭文"唯正月初吉甲寅,备仲入,佑吕服余。王曰:'服余,命汝更乃祖考事,胥备仲司六师服……'",初吉是初一朔,则某王某年正月是甲寅(51)朔。比勘张表和董谱,前924年正月张表是乙卯(52)朔,董谱是甲寅(51)朔,完全合历。根据笔者近日所推,前924年是懿王五年。

吕服余盘出土于陕西三原县,位于梁山下礼泉、泾阳、三原一带。这一带是吕梁氏的发轫地,位于周畿内。畿内吕伯长期在周王室担任卿士,丰镐曾出土吕季姜壶。铭文曰:"吕季姜作醴壶,子=孙=永宝用。"可惜也没有纪时,同样不好推算其年代。

● 师酉鼎

形制为盆形鼎,腹较浅而倾垂,腹壁微斜张,最大径近器底;双附耳,三柱足,足横截面近半圆;口沿下有变形鸟纹构成的类似于窃曲纹形式的纹饰带,以云雷纹作底纹,腹中部有一周凸弦纹。鼎腹内壁有铭文92字,重文2。[①]

隹(唯)王四祀九月初吉丁亥,王各(格)于大室,吏(使)师俗召师酉。王寴袤㡧(宕、休)师酉,易(锡)豹裘。曰:"貊夙夜,辟事我一人。"酉敢拜頴(稽)首,对𩁹(扬)皇天子不(丕)显休……(《汇编》1600)

按:朱凤瀚以为器形、纹饰属于穆、共时期,但从历法角度来说,可以排入共王历

[①] 朱凤瀚:《师酉鼎与师酉簋》,《中国历史文物》2004年第1期。

谱。黄盛璋也以为是共王时器。铭文"惟王四祀九月初吉丁亥",初吉是初一朔,则某王四年九月是丁亥(24)朔。朱凤瀚说可排入共王历谱,目前通行的说法以前922年为共王元年,则共王四年是前919年。该年九月张表是壬午(19)朔,壬午(19)距铭文九月丁亥(24)朔含当日相差六日,显然不合历。董谱是辛亥(48)朔,错月是辛巳(18)朔,辛巳与丁亥(24)含当日相距七日,显然也不合历。

目前通行的说法穆王元年是前976年,则穆王四年是前973年,该年九月张表是乙未(32)朔,乙未距铭文九月丁亥(24)含当日相差九日,显然不合历。董谱是甲子(1)朔,错月是甲午(31)朔,距铭文丁亥(24)含当日相差八日,显然也不合历。说明师酉鼎不是穆王或共王时的器物,或者,穆王以及共王元年根本就不是通行说法的那两个年份。

本文据若干铜器铭文的历日记载推得穆王元年是前1003年,共王元年是前948年,比勘穆王四年九月和共王四年九月的历朔亦不合历。如果铭文是五祀九月初吉丁亥,则与本文所推共王五祀九月的历朔合历。本文推得共王元年是前948年,共王在位二十年,则共王五祀就是前944年,该年九月张表正是丁亥(24)朔,董谱是丁巳(54)朔,错月是丁亥朔,完全合历。然而,这仅仅是假设,铭文是四祀九月初吉丁亥。不过,师酉鼎铭文所记历日却符合本人所推懿王四年九月的历朔。本人推得懿王元年是前928年,懿王四年是前925年,该年九月张表是丙辰(53)朔,董谱同,错月是丙戌(23)朔,比铭文九月丁亥(24)晚一日合历。抑或师酉鼎铭文所记是懿王四年九月之历日欤。

● 附:师酉簋

圆形,敛口,鼓腹,有双耳,耳上端雕铸兽头,兽角呈螺旋状,圈足,圈足下为三兽形扁足。有盖,盖上有圆形捉手。盖顶与器腹饰瓦纹,盖沿、颈部和圈足上饰重环纹。器、盖内壁各铸铭文10行106字,重文2,器盖同铭。

唯王元年正月,王在吴(虞),各吴(虞)大庙。公族𠭯釐入右(佑)师酉,立中廷。王乎(呼)史墙册命师酉:"嗣(嗣)乃祖,啻(嫡)官邑人、虎臣、西门尸(夷)、𦟛尸(夷)、秦尸(夷)、京尸(夷)、弁身尸(夷)、新。赐女(汝)赤芾、朱黄(衡)、中䌛(絅)、攸(鋚)勒。敬夙夜勿灋(废)朕令(命)。"酉拜稽首,对扬天子不(丕)显休命,用乍(作)朕文考乙伯、宛(究)姬奠簋。酉其万年,子₌孙₌永宝用。

按:师酉簋铭文中亦有师酉这个人物,称其亡父母亦为文考乙伯及究姬,可见与师酉鼎铭文中的师酉当是同一个人。本器铭文纪年称年不称祀,可能属于纪年用"祀"向用"年"字的过渡期,约在穆、共、懿时期。朱凤瀚以为是懿王时器。可惜本篇铭文纪时要素不全,只有王年和月份,没有月相词语和干支,无法进行验证。本文所推共王元年是前948年,该年正月张表是甲戌(11)朔,董谱是甲辰(41)朔,错月也是甲戌朔。但是铭文中有史墙这个人物,史墙初见于墙盘铭文,一般认为是共王时期的,本人认为墙盘当是穆王时器,史墙服侍于穆王、共王二王世极有可能。[①]

结合师酉鼎形制为盆形鼎,腹较浅而倾垂,腹壁微斜张,最大径近器底等特征来看,与共王时期的五祀卫鼎、七年趞曹鼎、十五年趞曹鼎等器的特点很相似,且铭文纪年用祀不用年,所以,将师酉鼎和师酉簋定于共王世较为适宜。

● 五祀卫鼎

1975年陕西省岐山县董家村西周1号窖藏出土。五祀卫鼎立耳,柱足,平沿外折,下腹向外倾垂,口沿下饰以细雷纹填底的窃曲纹。鼎腹内壁铸铭文19行207字,其中重文5,合文1。[②]

[①] 叶正渤:《金文标准器铭文综合研究》,第145—153页。
[②] 岐山县文化馆庞怀清,陕西省文管会镇烽、忠如、志儒:《陕西省岐山县董家村西周铜器窖穴发掘简报》,《文物》1976年第5期。

隹(唯)正月初吉庚戌,卫目(以)邦君厉告于井(邢)白(伯)、邑父、定白(伯)、𤖗(谅)白(伯)、俗父曰:……。卫用乍(作)朕文考宝鼎,卫其万年永宝用。隹(唯)王五祀。(《集成》2832)

按:学界或以为共王时器,或以为懿王时器,或以为夷王时器。下面根据目前通行的说法进行比勘验证,看结果如何。铭文"唯正月初吉庚戌……唯王五祀",初吉是初一朔,则某王五年正月是庚戌(47)朔。

目前通行的说法共王元年是前922年,则共王五年是前918年。该年正月张表是己酉(46)朔,董谱同,铭文正月初吉庚戌(47)比历表、历谱早一日合历。

目前通行的说法懿王元年是前899年,则懿王五年是前895年。该年正月张表是丙申(33)朔,董谱同,丙申(33)距铭文正月庚戌(47)朔含当日相差十五日,显然不合历。比勘的结果说明五祀卫鼎铭文所记历日不符合懿王五年正月的历朔。且通行的说法以为懿王在位八年,这样与九年卫鼎和五祀卫鼎属于同一王世之说又不相容。

目前通行的说法夷王元年是前885年,则夷王五年是前881年。该年正月张表是乙巳(42)朔,董谱同,乙巳(42)距庚戌(47)含当日相差六日,显然不合历。且通行的说法以为夷王在位也是八年,这样与九年卫鼎和五祀卫鼎属于同一王世之说同样不相容。比勘的结果说明五祀卫鼎铭文所记历日也不符合夷王五年正月的历朔。

铭文"余执龏(恭)王恤(恤)工(功)于邵(昭)大室,东逆(朔)燹(营)二川",笔者在《金文标准器铭文综合研究》一书中指出:"'唯王五祀'之王必为共王无疑。且'共王'之名亦为生称,是恭王时期的标准器之一。"①

从卫盉铭文的三年三月甲午(31)朔至五祀卫鼎铭文的正月初吉庚戌(47)正好是22个月,根据日差法则为:$59 \times 11 \div 60 = 10 \cdots\cdots 49$,余数49干支是壬子,这是四年十二月晦日所逢的干支。至五年正月朔日干支则为$49+1=50$,是癸丑,庚戌(47)距癸丑(50)含当日相差四日,说明这两件器物日辰不相衔接。从三年三月甲午(31)朔通过排比干支表,到五年正月应该是癸未(20)或癸丑(50)朔。这个结果与日差法计算的结果完全一样。癸丑距铭文庚戌(47)朔含当日相差四日,这两个干支不相衔接,说明这两件器物不是同一个王世的。笔者推共王元年是前948年,则共王五年是前944年,张表、董谱前944年正月皆是庚辰(17)朔,错月是庚戌(47)朔,错月合历,说明五祀卫鼎铭文所记历日符合共王五年正月的历朔。

● 元年师旋(事)簋

1961年10月陕西省长安县张家坡出土。弇口鼓腹,圈足下有三个象鼻形小足,

---

① 叶正渤:《金文标准器铭文综合研究》,第155页。

双耳饰浮雕虎头,盖与器子母合口,上有圈状捉手。盖沿和器口沿饰窃曲纹,盖上和器腹饰瓦纹,圈足饰S形云雷纹。盖内铸铭文共98字,重文2。器内底铸铭文99字,重文2。①

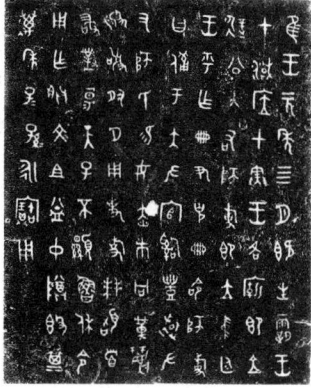

佳(唯)王元年四月既生霸,王在淢应(居)。甲寅,王各(格)庙,即立(位)。遟公入右师旋(事),即立中廷。王乎(呼)乍(作)册尹克册命师旋(事)曰:……。

按:或以为西周懿王时器,或以为西周孝王时器。马承源曰:"佳王元年四月既生霸,孝王元年为公元前九二四年,四月癸未朔。本器所计时日未能合于《年表》,若以本器的年、月、月相及干支日作为基准进行演算,同其他各器亦未能形成合理的组合。同主器五年师旋簋与本周懿王的《年表》基本相合,仅两天之差,而就器形及纹饰来看,本器要晚于五年师旋簋,故当定为孝王之世。"② 一般研究认为,由于元年师旋簋铭文所记历日与五年师旋簋铭文所记历日不相衔接,所以马承源等就把二器分置于两个王世,且把元年器后置于下一个王世,但陈梦家置二器于懿王时期。详见下文分析。

● 五年师旋(事)簋

1961年陕西省长安县张家坡窖藏出土。五年师事簋共有三件器。盖与器子母合口,器下腹向外倾垂,圈足下有三个象鼻形扁足,两耳作衔环龙头,盖的捉手呈圈状,盖与器均饰长冠分尾鸟纹和直棱纹。器盖同铭,铸铭文7行共59字,重文2。

---

① 郭沫若:《长安县张家坡铜器群铭文汇释》,《考古学报》1962年第1期。吴镇烽:《商周青铜器铭文暨图像集成》第12册,第43页。
② 马承源主编:《商周青铜器铭文选》,第199页,文物出版社1988年版。

唯王五年九月既生霸壬午，王曰："师旋（事），令女（汝）羞追于齐。……"（《集成》4216—4218）

按：五年师旋簋铭文记载了一个重要的历史事件，即羞追于齐。学者或以为与古本《竹书纪年》"（夷王）三年，王致诸侯，烹齐哀公于鼎"之事有关，或以为与夷王烹齐哀公于鼎之事无关。铭文"王曰：师旋（事），令女（汝）羞追于齐"，"敬毋败速（绩）"，当是指周王令师事于齐地进击反叛之敌，志在必胜，不许失败。据此来看，似乎与齐国本身并无直接关系。陈梦家说"与禹鼎南淮夷入侵或有关"。据今本《竹书纪年》所记，孝王四五年间曾与西戎发生战事，夷王七年则与太原之戎发生过战事。

或以为西周懿王时器，或以为夷王时器，或以为厉王时器。铭文"唯王五年九月既生霸壬午"，既生霸是初九，干支是壬午（19），则某王五年九月是甲戌（11）朔。下面来验证一下，看结果如何？

元年师旋簋铭文"唯王元年四月既生霸，王在淢居。甲寅，王格庙，即位"，铭文既生霸之后无干支，所以不知既生霸所逢的干支。根据西周金文的纪时体例考察，四月既生霸所逢的干支肯定是在甲寅（51）之前的庚戌（47）、辛亥、壬子、癸丑（50）四日之内。既生霸是初九，那么元年四月朔日则是壬寅（39）、癸卯、甲辰和乙巳（42）四日中的某日。

目前学界大多从通行的说法以前899年为懿王元年，该年四月张表是丁巳（54）朔，董谱同，丁巳在甲寅（51）之后三日，这与元年师旋簋铭文历日记载明显不合。

若按懿王元年是前899年之说，则懿王五年是前895年，据五年师旋簋铭文的纪时推算，该年九月应该是甲戌（11）朔。该年九月张表是壬辰（29）朔，董谱同，与铭文九月甲戌朔含当日相差十九日，显然不合历，说明二器不是懿王时器，或者懿王元年不是前899年。

目前通行的说法以为夷王元年是前885年，该年四月张表是丁卯（4）朔，董谱是丙寅(3)朔,错月是丁酉(34)或丙申(33)朔,与据元年师旋簋铭文所记历日推算的结果壬寅(39)至乙巳(42)朔也不相合。据通行的说法,夷王五年是前881年,该年九月张表是辛丑(38)朔,错月是辛未(8)朔,辛未距甲戌(11)朔含当日也有四日之差,与五年师旋簋铭文所记历日不合历。前881年九月,董谱是庚午(7)朔,庚午距甲戌(11)朔含当日相差五日,同样不合历。这就是说,师旋簋两器铭文所记历日不合夷王时期的历朔。

厉王元年是前878年,该年四月张表是丙戌(23)朔,与据铭文所记历日推算的壬寅(39)至乙巳(42)朔显然不合历。厉王五年是前874年,该年九月张表是庚寅(27)朔,董谱同,庚寅(27)距甲戌(11)含当日有十七日之差,显然也不合历,说明师旋簋铭文所记并非厉王世的历朔。

以上从历法的角度比勘懿王、夷王和厉王三个王世的历朔,结果皆不合历。笔者还比勘过宣王之世相应年份的历朔,结果也不合历(比勘过程从略)。

前之学者研究认为,元年师旋簋铭文所记历日与五年师旋簋铭文所记历日不相衔接,所以有学者把二器分置于两个王世。对此,我们应该进行演算和验证,看情况如何。

从元年四月既生霸(在甲寅前的庚戌至癸丑之间)排比干支表,到五年九月既生霸如果干支是壬午(19)或近似者(因为中间至少有一二个闰月),则表明两器所记历日相衔接。排比的结果,到五年九月或者是癸未(20)朔,或者是壬子(49)朔,如果有三个闰月那就是壬午(19)朔,与铭文一致。在这大约五年间,历法可能并不完全是大小月相间的,有连小月,或三个闰月,所以两器铭文所记的历日呈现出基本衔接的状况,但可看成是同一王世之器。因此,只要同时符合元年四月朔日是壬寅、癸卯、甲辰或乙巳中的某一日,五年九月朔日是甲戌(11)或近似者这两个条件,就可以基本确定两器所属的时代。

据此比勘张表和董谱,前948年四月,张表是壬寅(39)朔,符合元年师旋簋铭文所记四月朔日在壬寅、癸卯、甲辰或乙巳中的某一日。退后五年是前944年,该年九月张表是丁丑(14)朔,比铭文甲戌(11)朔早三日,近是。董谱是丙子(13)朔,比铭文甲戌朔早二日合历。前948年是本文据伯吕盨、五祀卫鼎和九年卫鼎铭文所推共王元年,前944年是共王五年。元年师旋簋铭文所记四月的历日与伯吕盨铭文所记共王元年六月的历朔也相衔接;五年师旋簋铭文所记历日与五祀卫鼎铭文所记共王五祀正月的历朔也基本衔接。在共王元年至共王五年九月的这大约五年间,历法可能并不完全是大小月相间的,有连大月,连小月,或三个闰月,所以,历法呈现出基本相衔接的状况。因此,本文定元年师旋簋和五年师旋簋为共王时器。

六年宰兽簋

1997年7月二次出土于陕西省扶风县段家乡大同村,1997年8月由陕西省周缘博物馆征集。侈口束颈,鼓腹,一对兽首耳,下有较长的垂珥,圈足连铸方座,盖面隆起,上有圈形捉手。捉手外和盖沿均饰云雷纹衬底的变形兽体纹,盖上和腹部饰覆瓦纹,圈足和颈部饰兽目交连纹。方座四壁也饰兽目交连纹,以云雷纹衬底(《图像集成》12—152)。盖内铸铭文12行,共129字,重文1。[①] 宰兽簋铭文是记录西周册命制度最完整铭文之一。

唯六年二月初吉甲戌,王才(在)周师录宫。旦,王各(格)大(太)室,即立(位)。嗣(司)土燮(荣)白(伯)右(佑)宰兽内(入)门立中廷,北乡(向)。王乎(呼)内史尹中(仲)册命宰兽曰:……

按:罗西章认为:"从簋的形制、纹饰和铭文及涉及的人名看,笔者认为定在夷王六年比较合适。"张懋镕定夷王六年为前885年。[②] 或以为共王时器。

铭文"唯六年二月初吉甲戌",初吉,月相词语,指初一朔,则某王六年二月是甲戌(11)朔。经过比勘,本器铭文所记历日与幽王六年、宣王六年、厉王六年二月的历朔皆不合。夷王在位年数不明确,夷王元年是何年也不明确。张懋镕定夷王六年为前885年,该年二月张表是戊辰(5)朔,戊辰(5)距铭文二月初吉甲戌(11)含当日相差七日,根本不合历。董谱是丁卯(4)朔,距甲戌(11)含当日相差八日,亦不合历。这种情况也许说明夷王六年根本就不是前885年,或者本器铭文所记历日不是夷王时的纪时。

笔者近日推得共王元年是前948年,则共王六年就是前943年。该年二月张表是甲辰(41)朔,董谱同,错月是甲戌(11)朔,与铭文合历。排比干支表,六年宰兽簋铭文

---

① 罗西章:《宰兽簋铭略考》,《文物》1998年第8期。
② 张懋镕:《宰兽簋王年试说》,《文博》2002年第1期。

所记历日与五祀卫鼎铭文所记历日完全衔接。比勘张表和董谱,六年宰兽簋铭文所记历日与笔者所推夷王、孝王、懿王六年二月的历朔皆不合,可见六年宰兽簋铭文所记历日符合共王六年即前943年二月的历朔。

本器铭文的某些语句及赏赐之物与西周中晚期的某些铭文很相似,如伊簋铭文:"王呼命尹封册命伊:'甹（摄）官嗣（司）康宫王臣妾、百工,易（锡）女（汝）赤市（韨）、幽黄（衡）、縊（鸾）旗,攸（鋚）勒。用事。'"可见它们的时代相距也不会太久远,伊簋铭文所记历日符合厉王二十七年正月的历朔。

● 齐生鲁方彝（盖）

1981年春陕西岐山县祝家庄公社宫里大队流龙嘴村西出土,器身未见。盖内铸铭文48字,重文2。①

佳（唯）八年十又二月初吉丁亥,齐生鲁肇寅（贾）休多嬴,佳（唯）朕文考乙公永启余鲁,用乍（作）朕文考乙公宝䵼（奠）彝,鲁其万年子═孙═永宝用。（《集成》9896）

按:或以为是共王时器,或以为是孝王时器。铭文"唯八年十又二月初吉丁亥",初吉是初一朔,则某王八年十二月是丁亥（24）朔。共王在位有多少年?至今不明确。共王元年是何年?同样也不明确。通行的说法定前922年为共王元年,共王八年是前915年。②该年十二月张表是丁亥（24）朔,董谱同,与铭文所记历日完全相合。但是,仅根据一篇铭文的历日记载比勘相合是不能说明问题的,至少应该有几件铭文所记

---

① 祁健业:《岐山县博物馆近几年来征集的商周青铜器》,《考古与文物》1984年第5期。
② 夏商周断代工程专家组:《夏商周断代工程1996～2000年阶段成果概要》,《文物》2000年第12期。

历日同时符合才能有说服力。

笔者曾推共王元年为前948年,则共王八年就是前941年。该年十二月张表是戊午(55)朔,董谱同,错月又早一日相合。张表闰月是戊子(25)朔,早一日相合。①

孝王在位多少年?至今不明确。孝王元年是何年?同样也不明确。目前通行的说法定前891年为孝王元年,孝王在位总共是六年。而铭文言"唯八年十又二月初吉丁亥",所以容不下齐生鲁方彝铭文纪年的八年。笔者近推孝王元年是前901年,则孝王八年便是前894年。该年十二月张表是甲申(21)朔,甲申距铭文十二月丁亥(24)朔含当日相差四日,显然不合历。董谱是乙酉(22)朔,乙酉距丁亥含当日相差三日,近是。

本篇铭文除了历日记载而外,其他信息很少可资利用。铭文"唯朕文考乙公永启余鲁,用作朕文考乙公宝奠彝",齐生鲁称其亡父为文考乙公。文考乙公之称也见于史墙盘铭文,"文考乙公屯无谏,农啬戉唯辟"。墙盘一般认为属于共王时器,笔者认为应当属于穆王时器,且史墙盘铭文言"天子眉寿无害",可见此时穆王年事已高。因此,齐生鲁方彝盖与之年代应相近,其铭文所记历日当是共王八年十二月。笔者以前曾据张长寿所论将齐生鲁方彝盖定为孝王时器,现在看来应予以纠正。②

● 九年卫鼎

1975年陕西省岐山县董家村西周1号窖藏与廿七年卫簋、五年卫鼎、三年卫盉同时出土。器形、纹饰与五祀卫鼎全同。柱足,折口沿,立耳,腹部下垂而外侈,器腹较浅。口沿下装饰一周云雷纹衬底的窃曲纹。鼎腹内壁铸铭文19行191字,重文1,合文3。③

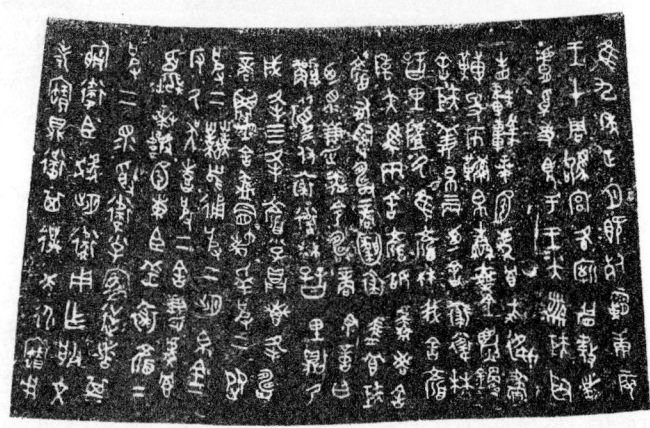

---

① 叶正渤:《金文标准器铭文综合研究》,第145—153页。
② 叶正渤:《金文标准器铭文综合研究》,第183—184页。
③ 岐山县文化馆庞怀清,陕西省文管会,镇烽、忠如、志儒:《陕西省岐山县董家村西周铜器窖穴发掘简报》,《文物》1976年第5期。

隹(唯)九年正月既死霸庚辰,王才(在)周驹宫,各(格)庙。眉敖者肤为吏(使),见(觐)于王。……卫用乍(作)朕文考宝鼎,卫其万年永宝用。(《集成》2831)

按：学界或以为共王时器,或以为懿王时器,或以为夷王时器。铭文"唯九年正月既死霸庚辰(17)",既死霸是二十三日,则某王九年正月是戊午(55)朔。现比勘验证以上诸说,看结果如何。

目前比较通行的说法认为共王元年是前922年,则共王九年是前914年。该年正月张表是丁巳(54)朔,丁巳距铭文正月戊午(55)朔迟一日相合。董谱是丙辰(53)朔,迟二日相合。

笔者推得共王元年是前948年,则共王九年是前940年。张表该年正月是丁巳(54)朔,迟一日相合;董谱是丁亥(24)朔,错月是丁巳(54)朔,错月又迟一日相合。

通行的说法认为懿王元年是前899年,则懿王九年是前891年。该年正月张表是壬申(9)朔,董谱同,壬申(9)距戊午(55)含当日相差十五日,显然不合历。且通行的说法认为懿王在位是八年,容不下铭文"唯九年正月既死霸庚辰(17)"之日历。

通行的说法认为夷王元年是前885年,夷王在位八年,因此,也容不下"唯九年正月既死霸庚辰(17)"之日历。

比勘张表和董谱,九年卫鼎铭文所记历日既不符合通行的说法所定西周诸王相关年月的历朔,也不符合笔者所推共王以外其他各王相关年月的历朔,只符合共王九年正月的历朔。

● 十五年趞曹鼎

传世有七年趞曹鼎和十五年趞曹鼎两件器。敛口立耳,窄口沿,三柱足内侧平直,腹较浅,下腹向外倾垂,底近平。口下饰垂冠回首尾下垂作刀形的夔纹一周。造形与五祀卫鼎相同。腹内壁铸铭文57字。"敢对曹"3字,郭沫若认为是衍文。

隹(惟)十又五年五月既生霸壬午,龚(恭)王在周新宫,王射于射卢(庐)。史趞曹易(锡)

弓矢虎卢……(《集成》2784)

按：吴其昌曰："厉王十五年(前864年)五月小，壬辰朔；既生霸十一日得壬寅。与历谱合。"又按："孝王十五年，五月小，壬辰朔；与厉王十五年偶同。但此器文字为厉王体，非孝王体也。"①吴其昌把十五年趞曹鼎铭文既生霸"壬午"(铭文字迹不太清楚)当作"壬寅"(39)，又将本器列为厉王十五年。下面验证一下吴其昌之说，看究竟是否合历。

铭文"惟十又五年五月既生霸壬午"，笔者经多年研究，认为既生霸是月相词语，指太阴月的初九。铭文既生霸是壬午(19)，初九，则厉王十五年五月是甲戌(11)朔。厉王十五年是前864年，该年五月张表是甲午(31)朔，董谱同，甲午距铭文甲戌朔含当日相差二十一日，根本不合历。吴其昌把十五年趞曹鼎铭文既生霸壬午当作壬寅(39)，既生霸是初九，则共王十五年五月是甲午(31)朔，张表、董谱皆是甲午(31)朔，完全合历。但是，铭文明言"龏(共)王在周新宫，王射于射庐"，可见共王是生称。本器的形制与共王时其他鼎的形制相同，柱足，折口沿，立耳，腹部下垂而外侈，器腹较浅。口沿下装饰一周云雷纹衬底的窃曲纹，则此器必为共王时器。笔者在《金文标准器铭文综合研究》一书中将其列为共王时的标准器之一，应该是可信的，②吴其昌厉王之说不可信。

马承源说："恭王十五年五月既生霸壬午日，据历朔顺次推算，恭王十五年为公元前九五四年，五月丁丑朔，六日得壬午。按一月四分月相说为先天，但此应视为当时的实际情形。"③我们也来验证一下马承源的说法。前954年五月，张表是丁丑(14)朔，丁丑距铭文五月甲戌(11)朔含当日相差四日，不合历。董谱是丙午(43)朔，错月是丙子(13)朔，距甲戌(11)含当日相差三日，近是。马承源说"恭王十五年为公元前九五四年，五月丁丑朔，六日得壬午"，既生霸不可能是初六，即使历先天也不至于含当日超辰三日以上，那样的历法极不准确，实际上是无法使用的。

郭沫若《大系考释》以为望簋铭文中也有"新宫"一词，"年月日辰与趞曹鼎第二器无牾"，遂将望簋也安排在共王之世。陈梦家又从字体、文例和赏赐方面证成其说。④我们来验证一下看情况如何？望簋铭文"惟十又三年六月初吉戊戌"，初吉是初一朔，则共王十三年六月是戊戌(35)朔；十五年趞曹鼎铭文"唯十又五年五月既生霸壬午(19)"，既生霸是初九，则共王十五年五月是甲戌(11)朔。从十三年六月初吉戊戌朔到十五年四

---

① 吴其昌：《金文历朔疏证》，《燕京学报》第6期。
② 叶正渤：《金文标准器铭文综合研究》，第174页。
③ 马承源主编：《商周青铜器铭文选》，文物出版社1988年版。
④ 郭沫若：《两周金文辞大系图录考释》，《郭沫若全集·考古编》第八卷，第80页；陈梦家：《西周铜器断代》，第155—157页。

月晦日正好是23个月整,则十五年五月朔日所逢的干支理论上应该是:(59×11+30)÷60=11……19,59表示一个大月加上一个小月的天数之和,60表示干支数,余数19表示四月晦日所逢的干支序,再加上1就是五月朔日所逢的干支,20是癸未。就是说,从十三年六月初吉戊戌(35)朔,根据日差法计算到十五年五月应该是癸未(20)朔。但是根据十五年趞曹鼎铭文所记五月既生霸壬午(19)推算,五月应该是甲戌(11)朔,与癸未(20)相差9日,表明望簋和十五年趞曹鼎铭文所记年月日辰并不衔接。

笔者所推共王十三年是前936年,该年六月张表是壬辰(29)朔,董谱是辛卯(28)朔,与望簋铭文六月戊戌(35)皆不合历。比堪的结果,望簋铭文所记历日符合孝王十三年六月的历朔。参阅《望簋铭文历朔研究》。

但是,铭文明言"惟十又五年五月既生霸壬午,龚(共)王在周新宫,王射于射卢(庐)",说明共王是生称,而非死谥,十五年趞曹鼎确实属于共王时器。这就是说,十五年趞曹鼎铭文所记历日只能与共王世的历表和历谱进行比勘对照,看是否合历。

笔者曾运用数器共元年的推算方法,推算共王元年的具体时间。具体做法如下,将根据其他信息认为属于共王世的伯吕盨、五祀卫鼎、七年趞曹鼎、八祀师𩛥鼎、齐生鲁方彝盖、九年卫鼎和十五年趞曹鼎等器所记历日,先推算出这些铭文相应月份的朔日干支,然后再与张表、董谱进行比勘对照,只要基本合历,就可以得到一个共王元年的具体年份。

伯吕盨:唯王元年六月既眚(生)霸庚戌(47),则某王元年六月是壬寅(39)朔。

五祀卫鼎:唯正月初吉庚戌(47),则共王五祀正月是庚戌(47)朔。

七年趞曹鼎:唯七年十月既生霸,既生霸之后无干支记载,所以这一条无直接作用。

八祀师𩛥鼎:唯王八祀正月,辰在丁卯(4),则共王八祀正月有丁卯(4)日。

齐生鲁方彝盖:唯八年十又二月初吉丁亥,则共王八年十二月是丁亥(24)朔。

九年卫鼎:唯九年正月既死霸庚辰(17),则共王九年正月是戊午(55)朔。

十五年趞曹鼎:唯十又五年五月既生霸壬午(19),则共王十五年五月是甲戌(11)朔。

这种做法是采用人类遗传基因DNA检测方法,反复比勘上述几个数据,查检同时符合上述几件器铭文历日记载的年份,比勘验证的结果,发觉只有前948年这个年份同时符合以上若干数据,所以,将前948年确定为共王元年。现将比勘的情况列表如下:

		张表	董谱	比勘结果
元年	前948年(铭文)			
元年	前948年六月壬寅(39)朔	辛丑(38)	辛未(8)	铭文早一日合历
五年	前944年正月庚戌(47)朔	庚辰(17)	庚辰(17)	铭文错月合历
八祀	前941年正月甲子(1)朔	癸巳(30)	癸巳(30)	错月迟一日合历

八年　前941年十二月丁亥(24)朔　　戊午(55)　　戊午(55)　　错月迟一日合历
　　　　　　（张表闰月是戊子[25]朔,铭文错月迟一日合历）
九年　前940年正月戊午(55)朔　　　丁巳(54)　　丁亥(24)　　铭文早一日合历
十五年前934年五月壬午(19)朔　　　庚辰(17)　　庚辰(17)　　矫正后早二日合历

十五年趞曹鼎铭文"唯十又五年五月既生霸壬午",既生霸是初九,干支是壬午(19),则五月是甲戌(11)朔。前934年五月张表和董谱皆是庚辰(17)朔,庚辰距甲戌含当日相差七日,不合历。但是十五年趞曹鼎肯定属于共王十五年器,这是没有疑问的。比勘其他几件器物铭文所记历日,与张表和董谱皆基本合历,唯有十五年趞曹鼎铭文不合历。从甲戌到壬午相差九日,这给笔者一定的启示,即：十五年趞曹鼎铭文很可能是"五月初吉壬午"之误记。铭文把"初吉"误记成"既生霸"了,或许是"唯十又五年五月初吉壬午",这样铭文壬午(19)朔比历表、历谱庚辰(17)朔含当日早三日,合历。比勘望簋铭文所记历日,不符合共王十三年六月的历朔,说明望簋不属于共王世。而吴其昌怀疑十五年趞曹鼎铭文所记是"十五年六月既生霸壬寅",属于干支误记,或拓片不清晰被人们误释。笔者细审拓片,觉得干支还是壬午。

● 附：七年趞曹鼎

唯七年十月既生霸,王在周般宫。旦,王各大室。井伯入右趞曹立中廷,北向,易趞曹载市、冏黄、䍞。趞曹拜首,敢对扬天子休。用作宝鼎,用飨朋友。

按：铭文"十月既生霸"之后未记干支,所以只知道是十月既生霸这一天,而不知该日所逢的干支,因此无法推算其朔日干支。据伯吕盨、五祀卫鼎、九年卫鼎等器铭文所记历日与张表、董谱比勘验证,共王元年是前948年,共王七年就是前942年。该年十月张表是甲子(1)朔,董谱同,则七年趞曹鼎铭文"十月既生霸"是壬申(9)。

另外,笔者又将前948年作为共王元年来与穆王世的七件铜器铭文所记历日进行比勘验证,发现把前948年作为共王元年是比较可靠的。按照传世文献的记载,穆王在位五十五年,已知共王元年是前948年,则穆王元年就是前1003年。学界以及笔者多认为师虎簋是穆王元年器,吴方彝盖、趞觯是穆王二祀器,亲簋是穆王二十四年器,二十七年卫簋是穆王二十七年器,虎簋盖是穆王三十年器。比勘验证的结果如下：

师虎簋铭文"唯元年六月既望甲戌(11)",既望,月相词语,太阴月的十四日,则穆王元年六月是辛酉(58)朔。根据穆王元年是前1003年的看法,该年六月张表是庚寅(27)朔,错月是庚申(57)朔,铭文六月辛酉(58)朔比庚申早一日合历。董谱是庚申(57)朔,早一日合历。这绝对不是一种巧合。

第三章 西周时期纪年、纪时铭文历朔研究

吴方彝盖铭文"唯二月初吉丁亥……唯王二祀",初吉,月相词语,初一朔,则穆王二祀二月是丁亥(24)朔。根据穆王元年是前1003年推算,则穆王二年是前1002年。该年二月张表是丁巳(54)朔,董谱同,错月是丁亥(24)朔,与铭文二月初吉丁亥相合。

趞觯铭文"唯三月初吉乙卯(52)……唯王二祀",初吉是初一朔,则穆王二祀三月是乙卯(52)朔。穆王二祀是前1002年,该年三月张表是丙戌(23)朔,董谱同,错月是丙辰(53)朔,铭文乙卯(52)比丙辰迟一日合历。

䵼簋铭文"唯廿又四年九月既望庚寅(27)",既望,月相词语,太阴月的十四日,则穆王二十四年九月是丁丑(14)朔。根据穆王元年是前1003年推算,则穆王二十四年是前980年,该年九月张表是丙子(13)朔,比铭文丁丑(14)朔迟一日相合。董谱是乙亥(12)朔,比铭文丁丑朔迟二日合历。这正证明䵼簋的确如某些学者所说是穆王二十四年时器。

卫簋铭文"惟廿又七年三月既生霸戊戌(35)",既生霸是初九,则穆王廿又七年三月是庚寅(27)朔。根据穆王元年是前1003年推算,则穆王二十七年是前977年,该年三月张表、董谱皆是辛卯(28)朔,铭文庚寅(27)朔比辛卯(28)迟一日合历。

斲盂,是新公布的器物。[①] 铭文"唯廿八年正月既生霸丁卯",既生霸是初九,干支是丁卯(4),则穆王二十八年正月是己未(56)朔。穆王元年是前1003年,则穆王二十八年是前976年。前976年正月,张表是丁亥(24)朔,错月是丁巳(54)朔,铭文正月己未(56)朔比张表错月又早二日合历。董谱该年正月是丙戌(23)朔,错月是丙辰(53)朔,铭文错月又早三日合历,近是。这早二日或迟二日合历的情况是历先天或后天所致,正如十五的月亮有时十七圆一样,是历先天二日的结果,属于正常现象。但是,将推算的结果与历表历谱比勘时,误差如果达到或超过三日(含当日是四日),那就不准了,说明不合历了。

虎簋盖铭文"唯卅年三(四)月初吉甲戌(11)",初吉,月相词语,指初一朔,则穆王三十年四月是甲戌(11)朔。根据穆王元年是前1003年推算,则穆王三十年是前974年,该年四月张表正是甲戌(11)朔,与虎簋盖铭文所记四月初吉甲戌完全吻合。董谱是癸酉(10)朔,比甲戌(11)迟一日合历。说者或以为虎簋盖之虎与师虎簋铭文中的师虎是同一个人,其实是同名异人。

由共王元年的前948年,进一步推出穆王元年是前1003年,并且得到师虎簋、吴方彝盖、趞觯、䵼簋、卫簋和虎簋盖六件铜器铭文所记历日的验证,可以说,这两个王世的元年绝对年代是可靠的。同时也证明,传世文献关于穆王在位五十五年的记载

---

① 吴镇烽、朱艳玲:《斲簋考》,《考古与文物》2012年第3期。

也是可信的,笔者对月相词语的理解同样是可信的。据此,笔者以前所推西周厉王以前诸王元年的某些年份应作纠正。①

此外,查检张表和董谱,前933年五月,张表是甲戌(11)朔,董谱同,与十五年趞曹鼎铭文所记历日完全合历。但是,据此推算共王元年是前947年,而不是前948年。如果据此调整共王元年的数据,则伯吕盨、五祀卫鼎和九年卫鼎等器铭文所记历日又不合历。总之,十五年趞曹鼎铭文所记历日与伯吕盨、五祀卫鼎和九年卫鼎等器铭文所记历日不相衔接。若不是铭文误记月相词语,则很难排进共王时期的历谱。

又有一件三十四祀盘(一名鲜簋),从铭文字体风格等方面来看也应该属于穆王之世。但是,铭文所记历日在与上述资料比勘时,发现含当日有四五日之差,并不衔接。而赵光贤、何幼琦等人疑其为伪铭,其说可参。

● 休　盘

藏于南京博物院。直口,窄平沿,方唇,附耳高出器口,圈足外侈。腹饰云雷纹衬底的兽体卷曲纹,圈足外侈,饰一道弦纹。内底铸铭文91字,重文2。

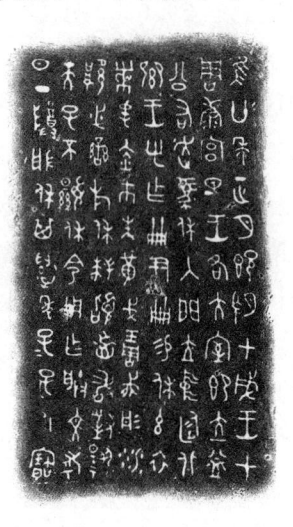

隹(唯)廿年正月既望甲戌,王在周康宫。旦,王各大室,即立(位)。益公右(佑)走马休入门,立中廷(庭),北向。

按:吴其昌曰:"穆王二十年正月大,戊午朔;既望十七日得甲戌,与历谱合。余王尽不可通。按:此器铭文有'益公右走马休入门'云云,与羌伯敦之'益公'字相同,然羌伯敦至是年,已八十七年矣。当是益公之子或孙也? 又:此敦文字之体制气韵,与

---

① 叶正渤:《金文月相纪时法研究》,第174页。

遹敦全同；而遹敦，穆王时器也，则此敦之为穆王时器，得一旁证矣。"①根据铭文可推得既望是十四日，吴其昌说"既望十七日"，不可遽信。

铭文"唯廿年正月既望甲戌"，既望是十四日，干支是甲戌(11)，则某王二十年正月是辛酉(58)朔。穆王元年是何年？穆王二十年又是何年？至今无定论。目前通行的说法定穆王元年为前976年，则穆王二十年是前957年。前957年正月张表是丙寅(3)朔，董谱同，丙寅距铭文辛酉(58)朔含当日相差六日，显然不合历。这说明要么休盘铭文所记不是穆王二十年的历朔，要么穆王元年不是前976年，或者两者都不是。

说者或以为共王时器。目前通行的说法以前922年为共王元年，共王在位23年，则共王二十年是前903年。该年正月张表是壬子(49)朔，董谱同，铭文辛酉(58)朔距壬子含当日相差十日，显然不合历。这说明休盘铭文所记不是共王二十年的历朔，要么共王元年不是前922年，或者两者都不是。

郭沫若将休盘置于宣王世。② 宣王二十年是前808年，该年正月张表是辛未(8)朔，董谱同，辛未距辛酉(58)含当日相差十一日，显然不合历。就是说，休盘铭文所记历日不符合宣王二十年的历朔。

厉王元年是前878年，厉王二十年则是前859年，该年正月张表是丁酉(34)朔，董谱同，丁酉距铭文辛酉(58)含当日相差二十五日，显然也不合历。笔者曾将休盘置于夷王时期。③ 但近推夷王在位不足二十年，因此也不合适。

从厉王元年的前878年向前查检张表和董谱，符合正月辛酉(58)朔或近似的有七个年份，其中前889年正月，张表是辛酉(58)朔，董谱同，完全合历，则某王元年是前908年，且该年靠近据走簋、望簋、无㠱簋铭文所推的孝王元年，但孝王在位十五年，没有二十年，所以也不适用。其余六个年份都不是共有元年，所以也不适合。

根据铭文记王在周康宫，又有"益公"这个重要的人物，以及器形、纹饰和周王赏赐给休的物品等，将休盘看作共王时器应该无误。但是，比勘铭文所记历朔又不合历，且系联其他纪年铭文与西周诸王世历朔也皆不合，也就是说推不出一个共有元年。由此笔者推想，可能铭文误记了干支，即铭文"唯廿年正月既望甲戌"，可能是"唯廿年正月既望甲子"的误记。因为在干支表上，甲子和甲戌是紧挨着的，史官看错很有可能。如果是，既望是十四日，干支是甲子(1)，则某王二十年正月是辛亥(48)朔。本文据伯吕盨、五祀卫鼎和九年卫鼎铭文所记历日推得共王元年是前948年，则共王二十年是前929年。该年正月张表是癸丑(50)朔，比校正后铭文辛亥(48)朔早二日合历。董谱是癸未(20)朔，

---

① 吴其昌：《金文历朔疏证》，《燕京学报》第6期，第1047—1128页。
② 郭沫若：《两周金文辞大系图录考释》，《郭沫若全集·考古编》卷八，第321页。
③ 叶正渤：《金文标准器铭文综合研究》，第190页。

错月是癸丑朔,错月又早二日合历。这样,休盘铭文不合历的现象涣然冰释,原来是休盘铭文把干支"甲子"误记为"甲戌"了,且休盘的确是共王二十年器。

为求稳妥和精确,笔者又将校正后的休盘铭文二十年正月辛亥(48)朔,与通行的说法以前922年为共王元年相比勘,共王二十年是前903年,该年正月张表是壬子(49)朔,董谱同,校正后铭文辛亥(48)朔比壬子迟一日合历。但前922年不是据其他铭文所记历日推得的某王共有元年,这说明共王元年不是前922年,而是前948年。

六、懿王时期

● 师询簋

师询簋铭文最早著录于宋代薛尚功的《历代钟鼎彝器款识法帖》,原器已失,器形不详,铭文亦只见摹本。据百度图片网,保利艺术博物馆藏有一件师询簋。按:百度图片网说保利艺术博物馆所藏,其实是师酉簋器形。参阅《金文四要素铭文考释与研究》一书《师询簋铭文历朔研究》。铭文共15行210字,重文2。

王若曰:"师訇(询),不(丕)显文、武雁(膺)受天令(命),亦刴(则)于女(汝)。……"……佳(唯)元年二月既望庚寅,王各(格)于大室,焚(荣)内(入)右(佑)訇(询)。

按:学人大多以为师询簋是西周中期后段或西周晚期器,陈梦家定其为厉王元年器,李学勤《师询簋和〈祭公〉》一文以为与穆王时期的祭公属于同时代人,何景成《论师询簋的史实和年代》认为属于夷王时期器物,①郭沫若、彭裕商等认为是宣王时器,众说不一。由于没有器形纹饰等要素可供参照,所以,历日记载就成为一个重要的断代条件。

铭文"唯元年二月既望庚寅",本文研究认为既望是十四日,干支是庚寅(27),则某王元年二月是丁丑(14)朔。② 说者或以为本器属于厉王时期,或以为属于宣王时器。由于厉王、宣王的年代是明确的,因此,我们可以通过铭文中所记的历日关系与历表、历谱进行比勘验证。

1. 厉王说。陈梦家据铭文内容、时代背景、人物、辞例等要素,系联询簋、录白终簋、师克盨、毛公鼎等器铭文,定"此器作于厉王元年新即位之二月"。③

根据《史记·周本纪》记载推算,厉王元年是前878年,前878年二月张表是丁亥(24)朔,与铭文二月丁丑(14)朔含当日相距十一日,显然不合历。董谱是丙戌(23)朔,与铭文丁丑(14)朔含当日相距十日,显然亦不合历。目前通行的说法定厉王元年是前877年,该年二月张表、董谱皆是辛亥(48)朔,错月是辛巳(18)朔,与铭文二月丁丑(14)朔含当日相距五日,显然也不合历,说明师询簋铭文所记不是厉王元年二月的历朔。

2. 宣王说。郭沫若谓其铭文背景、文辞语调颇似毛公鼎铭文,故将其置于宣王世。彭裕商同之。④ 宣王元年是前827年。该年二月张表是辛酉(58)朔,错月是辛卯(28)朔,与铭文二月丁丑(14)朔含当日相距十五日,更不合历。董谱是庚申(57)朔,错月是庚寅(27)朔,与铭文二月丁丑(14)朔含当日相距十四日,亦不合历。

3. 夷王说。夷王在位的年数至今无定论,目前通行的说法定夷王元年是前885年。前885年二月张表是戊辰(5)朔,戊辰(5)与铭文二月丁丑(14)朔含当日相距十日,明显不合历。董谱是丁卯(4)朔,与铭文二月丁丑(14)朔含当日相距十一日,亦不合历。这就是说,师询簋铭文所记不是夷王元年二月的历日,或者,夷王元年不是前885年。

4. 穆王说。目前通行的说法以为穆王元年是前976年,前976年二月张表是丙

---

① 陈梦家:《西周铜器断代》,第308页;李学勤:《师询簋和〈祭公〉》,《古文字研究》第22辑,中华书局2000年版;何景成:《论师询簋的史实和年代》,《南方文物》2008年第4期。
② 叶正渤:《金文月相纪时法研究》,第107页。
③ 陈梦家:《西周铜器断代》,第308页。
④ 郭沫若:《两周金文辞大系图录考释》《郭沫若全集·考古编》卷八,第295页。

辰(53)朔,丙辰距铭文二月丁丑(14)朔含当日相差二十二日,明显不合历。错月是丙戌(23)朔,距丁丑(14)含当日相差十日,也不合历。董谱是乙卯(52)朔,与铭文二月丁丑朔含当日相距二十三日,亦不合历。错月是乙酉(22)朔,距丁丑含当日相差九日,同样也不合历。这就是说,师询簋铭文所记也不是穆王元年的历朔,或者穆王元年不是前976年。

5. 懿王说。《史记·周本纪》:"共王崩,子懿王囏立。懿王之时,王室遂衰,世人作刺。"古本《竹书纪年》:"懿王元年,天再旦于郑。"今本《竹书纪年》"元年丙寅,春正月,王即位","天再旦于郑","二十五年,王陟"。王崩曰陟。学术界近据古本《竹书纪年》"懿王元年天再旦于郑"的记载,运用现代天文学知识推算懿王元年是前899年,董作宾说是前966年,或说是前926年。现在来比勘一下,看结果如何。

前899年二月,张表、董谱皆为戊午(55)朔,与铭文二月丁丑(14)朔含当日相距二十日,显然不合历。错月是戊子(25)朔,戊子距铭文丁丑(14)朔含当日也有十二日之差,同样不合历。

前966年二月,张表也是戊午朔,与铭文二月丁丑朔同样不合;董谱是丁巳(54)朔,错月是丁亥(24)朔,丁亥与铭文二月丁丑(14)朔含当日相差十一日,亦不合历。

前926年二月,张表、董谱皆是乙未(32)朔,与铭文二月丁丑(14)朔含当日相距十九日,也不合历。可见师询簋铭文所记历日与以上三个年份相应月份的历朔都不合,或者懿王元年根本就不是前899年、前966年和前926年。

笔者近据若干铭文所记历日推得懿王元年是前928年,该年二月张表、董谱正是丁丑(14)朔,完全合历。懿王时期的标准器匡卣、匡尊铭文"唯四月初吉甲午,懿王在射庐",初吉是初一朔,干支是甲午(31),则懿王某年四月是甲午朔。查检张表和董谱,此四月应是懿王三年。懿王三年(前926年)四月,张表、董谱正是甲午(31)朔,完全合历。这绝不是一种巧合。这只能说明懿王元年就是前928年,同时也说明初吉就是初一朔,是定点月相日。符合懿王时期历朔的还有师颖簋(元年九月)、三年卫盉(三年三月)、散伯车父鼎(四年八月)、眈簋(十年正月)、士山盘(十六年九月)等器铭文所记历日,懿王在位二十年。

6. 康王说。吴其昌曰:"康王元年(前1078年)正月大,乙巳朔,二月小,乙亥朔,既望十六日得庚寅,与历谱合。"[1]吴其昌从毛公鼎和师询簋二器铭文语词、字体的角度进行论证,最后说:"此不独可以证师询簋之决为成王元年时器,且可以证毛公鼎之必为成王末年时器矣(刘师培考是器完全无误。)"叶按:此处的成王元年时器,按照

---

[1] 吴其昌:《金文历朔疏证》,《燕京学报》第6期,第1047—1128页。

吴其昌所附注的年代,当是康王元年时器,印刷有误。吴其昌原文附:"文王命疠鼎:隹三年四月庚午,王在丰,王乎虢叔召疠。"叶按:本非疠字,宋人释疠,误。吴其昌曰:"按历谱,康王三年(前1076年)四月小,癸亥朔,初吉八日得庚午,与谱合。"又曰:"是鼎:康王外,可通者有:周公摄政三年,四月小,丁卯朔,初吉四日得庚午。"

我们来验证一下吴其昌的说法,前1078年二月张表是戊寅(15)朔,董谱同,比铭文二月丁丑(14)朔早一日合历。不过,结合1959年6月陕西蓝田县寺坡村西周铜器窖藏出土询簋铭文中的人物皆有益公,字体风格也不像西周早期的风格特征,更像是西周中期的风格特征。据此来看,师询簋铭文的时代恐怕没有那么早,当是懿王时期的。

1959年6月陕西蓝田县寺坡村西周铜器窖藏出土询簋。询簋低体宽腹,矮圈足外侈,盖上有圈状捉手,口沿下有一对衔环兽首耳。通体饰瓦纹。器内铸铭文130余字。[①]

> 王若曰:"询!丕显文、武,受命,则乃祖奠周邦,今余命汝嫡官司邑人,先虎臣后庸:西门夷……。服夷,锡汝玄衣黹纯,缁韍,冋黄,戈琱戜、厚必、彤沙绥、銮旗、鋚勒。用事。"询稽首,对扬天子休命,用作文祖乙伯、同姬奠簋,询万年子孙永宝用。唯王十又七祀,王在射日宫。旦,王格,益公入佑询。

询簋铭文单称"询",应在师询称师之前。从铭文内容方面来看,询簋铭文是对询的初命,而师询簋铭文所记则是对师询的重命。铭文"唯王十又七祀",称祀不称年,约当共王十七祀。从器形方面来看,询簋低体宽腹,矮圈足外侈,与共王时期的七年趞曹鼎和十五年趞曹鼎的低体宽腹特点很相似。但是,说者或谓询簋和师询簋铭文的体例格式与毛公鼎铭文完全相同,皆以"王若曰"开头,然后叙事,但纪时却在铭末,其字体风格也属于西周中晚期的特征,所以其时代也应相同或相近。从询簋铭文纪年称"十又七祀"来看,其时代不应该晚至西周晚期,当在西周中期,而师询簋铭文纪年已称元年。这就好像师酉鼎铭文纪年称四祀,而师酉簋铭文纪年亦称元年。同一个人制作铜器,铭文纪年称祀与称年同时并存,应该属于纪年用"祀"向用"年"字的过渡时期。结合铭文所记周王赏赐的物品种类综合考察,这四件器所属的王世应当相近或相同。

关于师酉簋、师酉鼎铭文中的师酉与询簋、师询簋铭文中的询或师询的关系,虽然郭沫若、陈梦家等以为是父子关系,其先皆为乙伯,但是,我们细读铭文发现,师酉称文考乙伯,说明师酉是乙伯之子,而询簋铭文称文祖乙伯,师询簋铭文则称列祖乙

---

① 段绍嘉:《陕西蓝田县出土弭叔等彝器简介》,《文物》1960年第2期;郭沫若:《弭叔簋及询簋考释》,《文物》1960年第2期。

伯,称谓明显有别。祖,可以指亲祖父,也可以指称列祖,这是我国自古以来的习惯称法。由铭文的称谓不同,可见师酉与询或师询应是同宗,但并不是父子关系,询或师询的辈分明显比师酉晚,但可以是同时代的人。

至于学者所言铭文所记的历史背景,笔者觉得老王已死,太子初即位为王,肩负治国理民的重任,对于新王来说也可以称之为世事维艰,故对老臣师询多所依赖,寄予厚望。

从历法的关系来考察,本文发现师询簋和师颍簋铭文所记都是某王元年,所记历日与懿王元年二月和九月的历朔既合历又相衔接(中间有一个闰月)。所以,二器铭文所记应是懿王元年的历朔。

但是,目前学术界根据古本《竹书纪年》"懿王元年天再旦于郑"的记述,定前899年为懿王元年,而张表和董谱前899年二月皆不是师询簋铭文的丁丑(14)朔,而是戊午(55)朔,不合历;九月也不是师颍簋铭文的甲戌(11)朔,而是乙酉(22)朔,皆不合历。这或是说,懿王元年不是前899年,通行的说法需要加以矫正。笔者在《关于懿王元年天再旦于郑问题》一节中有专门的讨论。

● 师颍簋

陈承修猗文阁旧藏。《东南日报·金石书画》第9期(约1934年12月)。铭文12行112字。

隹(唯)王元年九月既望丁亥,王在周康宫。旦,王各大室。嗣(司)工(空)浟白(伯)入右(佑)师颍,立中廷,北向。王乎(呼)内史逨册令(命)师颍。……(《集成》4312)

按:由于本器无器形著录,人名也只见于本器铭文,历法要素就成为本器断代的主要依据。其次就是铭文的字体风格、语词和所记事件。陈梦家在《西周铜器断代》一书中只对该器铭文作了隶定,未作详细考释。[①] 吴其昌和董作宾据铭文有"王在周康宫"之语,将师颍簋列于昭王元年。吴定前1052年为昭王元年,董定前1041年为昭王元年。现验证如下。

铭文"唯王元年九月既望丁亥(24),王在周康宫",既望是十四日,则某王元年九

---

① 陈梦家:《西周铜器断代》,第341页。

月是甲戌(11)朔。前1052年九月,张表是甲辰(41)朔,错月是甲戌(11)朔,合历。董谱是癸酉(10)朔,迟一日相合。但是,其实郭沫若等人早就指出,铭文中的康宫未必就是康王之庙;从铭文字体风格来看,亦不似昭王时期如过伯簋等器铭文的风格特点,倒像西周中后期的;从所赏赐的物品来看,同样不似西周早期所常用。所以,定其为昭王元年是欠妥的。董作宾定前1041年为昭王元年,该年九月张表、董谱皆不是甲戌(11)朔,因而不合历。

目前确切知道西周诸王元年的有:厉王,公元前878年;宣王,公元前827年;幽王,公元前781年。其他诸王王年史无记载,全都在推测之中,众说纷纭,不可遽信。所以关于师颖簋的王世与历朔,只能根据历表、历谱从幽、宣开始向前逆推比勘。

幽王元年是前781年,该年九月张表是庚寅(27)朔,铭文甲戌(11)朔距庚寅(27)含当日相差十七日,显然不合历。董谱是己巳(6)朔,但根据八月庚申(57)朔,十月己未(56)推算,董谱九月己巳朔明显是己丑(26)之误。笔者已对董谱做过校读,指出其存在印刷错误。① 己丑(26)距铭文甲戌(11)朔含当日相差十六日,亦不合历。比勘的结果,说明师颖簋铭文所记历日不符合幽王元年九月的历朔。

宣王元年是前827年,该年九月张表是丁亥(24)朔,董谱同,甲戌(11)距丁亥(24)含当日相差十四日,也不合历,说明师颖簋铭文所记也不是宣王元年九月的历朔。

厉王元年是前878年,该年九月张表是癸丑(50)朔,董谱同,甲戌(11)距癸丑(50)含当日相差二十二日,显然亦不合历,说明师颖簋铭文所记也不是厉王元年九月的历朔。目前比较通行的说法定前877年为厉王元年。② 该年九月张表是丁丑(14)朔,董谱同,甲戌(11)距丁丑含当日相差四日,不合历。

夷王在位究竟多少年?至今无定说,目前比较通行的说法定前885年为夷王元年。张表前885年九月是甲午(31)朔,董谱同,甲戌(11)距甲午(31)含当日相差二十一日,显然不合历。这说明师颖簋铭文所记历日也不是夷王元年九月的,或者夷王元年就不是公元前885年,或者两者都不是。笔者近据若干铜器铭文所记历日推得夷王元年是前893年,该年九月张表是庚戌(47)朔,董谱同,庚戌距铭文九月甲戌(11)含当日相差二十五日,也不合历,说明师颖簋铭文所记历日也不是夷王元年九月的历朔。

---

① 董作宾:《西周年历谱》,《董作宾先生全集》甲编第一册。叶正渤:《〈西周年历谱〉校读》,《盐城师范学院学报》2010年第2期。董作宾的《中国年历简谱》印刷校对精审可用。
② 夏商周断代工程专家组:《夏商周断代工程1996~2000年阶段成果概要》,《文物》2000年第12期。

笔者近推懿王元年是前928年，该年九月张表是甲辰（41）朔，董谱同，错月是甲戌（11）朔，合历。与师询簋铭文所记都是某王元年，且推得月首干支又相衔接（中间有一个闰月），字体风格亦相同，则师颖簋铭文所记历日应是懿王元年九月的历朔。

● 三年卫盉

1975年陕西省岐山县董家村西周1号窖藏出土。据发掘简报介绍，1号窖藏共出土37件青铜器，保存完好。据考证，这批铜器从穆王世到宣王末幽王初都有。其中重要的有廿七年卫簋、三年卫盉、五祀卫鼎、九年卫鼎、公臣鼎、此鼎、此簋、㽙匜等。① 同一窖藏出土的"裘卫四器"是共王时的标准器。"裘卫四器"包括三年卫盉、五祀卫鼎、九年卫鼎和二十七年卫簋。

三年卫盉鼓腹束颈，口微外侈，连裆，三柱足，管状流，长舌兽首鋬，盖钮作半环状，盖与器有链条相接。器颈与盖沿均饰以垂冠回首分尾夔纹，盖上增饰一道阳弦纹，腹部饰双线V形纹，流饰三角雷纹。盖内铸铭文12行118字，重文12，合文2，共132字。

隹（唯）三年三月既生霸壬寅，王禹（称）旂于丰。矩白（伯）庶人取堇（瑾）章（璋）于裘卫，才（裁）八十朋……卫用乍（作）朕文考惠孟宝般（盘），卫其万年永宝用。

按：学界或以为共王时器，或以为懿王时器，或以为夷王时器。由于厉王以前的西周诸王在位年数不确定，所以，暂以目前通行的说法进行验证。

---

① 岐山县文化馆庞怀清，陕西省文管会镇烽、忠如、志儒：《陕西省岐山县董家村西周铜器窖穴发掘简报》，《文物》1976年第5期。

铭文"唯三年三月既生霸壬寅",既生霸是初九,干支是壬寅(39),则某王三年三月是甲午(31)朔。

通行的说法认为共王元年是前922年,则共王三年就是前920年。该年三月张表是庚寅朔,董谱同。庚寅(27)距铭文三月甲午(31)朔含当日相差五日,显然不合历。这就是说,三年卫盉所记历日不是共王三年三月的历朔,或者共王三年不是前920年,或者两者都不是。

通行的说法认为懿王元年是前899年,懿王三年就是前897年。该年三月张表是丁丑(14)朔,丁丑距铭文甲午(31)朔含当日相差十八日,显然不合历。董谱是丙子(13)朔,铭文三月甲午(31)距丙子(13)含当日相差十九日,显然也不合历。

通行的说法认为夷王元年是前885年,则夷王三年是前883年。该年三月张表是乙卯(52)朔,董谱同,该月无甲午(31)。错月是乙酉(22)朔,乙酉距铭文甲午朔含当日相差十日,显然也不合历。

由于五祀卫鼎铭文有"余执龚王恤工(功)于邵(昭)大室,东逆(朔)焚(营)二川",所以"唯王五祀"之王必为共王无疑。一般来说纪年相续其王世也应相同,所以,三年卫盉也应是共王时器。但是,比勘共王世的历表和历谱皆不合历。本文从前901年向前查检历表和历谱,符合三年三月甲午(31)朔或近似的年份有:

前905年三月,张表是甲午(31)朔,董谱是癸巳(30)朔,则某王元年是前907年。

前926年三月,张表是甲子(1)朔,错月是甲午(31)朔,董谱是乙丑(2)朔,错月是乙未(32)朔,则某王元年是前928年。前928年是本文据其他纪年铭文所推懿王元年。

前931年三月,张表是甲午(31)朔,董谱同,则某王元年是前933年。

前941年三月,张表是壬辰(29)朔,董谱同,铭文甲午(31)朔比历表早二日合历,则某王元年是前943年。

前946年三月,张表是辛酉(58)朔,董谱同,错月是辛卯(28)朔,铭文三月甲午(31)早三日合历,近是,则某王元年是前948年。前948年是本文所推共王元年,但铭文三月甲午(31)朔比历表历谱早三日,近是。根据本文一贯的看法,比勘的结果达到或超过三日(含当日是四日),数据就不精确,不合历了。

从以上比勘的结果来看,共有的某王元年只有前928年。结合其他要素综合考虑,三年卫盉铭文所记历日符合懿王三年三月的历朔。

● 达盨盖

1984年陕西长安县马王镇张家坡西周墓出土。

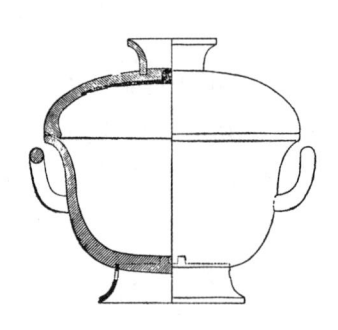

佳(唯)三年五月既生霸壬寅,王在周,执驹于滆应。王乎(呼)牆趠召达,王易(锡)达驹。达拜稽首,对扬王休,用作旅盨。①

按：张长寿以为达盨盖是孝王时器。铭文"惟三年五月既生霸壬寅",干支是壬寅(39),则某王三年五月是甲午(31)朔。孝王在位有多少年？孝王元年究竟是何年？至今都不明确,因此也不好验证。目前通行的说法以前891年为孝王元年,则孝王三年便是前889年。该年五月张表是己未(56)朔,己未距铭文甲午(31)朔含当日有二十六日,显然不合历。错月是己丑(26)朔,董谱同,己丑距甲午(31)朔含当日相差六日,显然也不合历。

本文据若干铜器铭文研究认为懿王元年是前928年,则懿王三年是前926年。该年五月张表是甲子(1)朔,董谱同,错月是甲午(31)朔,完全合历,则达盨盖铭文所记历日是懿王三年五月的历朔。此前笔者曾根据某些学者意见定达盨盖为孝王时器,现在看来需要加以纠正。②

但是,目前学术界根据古本《竹书纪年》"懿王元年天再旦于郑"的记述,定前899年为懿王元年,则懿王三年是前897年。该年五月张表是丙子(13)朔,丙子距铭文甲午(31)朔含当日相差十九日,显然不合历。董谱是乙亥(12)朔,距甲午(31)朔含当日相差二十日,亦不合历。可见懿王元年并不是前899年,通行的说法也需要加以矫正。笔者在《关于懿王元年天再旦于郑问题》一节中有专门的讨论。

铭文中出现牆趠这个人物,张长寿认为也许就是趠觯的趠,并说："陈梦家在《西周铜器断代》中把免簋、免簠、免尊、免盘、趠觯、守宫盘等六器称为井叔组或免组,认为它们可以作为断代的标准,指出其中的右者井叔尤关重要。上述六器中只有免簋、免尊和趠觯的铭文中提到了井叔,如果加上传已毁于兵火的昏鼎,共得四器。前三

---

① 张长寿：《论井叔铜器——1983～1986年沣西发掘资料之二》,《文物》1990年第7期,第33页。
② 叶正渤：《金文标准器铭文综合研究》,第178、179页。

者,井叔都是以右者的身份出现的。舀鼎的铭文中两次提到井叔,铭文的第一段记述井叔赐舀赤金甍,舀因以作鼎。第二段记录舀因以匹马束丝换五夫事,讼于井叔,经井叔判定,舀获胜诉。在此铭中,井叔是以王朝重臣的身分出现的。"[1]以上六件器物,郭沫若、陈梦家皆定为懿王时器。据本文考察,趞觯铭文所记历日符合穆王二年的历朔。现据历日考察,达盨盖铭文所记历日符合懿王三年五月的历朔。

● 四年瘐盨

1976年12月陕西省扶风县法门公社庄白大队庄白生产队1号青铜器窖藏出土。1号青铜器窖藏内共出土铜器103件,有铭文铜器74件,少则1字,多则284字,如墙盘铭文。四年瘐盨2件,形制、纹饰、铭文及大小均相同。腹椭圆,圈足下有四短足,兽首耳。腹饰瓦纹,口沿饰鸟纹,以云雷纹衬底。腹内底铸铭文6行60字,盖内铸铭文62字,重文2。[2]

隹(唯)四年二月既生霸戊戌,王才(在)周师录宫,各(格)大室,即立(位),嗣(司)马井(共)右(佑)瘐……(《集成》4462)

按:本器或以为懿王时器,或以为孝王时器,或以为夷王时器,或以为厉王时器,或以为穆王时器。意见分歧较大,且年代跨度也较长。铭文"唯四年二月既生霸戊戌(35)",既生霸是初九,则某王四年二月是庚寅(27)朔。下面来验证,看结

---

[1] 张长寿:《论井叔铜器——1983~1986年沣西发掘资料之二》,《文物》1990年第7期,第32页。
[2] 陕西周原考古队:《陕西扶风庄白一号西周青铜器窖藏发掘简报》,《文物》1978年第3期。

果如何？

厉王元年是前878年，厉王四年是前875年。该年二月张表是己巳(6)朔，董谱同，己巳距铭文二月庚寅(27)朔含当日是二十二日，显然不合历。

夷王在位年数不明确，元年是何年也不清楚，即以目前通行的前885年之说来验证，则夷王四年就是前882年。该年二月张表是庚辰(17)朔，董谱同，庚辰(17)距铭文庚寅(27)朔含当日是十一日，显然也不合历。

厉王向前各王在位的年数皆不确定，因此也不太好验证。从厉王元年的前878年向前查检张表和董谱，百年内符合二月庚寅朔或近似者，有如下年份。

前889年二月，张表是辛卯(28)朔，董谱同，辛卯距铭文庚寅(27)一日之差相合，则某王元年就是前892年。

前894年二月，张表是庚寅(27)朔，与铭文相合。董谱是己丑(26)朔，迟一日相合，则某王元年就是前897年。

前925年二月，张表是庚寅(27)朔，与铭文完全合历。董谱是己丑(26)朔，比铭文庚寅朔迟一日合历，则某王元年就是前928年。该年是本文所推懿王元年。

从横向方面来看，师艅簋盖、师晨鼎、四年瘐盨、谏簋铭文中都有周师录宫以及司马共这个人物，说者或以为此四件器当属同一王世，纪年相衔接。但是，经过排比干支表，这几件器铭文的纪时实不相衔接。本文研究认为，师艅簋盖与师晨鼎铭文纪时[唯三年三月初吉甲戌，王才(在)周师录宫]符合厉王时的纪年，而谏簋铭文的纪时(唯五年三月初吉庚寅，王在周师录宫)符合夷王时的纪年，而四年瘐盨铭文的纪时与师艅簋盖、师晨鼎铭文的纪时不相衔接，也不和谏簋铭文的纪时衔接。因此，应属于另一王世。

说者或以为铭文中的史官兴或释为年，或释为敖、或微，四年瘐盨和望簋铭文中的史兴当为史年，而扬簋、王臣簋、蔡簋和谏簋铭文中的史官兴都不能释为史年，应释为敖或微。根据此说，则四年瘐盨与望簋当属于同一王世。

另外，笔者推得十三年瘐壶铭文所记历日符合懿王十三年九月的历朔。所以，定四年瘐盨也为懿王时器。

● 三年瘐壶

1976年陕西省扶风县庄白一号窖藏出土。瘐壶器体庞大，束颈垂腹，下承圈足，大圆顶盖，兽耳对称，双环贯耳。盖顶饰蟠鸟纹，腹、腰、颈饰两条素带相隔，环饰曲波纹，宽疏有序，线条流畅。器盖、底圈足饰窃曲纹，形成对应。二件壶盖内铸铭文12行60字。

唯三年九月丁巳,王在奠(郑),乡(飨)豊(礼)。乎(呼)虢叔召瘐,易(赐)羔俎。己丑,王在旬陵,卿,逆酉(酒)……(《集成》9726)

按:本器与四年瘐盨出土于同一窖藏,因此,两器之主人瘐当是同一人。或说本器是懿王或孝王时器,比勘张表和董谱,本器铭文所记历日符合懿王三年(前926)九月的历日。不过,从铭文所记的九月丁巳(54)以及己丑(26)来看,似乎不应在同一个月。因为铭文先记九月丁巳,王在郑飨礼,继记己丑(26),王在旬陵飨酒。丁巳(54)距己丑(26)含当日是三十三日,已超出一个月的天数,可见不在同一个月之内。

● 散伯车父鼎

1960年春陕西扶风县法门公社庄白大队一座西周铜器窖藏出土。共出土铜器19件,有铭铜器有散伯车父鼎4件、散白车父簋5件,铭文相同,形制略有不同。散伯车父鼎立耳敛口,平沿外折,三足呈兽蹄形,鼎底略平。口下饰窃曲纹,足跟饰兽面纹。鼎内铸铭文26字,重文2。[①]

[①] 史言:《扶风庄白大队出土的一批西周铜器》,《文物》1972年第6期。

隹(唯)王四年八月初吉丁亥,散白车父乍(作)邢姞奠鼎,其万年子₌孙₌永宝。(《集成》2697—2701)

按:马承源说:"此纪年之月序月相和干支与《年表》之西周晚期月朔未能相合,又无其他相关人名,暂未能定具体王世。"①或说为厉王时器,或说为夷王时器。现验证如下。

铭文"唯王四年八月初吉丁亥",初吉是初一朔,干支是丁亥(24),则某王四年八月是丁亥朔。厉王元年是前878年,则厉王四年是前875年。该年八月张表是丙寅(3)朔,董谱同,丙寅(3)距铭文丁亥(24)朔含当日相差二十二日,显然不合历,说明散伯车父鼎铭文所记历日根本不符合厉王四年八月的历朔。

夷王在位年数不明确,元年是何年亦不确定,目前通行的说法是前885年为夷王元年,则夷王四年是前882年。该年八月张表是丁丑(14)朔,董谱同,丁丑(14)距铭文丁亥(24)含当日相差十一日,根本不合历。

试从厉王元年的前878年向前查检张表和董谱,符合八月丁亥(24)朔或近似的年份有:

前925年八月,张表是丁亥(24)朔,董谱同,完全合历,则某王元年是前928年。前928年是笔者近据若干铜器铭文所推共有的懿王元年。

结合散季簋器形、铭文以及陈梦家的有关论述,本文以为散伯车父鼎铭文所记历日符合懿王四年八月的历朔。散季簋铭文的纪时与散伯车父鼎铭文完全相同,但人名和作器的对象完全不同,说明散伯车父与散季并非一人。散伯车父为其夫人铸器,而散季是为其母铸器。这两篇铭文的纪年可能属于同一王世。参阅下文《散季簋铭文历朔研究》。

● 散季簋(散季盨)

散季簋,弇口鼓腹,兽首双耳,下有双垂珥,圈足下连铸三个兽面扁足,盖面隆起,

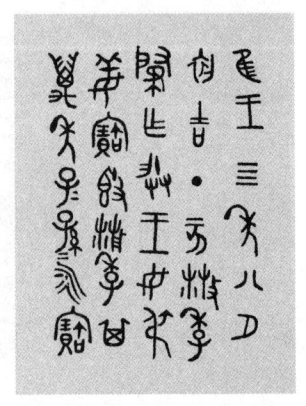

---

① 马承源:《商周青铜器铭文选》,第357页。

上有圈状捉手。口下和盖沿均饰窃曲纹,器腹和盖上均饰瓦纹,圈足亦饰窃曲纹。盖器同铭,各32字,重文2字(《图像集成》11—58)。器名或称散季盨,器形其实是簋。

唯王四年八月初吉丁亥,散季肇作朕王母弔(叔)姜宝簋,散季其万年子₌孙₌永宝。(《集成》4126)

按:吴其昌曰:"康王四年(前1075年)八月小,乙酉朔,初吉三日得丁亥。与历谱合,余王尽不可通。按:散季,是武王时散宜生同族之后;散伯敦、散氏盘又当是此散季同族之后也。"①陈梦家说"形制近是寰簋。花纹与史颂器同"。② 下面验证吴说,看结果如何。

铭文"唯王四年八月初吉丁亥",初吉是初一朔,干支是丁亥(24),则某王四年八月是丁亥朔。吴其昌说康王四年是前1075年,该年八月张表、董谱皆是丁亥(24)朔,合历。若按吴其昌之说,则康王元年就是前1078年。

目前通行的说法定康王元年是前1020年,则康王四年是前1017年,该年八月张表是辛巳(18)朔,董谱闰七月是辛巳(18)朔,八月是辛亥(48)朔,辛巳(18)距铭文丁亥(24)朔含当日相差七日,显然不合历。

根据陈梦家关于器形花纹的说法"形制近是寰簋。花纹与史颂器同",寰簋与史颂器的时代都比较晚,据此来看,散伯车父鼎以及散季簋的时代也不会太早。本文近据师询簋、士山盘铭文所记历日推得懿王元年是前928年,而散伯车父鼎铭文所记历日符合前925年八月的历朔。该年八月张表是丁亥(24)朔,董谱同,完全合历,则散伯车父鼎以及散季簋铭文所记历日符合懿王四年八月的历朔。

● 史伯硕父鼎

史伯硕父鼎体呈半球形,窄口方唇,口沿上有一对立耳,圜底三蹄足。口下饰窃

---

① 吴其昌:《金文历朔疏证》,《燕京学报》第六期,第1047—1128页。
② 陈梦家:《西周铜器断代》,第342页。

曲纹,腹饰垂鳞纹。原载王黼《博古图》卷二。据《广川书跋》云:"至和元年(1054年)虢州得之。"铭文共48字,重文2。

隹(唯)六年八月初吉己巳,史白(伯)硕父追考(孝)于朕皇考厘中(仲)、王(皇)母泉母隣(奠)鼎。用祈匄百录(禄)、眉寿、绾绰、永令(命),万年无疆,子₌孙₌永宝用享。

按:吴其昌曰:"按历谱成王亲政六年(公元前1103年)八月小,丁卯朔。初吉三日得己巳,与历谱合。余王尽不可通。"又曰"附:大盂鼎:隹九月……隹王二十又三祀","附:毛公鼎:按:此二器先儒皆以为成王时器,无异说,是也。但历朔无征"。①

先来验证一下吴其昌所说合成王六年八月的历朔,看是否合历。前1103年八月,张表是庚午(7)朔,董谱同,比铭文己巳(6)朔早一日合历,成王元年或是前1108年。

上文业已言及本器之铭文与西周晚期诸器铭文的语句颇为相似,故其年代也应相近。试以明确的西周晚期诸王之历朔与之比勘,看结果如何?

铭文"唯六年八月初吉己巳",初吉是初一朔,干支是己巳(6),则某王六年八月是己巳朔。

幽王六年(前776年)八月,张表是壬辰(29)朔,董谱同,与铭文己巳(6)含当日相差二十四日,显然不合历。

宣王六年(前822年)八月,张表是己丑(26)朔,与铭文己巳(6)含当日相差二十一日,不合历。董谱八月是戊子(25)朔,与己巳(5)含当日相差二十日,亦不合历。

厉王六年(前873年)八月,张表是乙卯(52)朔,董谱同,与铭文己巳(6)含当日相距十五日,也不合历。错月是乙酉(22)朔,与铭文己巳(6)朔含当日相差八日,同样不合历。

夷王在位年数至今不明确,其元年也不知是何年?目前通行的说法定前885年为夷王元年,则夷王六年是前880年,该年八月张表是乙未(32)朔,董谱同,错月是乙丑(2)朔,与铭文己巳(6)朔含当日相差五日,显然不合历。

试以厉王元年的前878年向前查检张表和董谱,百年内符合八月己巳(6)朔或近似的年份有:

前891年八月,张表是己亥(36)朔,九月是己巳朔,董谱同,与铭文己巳(6)朔错月相合,则某王元年是前896年。

前896年八月,张表是戊辰(5)朔,董谱同,与铭文己巳(6)朔仅一日之差,基本相合,则某王元年是前901年。

---

① 吴其昌:《金文历朔疏证》,《燕京学报》第六期,第1057页。

前927年八月,张表是己巳(6)朔,与铭文合历。董谱是戊辰(5)朔,比铭文己巳(6)朔迟一日相合,则某王元年是前932年。

前953年八月,张表是己巳(6)朔,董谱同,与铭文合历,则某王元年是前958年。

前984年八月,张表是己巳(6)朔,董谱同,与铭文合历,则某王元年是前989年。

经过比勘,发现史伯硕父鼎铭文所记王年历日与本文近据若干纪年铭文所推西周诸王元年的年份皆不合。细审史伯硕父鼎铭文摹本,笔者怀疑铭文"六年八月初吉己子(巳)"恐是"初吉乙巳(42)"的误摹。若是,则某王六年八月是乙巳(42)朔。比勘历表和历谱,发现与幽王、宣王、厉王、夷王等王世六年八月的历朔皆不合,却与前923年八月的历朔相合。前923年八月,张表是甲辰(41)朔,铭文八月乙巳(42)朔比张表早一日合历,董谱正是乙巳(42)朔,完全合历,则某王元年是前928年。前928年是笔者近据师询簋、散伯车父鼎和士山盘等器铭文所记历日所推共有的懿王元年。由此可以推定史伯硕父鼎铭文所记历日符合懿王六年(前923年)八月的历朔,且铭文应该是"唯六年八月初吉乙巳"。

● 盷(畯)簋

吴镇烽《图像集成》收录盷(畯)簋铭文,此前未见著录。无器形描述,仅有铭文拓片,内底铸铭文150字,其中合文2。据吴书介绍,该器为某收藏家收藏,作者定其时代为西周中期后段。[①] 该器铭文有共王王号显示,可看作是懿王时期的一件重要标准器。

> 唯十年正月初吉甲寅,王在周[般]大室。旦,王各(格)庙,即立(位),礻果(祼)王,康公入门右(佑)盷(畯)立中庭,北乡(向)。王乎作册尹册命盷(畯)曰:"……今朕丕显考龏(共)王既命汝更乃祖考事,作司徒。今余唯䊖(緟、申)先王命,[命]汝甹嗣(摄司)西朕司徒讯讼……"

按:铭文"唯十年正月初吉甲寅,王在周[般]大室",初吉是初一朔,干支是甲寅(51),则某王十年正月是甲寅朔。铭文又曰"今朕丕显考龏(共)王既命汝更乃祖考事作司徒,今余唯䊖(緟、申)先王命,[命]汝甹嗣(摄司)西朕司徒讯讼",西周铜器铭文

---

① 吴镇烽:《商周青铜器铭文暨图像集成》第12册,第176页。

中的龏字,是共王的专用字,时王称其为"丕显考共王"、"先王",显然共王业已亡故,则时王必然是共王之子懿王。《史记·周本纪》:"共王崩,子懿王囏立。"所以,这是懿王时期的一件标准器。

铭文"康公入门右(佑)眡(睃)立中庭,北乡(向)",佑者康公,其人活动于共王时期,《国语·周语上》:"恭王游於泾上,密康公从,有三女奔之。其母曰:'必致之于王。夫兽三为群,人三为众,女三为粲。王田不取群,公行不下众,王御不参一族。夫粲,美之物也。众以美物归女,而何德以堪之?王犹不堪,况尔之小丑乎!小丑备物,终必亡。'康公不献,一年,王灭密。"《史记·周本纪》所记同,"恭王"作"共王"。① 铭文里的康公当即《国语》《史记》中的密康公或康公。据《国语》和《史记》记载,密康公随共王游于泾上,有三女奔之,密康公之母叫密康公献给共王,密康公不听其母之言,最终导致密亡国。但是密国被灭,康公有没有被杀,《史记》没有交代。不过,据本器铭文来看,康公不仅供事于共王,且亦供事于懿王,与传世文献记载略有不同。抑或密国被灭,康公并没有被杀,故能供事于懿王。若是,则铭文所记可补史籍文献记载之不足。

康公其人又见于元年邰朐簋(朐,或隶作盨,非是,下从口,不从皿)铭文,曰:"唯元年三月丙寅,王各于大室,康公右邰朐,易(锡)䵼衣赤巿(韨)……"

本器铭文"唯十年正月初吉甲寅,王在周[般]大室",初吉是初一朔,干支是甲寅(51),则某王十年正月是甲寅朔。目前通行的说法定懿王元年是前899年,懿王在位八年,容不下本器铭文的十年,可见懿王在位八年之说不可遽信。据本器铭文,懿王在位至少十年以上。

笔者在《金文四要素铭文考释与研究》及本书中推得懿王元年是公元前928年,② 则懿王十年就是前919年,该年正月张表和董谱皆是乙酉(22)朔,错月是乙卯(52)朔,与铭文正月甲寅(51)朔仅一日之差,可以说完全合历。结合邰朐簋铭文来考察,铭文"唯元年三月丙寅,王各于大室,康公右邰朐,易(锡)䵼衣赤巿(韨)……",笔者推懿王元年是前928年,该年三月张表是丁未(44)朔,丙寅(3)是月之二十,董谱是丙午(43)朔,丙寅是二十一,丙寅非月相之日,所以只用干支纪日,符合西周金文月相纪时法的纪时体例。③ 由此验证本人所推懿王元年是前928年应该是可靠可信的,同时也证明初吉就是初一朔。本器铭文所记就是前919年正月朔日,这是当时历法的真实记录。

---

① 《国语》,第8页,上海古籍出版社1998年版;司马迁:《史记》,第140页,中华书局1985年版。
② 叶正渤:《金文四要素铭文考释与研究》,台湾花木兰文化出版社2015年版。此前所推以此书为准,特此说明。
③ 叶正渤:《略论西周铭文的记时方式》,《徐州师范大学学报》2000年第3期。

● 十三年瘐壶

1976年陕西扶风县庄白村白家庄窖藏出土。长颈,扁腹,龙首衔环,颈饰凤鸟纹,盖缘和腹部饰鳞纹,盖顶饰长冠凤鸟,圈足饰波曲纹。盖榫和颈外壁同铭,各56字,共出二器,盖器同铭,共56字。①

隹(唯)十又三年九月初吉戊寅,王才(在)成周嗣(司)土(徒)淲宫,各(格)大室,即立(位)。犀父右(佑)瘐……瘐拜頜首,对扬王休,瘐其万年永宝。(《集成》9723—9724)

按:或以为共王时器,或以为孝王时器,或以为懿王时器。马承源说:"据《年表》孝王十三年为公元前九一二年,九月庚午朔,九日得戊寅,后一日。"②铭文"唯十又三年九月初吉戊寅",初吉是初一朔,干支是戊寅(15),则某王十三年九月是戊寅朔。现在来验证一下马承源之说,看结果如何?

前912年九月,张表是庚午(7)朔,庚午距戊寅(15)含当日相差九日,显然不合历。马承源采用月相词语四分说,故曰"九日得戊寅,后一日"。其实,月相词语所表示的时日是定点的,而不是四分的,初吉只能是初一朔日,而不可能包括几天的时间。董谱是辛未(8)朔,距戊寅八日,亦不合历。这种情况说明孝王十三年不是前912年,或本器所记历日不是孝王十三年九月的历朔,或两者都不是。

但是,本器与三年瘐壶,四年瘐盨出土于同一窖藏,作器者都是瘐,纪年也相接续,分别记三年、四年和十三年事,所以,从道理上看应该是同一个人所铸。不过,细排干支,发现却又互不兼容。彭裕商认为四年瘐盨的年代约在夷世,其余各器年代彼此大致相同,应晚于盨,可能属厉世。③ 试以厉王之世历朔比勘,看结果如何。

---

① 陕西周原考古队:《陕西扶风庄白一号西周青铜器窖藏发掘简报》,《文物》1978年第3期。
② 马承源主编:《商周青铜器铭文选》,文物出版社1988年版。
③ 彭裕商:《西周青铜器年代综合研究》,第405页,巴蜀书社2003年版。

厉王元年是前878年，则厉王十三年是前866年，该年九月张表是甲戌(11)朔，董谱同。甲戌(11)距铭文九月初吉戊寅(15)含当日相差五日，显然不合历。但是，本文比勘宣王十三年九月的朔日干支，发现铭文所记历日比厉王十三年九月的朔日干支更接近。宣王十三年是前815年，该年九月张表是丁未(44)朔，八月是戊寅(15)朔，董谱同。如果错月则是丁丑(14)朔，丁丑与戊寅(15)仅一日之差，历表迟一日合历。当然，这仅是推测。

或说为共王、懿王、孝王、夷王时器，因以上诸王在位时间都不明确，因此难以验证。

本文试着与目前通行的说法进行比勘，发现也不合历。又与自己研究西周诸王年代的研究结果进行比勘，比勘的结果四年瘐盨铭文的纪时与懿王四年(前925年)二月的历朔相合，十三年瘐壶铭文校正后与懿王十三年(前916年)九月的历朔相合。具体情况如下：

四年瘐盨铭文"唯四年二月既生霸戊戌"，既生霸是初九，干支是戊戌(35)，则某王四年二月是庚寅(27)朔。前925年二月，张表是庚寅(27)朔，与铭文完全合历。董谱是己丑(26)朔，比铭文庚寅朔迟一日合历，则懿王元年就是前928年。

十三年瘐壶铭文"唯十又三年九月初吉戊寅"，初吉是初一朔，干支是戊寅(15)，则某王十三年九月是戊寅朔。根据笔者所推，懿王元年是前928年，则懿王十三年是前916年。该年九月张表是甲午(31)朔，错月是甲子(1)朔，董谱正是甲子朔，铭文戊寅(15)朔距甲子含当日相差十五日，显然不合历。不过，比勘的结果倒是引起笔者的怀疑，铭文月相词语"初吉"会不会是"既望"的误记？如果是，则十三年瘐壶铭文所记历日就符合懿王十三年九月的历朔。铭文校正后是九月既望戊寅(15)，既望是十四日，干支是戊寅(15)，则九月是乙丑(2)朔。懿王十三年(前916年)九月，张表是甲午(31)朔，错月是甲子(1)朔，董谱是甲子朔，铭文比历表历谱早一日合历。这样，四年瘐盨和十三年瘐壶铭文所记历日都符合懿王世的历朔，两器属于同一王世。可见十三年瘐壶铭文"唯十又三年九月初吉戊寅"，当是"唯十又三年九月既望戊寅"之误记。铭文误记月相词语或干支的例子不少，详见《铭文月相词语干支误记例》一节。

另外，在这批铜器铭文之末不少带有齉形徽号，可能是担任作册的徽号，进而演变为微氏家族的族徽符号。

同窖出土的铜器铭文较长的还有商器、陵器、折器、丰器、墙器、瘐器和白先父器。根据铭文内容来看，是同一个家族不同时代的器物。可参看唐兰和裘锡圭先生的相关论文。[①]

[①] 唐兰：《略论西周微史家族窖藏铜器群的重要意义——陕西扶风新出墙盘铭文解释》；裘锡圭：《史墙盘铭解释》，《文物》1978年第3期。

结合史墙盘铭文的记载,简报作者画出了微氏家族七代人的序列:

高祖──剌祖──乙祖(乙公)──亚祖祖辛(辛公,作册折)──丰(乙公)──史墙(丁公)──微伯瘨

● 士山盘

士山盘是中国历史博物馆馆藏青铜器。盘横截面为圆形,口沿平直外侈,方唇。腹较深,圆缓内收成底。圈足较高,略呈外撇状。腹中部接双附耳,已残缺。腹外壁饰对称的 S 形顾龙纹,圈足外壁饰目纹与三角形勾云纹。盘腹内底有铭文 97 字,其中重文 1。①

隹(唯)王十又六年九月即(既)生霸甲申,王才(在)周新宫。王各大室,即立(位)。士山入门,立中廷,北乡(向)。王乎(呼)乍(作)册尹册令(命)山曰:……(《汇编》1555)

按:说者或根据铭文中有"新宫"等语词,以为士山盘属于共王十六年器。目前通行的说法以公元前 922 年为共王元年,则共王十六年是前 907 年。铭文"唯王十又六年九月即(既)生霸甲申",既生霸是初九,干支是甲申(21),则某王十六年九月是丙子(13)朔。该年九月张表是壬寅(39)朔,董谱同,壬寅距铭文丙子朔含当日相差二十七日,显然不合历。错月是壬申(9)朔,壬申距丙子(13)含当日相差五日,可见亦不合历。

---

① 朱凤瀚:《士山盘初释》,《中国历史文物》2002 年第 1 期。

从厉王元年的前878年向前查检张表,与九月丙子(13)朔相同或相近的年份有:

前887年九月,张表是乙亥(12)朔,比丙子迟一日相合;董谱正是丙子(13)朔,与士山盘铭文所记历日完全吻合,则某王元年就是前902年。

前913年九月,张表是丙子(13)朔,董谱同,完全合历,则某王元年是前928年。

本书近据伯吕盨、五祀卫鼎、九年卫鼎等器铭文的历朔推得共王元年是前948年,共王在位二十年,至前929年。而士山盘铭文所记历日不合共王十六年九月和穆王十六年九月的历朔,却与懿王十六年即前913年九月的历朔相合。该年九月张表是丙子(13)朔,董谱同,完全合历。懿王元年是前928年,至前909年,懿王在位二十年。

笔者以前曾定士山盘铭文所记历日合于夷王时历日,符合前887年九月的历朔。[①] 现在看来需要予以纠正。近据若干铜器铭文推得夷王元年是前893年,夷王在位十五年,至前879年,下接厉王元年(前878年)。

七、孝王时期

● 走簋

走簋,旧称徒敦。敛口鼓腹,兽首双耳,下有方垂珥,圈足。口下饰夔纹,腹饰瓦纹,圈足饰斜角雷纹。内底铸铭文75字,现存约69字,其中重文2(《图像集成》12—39)。

隹(唯)王十又二年三月既望庚寅,王才(在)周,各(格)大室,即立(位)。嗣(司)马井(邢)白(伯)亲右(佑)走。王乎(呼)乍(作)册尹……(《集成》4244)[②]

---

① 叶正渤:《金文月相纪时法研究》,第184页。
② 马承源:《商周青铜器铭文选》,第159页。

按：吴其昌曰："懿王十二年（前923年）三月小,乙亥朔；既望十六日得庚寅。与历谱合。按：穆王十二年三月小,甲戌朔；既望十七日得庚寅。亦合。存疑待考。"①吴其昌称之为徒教,曰："余王则不可通矣。"下面验证一下吴其昌之说,看是否合历。

铭文"唯王十又二年三月既望庚寅",既望是十四日,干支是庚寅(27),则某王十二年三月是丁丑(14)朔。前923年三月,张表是戊寅(15)朔,董谱正是丁丑朔,合历,则懿王元年是前934年。不过,笔者研究认为既望是太阴月的十四日,而不是吴其昌及传统认为的十六日。这与目前据古本《竹书纪年》"懿王元年天再旦于郑"的记载,以及根据天文学知识推算懿王元年是前899年的通行说法不合。且不能仅根据一件铭文的历日记载就定懿王元年是前934年,应该据几件铭文推得共有元年是前934年才行。比勘的情况说明,走簋铭文所记历日要么不是懿王十二年三月的历朔,要么懿王元年不是前899年,或者两者都不是。

今之学者大多以为走簋是共王时器,现在也来验证一下看结果如何。目前通行的说法认为共王元年是前922年,则共王十二年便是前911年。该年三月张表是戊辰(5)朔,董谱同,戊辰(5)距铭文丁丑(14)朔含当日有十日之差,显然不合历。这种情况说明,要么走簋不属于共王时器,要么共王元年不是前922年,或者两者都不是。

或说走簋属于厉王十二年器。厉王元年是前878年,厉王十二年是前867年。该年三月张表是癸丑(50)朔,错月是癸未(20)朔,与铭文丁丑(14)朔含当日有七日之差,显然也不合历。该年三月董谱是壬午(19)朔,与丁丑含当日有六日之差,同样也不合历。所以,从历法的角度来考察走簋铭文所记历日不符合厉王十二年三月的历朔。

共和十二年（前830年）三月,张表和董谱皆是丁丑(14)朔,完全合历。但是走簋铭文明确记"唯王十又二年三月既望庚寅,王在周,格大室,即位",说明时王仍在周行使王权,这与史籍文献记厉王于三十七年被流放于彘、共伯和行政的历史事实不符。所以,即使走簋铭文所记历日符合共和十二年三月的历朔,但也不能认为走簋就是共和时期的器物。

本文又将走簋铭文所记历日与宣王十二年（前816年）三月、共王十二年（前937年）三月的历朔进行比勘,都不合历。

本文将走簋铭文所记历日与夷王十二年（前882年）三月的历朔进行比勘,基本合历,但与夷王时大簋盖铭文同是十二年三月的朔日干支并不相同。大簋盖铭文十二年三月是己卯(16)朔,走簋铭文十二年三月是丁丑(14)朔,相差二日。因为月相词

---

① 吴其昌：《金文历朔疏证》,《燕京学报》第六期,第1047—1128页。

语纪时是定点的,既然朔日干支不同,那就不是同一王世。比勘历表和历谱,走簋铭文所记历日符合前 897 年三月的历朔。前 897 年三月,张表正是丁丑(14)朔,与铭文完全合历。董谱是丙子(13)朔,比铭文丁丑朔迟一日合历。据此推算,孝王元年就是前 908 年,至前 894 年,孝王在位十五年。

● 无㠱簋

无㠱簋有二件。低体宽腹,弇口,矮圈足外撇,一对兽首衔环耳,盖的捉手作圈状。通体饰瓦沟纹。盖的捉手内饰卷体龙和鳞纹。器盖同铭,各 58 字(《图像集成》11—310)。

隹(唯)十又三年正月初吉壬寅,王征南尸(夷)。王易(赐)无㠱马四匹。……无㠱用乍(作)朕皇且(祖)厘季䕻(奠)殷(簋)。无㠱其万年子孙永宝用。(《集成》4225—4228)

按:郭沫若曰:"此与虢仲盨乃同时器,下鄩从盨有内史无䚩与此无㠱必系一人,彼乃厉王二十五年所作。"①

吴其昌曰:"康王十三年(前 1066 年)正月小,丙申朔。初吉七日得壬寅。与历谱合。余王尽不可通。按:铭中有'王征南夷'语,《太平御览》卷五十四引《旬阳记》云'庐山西南有康王谷',是康王曾南征之证也。故今本伪《竹书纪年》一条云'康王十六年,王南巡至九江庐山'。其说或有所本,可与此敦相参证也。"②吴其昌说:"初吉七日得壬寅,与历谱合。"笔者研究认为,月相词语都是定点的,各指太阴月中明确而又固定的一日。初吉指初一朔,因此,吴说"初吉七日得壬寅"不可从。③下面对吴说进

---

① 郭沫若:《两周金文辞大系图录考释》,《郭沫若全集·考古编》卷八,第 259 页。
② 吴其昌:《金文历朔疏证》,《燕京学报》第六期,第 1047—1128 页。
③ 叶正渤:《金文月相纪时法研究》,第 71—125 页。

行比勘验证,看结果如何。

铭文"唯十又三年正月初吉壬寅",初吉是初一朔,则某王十三年正月是壬寅(39)朔。吴其昌说康王十三年是前1066年,该年正月张表是己亥(36)朔,董谱同,与铭文壬寅(39)朔含当日相差四日,显然不合历。

郭沫若定为厉王世,厉王十三年(前866年)正月张表是丁丑(14)朔,董谱同,丁丑(14)距铭文壬寅(39)含当日相差二十六日,可见亦不合历。即使错月丁未(44)朔,与铭文壬寅含当日相差六日,也不合历。如果真像郭沫若所说,无㠱与无曩是一人,且厘季又见于小克鼎铭文,那么,无曩簋(十又三年)、小克鼎(二十三年)和鬲比盨(二十五年)的时代就应该相近,抑或属于同一王世。但是,根据干支表排比铭文所记历日却不相衔接。

另外,虢仲盨铭文曰:"虢仲与王南征,伐南淮夷,在成周,作旅盨。兹盨有十又二。"郭沫若将其置于厉王之世,并引《后汉书·东夷传》"厉王无道,淮夷入寇,王命虢仲征之,不克",曰:"本铭所纪即行将出征时事。"但是,今本《竹书纪年》曰:"三年,淮夷侵洛,王命虢公长父征之,不克。"事在厉王三年,与铭文十又三年不合。不过,在厉王十四年条下有一简曰:"召穆公帅师追荆蛮至于洛。"似乎征南夷又在十三四年。

陈梦家初定其为昭王之世,后改定为夷王之世。夷王在位年数至今无定论,所以不太好验证。陈梦家说克盨作于夷王十八年,约公元前870年左右。[①] 据此上推夷王元年则是公元前887年,那么夷王十三年就是公元前875年,张表该年正月是己亥(36)朔,己亥距铭文壬寅(39)朔含当日相差四日,也不合历。董谱该年正月是庚子(37)朔,距壬寅含当日相差三日,近是。但是,笔者据《史记》记载推算,厉王元年是前878年,这已为许多铭文历日所证实,而前875年已在厉王的纪年范围之内,故陈说不可遽信。抑或夷王在位没有十八年。

目前通行的说法以前885年为夷王元年,夷王在位8年。由于夷王在位不足13年,所以按通行的说法也难以验证。[②]

根据铭文记载,本年发生了一个重大事件,即周王征南夷。但据史书的零星记载,西周时期共有五次征南夷和南淮夷,第一次是周成王初期三监之乱及东夷反叛,第二次是昭王时期征楚荆,第三次是穆王西征时淮夷趁机反叛,招致穆王征淮夷,第四次是厉王时期的征淮夷,第五次是宣王时期的征南国。铭文所记历日与厉王十三年正月的历朔不合,那么厉王世应被排除在外。但是,《竹书纪年》记成王东征是在成王之初、周公摄政时期:"(成王)二年,奄人、徐人及淮夷入于邶以叛。"《逸周书·作雒

---

① 陈梦家:《西周铜器断代》,第266页。
② 夏商周断代工程专家组:《夏商周断代工程1996～2000年阶段成果概要》,《文物》2000年第12期。

解》:"周公立相天子,三叔及殷东徐、奄及熊盈以略。"《竹书纪年》:"遂伐殷";"三年,王师灭殷,杀武庚禄父。"成王东征并非铭文所记的"唯十又三年正月初吉壬寅,王征南尸(夷)",故成王时期也应排除在外。

至于昭王征楚荆,古本《竹书纪年》:"周昭王十六年,伐楚荆,涉汉,遇大兕。"昭王第一次南征是在十六年,也不是十三年。昭王第二次南征楚荆据文献记载是在十九年,《竹书纪年》:"周昭王十九年,天大曀,雉兔皆震,丧六师于汉";"周昭王末年,夜有五色光贯紫微。其年,王南巡不返。"《左传·僖公四年》亦曰:"昭王南征而不复。"可见,无㠱簋铭文所记征南夷与昭王在时间上亦不合。

关于宣王征南国,《史记》只一笔带过,曰:"(宣王)三十九年,战于千亩,王师败绩于姜氏之戎";"宣王既亡南国之师,乃料民于太原。"《集解》引韦昭曰:"败于姜戎时所亡也。南国,江汉之间。"这是宣王三十九年事,显然与铭文所记十三年毫无关系。而且比勘历表,铭文所记正月壬寅(39)朔与宣王十三年正月辛亥(48)朔相距十日,完全不合历。

另外,笔者将无㠱簋铭文所记历日与厉王十六年七月的伯克壶铭文相比勘,也不相衔接。伯克壶铭文"唯十又六年七月既生霸乙未",既生霸是初九,干支是乙未(32),则厉王十六年七月是丁亥(24)朔。根据干支表,从无㠱簋铭文"十三年正月初吉壬寅"排至十六年七月是辛巳(18)朔或辛亥(48)朔,与壬寅(39)皆有一二十日之差,根本不衔接。笔者又将无㠱簋铭文所记历日与宣王十八年的克盨铭文"唯十有六年九月初吉庚寅"(按:应该如吴其昌所说是"唯十又八年十又二月既望庚寅"之误),既望是十四日,则某王十八年十二月应该是丁丑(14)朔。克钟、克盨铭文(校正后)所记历日符合宣王时期,但无㠱簋铭文所记历日与克钟、克盨等也不相衔接。这就是说,如果无㠱簋铭文所记历日不误的话,它既不合厉王时期,也不合宣王时期的历朔,只能是其他王世的(参阅《克盨铭文历朔研究》一节)。

那么,剩下就只有穆王了。今本《竹书纪年》:"十三年春,祭公帅师从王西征,次于阳纡。"《艺文类聚》九十一引《纪年》:"穆王十三年,西征,至于青鸟之所憩。"《穆天子传》:"天子西征,鹜行至于阳纡之山,河宗柏夭先白□,天子使□父受之。"《纪年》又曰:"秋七月,西戎来宾,徐戎侵洛。"看来"徐戎侵洛"是在十三年秋。《后汉书·东夷传》:"徐夷僭号,乃率九夷以伐宗周,西至河上。"《纪年》:"冬十月,造父御王,入于宗周。"

《竹书纪年》:"十四年,王帅楚子伐徐戎,克之。"《史记·秦本纪》:"造父以善御幸于周缪王,得赤骥、温骊、骅骝、騄耳之驷,西巡狩,乐而忘归。徐偃王作乱,造父为缪王御,长驱归周,一日千里以救乱。"《赵世家》:"造父幸于周缪王,造父取骥之乘匹,与桃林盗骊、骅骝、騄耳,献之缪王。缪王使造父御,西巡狩,见西王母,乐之忘归。而徐偃王反,缪王日驰千里马,攻徐偃王,大破之。"《纪年》所记穆王之伐徐戎,或即《史记》所记攻徐偃王之事。看来征南夷也许就是这一次吧,因为只有这一次在时间上比较接近。但是,《竹书纪年》又曰:"穆王十七年,起师至九江,以鼋为梁。"征南夷似乎是在穆王十七年。另有资料说穆王南征在三十七年、四十七年,恐是讹误,俱不可信。

但是,穆王元年是哪一年?至今史无定论,所以也不好进行验证。目前通行的说法以前976年为穆王元年,[①]则穆王十三年就是前964年,张表该年正月是丙午(43)朔,与铭文壬寅(39)朔含当日相差五日,显然不合历。董谱是丙子(13)朔,与铭文壬寅(39)含当日相距二十七日,亦不合历。这个结果表明,或者穆王元年不是前976年,或者无曩簋铭文所记历日不是穆王十三年正月朔日,或者两者都不是。那么,无曩簋铭文所记历日和征南夷,恐怕真像吴其昌所说"余王尽不可通"了。将本篇铭文的纪时比勘历表和历谱,与昭王、穆王、共王、懿王、夷王、厉王及宣王十三年正月的历朔皆不合。

从厉王元年的前878年向前查检张表和董谱,至前1100年,与正月壬寅朔相同或相近有九个年份(比勘过程从略),在这些年份中只有根据前896年正月,张表是壬寅(39)朔,董谱是壬申(9)朔,错月也是壬寅朔,与铭文完全合历,进而推得某王元年是前908年是一个共有元年,其他年份与已知的西周诸王年历皆相抵牾。前908年同时也是根据走簋、望簋铭文所记历日推得的孝王元年。看来,无曩簋铭文所记历日符合孝王十三年正月的历朔,则孝王时也征过南夷。但据今本《竹书纪年》记载,孝王四五年间曾与西戎发生过战事。孝王元年是前908年,至前894年,孝王在位十五年。

● 望　簋

器形未见,铸铭文89字,其中重文2。

　　唯王十又三年六月初吉戊戌,王在周康宫新宫。旦,王格大室,即位。宰佣父佑望入门立中廷,北向。王呼史年册命望:……(《集成》4272)

按:铭文"唯王十又三年六月初吉戊戌",初吉是初一朔,干支是戊戌(35),则某王十三年六月是戊戌朔。吴其昌曰:"懿王十三年(前922年)六月小,戊戌朔;初吉朔日得戊戌。与历谱合。按:昭王十三年,六月大,壬辰朔;初吉七日得戊戌。

---

① 夏商周断代工程专家组:《夏商周断代工程1996~2000年阶段成果概要》,《文物》2000年第12期。

亦可通。除昭懿二王外，余王则尽不可通矣。然知其是懿王非昭王者，《世本·居篇》：'懿王二年，自镐徙都犬丘。'宋衷注云：'懿王自镐徙都犬邱。'《汉书·地理志》：'右扶风槐里，周曰槐里，懿王都之。'《括地志》：'犬邱故城，一名废丘，在雍州始平县东南十里，即周懿王所都。'……其所以迁都之故，或因犬戎侵暴所致。《汉书·匈奴传》云：'至穆王之孙懿王时，王室遂衰，犬戎交侵，暴虐中国。'是懿王曾因犬戎交侵，弃镐徙都，事之可稽考者也。……。新宫者，新都之宫也。……死，即尸，主也；嗣毕，意犹司兵；死嗣毕王家，犹言'主干御王家'也。盖当是迁都以后，命望以守卫新宫之责也。"①下面来比勘历表和历谱，看结果如何。

吴其昌说本器所记历日是懿王十三年（前922年）六月，前922年六月，张表是庚子(37)朔，董谱同，庚子据铭文戊戌(35)朔含当日相距三日，合历。然据吴说则懿王元年是前934年，与目前通行的说法懿王元年是前899年不合。

陈梦家和唐兰把望簋看作是共王时器。共王元年是何年，目前还不确定。目前通行的说法以前922年为共王元年，则共王十三年就是前910年。该年六月张表是辛酉(58)朔，董谱是庚申(57)朔，据铭文戊戌(35)朔含当日相差二十三四日，根本不合历。这个结果说明，要么望簋所记历日不是共王十三年六月的历日，要么共王元年不是前922年，或者两者都不是。

望簋铭文所记历日与前896年六月较为合历，该年六月张表是己巳(6)朔，董谱同，错月是己亥(36)朔，比铭文六月戊戌(35)早一日合历，据此推孝王元年是前908年。此结果与据走簋铭文、无㠱簋铭文所推孝王元年相同，由此得到孝王元年就是前908年，这是一个共有元年。本器铭文所记是孝王十三年六月的历朔。

八、夷王时期

● 逆 钟

逆钟，1975年陕西省永寿县西南店头公社好畤河出土，共四件，铭文都在钲间，连读成篇。高枚长甬，上有方形旋。篆间和舞上饰云纹，甬上饰环带纹，鼓部饰团云纹，干上饰目云纹。钲间铸铭文86字。②

　　佳王元年三月既生霸庚申，叔氏在大庙。叔氏令史盅召逆。……（《集成》60—63）

---

① 吴其昌：《金文历朔疏证》，《燕京学报》第六期，第1047—1128页。
② 曹发展、陈国英：《咸阳地区出土西周青铜器》，《考古与文物》1981年第1期。又见马承源主编：《商周青铜器铭文选》，第198页。

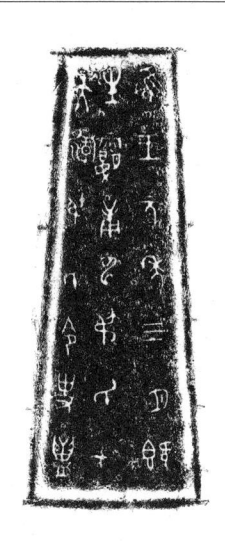

按：铭文"惟王元年三月既生霸庚申"，既生霸是初九，干支是庚申(57)，则某王元年三月是壬子(49)朔。笔者近据若干纪年铜器铭文历日记载推得夷王元年是前893年，该年三月张表是癸丑(50)朔，董谱同，铭文壬子(49)朔比历表、历谱迟一日合历。逆钟铭文所记历日符合夷王元年三月的历朔。

另外，结合学者们根据其他要素推算所得，尚有谏簋、牧簋、说盘、大簋、太师虘簋、无㠱簋、休盘等几件器物也属于夷王时器。

● 谏 簋

谏簋，光绪年间陕西兴平县出土。圆形，敛口鼓腹，圈足下有三小足，腹部两侧兽耳下垂小珥。隆盖，顶有圆形捉手。盖顶和器腹饰瓦纹，颈部与盖沿饰窃曲纹，圈足

饰三角云纹。盖器对铭,器铭文9行102字,盖铭10行101字。

> 佳(唯)五年三月初吉庚寅,王在周师录宫。旦,王格大室,即立(位)。嗣(司)马共右(佑)谏入门,立中廷。王乎(呼)内史咢册命谏曰:……(《集成》4285)

按:吴其昌曰:"懿王五年(前930年)三月小,丙戌朔;初吉五日得庚寅。与历谱合。余王尽不可通。"①陈梦家也定此器为懿王五年,但具体年代与吴其昌不同。下面我们验证一下吴其昌之说,看结果如何?

铭文"唯五年三月初吉庚寅",初吉,月相词语,指初一朔,则某王五年三月是庚寅(27)朔。前930年三月张表是己丑(26)朔,比铭文三月庚寅(27)朔迟一日,合历。董谱是戊子(25)朔,比庚寅(27)实际迟二日相合历。吴其昌之说与谏簋铭文历日近是,则懿王元年是前934年。

但是,目前学术界根据古本《竹书纪年》"懿王元年天再旦于郑"的记载,运用现代天文学知识推算懿王元年是前899年4月21日,则懿王五年便是前895年。② 前895年三月张表是丙申(33)朔,与铭文三月庚寅(27)朔含当日相差七日,显然不合历。五年三月董谱是乙未(32)朔,与铭文庚寅(27)朔含当日相差六日,亦不合历。这说明谏簋铭文所记历日不属于懿王五年三月,或懿王五年根本就不是前895年,即懿王元年不是前899年,或者两种情况都不是。

师晨鼎、师俞簋铭文所记历日三年三月甲戌(11)朔,与所说的懿王三年三月(前897年)张表的丁丑(14)朔相距三日,亦不合。董谱是丙子(13)朔,近是。

学界一般认为四年瘐盨、师晨鼎、师俞簋、谏簋等器铭文里都有右者司马共,都有周师录宫,于是认为这几件器物的王世当相同或相近。兹将几件器物铭文所记历日整理如下:

师晨鼎:"唯三年三月初吉甲戌,王在周师录宫……,司马共右师晨……,王呼作册尹册命师晨……。"师俞簋:"唯三年三月初吉甲戌,王在周师录宫……,司马共右师俞入门……,王呼作册内史册令师俞……。"初吉是初一朔,则某王三年三月是甲戌(11)朔。师晨鼎与师俞簋历日相同。

四年瘐盨:"唯四年二月既生霸戊戌(35),王在周师录宫……,司马共右瘐,王乎史年册……。"既生霸是初九,则某王四年二月是庚寅(27)朔。

谏簋:"唯五年三月初吉庚寅,王在周师录宫……,司马共右谏入门……,王呼内史咢册命谏曰……。"初吉是初一朔,则某王五年三月是庚寅(27)朔。

---

① 吴其昌:《金文历朔疏证》,《燕京学报》第六期,第1047—1128页。
② 夏商周断代工程专家组:《夏商周断代工程1996~2000年阶段成果概要》,《文物》2000年第12期。

如果以上四件铜器的确属于同一王世,那么它们的历朔就应该相连续。但是,我们按照正常的大小月相间排比干支表,发现从三年三月到五年三月所逢的干支,除了四年瘭盨而外,三年三月与五年三月基本上是衔接的,符合厉王时期的历朔。试排表如下:

王年	正月	二月	三月	四月	五月	六月	七月	八月	九月	十月	十一月	十二月	十三月
三年			甲戌	甲辰	癸酉	癸卯	壬申	壬寅	辛未	辛丑	庚午	庚子	
四年	己巳	己亥	戊辰	戊戌	丁卯	丁酉	丙寅	丙申	乙丑	乙未	甲子	甲午	癸亥
五年	癸巳	壬戌	壬辰										

排比干支表到五年三月,中间置一闰是壬辰(29)朔。上文已经证实师晨鼎铭文所记历日符合厉王三年三月的历朔,那么谏簋铭文所记历日就应该是厉王五年三月的历朔。厉王五年(前874年)三月张表是癸巳(30)朔,董谱同,与排比干支表所得的五年三月壬辰(29)朔相差一日,相合,但是与谏簋铭文"唯五年三月初吉庚寅"(27)朔含当日相差四日。这说明,谏簋铭文所记历日可能不是厉王五年三月的历朔。从排比干支表也可以看出,四年二月是己亥(36)朔,而据四年瘭盨铭文推算四年二月应该是庚寅(27)朔,己亥(36)与庚寅(27)含当日相距十日,显然不合,说明四年瘭盨铭文所记历日与其他三件器在时间上是不衔接的。也就是说,四年瘭盨与其他三件器不属于同一王世。因而说者或以为四年瘭盨属于穆王世,师晨鼎、师艅簋和谏簋三件或属于孝王世,或属于厉王世。史官司马共应当是同名而不同王世的两个人,史兖(敔)和史年也未必是同一人。但是,由于孝王元年的具体年代不确定,所以也无法验证。即以目前通行的说法定孝王元年为前891年为例,以上三件器所记历日与张表、董谱相应年份月份的朔日干支毫不相合(验证过程略)。

根据上文的分析论证,师晨鼎、师艅簋铭文所记历日符合厉王三年三月的历朔,四年瘭盨铭文所记历日不属于厉王王世,同样,谏簋铭文所记五年三月庚寅(27)朔也不是厉王五年的历朔。笔者从厉王元年前878年向前查检张表,符合三月庚寅(27)朔或近似的年份有:

前884年,三月张表是辛卯(28)朔,董谱同,与谏簋铭文所记三月庚寅(27)朔相距一日,基本相合,则夷王元年是前888年。

前889年,三月张表是庚申(57)朔,董谱同,与谏簋铭文庚寅(27)朔错月合历,则夷王元年是前893年。笔者认为前893年为夷王元年,夷王在位十五年。

前894年,三月张表是己未(56)朔,董谱同,错月是己丑(26)朔,比铭文庚寅(27)朔迟一日合历,则夷王元年是前898年。

前920年,三月张表是庚寅(27)朔,董谱同,与谏簋铭文所记庚寅(27)朔完全相合,则夷王元年是前924年。

董作宾据此认为谏簋铭文所记历日符合夷王五年三月的历朔,曰:"今按此器月日,绝不容于'厉王组',且足为'夷王组'唯一的证据,亦正因是时共为司马。以'金文组'分列,司马共当在两组,其一为厉王,其一必为夷王。"① 若据董作宾之说,夷王元年是前924年,夷王在位四十六年。这个数据似乎太长,因为夷王身体不好,在位不可能有这么长久。《左传·昭公二十六年》:"至于夷王,王愆于厥身,诸侯莫不并走其望以祈王身。"《竹书纪年》:"夷王衰弱,荒服不朝,乃命虢公率六师,伐太原之戎,至于俞泉,获马千匹。"又:"夷王七年,冬,雨雹,大如砺。"今本《竹书纪年》记夷王事迹只有七年,或因夷王身体欠佳之故。而右者司马共可能是同名同职官(佑者是临时性职务),不是同一个人;内史吴和史年也不是同一个人。周师录宫,据铭文看来沿用较久,从穆王世一直用到厉王之世。

笔者以为谏簋铭文所记历日符合前889年三月的历朔。夷王元年为前893年,夷王在位十五年。

● 牧 簋

相传得于扶风。侈口束颈,鼓腹,兽首双耳,下有垂珥,圈足下连铸方座。口下饰窃曲纹,腹和方座均饰环带纹,圈足饰大小相间的重环纹。

隹(唯)王七年十又三月既生霸甲寅,王才(在)周,才(在)师汘父宫,各(格)大(太)室,即立(位)。公族(䊹)入右(佑)牧,立中廷(庭)。王乎(呼)内史吴册令(命)牧,王若曰:……。

---

① 董作宾:《西周年历谱》,《董作宾先生全集》甲编第一册,第303页。

用乍(作)朕皇文考益白(伯)宝奠簋。牧其万年寿考,子=孙=永宝用。(《集成》4343)

按：吴其昌曰："孝王七年(前903年)十二月小,乙亥朔;闰十二月大,甲辰朔;既生霸十一日得甲寅。与谱密合。"①铭文"唯王七年十又三月既生霸甲寅",既生霸是初九,干支是甲寅(51),则某王七年十又三月是丙午(43)朔。前903年十三月张表正是丙午(43)朔。董谱该年无闰月,次年(前902年)二月是丙午(43)朔。按照吴其昌之说,则孝王元年应该是前909年。

说者或以为牧簋属于共王时器。郭沫若曰："此铭仅见宋人著录,传世已久,摹刻失真,字有未能识者。然有内史吴,可知其必为共王时器。共王时周王室承平已久,观此铭组建其百官懈怠,庶政废弛,而共王谆谆以明刑为命,则此王殆亦周室之贤主也。"②但是,共王在位的年数史无明确记载,学者们又说法不一,因此不好进行验证。目前通行的说法以前922年为共王元年,则共王七年是前916年,该年十三月张表是癸巳(30)朔,癸巳与铭文丙午(43)朔含当日相差十四日,显然不合历。董谱该年无闰月,前一年有闰,闰月是戊戌(35)朔,可见铭文十又三月丙午(43)朔与董谱亦不合历。

本文近据伯吕盨、五祀卫鼎、七年趞曹鼎、八祀师𫐐鼎、九年卫鼎和十五年趞曹鼎等铜器铭文的历日推得共王元年是前948年,则共王七年便是前942年,将牧簋铭文的历日与张表和董谱进行比勘皆不合历,说明牧簋铭文所记历日不符合共王七年十三月的历朔。

本文又将牧簋铭文所记历日与穆王七年的历朔与张表和董谱进行比勘,也皆不合历,说明牧簋铭文所记历日也不符合穆王七年的历朔。

本文近推夷王元年是前893年,则夷王七年是前887年。该年十二月张表是甲辰(41)朔,董谱同,铭文丙子(43)朔比甲辰(41)早二日合历。董谱该年闰十三月是甲戌(11)朔,错月也是甲辰朔,铭文早二日合历,则牧簋铭文所记历日符合夷王七年十三月的历朔。

比勘张表和董谱,牧簋铭文所记历日也符合厉王七年十二月,或八年正月的历朔。厉王元年是前878年,厉王七年则是前872年,该年十二月张表是丁丑(14)朔,董谱同,八年正月是丁未(44)朔,铭文丙午(43)朔比丁未迟一日合历,则牧簋铭文所记抑或是厉王七年十三月(八年正月)之历日？本文以为当以夷王七年十三月为是。

● 太师虘簋

相传1941年陕西扶风县出土。共四件。簋体矮,鼓腹,圈足,颈两侧有风格独特

---

① 吴其昌：《金文历朔疏证》,《燕京学报》第六期,1047—1128页。
② 郭沫若：《两周金文辞大系图录考释》,《郭沫若全集·考古编》卷八,第169页。

的兽头鋬。有盖,盖顶捉手作喇叭形。盖面与器腹均饰竖直纹,颈部及圈足上各饰一道粗弦纹。盖内和器底铸铭文 7 行 70 字,器盖同铭。①

正月既望甲午,王在周师量宫。旦,王格大室,即位。王乎(呼)师晨召太师虘入门,立中廷。王乎(呼)宰曶易(锡)太师虘虎裘。……唯十又二年。(《集成》4251)

按:郭沫若将本器置于厉王世,陈梦家置于懿王世,还有置于夷王世的,众说不一。现验证如下。

铭文"正月既望甲午",既望是十四日,干支是甲午(31),则某王十二年正月是辛巳(18)朔。

目前通行的说法定懿王元年为前 899 年,懿王在位八年,容不下本器的纪年。董作宾以为懿王元年是前 966 年,则懿王十二年就是前 955 年,该年正月张表是甲申(21)朔,董谱是乙酉(22)朔,分别距铭文辛巳(18)朔含当日有四至五日,显然不合历。与本文所推懿王十二年(前 917 年)正月也不合历。

目前通行的说法定夷王元年为前 885 年,夷王在位八年,容不下本器的纪年。本文推得夷王元年是前 893 年,则夷王十二年就是前 882 年。该年正月张表是庚戌(47)朔,董谱同,错月是庚辰(17)朔,铭文辛巳(18)朔比庚辰(17)早一日合历,则太师虘簋铭文所记历日合于夷王十二年正月的历朔。

太师虘簋铭文有宰曶,蔡簋铭文也有宰曶,蔡簋被认为是懿王时器。但是,太师虘簋还有师晨这个人物,师晨鼎铭文所记历日合于厉王三年三月的历朔,不合于其他王世的历朔,说明师晨历仕夷王和厉王二世,而太师虘历仕懿王、孝王和夷王三世。太师虘簋铭文所记是夷王十二年正月的历朔。

---

① 陈梦家:《西周铜器断代》,第 190—192 页。

厉王元年是前878年，则厉王十二年是前867年。该年正月张表是癸丑(50)朔，错月是癸未(20)朔，董谱同，铭文辛巳(18)朔比癸未(20)迟二日也基本合历。本文还比勘了宣王十二年正月的历朔，也不合历。

● 大簋盖

器形未见。大簋盖铸铭文10行105字，重文2。

隹(唯)十又二年三月既生霸丁亥，王才䣜辰宫。王乎(呼)吴(虞)师召大……(《集成》4299)

按：吴其昌曰："孝王十二年(前898年)三月小，庚辰朔；八日得丁亥，迟一日。以四分历推之：三月大，己卯朔；既生霸九日得丁亥。丝毫密合，不差一日。"①铭文"唯十又二年三月既生霸丁亥"，既生霸是初九，干支是丁亥(24)，则某王十二年三月是己卯(16)朔。前898年三月张表是壬午(19)朔，董谱同，与铭文三月己卯(16)朔含当日相距四日，显然不合历。按照大小月相间排比大簋铭文所记历日与大鼎铭文所记历日，发现并不完全衔接，相差二日，所以，吴其昌把大簋置于孝王世，把大鼎置于夷王世，分属两个王世。

陈梦家说："此盖花纹同于鄂侯簋及师兑簋一。"陈梦家将大簋盖和大鼎皆置于西周中期末的孝王时期。② 笔者根据元年师兑簋、三年师兑簋铭文历日记载(三年师兑簋铭文月相词语记载有误)，校正后发现完全符合厉王元年和三年的历朔，比勘大簋盖铭文所记历日不合厉王十二年三月的历朔，比勘宣王十二年三月的历朔也不合。

铭文"唯十又二年三月既生霸丁亥"，既生霸是初九，干支是丁亥(24)，则夷王十二年三月是己卯(16)朔。本文推得夷王元年是前893年，则夷王十二年是前882年。该年三月张表是己酉(46)朔，董谱同，错月是己卯(16)朔，完全合历。

十二年大簋盖铭文与十五年大鼎铭文纪年相衔接，铭文字体风格基本相同，铭文中的人物、地点也相同，唯历法略有出入，本文以为还是应该属于同一王世之器。详阅《大鼎铭文历朔研究》一文。

---

① 吴其昌：《金文历朔疏证》，《燕京学报》第六期，第1047—1128页。
② 陈梦家：《西周铜器断代》，第258页。

● 大　鼎

大鼎,传世有三件器,本器为上海市文管会从废铜中捡得。圆腹呈半球形,直口圜底,二立耳,窄口折沿,三蹄足,腹饰二道弦纹(《图像集成》5—320)。其器形与趞鼎、颂鼎相同,只是大鼎腹较深,说明其时代较近或相同。内壁铸铭文78字,重文3、合文1。[①]

隹(唯)十又五年三月既霸丁亥,王在𥠭䢉宫。大以厥友守。王乡(飨)醴。……(《集成》2807)

按:吴其昌曰:"夷王十五年(前880年)三月大,乙丑朔;既死霸二十三日得丁亥。与三统历谱较早一日,与殷历密合,详下《考异一》。(余王尽不可通)"又按:"此二器,不特以年代相距之远近推之,知其必为孝、夷间之器。即以文字之体制、结构、气韵观之,亦已近厉、宣时状矣。"下面验证一下吴其昌之说,看结果如何?

铭文"唯十又五年三月既霸丁亥",既霸丁亥(24)若是既死霸丁亥之省,既死霸是二十三日,则十五年三月是乙丑(2)朔。吴其昌把大鼎置于夷王十五年(前880年),且认为"既霸"是"既死霸"之误,则十五年三月是乙丑(2)朔。张表前880年三月是戊辰(5)朔,董谱同,戊辰距乙丑(2)含当日相差四日,显然不合历,但近是。

若"既霸丁亥"是"既死霸丁亥"之省,既死霸是二十三日,则十五年三月是乙丑(2)朔。张表厉王十五年(前864年)三月是甲午(31)朔,错月是甲子(1)朔,铭文乙丑(2)朔错月又早一日合历。董谱是乙未(32)朔,错月是乙丑(2)朔,完全合历。[②]铭

[①] 王玉清:《岐山发现西周时代大鼎》,《文物》1959年第10期。
[②] 叶正渤:《金文月相纪时法研究》,第185页。

文"既霸丁亥"就是"既死霸丁亥"之误。前引吴其昌也说："此二器,不特以年代相距之远近推之,知其必为孝、夷间之器。即以文字之体制、结构、气韵观之,亦已近厉、宣时状矣。"吴其昌之说是也。

大簋盖铭文"唯十又二年三月既生霸丁亥",既生霸是初九,干支是丁亥(24),则某王十二年三月是己卯(16)朔。本文推得夷王元年是前893年,则夷王十二年是前882年,该年三月张表是己酉(46)朔,董谱同,错月是己卯(16)朔,与大簋盖铭文正合历。

十二年大簋盖铭文与十五年大鼎铭文纪年相接续,铭文字体风格基本相同,铭文中的主要人物、地点也相同,所以相隔时间不应太长,理应属于同一王世。基于这种看法,在大鼎铭文既霸可能是既生霸丁亥(己卯朔)、既望丁亥(甲戌朔)、既死霸丁亥(乙丑朔)之误的三种可能结果中,觉得既死霸丁亥(乙丑朔)的可能性要大一些。假如大鼎铭文既霸是既死霸丁亥之误,则十五年三月是乙丑(2)朔。根据大簋盖铭文所记历日符合夷王十二年(前882年)三月的历朔,则大鼎铭文所记历日理应符合夷王十五年(前879年)三月的历朔。比勘历表和历谱,夷王十五年(前879年)三月,张表是壬戌(59)朔,董谱同,壬戌(59)距铭文乙丑(2)朔含当日相差四日,实际相差三日,近是。根据笔者一贯坚持的"将推算的结果与历表历谱相比勘时,如果误差达到或超过三日(含当日是四日),就认为是不合历"的观点,则大鼎铭文所记历日就不符合夷王十五年三月的历朔。不过,从大簋盖十二年三月到大鼎铭文十五年三月,历法也会出现三个连大月或三个连小月的情况,如果这样,那么这三日之差也是正常的。所以,基于十二年大簋盖铭文与十五年大鼎铭文纪年相接续,铭文字体风格基本相同,铭文中的主要人物、地点也相同,唯历法略有出入,本文以为应该属于同一王世之器,即同属于夷王之世。

以上情况很可能是大鼎铭文的月相词语和干支是蒙大簋盖铭文而误刻,因而写成"三月既霸丁亥",实际并不是这个月相和干支,后来发现已经铸就,只好将错就错,遂成为一个千古不解之谜。正如元年师兑簋和三年师兑簋铭文所记历日那样,成为学界的一个谜。从铭文内容来看,元年师兑簋与三年师兑簋铭文所记事件应该是前后相承续的关系,但是历日却不相衔接。笔者经过深入研究之后发现,原来三年师兑簋铭文"二月初吉丁亥",是"二月既望丁亥"之误记。校正后元年师兑簋和三年师兑簋铭文所记历日分别符合厉王元年五月和厉王三年二月的历朔。根据铭文,厉王元年五月是甲寅(51)朔,厉王三年二月是甲戌(11)朔。这是当时历朔的实际。

结合吴其昌所说器形纹饰方面的特征,笔者以为大簋盖铭文所记历日符合夷王十二年三月的历朔,而大鼎铭文所记则应符合夷王十五年三月的历朔。

九、厉王时期

● 师𬤊簋

本器最早见于宋人著录,图像见于宋《宣和博古图》,铭文见于王俅《啸堂集古录》53.1。

> 唯王元年正月初吉丁亥,白龢父若曰:师𬤊,乃祖考又(有)爵(劳)于我家……(《集成》4311)

按:陈梦家曰:"此器花纹与懿王时师汤父鼎相似。此簋双耳上立小象鼻,同于中友父簋。"陈梦家因将其定于孝王时器。孝王即位于何年？史无明载,学界说法又不一,难以进行验证。即以目前通行的说法孝王元年为前891来看,铭文"唯王元年正月初吉丁亥,白龢父若曰……",初吉是初一朔,干支是丁亥(24),则某王元年正月是丁亥朔。前891年正月,张表是壬申(9)朔,董谱同,与铭文正月丁亥(24)朔含当日相差十五日,明显不合历。说明本器或者不属于孝王时器,或者孝王元年不是前891年,或者两者都不是。

郭沫若、董作宾定本器为厉王元年。董作宾说:"此器与三年师兑、师晨二殷及三十一年鬲攸从鼎,共四器,三个定点,为一个王的年历组,最坚强的结合。此四器向来各家均以为厉王时,无异说,以试《史记》厉王三十七年说,加于共和前(842—878),与此组金文密合无间,益使我自信'定点月相'之说,本年为厉王元年,周正月正为丁亥朔。"[①]据

---

① 董作宾:《西周年历谱》,《董作宾先生全集》甲编第一册,第311页。

《史记》记载推算,厉王元年是前878年,该年正月张表是戊午(55)朔,错月为戊子(25)朔,比丁亥(24)早一日相合;董谱前878年正月正是丁亥(24)朔,完全合历。

吴其昌曰:"共和元年,正月大,庚辰朔;初吉八日得丁亥。与历谱合。"①学术界一般认为共和元年是前841年,笔者研究认为,共和虽行政但并未改元,亦未单独纪年,使用的仍然是厉王的纪年。② 所以,吴其昌之说不可信,况且吴说初吉八日得丁亥,更不符合初吉这个定点月相词语所指的日辰。初吉指初一朔,不包含几日。③ 笔者在《共和行政及若干铜器铭文的考察》一文中已详细批判了刘启益的共和元年说,认为师毁簋所记历日不符合所谓共和元年的历朔,而符合厉王元年正月的历朔。④

比勘宣王元年正月的历朔,师毁簋铭文所记历日与张表、董谱皆不合历。师毁簋铭文所记符合厉王元年正月的历朔。

● 元年师兑簋、三年师兑簋

元年师兑簋敛口鼓腹,一对兽首双耳,下有方垂珥,圈足下有三个向外撇的兽面扁足,隆起的盖上有圈状捉手,盖沿下折。盖上和器腹饰瓦沟纹和双行重环纹,圈足饰单行重环纹。腹内有铭文9行91字。

---

① 吴其昌:《金文历朔疏证》,《燕京学报》第六期,第1047—1128页。
② 叶正渤:《厉王纪年铜器铭文及相关问题研究》,《古文字研究》第26辑;《从历法的角度看逑鼎诸器及晋侯稣钟的时代》,《史学月刊》2007年第12期;《亦谈晋侯稣编钟铭文中的历法关系及所属时代》,《中原文物》2010年第5期。
③ 叶正渤:《月相和西周金文月相词语研究》,《考古与文物》2002年第3期;《金文月相纪时法研究》,学苑出版社2005年版。
④ 叶正渤:《共和行政及若干铜器铭文的考察》,《纪念徐中舒先生诞辰110周年国际学术研讨会论文集》,第162页,巴蜀书社2010年版;又见叶正渤:《金文标准器铭文综合研究》,第42页。

佳（唯）元年五月初吉甲寅，王才（在）周，各（格）康庙，即立（位）。同中右（佑）师兑入门，立中廷。王乎（呼）内史尹册令（命）师兑：……（《集成》4274—4275）

师兑还铸有三年师兑簋，其铭文内容与此元年师兑簋铭文密切相关，为此，特放在一起来研究其历朔。据说三年师兑簋与元年师兑簋器形、纹饰完全相同。盖有折沿，与器之子口相扣。口下和盖缘均饰双行横鳞纹，腹饰瓦纹，圈足饰一周横鳞纹。双耳上端有兽头，下有方形垂珥。三足有兽头，足尖稍外卷。器盖同铭，有铭文12行124字，重文3，合文1。

佳（唯）三年二月初吉丁亥，王才（在）周，各（格）大（太）庙，即立（位）。腥（陵）白（伯）右（佑）师兑入门，立（中）廷。王乎（呼）内史尹册令（命）师兑："余既令（命）女（汝）疋（胥）师龢父，嗣（司）左右走马，今余佳（唯）䚘（申）就乃令（命），令（命）女（汝）藉（摄）嗣（司）走马。……"师兑拜稽首，敢对扬天子不（丕）显鲁休……（《集成》4318）

按：铭文"唯元年五月初吉甲寅"，初吉是初一朔，则某王元年五月甲寅朔。此外，三年师兑簋与本篇铭文里的师兑是同一个人。三年师兑簋铭文"唯三年二月初吉丁亥"，则三年二月是丁亥朔。从元年五月初吉到三年二月初吉正好是21个月整，通过排比干支表，可以验证铭文所记历日是否正常。

王年	正月	二月	三月	四月	五月	六月	七月	八月	九月	十月	十一月	十二月
元年					甲寅	甲申	癸丑	癸未	壬子	壬午	辛亥	辛巳
二年	庚戌	庚辰	己酉	己卯	戊申	戊寅	丁未	丁丑	丙午	丙子	乙巳	乙亥
三年	甲辰	甲戌										

按正常的大小月相间排比干支表，发现从元年五月初吉甲寅，到三年二月初吉并不是丁亥（24），而是甲戌（11）朔。甲戌距丁亥含当日是十四日。这与铭文的记载有

很大的出入,这就是人们常说的元年师兑簋与三年师兑簋铭文干支不相连续的现象。对此,有学者将三年师兑簋的时代置于元年师兑簋之前,即属之于前一王世,将元年簋属于后一王世。但是,根据铭文所记周王对师兑的任命来看,明明是师兑于元年受命"胥师龢父司左右走马、五邑走马",三年时周王说"余既命汝胥师龢父,司左右走马。今余唯申就乃命,命汝摄司走马"。铭文除了漏写"左右"走马或"五邑"走马二字外,很明显三年是对元年任命的重命。既然元年之任命在前,三年重命在后,那么,元年簋之铸就应该在三年簋之前,且二器属于同一王世。不过,通过排比干支表笔者注意到,到三年二月初吉所逢的干支是甲戌(11),而不是铭文所记的"二月初吉丁亥",甲戌到丁亥含当日正好是十四日,而十四日是既望所逢的日序。由此笔者想到,会不会是"二月既望丁亥"被误记成"二月初吉丁亥"了?

郭沫若谓:"师龢父死于宣王十一年,此命师兑承继其职在元年,则是幽王之元年矣。"① 陈梦家定师兑二器为孝王时器。② 吴其昌怀疑元年师兑簋铭文五月初吉甲寅是既望甲寅之误。吴其昌曰:"幽王元年(前781年)五月大,庚寅朔;既死霸二十五日得甲寅。殷历后一日,五月辛卯朔;既望二十四日得甲寅。'初吉'二字,当是'既望'二字之误。"

又曰:"似不为误范者,此器决是伪器。因所铭年月朔望干支,惟厉王元年可通。不幸师兑敦乃有二器,下一器所铭年月朔望干支,推以幽王三年,丝毫无牾。且已经王先生论定,为幽王三年之器。……然此器决非伪器,且决知其与下一器同时所铸。不但同记师兑作器,此器铭云:'册命师兑正师龢父嗣左右走马。'下一器铭云:'余既命女正师龢父嗣走马。'文器正上下衔接,可以证此器之决非伪,而与下一器上下衔接。又可证此器之必在幽王元年,而'初吉'为误铸矣。"③

吴其昌怀疑元年师兑簋铭文"唯元年五月初吉甲寅"的"初吉"是"既望"之误,且将师兑簋二器定于幽王之世。不过,我们认为既望是十四日,不同意吴其昌的说法。王国维定师兑簋二器为幽王世,郭沫若于《大系》中亦将师兑簋置于幽王世。下面来验证一下看结果如何?

假设元年五月是既望甲寅,既望是十四日,干支是甲寅(51),则元年五月是辛丑(38)朔。幽王元年(前781年)五月张表是壬辰(29)朔。壬辰距辛丑(38)含当日相差十日,显然不合历。董谱幽王元年五月是辛卯(28)朔,与铭文辛丑(38)朔含当日相差十一日,显然亦不合。且幽王三年(前779年)二月张表是壬午(19)朔,与铭文三年二月初吉丁亥(24)含当日相差六日,显然亦不合。董谱是辛巳(18)朔,与铭文丁亥

---

① 郭沫若:《两周金文辞大系图录考释》,《郭沫若全集·考古编》卷八,第327页。
② 陈梦家:《西周铜器断代》,第240页。
③ 吴其昌:《金文历朔疏证》,《燕京学报》第六期,1929年,第1047—1128页。

(24)相差七日,亦不合历。所以,从历法的角度来看,无论元年师兑簋铭文中的月相词语初吉是否为既望之误,二器都不合幽王元年和三年的历朔。就是说,师兑簋二器不属于幽王之世。且吴其昌说元年师兑簋铭文五月初吉甲寅是既望之误,仅仅是因为觉得既望在二十四五日与通常的理解不合,吴其昌之说缺乏有力的证据。

此外,刘启益曾把师兑簋二器置于共和时期。① 笔者在《共和行政及若干铜器铭文的考察》一文中已作了分析探讨。指出:"厉王三十七年被国人放逐以后,是共伯和执掌了周王室大权14年,此时的周厉王在彘(今山西霍县东北),一直到死。可是铭文明明说'隹元年五月初吉甲寅,王在周,格康庙,即位。同中右师兑入门,立中廷。王呼内史尹册命师兑',说明厉王仍在周,且在行使行政权。"由于师兑簋二器皆有周王在周的政事活动,说明根本不可能是共和时期器。②

上文曾指出,三年师兑簋铭文中周王赏赐给师兑的品物与四十三年逑鼎铭文里的基本相同,可见二器可能属于同一王世。四十三年及四十二年逑鼎诸器笔者根据其历日记载推定为厉王之世器物。下面我们也来验证一下,看结果如何。

厉王元年(前878年)五月,张表是丙辰(53)朔,铭文甲寅(51)朔比丙辰迟二日合历。董谱元年五月是乙酉(22)朔,错月是乙卯(52)朔,铭文甲寅(51)朔迟一日合历。厉王三年(前876年)二月张表是乙巳(42)朔,董谱同,错月是乙亥(12)朔,与铭文二月初吉丁亥(24)含当日相差十五日,显然不合历。根据张表和董谱,元年师兑簋铭文历日与厉王元年相合,只有三年不合。笔者根据干支表在排比验证时,发现元年师兑簋铭文所记月相词语和干支不误,三年师兑簋铭文的二月初吉丁亥,应是二月既望丁亥之误。校正后也来比勘验证一下,看结果如何。

设铭文三年二月既望丁亥,既望是十四日,干支是丁亥(24),则某王三年二月是甲戌(11)朔。这个结果与笔者上文排比干支表所得三年二月甲戌朔完全吻合,可证的确是既望误记为初吉。其次,厉王三年二月张表、董谱皆是乙巳(42)朔,错月则为乙亥(12)朔,比校正后的三年二月甲戌(11)朔早一日合历,可以说完全吻合。由此可以断定:

1. 三年师兑簋铭文"二月初吉丁亥"的确是"二月既望丁亥"之误记;

2. 根据校正后的历日来考察,元年师兑簋和三年师兑簋铭文所记分别属于厉王元年五月和三年二月的历日。

3. 厉王元年是前878年,而不是其他年份。厉王元年五月是甲寅朔,厉王三年二月是甲戌朔。

---

① 刘启益:《西周宣王时期铜器的再清理——[附]共和及幽王时期铜器》,《出土文献研究》第4辑,第79页,科学出版社1999年版。
② 叶正渤:《共和行政及若干铜器铭文的考察》,《纪念徐中舒先生诞辰110周年国际学术研讨会论文集》,第162页;又见叶正渤:《金文标准器铭文综合研究》,第35页。

师兑簋二器铭文历日之所以不相衔接,原来是三年簋铭文把月相词语记错了,这是一个重要的发现。由于这一发现,从而解开了师兑簋二器铭文历日不相衔接的疑团。西周铜器铭文中误记月相词语、误记干支或漏记月相词语的现象是存在的,如晋侯穌编钟铭文、四十二年逨鼎铭文的干支误记;大鼎铭文漏写月相词语"唯十又五年三月既霸丁亥"("既霸"当是"既死霸"之漏写),伯寛父盨铭文的"唯卅又三年八月既死辛卯","既死"应是"既望"之误等等。

● 师晨鼎

器形未见著录。或说是西周中期,或说是西周晚期。铭文 10 行 103 字。

隹(唯)三年三月初吉甲戌,王才(在)周师录宫。旦,王各(格)大(太)室,即立(位),嗣(司)马共右(佑)师晨,入门立中廷。王乎(呼)乍(作)册尹册命师晨……(《集成》2817)

按:本篇铭文参与活动的人物除周王外,还有司马共、师晨、作册尹、师俗。司马共,又见于四年癲盨,铭文曰:"隹四年二月既生霸戊戌,王在周师录宫,各大室,即位,司马共右癲,王乎史年册,易攸勒……"也见于谏簋铭文,铭文曰:"唯五年三月初吉庚寅,王在周师录宫。旦,王格大室,即位。司马共佑谏入门,立中廷。王呼内史先册命谏曰……"同时,四年癲盨和谏簋的铭文中也有相同的地名周师录宫。作册尹,陈梦家认为见于共、懿时期的金文。

师俗,陈梦家以为即白俗父,其人也见于共王时期的永盂铭文。[①] 铭文曰:"隹十又二年初吉丁卯,益公入,即命于天子。公乃出厥命,锡畀师永厥田:阴阳洛疆,眔(暨)师俗父田,厥眔(暨)公出厥命,丼伯、荣伯、尹氏、师俗父、遣仲……"通过人物系联,至少说明师晨鼎与四年癲盨、谏簋以及师艅簋盖都是同时代或相近时代的器物。四年癲盨定为西周懿王时期,而永盂一般认为是西周共王时期。陈梦家定师晨鼎、师艅簋盖以及谏簋都属于懿王时期。

郭沫若以为本器属于厉王三年,[②] 还有人认为是夷王时器。本器铭文与师艅簋铭文的纪时同年同月同日,同地点,同佑者。师艅簋盖铭文:"唯三年三月初吉甲戌,王

---

① 陈梦家:《西周铜器断代》,第 188 页。
② 郭沫若:《两周金文辞大系图录考释》,《郭沫若全集·考古编》卷八,第 247 页。

在周师录宫。旦,王各大室,即立。司马共右师俞入门,立中廷。王乎乍册内史册令师俞……"可见两器为同时所作。下面对以上诸说进行比勘验证,看结果如何。

1. 厉王说。

本篇铭文里参与活动的人物,除了周王以外,还有司马共、师晨、作册尹、师俗。司马共,郭沫若以为即共伯和,所以,将其定为厉王时器。此外,吴其昌亦认为师晨鼎属于厉王三年器。吴其昌曰:"厉王三年(前876年)三月大,壬申朔,初吉三日得甲戌。与谱合。文字亦为厉、宣一体。"① 吴其昌在师俞簋条下加按语曰:"与上器同日。上器云'嗣马共右师晨入门',此器亦云'嗣马共右师俞入门',是不特为一日之事,且同为嗣马共一人所右者。盖厉王于同日引见师晨、师俞二人,且同是嗣马共为介,若后世两大臣于同日陛见天子也。退而师晨、师俞各铸一器,以记其事。器不必同日而铸,而器上所铸之铭,则为记同日之事也。"又附:"伯晨鼎:'隹王八月,辰在丙午。'按:伯晨当即师晨鼎之师晨。盖本晨一人,称其字曰伯晨,名其职曰师晨也。器亦当是一年所铸,今按厉王三年,八月大,庚子朔;丙午在初吉七日。或不谬也。"

铭文"唯三年三月初吉甲戌",初吉是初一朔,干支是甲戌(11),则某王三年三月是甲戌(11)朔。根据《史记》记载推算,厉王元年是前878年,厉王三年则是前876年。前876年三月张表是乙亥(12)朔,比师晨鼎铭文所记历日甲戌(11)朔早一日合历。董谱前876年三月正是甲戌(11)朔,完全合历。按照学术界的一般看法,只要历日吻合,就可以确定铜器铭文所属的王世,则师晨鼎铭文所记历日完全符合厉王三年三月的历朔。当然,还应参考器物的形制、花纹以及铭文中出现的人物,所记载的历史事件等要素。

至于伯晨鼎铭"隹王八月,辰在丙午",吴其昌说:"器亦当是一年所铸,今按厉王三年,八月大,庚子朔;丙午在初吉七日。"查检张表厉王三年(前876年)八月是壬寅(39)朔,董谱同,丙午(43)是八月初五。吴说"器亦当是一年所铸",近是。

另有一件太师虘簋,铭文"正月既望甲午……。唯十又二年",既望是十四日,干支是甲午(31),则某王十二年正月是辛巳(18)朔。厉王元年是前878年,厉王十二年是前867年。该年正月张表是癸丑(50)朔,错月是癸未(20)朔,董谱同,铭文辛巳(18)朔比历表癸未(20)朔迟二日合历。

2. 懿王说。

懿王即位之年,学术界根据古本《竹书纪年》"懿王元年天再旦于郑"的记载,运用现代天文学知识推算懿王元年是前899年4月21日,则懿王三年便是前897年。② 前

---

① 吴其昌:《金文历朔疏证》,《燕京学报》第六期,第1047—1128页。
② 夏商周断代工程专家组:《夏商周断代工程1996~2000年阶段成果概要》,《文物》2000年第12期。

897年三月张表是丁丑(14)朔,与铭文甲戌(11)朔含当日相差四日,恐不合历。董谱前897年三月是丙子(13)朔,与铭文甲戌(11)朔含当日相距三日,近是。但是,从前899年到厉王元年的前878年只有22年的时间,其间经历了懿王、孝王和夷王三个王世,时间未免有些太短。况且,所谓懿王元年是前899年与张表所给出的朔日合朔时间(应该是日出后不久)也不合,又得不到铜器铭文的验证。详见《关于"懿王元年天再旦于郑"》一节。这个结果表明,或者师晨鼎铭文所记历日不是懿王三年三月;或者懿王元年不是前899年;或者两者都不是。

3. 夷王说。

夷王在位的年数史书无明确记载,学术界有多种推算结果。目前通行的说法夷王元年是前885年,[①]则夷王三年是前883年。前883年三月张表是乙卯(52)朔,董谱同,即使错月乙酉(22)朔,与铭文甲戌(11)朔含当日也相距十二日,显然不合历。这个结果表明,或者师晨鼎铭文所记历日不是夷王三年三月;或者夷王元年不是前885年;或者两者都不是。

本文推得夷王元年是前893年,则夷王三年就是前891年。该年三月张表是辛未(8)朔,董谱同,铭文甲戌(11)比辛未(8)含当日早四日,显然不合历。

结合太师虘簋铭文合于厉王十二年正月的历朔,所以师晨鼎铭文符合厉王三年三月的朔日。在没有器形、纹饰等信息可资考察的情况下,铭文所记历日信息就是重要的断代依据。

● 七年师兑簋盖

《图像集成》11—450收录一件七年师兑簋铭文,前此未著录,曰"(藏于)海外某收藏家"。盖面隆起,上有圈足状捉手,沿下折。捉手内饰一周重环纹,盖面饰瓦沟纹及两周重环纹,盖沿饰一周大小相间的重环纹。盖内铸铭文72字,其中重文2。

> 唯七年五月初吉甲寅,王在康昭宫,各(格)康庙,即位,毕弔(叔)右师兑入门立中庭,王乎(呼)内史尹册易(赐)女(汝)师兑𪒠膺,用事。师兑拜稽首,敢对扬天子丕显鲁休。余用自作宝鬶簋,师兑其万年子子孙孙永宝用。

按:铭文虽然锈蚀较重,但还是能够看清字迹。从铭文字体风格来看,似乎不假。铭文中有师兑和内史尹,见于元年师兑簋和三年师兑簋铭文,且地点也相同,可见七年簋当是同一个人所铸。元年师兑簋和三年师兑簋属于厉王元年和三年器,则本器也应该属于厉王之世。

---

① 夏商周断代工程专家组:《夏商周断代工程1996~2000年阶段成果概要》,《文物》2000年第12期。

铭文"唯七年五月初吉甲寅",初吉是初一朔,干支是甲寅(51),则厉王七年五月是甲寅朔。厉王元年是前878年,则厉王七年是前872年,该年五月张表、董谱皆是庚戌(47)朔,与铭文甲寅(51)朔含当日相差五日,显然不合历。

从历法的一般规律来看,元年师兑簋铭文所记元年五月是甲寅(51)朔,则七年五月就不可能再是甲寅朔了。当然,按照四分历十九年置七闰的做法,在元年至七年这近六年半之中至少应该有两个或三个闰月(张表置三个闰月,董谱置二个闰月,但于厉王八年又置一闰月)。这样,至七年五月也有可能是甲寅朔。不过,与历表和历谱比勘,含当日可能会有三日的误差。

验之宣王世,七年师兑簋铭文所记历日与宣王七年五月的历朔完全合历。宣王七年是前821年,该年五月张表是乙卯(52)朔,与铭文甲寅(51)朔仅一日之差,董谱是甲申(21)朔,错月是甲寅朔,错月完全合历。但元年师兑簋与三年师兑簋铭文(校正后)与厉王元年和三年相应月份的历朔完全相合,而与宣王世相应月份的历朔不合。七年师兑簋铭文所记历日与元年师兑簋和三年师兑簋铭文所记历日(校正后)不相衔接,但考虑到人物和地点与其皆相同,所以,还是将本器置于厉王七年。不过,这七年间历法可能有些特殊。据王森同学告知,王沛姬在《新出三件两周具铭铜器商榷》一文中对七年师兑簋铭文的真伪提出了五点质疑,该文收在《三代考古》(6)中,可资参阅。于此,特向王森博士致以谢意。

● 师㝅簋

师㝅簋,又名师厘簋,传世共有二器。敛口鼓腹,兽首双耳,下有方垂珥,圈足下有三个兽面扁足,盖隆起,上有圈状捉手。盖上和器腹饰瓦沟纹,盖沿和器口下饰窃曲纹,圈足饰重环纹。器铭 10 行 141 字,重文 3。盖铭 12 行 124 字,重文 3。

师𩰬父𬳿(夺)㲋叔(素)巿(韨),巩(恐)告于王。隹(唯)十又一年九月初吉丁亥,王才(在)周,各(格)于大室,即立(位)。宰琱生内(入)右师㲋……(《集成》4324)

器铭

按:或以为孝王时器,或以为夷王时器,或以为共和时器,或以为宣王时器。铭文"唯十又一年九月初吉丁亥",初吉是初一朔,干支是丁亥(24),则某王十一年九月是丁亥朔。

笔者以为,确定本器所属之王世,有几个关键的地方需要搞清楚。一是对"𬳿"字意义的理解,因为它关涉到师𩰬父其人所属的王世,乃至本器的历史断代。试分析如下。

若按马承源、陈梦家二人的说法,不管"𬳿"表示为师𩰬父所赐之品物,还是表示夺取义,都表明师𩰬父是健在的。根据传世文献记载,师𩰬父或共伯和主要活动于周厉王时期,厉王死于彘以后,宣王即位,共伯和就回到自己的封地,所以传世文献中宣王以后就几乎看不到有关师𩰬父或共伯和活动的记述。这就是说,只要师𩰬父是活着的并参与政事,那么他就应在厉王之世。反之,若按郭沫若之说,𬳿是死的意思,师𩰬父既死,则时王就是周宣王。因为根据传世文献记载,宣王即位以后共伯和就回到自己的封地卫去了。今本《竹书纪年》:"(厉王)二十六年,大旱,王陟于彘";"周定公、召穆公立太子靖为王";"共伯和归其国,遂大雨";"大旱既久,庐舍俱焚,会汾王崩,卜于大阳,兆曰厉王为祟。周公、召公乃立太子靖,共和遂归国。和有至德,尊之不喜,废之不怒,逍遥得志于共山之首。"可见共伯和有至德,不为名利,其死必在宣王之世,则本器铭文中之王非宣王莫属,那么铸器时间亦必在宣王之世。

二是人物系联。除了师龢父或共伯和之外,铭文中还有琱生。铭文"宰琱生入右师毁",琱生之名也见于宣王时期的召伯虎簋二器铭文和新出土的五年琱生尊铭文。在本器铭文中琱生担任宰,并担任傧佑,导引师毁接受周王之召见。可见这四件器中的琱生当是同一人,其历仕厉、宣二世。五年琱生簋、尊以及六年琱生簋铭文所记历史事件符合宣王早期时事,郭沫若考之甚详。本器铭文中因有师龢父(共伯和),所以当属厉王之世。

三是历朔比勘验证。本着先易后难的原则,因为宣王、厉王在位的年数比较明确,所以,首先与宣王时期相应年份的历朔进行比勘。宣王十一年(前817年)九月,张表是己丑(26)朔,董谱同。己丑(26)距丁亥(24)含当日相差三日,实际相距仅二日,基本相合。但是,属于宣王时期的虢季子白盘铭文言"唯十又二年正月初吉丁亥",初吉是初一朔,则宣王十二年(前816年)正月是丁亥(24)朔,张表是戊子(25)朔,迟一日相合,董谱正是丁亥朔,完全吻合。可是根据排比干支表,宣王十二年正月是丁亥(24)朔,则宣王十一年九月就不可能是丁亥朔,而应该是己丑(26)朔。这就是说,虢季子白盘铭文所记历日与师毁簋铭文所记历日不相衔接,这只能说明师毁簋铭文所记历日不是宣王十一年九月的。虢季子白盘属于宣王时器,这是毫无疑问的,因为铭文所记历史事件和历日足以证明这一点。

其次与厉王十一年九月的历朔相比勘。根据《史记》的记载推得厉王元年是前878年,这已得到厉王时期众多铜器铭文所记历日的验证,则厉王十一年是前868年,该年九月张表是乙卯(52)朔,董谱同,错月是乙酉(22)朔,乙酉(22)距丁亥(24)含当日相差三日,实际相距仅二日,基本合历。

说者或据师毁簋铭文中之人物师龢父和历法等要素将师毁簋定为共和时器。笔者在《共和行政与所谓共和器的考察》一文中已经作了深入探讨,指出:"师毁簋铭文里的师龢父如果真像郭沫若所说是共伯和的话,那么铭文'隹十又一年九月初吉丁亥,王在周,格于大室,即位',也只能说明该器所记是周厉王十一年九月初吉之事,因为'王在周,格于大室,即位',表明厉王仍在从事正常的政事活动,并没有流于彘。依此类推,则井人妄钟铭文所记亦是厉王流于彘以前的事。再从历法的角度来看,师毁簋铭文'隹十又一年九月初吉丁亥',那么共和十一年九月应该是丁亥(24)朔。共和元年是前841年,共和十一年则是前831年。前831年九月,张表是庚辰(17)朔,董谱同,铭文九月丁亥(24)朔含当日与之相差八日,显然不合历。但是,根据本文推算厉王十一年即前868年,该年九月张表是乙卯(52)朔,董谱同,错月是乙酉(22)朔,则历表乙卯朔比铭文丁亥朔错月又迟二日合历。所以,从历法的角度来看,师毁簋铭文所记很可能就是厉王十一年之事。"①

再次与夷王时期的历朔进行比勘。由于夷王在位的年数至今无定论,有数年说,也有三十几年说,所以夷王十一年究竟是何年? 难以确定。即以目前通行的说法夷王元年为前 885 年,夷王在位八年,根本容不下铭文纪年的十一年。所以,与夷王之世显然亦不合历。

最后与孝王时的历朔进行比勘。孝王在位的年数同样不确定,所以,其元年始于何年是个未知数。即以目前通行的说法前 891 年为孝王元年来比勘,通行的说法孝王在位总共只有六年,所以,本器铭文"唯十又一年九月初吉丁亥",显然与孝王世亦不合。

四是比勘器形纹饰。本器器形纹饰合于西周晚期,但是,器形纹饰演变具有渐变性的特点,一种器形往往延续邻近的几个王世。所以,根据器形纹饰只能对器物的时代作出大致的判断,不能作出具体王世的断定。学术界一般认为,西周从夷王至幽王属于晚期,将本器定为厉王之世并没有超出这个历史范围。

陈梦家在《西周铜器断代》辅师嫠簋条下说:"辅师是官名,辅师嫠与师嫠是一人。"②但是,他根据铭文中周王对师嫠的赐命把辅师嫠簋置于懿王时期,把师嫠簋置于孝王时期。辅师嫠簋铭文曰:"唯王九月既生霸甲寅,王在周康宫,各大室,即位,荣伯入右辅师嫠……"既生霸是初九,干支是甲寅(51),则某王某年九月是丙午(43)朔。根据辅师嫠簋铭文来看,铭文所记是周王对辅师嫠的初命,而师嫠簋铭文所记是周王对师嫠的重命,所以铭文曰:"师嫠,在昔先王小学,汝敏可使,既令汝更乃祖考嗣小辅。今余唯䚐臺(申就)乃命,命汝司乃祖旧官小辅眔鼓钟。"可见辅师嫠簋之铸应该在师嫠簋之前若干年。验之历表,厉王二年(前 877 年)九月,张表和董谱皆是丁丑(14)朔,错月是丁未(44)朔,比铭文丙午(43)朔早一日合历,则辅师嫠簋铭文所记历日很可能就是厉王二年九月。而本器所记之历日在厉王十一年九月,两件器所记时间、事件前后完全吻合。

结论,师嫠簋不仅铭文所记历日符合厉王十一年九月的历朔,还有师龢父(共伯和)这个重要人物及宰琱生的活动,且有辅师嫠簋铭文为之佐证,故定其为厉王十一年最为合适。

● 伯克壶

伯克壶,器形是摹本,铭文也是摹本。又称伯克尊。

---

① 叶正渤:《共和行政与所谓共和器的考察》,《纪念徐中舒先生诞辰 110 周年国际学术研讨会论文集》,第 162 页;叶正渤:《金文标准器铭文综合研究》,第 39 页。
② 陈梦家:《西周铜器断代》,第 196 页。

隹(唯)十又六年七月既生霸乙未,伯大师易(锡)伯克仆卅夫。伯克敢对扬天君王伯友(贿),用作朕穆考后仲奠庸(墉)。克用匄眉老无疆,克克其子子孙孙永宝用享。(《集成》9725)

按：吴其昌曰："此尊与下克钟、克敦、克簋、克鼎,同为一人所铸之器。此鼎作于十六年七月,克钟作于十六年九月,克敦、克簋作于十八年十二月,克鼎作于二十三年九月,正相衔接。于十六年七月之既生霸中,须有乙未；九月初吉中,须有庚寅；十八年十二月之既望中,须有庚寅；三者皆吻合不牾,则无论如何,是王必为厉王,决不可易。不必推勘字体,然后知为厉王时也。"[①]

吴其昌采用一月四分说,所以,在每个月相名之中他认为都应包含几日。本文研究认为,月相词语是定点的,每个月相名特指太阴月中某一日。根据铭文所记月相词语和干支推算历朔且与历表、历谱比勘时,可能会出现一二日的误差。这是正常的,就像十五的月亮有时十七圆一样,是历法先天二日的结果,属正常现象。但是,误差绝不允许有三日(含当日是四日)及以上。否则,推算的结果就不合历,就不可信。吴其昌说伯克尊(壶)与克钟、克鼎、克簋等器是同一人所铸,且铭文所记历日相衔接。其实,未必然也。

铭文"唯十有六年七月既生霸乙未",既生霸是初九,干支是乙未(32),则某王十六年七月是丁亥(24)朔。按照大小月相间的历法常识排比干支表,十六年九月只能是丙戌(23)朔,而不可能是庚寅(27)朔。说明伯克壶铭文所记历日与克钟铭文所记不相衔接,表明伯克壶与克钟铭文之十六年不可能属于同一王世,也不可能是同一人所铸之器。笔者曾研究认为,伯克尊(壶)铭文所记十六年七月丁亥(24)朔,厉王十六年(前863年)七月张表、董谱皆是丁亥(24)朔,与铭文完全合历。[②] 说明伯克尊(壶)铭文所记历日符合厉王十六年七月的历朔。

---

① 吴其昌：《金文历朔疏证》,《燕京学报》第六期,第1047—1128页。
② 叶正渤：《金文月相纪时法研究》,第185页。

有人把伯克尊(壶)铭文隶作"十六年十月既生霸乙未",核对铭文摹本,应是"七月",这是误把金文"十(7)"当作战国以后的"十"字了。

至于克钟、克盨铭文所记历日,本文研究认为皆不符合厉王世的历朔。克钟与克鼎、克盨铭文的历日关系,本文研究发现克盨铭文所记月相词语有误,校正后才与克钟铭文所记历日相衔接,符合宣王世的历朔。详见《克盨铭文历朔研究》。

● 此鼎、此簋

1975 年陕西省岐山县董家村西周 1 号窖藏出土。这批共出土 37 件青铜器,保存完好。这批铜器不是一个王世之物,而是历经穆王之世到宣王末、幽王初。其中重要的有廿七年卫簋、三年卫盉、五祀卫鼎、公臣鼎、此鼎、此簋、㝬匜等。此鼎三件,形制、纹饰全同,大小相次,应是列鼎。立耳,蹄足,圜底,口沿平外折。口沿下饰两道阳弦纹,腹部素面。此鼎甲、丙内壁各铸铭文 11 行 111 字,重文 1。鼎乙内壁铸铭文 10 行 112 字,重文 2。鼎铭内容相同。

同出此簋八件,器形、纹饰、铭文相同,大小略异。鼓腹,弇口,有盖,盖冠作圈状,兽首耳,有珥,圈足下有三个兽面扁足。口沿下饰重环纹,腹饰瓦纹,盖也饰重环纹和瓦纹。此鼎和此簋的造型、纹饰是西周晚期厉王、宣王时期流行的形式。器内底和盖内各铸铭文 10 行 112 字,重文 2。铭文与此鼎相同。现藏岐山县博物馆。①

隹(唯)十又(有)七年十又二月既生霸乙卯,王才(在)周康宫徲(夷)宫。旦,王各(格)大(太)室,即立(位)。嗣(司)土(徒)毛弔(叔)右(佑)此入门,立中廷(庭)。王乎(呼)史翏册令(命)此曰:……(《集成》4303)

---

① 岐山县文化馆庞怀清,陕西省文管会镇烽、忠如、志儒:《陕西省岐山县董家村西周铜器窖穴发掘简报》,《文物》1976 年第 5 期。

按：此鼎、此簋的造型、纹饰是西周宣王时期流行的形式，翏是宣王时期的史官，见于无叀鼎。因此，发掘报告定其为宣王时器。① 学界或以为是宣王时器，夏含夷则根据此鼎铭文的历日记载，认为与宣王时历法不合，而合于厉王时的历法。但是，他认为厉王在位没有《史记》所记的 37 年之久，② 最终又否定了厉王世之说。

笔者根据多年来研究金文月相纪时法的收获，认为西周金文月相词语纪时是定点的，各指太阴月中明确而又固定的一日。就本篇铭文来说，既生霸指初九。铭文"唯十又七年十又二月既生霸乙卯"，既生霸是初九，干支是乙卯(52)，则十二月应是丁未(44)朔。笔者研究认为，厉王在位是三十七年，但厉王纪年是五十一年，含共和行政的十四年在内，厉王元年是前 878 年。③ 据此推算，厉王十七年是前 862 年。现以张表和董谱验证如下。④

厉王十七年是前 862 年，该年十二月张表是己酉(46)朔，铭文丁未(44)迟二日合历。董谱是己卯(16)朔，错月是己酉(46)朔，铭文错月又迟二日合历。

下面我们再以宣王时的历朔进行验证，看结果如何？宣王元年是前 827 年，宣王十七年是前 811 年。

此鼎：十二月丁未(44)朔；

张表：公元前 811 年十二月癸未(20)朔；

---

① 岐山县文化馆庞怀清，陕西省文管会镇烽、忠如、志儒：《陕西省岐山县董家村西周铜器窖穴发掘简报》，《文物》1976 年第 5 期。
② 夏含夷：《此鼎铭文与西周晚期年代考》，载朱凤瀚、张荣明：《西周诸王年代研究》，第 248 页，贵州人民出版社 1998 年版。
③ 叶正渤：《厉王纪年铜器铭文及相关问题研究》，《古文字研究》第 26 辑；《从历法的角度看逑鼎诸器及晋侯稣钟的时代》，《史学月刊》2007 年第 12 期。
④ 张培瑜：《中国先秦史历表》，齐鲁书社 1987 年版；董作宾：《西周年历谱》，《董作宾先生全集》甲编第一册，台北艺文印书馆 1978 年版。

董谱：公元前811年十二月癸未(20)朔,闰月壬子(49)朔。

癸未(20)与丁未(44)相距24日,显然不合历。所以,从历法的角度来看,此鼎、此簋铭文所记历日绝对不符合宣王十七年十二月的历朔。

目前通行的说法定厉王元年为前877年,则厉王十七年就是前861年。

此鼎：前862年十二月丁未(44)朔；

张表：前861年十二月癸酉(10)朔,错月是癸卯(40)朔；

董谱：前861年十二月癸酉(10)朔,错月是癸卯(40)朔。

前861年十二月张表与董谱都是癸酉(10)朔,癸酉(10)与丁未(44)相差三十四日或二十七日,怎么算都明显不合历。错月是癸卯(40)朔,与铭文丁未(44)朔含当日也相差五日,显然不合历。可见,通行的说法定厉王元年为前877年是大有问题的。此鼎铭文历日又与宣王世的历法亦不合,但据器形、纹饰等要素来看,此鼎、此簋应该属于西周晚期的器物,又有史翏这个供职于西周晚期的史官,所以,此鼎、此簋铭文所记历朔符合厉王十七年十二月的历朔,即前862年12月实际是丁未(44)朔。

● 鬲比盨

鬲比盨同时出土有三件器物,一件鼎,即鬲攸比鼎；一件无字盨,称攸鬲盨；另一件即本器鬲(鬲)比盨。据陈梦家说："两盨花纹形制相同,而鼎与盨皆有鳞纹。"①鬲,《说文》："秦名土釜曰鬲,从鬲屮声。读若过。"土釜,即锅。

隹(唯)王廿又五年七月既[望□□(戊寅),王]在永师田宫。令小臣成友(贿)逆哩□、内史无䚶、大史旟曰：……(《集成》4466)

---

① 陈梦家：《西周铜器断代》,第267页。

按：郭沫若定鄦比盨为厉王时器，陈梦家定为夷王时器，吴其昌定本器与鄦比鼎为厉王时器。鄦比铸有几件相关的器物，鄦攸比鼎，铭文曰："唯卅又一年三月初吉壬辰，王在周康宫徲大室，鄦比以攸卫牧告于王……"笔者考察其历日完全符合厉王三十一年三月的历朔。又，鄦比簋盖，铭文与鼎两器铭文所记历日完全相同，当是同一天所铸之器。

鄦比盨铭文"唯王廿又五年七月既[望□□(戊寅)]"，吴其昌以为所缺干支是既望"丙寅"(3)，①笔者曾考定鄦比盨铭文所记历日为厉王二十五年七月既望戊寅(15)，②既望是十四日，则厉王二十五年(前854年)七月是乙丑(2)朔。张表、董谱正是乙丑(2)朔，与铭文完全合历。若按吴其昌既望丙寅(3)之说，既望是十四日，则二十五年七月就是癸丑(50)朔，癸丑(50)距乙丑(2)含当日相距十三日，完全不合历。可见鄦比盨铭文"唯王廿又五年七月既[望□□(戊寅)]"所缺干支的确是"既望戊寅"，铭文所记历日符合厉王二十五年(前854年)七月的历朔。

● 番匊生壶

1927年陕西军阀党玉琨的手下盗掘出土。圆形，高束颈，宽垂腹，通体布满了水波一样的花纹，壶的颈部还特别铸有两只口衔细环的夔龙作为壶耳。壶身没有过多繁复的纹饰。盖内铸铭文32字，其中重文2。

隹(唯)廿又六年十月初吉己卯，番匊生铸賸(媵)壶，用賸(媵)氒(厥)元子孟妃乖，子=孙=永宝用。(《集成》9705)

按：郭沫若将其置于厉王世。③厉王元年是前878年，则厉王二十六年是前853

---

① 吴其昌：《金文历朔疏证》，《燕京学报》第六期，第1047—1128页。
② 叶正渤：《金文月相纪时法研究》，第186页。
③ 郭沫若：《两周金文辞大系图录考释》，《郭沫若全集·考古编》卷八，第285页。

年。铭文"唯廿又六年十月初吉己卯",初吉是初一朔,干支是己卯(16),则某王二十六年十月是己卯朔。前853年十月张表是丁巳(54)朔,董谱是戊午(55)朔。错月张表是丁亥(24),董谱是戊子(25)朔,与铭文己卯(16)朔含当日相差九日或十日,明显不合历。宣王二十六年是前802年,该年十月张表是壬戌(59)朔,错月是壬辰(29)朔,董谱是辛卯(28)朔,与铭文己卯(16)朔也有十数日之差,皆不合历。可见番匊生壶铭文所记历日既不是厉王二十六年十月的历朔,也不是宣王二十六年十月的历朔。

马承源《铭文选》说,"番匊生壶的外形制与十三年及三年瘐壶完全一致,纹饰的风格也基本相同,诸如壶盖上的弦纹和垂耳上的兽头形状等细部也很相似,说明两者相隔的时间不应过久。又,番生簋纹饰为回头的大钩啄鸟纹,是典型的西周中期式样,这也可以佐证壶为西周中期之器。"所以,马承源认为"此纪年为西周孝王廿六年十月初吉己卯日",又说"查《年表》孝王廿六年为公元前八九九年,十月乙卯朔而不是己卯朔。此外,于厉王、宣王之纪年干支亦并皆不合,今仍置于孝王之世"。[①] 但是,前899年按目前通行的说法是懿王元年,而不是马承源所说的孝王廿六年。下面也来验证一下,看是否合历。

前899年十月,张表是乙卯(52)朔,董谱同,错月是乙酉(22)朔,乙酉与铭文十月己卯(16)朔含当日相差七日,显然不合历。这至少说明番匊生壶铭文所记不是前899年十月的历朔。

番匊生壶是厉王时器已无大错,但是历法又不合,且与通行的说法其他王世的历朔也不合历。本文觉得会不会铭文"唯廿又六年十月初吉己卯"是初吉己丑(26)之误记呢?若是,则完全符合厉王二十六年十月的历朔。初吉是初一朔,设干支是己丑(26),则某王二十六年十月是己丑朔。厉王二十六年是前853年,该年十月张表是丁巳(54)朔,错月是丁亥(24)朔,丁亥比铭文己丑(26)朔迟二日合历。董谱是戊午(55)朔,错月是戊子(25)朔,比铭文迟一日合历。这样,番匊生壶铭文所记历日便有着落。误记月相词语和干支的现象在铭文中是存在的,且己卯和己丑在竖排干支表上是紧挨着的,史官看错极有可能。

此外,番匊生还铸有一件番生簋,可惜没有历日记载,郭沫若也将其置于厉王之世,曰:"此铭文辞字体与叔向父簋极相似,与毛公鼎、大克鼎等之格调亦相仿佛,其为厉世器无疑。余谓《十月篇》之'番维司徒'即此番生。"[②]周增光曰:北京师范大学文物博物馆收藏有一只原断为商代的青铜圆鼎,但笔者认为,其应与现藏美国旧金山亚洲艺术博物馆的番匊生壶属同一套青铜礼器,是西周中晚期的青铜器,应更其名曰

---

① 马承源主编:《商周青铜器铭文选》,第224页。
② 郭沫若:《两周金文辞大系图录考释》,《郭沫若全集·考古编》卷八,第283页。

"番匊生鼎",具体考察其年代,应可定为厉王世。① 校正后番匊生壶铭文所记历日符合厉王二十六年十月的历朔,那么,周增光所说的番匊生鼎当然也应属于厉王世。

● 伊簋

弇口鼓腹,兽首双耳,下有象鼻纹垂珥,矮圈足弇外侈,连铸三个兽面扁足。器口下饰窃曲纹,腹饰瓦纹,圈足饰垂鳞纹。内铸铭文103字。

隹(唯)王廿又七年正月既朢丁亥,王才(在)周康宫。旦,王各(格)穆大(太)室,即立(位)。䚄(申)季内(入)右(佑)伊,立(中)廷(庭),北乡(向)……

按:吴其昌曰:"厉王二十七年(前852年)正月小,甲申朔;初吉四日得丁亥。'初吉'偶误范为'既望'。说详《考异二》。"② 吴其昌信从王国维"一月四分说",所以他说"初吉四日得丁亥"。笔者研究认为,月相词语都是定点的,各指太阴月中明确而又固定之一日。初吉是初一朔日。吴其昌以伊簋属于厉王二十七年正月,且又认为月相词语"既望"是"初吉"之误记。下面来验证一下,看结果如何。

按照吴其昌的说法,铭文"唯王廿又七年正月既朢丁亥"是"正月初吉丁亥"之误记,初吉是初一朔,则厉王二十七年正月应该是丁亥(24)朔。厉王二十七年(前852年)正月,张表正是丁亥朔,完全合历,同时证明初吉就是初一朔。董谱是丙戌(23)朔,比铭文丁亥(24)朔迟一日合历,证明吴其昌之说符合厉王二十七年正月的历朔。

伊簋铭文中有申季这个人物,担任右者(傧相)。此人也见于大克鼎铭文,也担任傧相。因此郭沫若把伊簋置于厉王之世,③ 彭裕商则根据器形纹饰等要素把伊簋列入宣王之世。④

---

① 周增光:《发现番匊生鼎》,《文物春秋》2007年第6期。
② 吴其昌:《金文历朔疏证》,《燕京学报》第六期,第1047—1128页。
③ 郭沫若:《两周金文辞大系图录考释》,《郭沫若全集·考古编》卷八,第268页。
④ 彭裕商:《西周青铜器年代综合研究》,第459页。

如果伊簋铭文月相词语并没有误记,那么铭文"唯王廿又七年正月既望丁亥",既望是十四日,干支是丁亥(24),则某王廿又七年正月是甲戌(11)朔。厉王二十七年(前852年)正月,张表是丁亥(24)朔,董谱是丙戌(23)朔,铭文甲戌(11)朔与历表相距十三四日,显然不合历。相差十三四日,正是既望所逢的日序。所以,吴其昌之说很有可能。

宣王二十七年(前801年)正月,张表是庚申(57)朔,董谱同,错月是庚寅(27)朔,与铭文甲戌(11)朔含当日也相差十七日,所以也不合历。可见伊簋铭文月相词语如果没有误记,那么就既不符合厉王二十七年正月的历朔,也不符合宣王二十七年正月的历朔。有人把伊簋置于西周中期穆王之世,但有人又觉得不够稳妥。从铭文字体风格角度看,似应属于西周中晚期。且比勘历表和历谱,与其他王世的历朔亦多龃龉。所以,吴其昌说铭文"正月既望丁亥"是"正月初吉丁亥"的误记,看来是可信的。校正后伊簋铭文所记历日符合厉王二十七年(前852年)正月的历朔。

● 袁 盘

平沿方唇,两附耳高出器口,圈足外撇,下腹收敛。口沿下饰大小相同的重环纹,圈足饰环带纹。内底铸铭文103字,其中重文2(《图像集成》29—591)。

隹(唯)廿又八年五月既望庚寅,王在周康穆宫。旦,王各(格)大室,即立(位)。宰郏右袁入门立中廷(庭)北向(向),史𠭰受(授)王令(命)书,乎(呼)史减册……(《集成》10172)

按:郭沫若曰:"此师袁余意即《小雅·采芑》篇之方叔,《诗》云'蠢尔蛮荆,大邦为仇。方叔元老,克壮其犹。方叔率止,执讯获丑',所言事迹与此相合。袁与方盖一名一字也。袁叚为圜,名圜而字方者乃名字对文之例,如没字子明,偃字子犯之类。"①

铭文"唯廿又八年五月既望庚寅,王在周康穆宫",既望是十四日,干支是庚寅

---

① 郭沫若:《两周金文辞大系图录考释》,《郭沫若全集·考古编》卷八,第309页。

(27)，则五月是丁丑(14)朔。吴其昌曰："裘鼎：隹廿又八年，五月既望庚寅。裘盘：隹廿又八年，五月既望庚寅。按：厉王二十八年(前851年)五月大，丙子朔；十五日得庚寅。与历谱朔望差一日。更以四分历推之：……五月小，丙子朔；与三统历同。"①

厉王二十八年(前851年)五月，张表是己卯(16)朔，铭文己丑(14)朔迟二日合历。董谱该年五月是戊寅(15)朔，铭文迟一日相合。在研究铜器铭文历法的专家们看来，这一二日之差是允许的。地点则与逨鼎铭文相同，皆为周康穆宫，又有史减这个史官。所以，裘盘可以认定为厉王时期的器物。"夏商周断代工程"简报亦将其列入厉王二十八年时器。但是，目前通行的说法以前877年为厉王元年，所以厉王二十八年就是前850年。而前850年五月张表是癸卯(40)朔，董谱同，错月是癸酉(10)朔，铭文丁丑(14)距癸酉(10)含当日相差五日，显然不合历。所以，通行的说法是欠妥的，不可信。

笔者将裘盘的历法关系同宣王二十八年(前800年)相比勘，张表该年五月是壬子(49)朔，董谱同，壬子(49)距丁丑(14)含当日相差二十六日，也不合历。所以，裘盘铭文所记历日绝对不符合宣王世历朔，只能是厉王二十八年五月的历朔。②

此外，裘还铸有一件师裘簋，其铭文无历日记载。但是，根据其称谓的不同可以看出裘盘之铸在前，师裘簋之铸在后。因为在裘盘铭文中只称裘，而在师裘簋铭文中已称师裘，并受王命率齐师、左右虎臣征淮夷。郭沫若置裘簋于宣王之世，曰："此与兮甲盘及召伯虎第二簋为同时之器，观其文辞字体事迹即可以判之。盖当时出征淮夷者不仅召伯虎一人。"裘盘铭文所记是厉王二十八年之事，而师裘簋铭文所记是宣王早期五六年之事，时隔约三十年。笔者研究认为，厉王在位是三十七年，但厉王纪年含共和行政十四年在内一共是五十一年，下接宣王元年。就是说，共和虽行政，但并没有改元，也没有单独纪年。③兮甲盘铭文记宣王五年伐猃狁，召伯虎簋二铭文记宣王六年征淮夷告庆之事，皆在宣王早期，符合裘这个人物的事迹。

● 附：裘鼎铭文

隹(唯)廿又八年五月既望庚寅，王在周康穆宫。旦，王各(格)大室，即立(位)。宰郡右裘入门立中廷(庭)北向(向)，史□受(授)王令(命)书……

铭文纪年纪时与裘盘铭文相同。

---

① 吴其昌：《金文历朔疏证》，《燕京学报》第六期，第1047—1128页。
② 叶正渤：《金文标准器铭文综合研究》，第192页。
③ 叶正渤：《厉王纪年铜器铭文及相关问题研究》，《古文字研究》第26辑；《从历法的角度看逨鼎诸器及晋侯稣钟的时代》，《史学月刊》2007年第12期。叶正渤：《亦谈晋侯稣编钟铭文中的历法关系及所属时代》，《中原文物》2010年第5期；《西周共和行政与所谓共和器的考察》，《纪念徐中舒先生诞辰110周年学术研讨会论文集》，巴蜀书社2010年版；收入拙著《金文标准器铭文综合研究》，线装书局2010年版。

● 鬲攸比鼎

鬲攸比鼎，体呈半球形，折沿双立耳，圜底三蹄足。口沿下饰大小相间的重环纹和一道弦纹。一般隶作鬲攸从鼎，陈梦家隶作鬲攸比鼎。① 内壁铸铭文 10 行 102 字，重文 4。

隹（唯）卅又一年三月初吉壬辰，王才（在）周康宫𢦏大室。鬲比以攸卫牧告于王，曰："女（汝）觅我田，牧弗能许鬲比。"……

按：铭文"唯卅又一年三月初吉壬辰"，董作宾读作"卅又一年"，陈梦家隶作"卅又二年"。② 初吉指初一朔，干支是壬辰（29），则某王三十一年三月是壬辰朔。吴其昌："厉王三十一年，三月大，庚寅朔；初吉三日，适得壬辰。与历谱合。"③董作宾、郭沫若等也把本器定为厉王时器。据《史记》记载推算，厉王元年是前878年，则厉王三十一年是前848年，该年三月张表正是壬辰（29）朔，董谱同，与铭文"唯卅又一年三月初吉壬辰"完全相合，说明铭文应该是卅又一年三月，而不是卅又二年三月。笔者在《金文月相纪时法研究》一书中也把鬲攸比鼎定于厉王三十一年三月。④

陈梦家曰："比所作一盨，早于鼎七年，亦记田地交割之事，善夫克参与其事。二十三年善夫克鼎之二十三年，是夷王二十三年，则比所作器之二十五年、三十二年乃

---

① 陈梦家：《西周铜器断代》，第 238 页。
② 董作宾：《西周年历谱》，《董作宾先生全集》甲编第一册，第 311 页。
③ 吴其昌：《金文历朔疏证》，《燕京学报》第六期，第 1047—1128 页。
④ 叶正渤：《金文月相纪时法研究》，第 186、228 页。

在夷王之末。此鼎字体近于大小克鼎、虢叔旅钟于克钟约同时。"又曰:"鼎与盨皆作鳞纹。鼎的花纹形制同于毛公鼎及三十七年善夫山鼎。"所以,陈梦家把本器定于夷王时期。夷王即位之年不确定,所以,无法验证。笔者查检张表和董谱,前910年三月皆是壬辰(29)朔。但是,前910年距厉王元年的前878年有三十二年之久,如果该年是夷王三十二年的话,那么夷王在位就有六十四年,这显然不合史实。

此外,笔者又查检宣王三十一年,即前797年,该年三月张表是丁卯(4)朔,董谱是丙寅(3)朔,与铭文三十一年三月初吉壬辰(29)相差二十五、六日,显然皆不合历。所以,鬲攸比鼎铭文所记历日非厉王三十一年三月莫属。

又,鬲攸比还铸有一件盨。铭文曰:"唯王廿又五年七月既[望□□,王]在永师田宫……",厉王二十五年是公元前854年,该年七月张表是乙丑(2)朔,董谱同。吴其昌以为所缺干支是既望丙寅(3),①笔者曾研究认为铭文"唯王廿又五年七月既[望□□]",既望之后所缺干支应该是戊寅(15),可据此补上。②

● 大祝追鼎

上海博物馆新近收藏。直口折沿,口沿上有一对立耳,圜底,三蹄足。口沿下饰兽体卷龙纹。内铸铭文41字,其中重文2(《图像集成》5—190)。

佳(唯)卅又二年八月初吉辛子(巳),白大祝追作丰叔姬齍彝,用蘄(祈)多福。白氏其眉寿黄耇万年,子=孙=永宝享。

按:说者或以为本器铭文所记历日不合厉王、宣王之世。陈佩芬指出:"大祝追鼎的器形和纹饰属于西周晚期,在西周晚期王世能达到三十二年的仅有厉王和宣王,按

---

① 吴其昌:《金文历朔疏证》,《燕京学报》第六期,第1047—1128页。
② 叶正渤:《金文月相纪时法研究》,第186页。

此器的月相、干支,据《西周青铜器铭文年历表》,厉王三十二年八月甲申朔,宣王三十二年八月戊午朔,于此两王均不合。"①夏含夷和倪德卫则认为,除了公认的以公元前827 年为元年以外,周宣王好像还利用过一个以公元前 825 年为元年的年历。像大祝追鼎铭文一样载有具备年历记载的西周晚期铜器铭文,诸如载有二十六年的番匊生壶、载有二十八年的寰盘、载有三十三年的伯宽父盨,而特别是载有三十七年的善夫山鼎,皆与宣王以公元前 827 年为元年的年历不合,反而与此后两年以公元前 825 年为元年的年历完全符合。大祝追鼎铭文的年历记载是"三十二年八月初吉辛巳"。公元前 825 年以后第 32 年是公元前 794 年。根据《中国先秦史历表》,此年八月丁未朔,此月不含有辛巳一天。然而,若改变闰制,在公元前 795 年置闰,公元前 794 年八月丙子朔,辛巳乃是初六,与初吉完全符合。这个结论不但与我们推定的宣王以公元前 825 年为元年的年历符合,并且与相当多的古代文献和其他西周晚期铜器铭文也一致,应该算是相当合理的结论。②

其实,按照夏含夷的说法,虽然西周晚期铜器铭文的纪时有一些符合他的假设。但是,周宣王在厉王死于彘、共和还政以后即位、改元并单独纪年,即以公元前 827 年为元年,这是传世文献明确记载的。夏含夷的假设,仅仅是在遇到若干纪年铜器铭文所记历日无法与已知的历法知识相符合的情况下所作的假设。就是说,他的假设缺乏文献资料的佐证。在该文中,虽然他也列举了若干资料,但不足以证明宣王曾有过两个元年纪年。其次,夏含夷根据月相四分说的理论与现代历表来比勘验证铜器铭文中所记历日,这是不准确的。月相词语是用来纪日的,因此,一个月相词语只记太阴月中月相有显著特征的一日,这一日是固定而又明确的。所以,月相词语所表示的时间不允许有所谓几日的游移,即不包含几日的时间。③ 基于以上两点看法,夏含夷以为大祝追鼎所记历日符合以前 825 年为元年的宣王三十二年(794 年)八月的历朔。其实,这个结论是站不住脚的。

本书也曾对大祝追鼎铭文所记历日做过分析。铭文"唯卅又二年八月初吉辛子(巳)",初吉是初一朔,干支是辛巳(18),则某王三十二年八月是辛巳朔。从器形纹饰方面来说,大祝追鼎属于西周晚期器物,这是没有什么争议的。西周晚期只有厉王、宣王在位超过三十二年。因此,我们先与厉王时的历朔进行比勘验证。厉王三十二年是前 847 年,该年八月张表是甲申(21)朔,董谱同,甲申距铭文辛巳(18)朔含当日相差四日,近是。就是说,铭文辛巳(18)朔比历表和历谱甲申(21)迟三日才合历,这

---

① 陈佩芬:《新获两周青铜器》,《上海博物馆集刊》第八期,2000 年,第 133 页。
② 夏含夷:《上博新获大祝追鼎对西周断代研究的意义》,《文物》2003 年第 5 期。
③ 叶正渤:《金文月相纪时法研究》,第 186 页。

期间可能有三个连大月。① 夏含夷文章说:"此年八月甲申朔,八月就没有辛巳。若改变闰制,八月乃甲寅朔,辛巳为第28天,与初吉月相也不合。"这正是闰月安排不同或有大小月所致,但初吉只能是初一朔。

宣王三十二年是前796年,该年八月张表是戊午(55)朔,戊午距铭文辛巳(18)含当日相差二十四日,显然不合历。董谱是丁巳(54)朔,与铭文辛巳(18)朔含当日相差二十五日,亦不合历。即使按夏含夷所假设的那样宣王以前825年为元年,则三十二年是前794年,该年八月张表是丁未(44)朔,与铭文辛巳(18)相距二十五日,显然不合历。董谱前794年八月是丙子(13)朔,与辛巳(18)含当日相差六日,亦不合历。厉王于共和十四年死于彘,这是史籍文献明确记载的。传世文献只有厉王死后宣王即位、改元并纪年的记载,从来就没有在厉王死后第三年宣王才即位、改元并纪年的说法。所以,从器形花纹以及历日诸方面来考察,大祝追鼎应该属于厉王时器,铭文所记是厉王三十二年(前847年)八月的历朔。

另外,笔者曾推定晋侯稣编钟铭文所记历日符合厉王三十三年(前846年)正月至六月的历朔。现在不妨也来比勘一下,看结果如何。

晋侯稣钟铭文"唯王卅又三年,王親(亲)遹省东或(国)、南或(国),正月既生霸戊午,王步自宗周。二月既望癸卯,王入各(格)成周。二月既死霸壬寅,王儕往东。三月方死霸,王至于䉈,分行……六月初吉戊寅,旦,王各(格)大室……丁亥,旦,王鄔(御)于邑伐宫。庚寅,旦,王格大室……"。笔者研究认为,"二月既望癸卯(40)",可能是"癸巳"(30)的误记。根据这种看法,笔者以"六月初吉戊寅"为六月初一朔这一定点月相日向前逆推,得到晋侯稣钟铭文六个月的朔日干支。如下:六月初吉戊寅,则六月戊寅朔;五月大,则五月是戊申朔;四月小,则四月是乙卯朔;三月大,则三月是乙酉朔;二月小,则二月是庚辰朔;正月大,则正月是庚戌朔。笔者所推晋侯稣钟铭文所记历日与张表、董谱厉王三十三年(前846年)前六个月的朔日干支只有一日之差。可以说,这个数据够精确的了。根据晋侯稣编钟铭文所记历日推得厉王三十三年(前846年)正月是庚戌(47)朔。大祝追鼎铭文所记历日是三十二年八月初吉辛巳(18)。根据铭文排比干支表,八月辛巳(18)朔,九月辛亥(48)朔,十月庚辰(17)朔,十一月庚戌(47)朔,十二月己卯(16)朔,三十三年正月己酉(46)朔,比晋侯稣编钟铭文三十三年正月庚戌(47)朔迟一日,可以说完全衔接,这期间当多一个小月二十九日。

如果换一种排比法则完全相合,即:八月辛巳(18)朔,九月辛亥(48)朔,十月辛巳(18)朔,十一月辛亥(48)朔,十二月庚辰(17)朔,三十三年正月庚戌(47)朔,与晋侯稣编钟铭文三十三年正月庚戌(47)朔完全合历。这种三个连大月的现象,在张表、

---

① 叶正渤:《亦谈晋侯稣编钟铭文中的历法关系及所属时代》,《中原文物》2010年第5期。

董谱中是经常出现的。所以,比勘的这个结果再一次证明大祝追鼎铭文所记就是厉王三十二年(前847年)八月的历朔。

● 晋侯稣编钟

晋侯稣编钟出土于山西省曲沃县晋侯墓葬。全套共16件,其中14件为盗墓者盗掘,其余2件为发掘所得。16件编钟上均有铭文,共355字。铭文连读。①

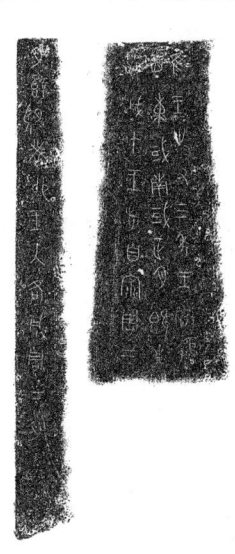

隹(唯)王卅又三年,王寴(亲)遹省东或(国)、南或(国),正月既生霸戊午,王步自宗周。二月既望癸卯,王入各(格)成周。二月既死霸壬寅,王儥往东。三月方死霸,王至于荤,分行。王寴(亲)令晋侯稣率乃启(师)左洀䍌北洀□,伐夙(宿)夷……六月初吉戊寅,旦,王各(格)大室,即立(位),王乎(呼)善(膳)夫曰:……丁亥,旦,王鄅(御)于邑伐宫。庚寅,旦,王格大室,嗣工(司空)杨父入右晋侯稣……

按:晋侯稣编钟铭文有王年、五个月相词语、六个纪日干支,连续近六个月的时间记载,这对于研究器物所属的王世和历朔相当重要,同时也提供了方便。

铭文先言"二月既望癸卯",继言"二月既死霸壬寅",说明既望在既死霸之前,这也是学界大多数人的看法。但按干支表,"癸卯"(40)在"壬寅"(39)后一日,与月相的先后次序不符合。因此有人认为这两个干支误倒,有人认为"癸卯"可能是误记,有人认为铭文重书二月,可能是闰月的表示,有人认为重书二月表示分属于二年。笔者研究认为,"癸卯"可能是"癸巳"(30)的误记。因为在甲骨竖排干支表上,癸卯和癸巳是并排紧挨着的,所以看错极有可能。根据这种看法,笔者以"六月初吉戊寅"为六

---

① 王世民等:《晋侯苏钟笔谈》,《文物》1997年第3期,第66页。

月初一朔这一定点月相日向前逆推,得到晋侯稣钟铭文六个月的朔日干支。如下:

六月初吉戊寅,则六月戊寅朔;五月大,则五月是戊申朔;四月小,则四月是乙卯朔;三月大,则三月是乙酉朔;二月小,则二月是庚辰朔;正月大,则正月是庚戌朔。依此,进一步推得晋侯稣钟铭文中的五个月相词语所指的具体时间是:

正月是庚戌(47)朔,铭文"正月既生霸戊午(55)"则是正月初九;二月是庚辰(17)朔,铭文"二月既望癸卯(当是癸巳30)"则是二月十四日,"二月既死霸壬寅(39)"是二月二十三日;三月是乙酉(22)朔,铭文"三月方死霸"则是三月二十四日("方死霸"即文献中的"旁死霸");"六月初吉戊寅"是六月初一。铭文中的六月丁亥(24)是初十,庚寅(27)是十三日,皆非定点月相之日,因此只用干支纪日,且在下一个月相日之前,完全符合西周铭文的纪时体例。① 从正月初九到六月初一这五个月的日干支相连续,表明"癸卯"确实是"癸巳"的误记,这几个月中没有闰月,也不是二年中的事,且这几个月是大小月相间的。

晋侯稣钟铭文所记某王三十三年前六个月的朔日干支,与张表、董谱厉王三十三年即前846年前六个月的朔日干支只有一日之差。为便于比较,现列表如下:

叶推:正月庚戌(47),二月庚辰(17),三月乙酉(22),四月乙卯(52),五月戊申(45),六月戊寅(15);

张表:正月辛亥(48),二月辛巳(18),三月庚戌(47),四月庚辰(17),五月己酉(46),六月己卯(16);

董谱:正月壬子(49),二月辛巳(18),三月辛亥(48),四月庚辰(17),五月庚戌(47),六月己卯(16)。

张表和董谱分别是根据现代天文历法知识推算而得到公元前846年前六个月的朔日干支,本人则是根据对月相词语的理解和晋侯稣钟铭文所记历日推算而得到的。尤其是张表,学术界认为是科学的,是比较可靠的。一连六个月的朔日干支如此近似,这绝不是偶然的,只能说明晋侯稣钟所记就是西周厉王三十三年也即公元前846年前六个月的历日,同时也证明本人对西周金文月相词语所指时间的理解及定点的看法完全是正确的。"夏商周断代工程"亦将晋侯稣编钟定为厉王三十三年时器,但"夏商周断代工程"定厉王元年为公元前877年,因此厉王三十三年就是公元前845年,铭文所记历朔与张表、董谱公元前845年前六个月的历朔完全不合。因此,定厉王元年为前877年是欠妥的。笔者也曾比勘了张表、董谱宣王三十三年(前795年)的历朔,同样不合。可见晋侯稣钟铭文所记历日,只与厉王三十三年即公元前846年前

---

① 叶正渤:《金文标准器铭文综合研究》,第206页。

六个月的历朔吻合,也不合于宣王三十三年的历朔。这就是说,晋侯稣编钟属于厉王世器,即公元前846年前六个月的历朔。①

● 伯宽(寛)父盨

1978年陕西岐山县京当公社贺家大队凤雏村出土,现藏周原岐山县文管所。伯宽(寛)父盨有甲乙两组,圆角方形,敛口鼓腹,附耳,矮圈足有长方形缺,足沿平折;盖微隆起,上有四个矩形扉,可倒置,通体饰瓦沟纹。器盖同铭,有铭文27字,重文2。②

隹(唯)卅又三年八月既死辛卯,王才(在)成周。白(伯)寛(寛)父乍(作)宝盨,子=孙=永用。(《集成》4438)

按:说者或以为是厉王时器,或以为是宣王时器,还有以为是成王或昭王时器者。下面根据张表、董谱分别比勘验证,看结果如何。

铭文"唯卅又三年八月既死辛卯",假设"既死"是"既望"之误,既望是十四日,干支是辛卯(28),则某王三十三年八月是戊寅(15)朔。张表、董谱厉王三十三年(前846年)八月正是戊寅(15)朔,完全合历。就是说,伯寛父盨铭文所记历日符合厉王三十三年八月的历朔,铭文"八月既死辛卯"的确是"既望"之误记。我们再以同是厉王三十三年的晋侯稣编钟铭文所记历日进行比勘,可以得到进一步的验证。

笔者研究认为,晋侯稣编钟铭文"二月既望癸卯(40)",可能是"癸巳"(30)的误记。根据这种看法,笔者以"六月初吉戊寅"为六月初一朔这一定点月相日向前逆推,得到晋侯稣钟铭文六个月的朔日干支。如下:

六月初吉戊寅,则六月戊寅朔;五月大,则五月是戊申朔;四月小,则四月是乙卯

---

① 叶正渤:《亦谈晋侯稣编钟铭文中的历法关系及所属时代》,《中原文物》2010年第5期。
② 陕西周原考古队:《陕西岐山凤雏村西周青铜器窖藏简报》,《文物》1979年第11期。

朔；三月大，则三月是乙酉朔；二月小，则二月是庚辰朔；正月大，则正月是庚戌朔。笔者所推晋侯稣中铭文所记历日与张表、董谱厉王三十三年（前846年）前六个月的朔日干支只有一日之差。① 可以说，这个数据够精确的了。晋侯稣编钟铭文"六月初吉戊寅"，据伯宽父盨铭文"八月既死（望）辛卯"推得八月也是戊寅（15）朔，则厉王三十三年五月是戊申朔，六月是戊寅朔，七月是戊申朔，八月是戊寅朔。这是当时的实际历朔，在这中间有三个连大月，三个连大月在古今历法上是经常出现的。笔者曾定伯宽父盨为厉王三十三年器，是合乎历日记载的，②也说明铭文既死的确是既望之误记。

反之，假设"既死"是既死霸之省，既死霸是二十三日，干支是辛卯（28），则某王三十三年八月是己巳（6）朔。厉王三十三年（前846年）八月张表、董谱是戊寅（15）朔，戊寅（15）距己巳（6）十日，显然不合历，说明"既死"不是既死霸之省。

比勘宣王三十三年（前795年）八月之历朔，张表是壬子（49）朔，董谱同。错月是壬午（19）朔，壬午距戊寅（15）含当日相差五日，显然不合历；壬午距己巳（6）相差十四日，显然也不合历。这个结果说明铭文"既死"无论是既望之误记，还是既死霸之误记，其历日都不合宣王三十三年八月的历朔。也就是说，伯宽父盨不属于宣王之世。

至于成王和昭王说，传世文献没有明确记载成王在位年数，昭王在位只有十九年，没有伯宽父盨铭文所记三十三年之久。成王元年始于何年并不确定，因此无法进行验证，故其二说不可信。且从伯宽父盨铭文字体来看，不像西周早期的风格，而明显具有西周晚期的特点，比如"王"字已线条化，"宽"字上部的"穴"字头已成圆形，而不是方形等。所以，伯宽父盨铭文"唯三十有三年八月既死辛卯"，"既死"是"既望"之误记，所记历日符合厉王三十三年八月的历朔。

● 善夫山鼎

善夫山鼎，又名山鼎。据传1949年前在陕西省麟游、扶风、永寿交界处（扶风北岐山一带）的永寿县好畤河某沟出土。鼎立耳圜底蹄足，口沿下饰重环纹及弦纹一道。内壁铸铭文12行121字，重文2。③

隹（唯）卅又七年正月初吉庚戌，王才（在）周，各（格）图室。南宫乎入右善（膳）夫山入门，立中廷（庭），北乡（向）……（《集成》2825）

按：善夫山鼎铭文是一篇高纪年铭文。其所属王世，历来有争议。陈梦家说："此鼎形制花纹同于卅二年㝬攸比鼎及毛公鼎，后二者曾定为夷王时器"；"此鼎三十七年

---

① 叶正渤：《亦谈晋侯稣编钟铭文中的历法关系及所属时代》，《中原文物》2010年第5期。
② 叶正渤：《金文月相纪时法研究》，第187页。
③ 陕西省博物馆：《陕西省博物馆新近征集的几件西周铜器》，《文物》1965年第7期。

有二种可能,或属于宣王,或属于夷王。今采后说,则夷王在位至少有三十七年。"(第290页)学者或以为宣王时器。笔者也曾定其为宣王时器。[①]

既然本器器形、纹饰以及铭文辞例等要素具有西周晚期特征,那么,这件器物属于西周晚期这个大前提应不会错。西周晚期唯厉王和宣王在位达到或超过三十七年。厉王在位是三十七年,但厉王纪年是五十一年,厉王元年是公元前878年。《史记·周本纪》:"懿王崩,共王弟辟方立,是为孝王。孝王崩,诸侯复立懿王太子燮,是为夷王。"夷王是懿王太子,懿王死后又经孝王,孝王死后复由懿王太子燮继位,是为夷王,时间间隔较长,且夷王身体欠佳,在位恐怕不可能有三十七年之久。《左传·昭公二六年》:"至于夷王,王愆于厥身,诸侯莫不并走其望,以祈王身。"愆,过也,引申指患病。并,遍也。

宣王元年据《史记·周本纪》推算是前827年。在器形、纹饰以及铭文辞例等要素具有西周晚期特征,因而断定器物属于西周晚期这个前提下,比勘对照张表和董谱,看善夫山鼎铭文所记历日究竟符合哪一个王世的历朔。

铭文"唯卅又七年正月初吉庚戌",初吉是初一朔,则某王三十七年正月庚戌(47)朔。

厉王三十七年是前842年,该年正月张表是戊子(25)朔,董谱同,戊子(25)距铭文庚戌(47)朔含当日相差二十三日,显然不合历。相距二十三日会不会是铭文把月相词语"既死霸"误记成"初吉"了?若是,则铭文就是"唯卅又七年正月既死霸庚戌"。既死霸是二十三日,干支是庚戌(47),则某王三十七年正月是戊子朔,与张表、董谱所列厉王三十七年正月的历朔完全吻合,则铭文所记就是厉王三十七年正月的

[①] 叶正渤:《宣王纪年铜器铭文及相关问题研究》,《古文字研究》第27辑,中华书局2008年版。现更正为厉王时。

历朔,此时厉王尚未出奔于彘。这也不会是一种巧合吧。由于铭文"正月初吉庚戌"是"正月既死霸庚戌"之误记,遂使该器所属时代多年来成为学术上的一个疑团。下面再来比勘宣王时期的历朔,看结果如何。

宣王三十七年是前 791 年,该年正月张表是癸巳(30)朔,铭文庚戌(47)朔距癸巳(30)含当日相差十八日,显然不合历。董谱是壬戌(59)朔,铭文庚戌距壬戌含当日相差十三日,也不合历。如果按照上面的假设铭文是"唯卅又七年正月既死霸庚戌"之误,既死霸是二十三日,则某王三十七年正月是戊子(25)朔。宣王三十七年正月张表、董谱分别是癸巳(30)朔和壬戌(59)朔,与假设铭文为既死霸之误的戊子(25)朔含当日相差五六日,也不合历。

另外,夏含夷等以为周宣王曾实行过两个纪元,一是以前 827 年为元年,一是以前 825 年为元年。① 如果周宣王时期真像夏含夷、倪德卫所说的那样,曾经以前 825 年为元年的话,那么宣王三十七年就是前 789 年,则本篇铭文所记庚戌(47)朔就与张表该年正月辛亥(48)朔基本相合,与董谱该年正月庚戌(47)朔完全相合。叶按:董谱印成戊戌,排比董谱前一个月和后一个月的朔日干支,应该是庚戌,说明董谱印刷错误。② 周宣王时期究竟有没有实行过两个元年?是什么原因要实行两个元年?尚无文献资料作佐证。

陈梦家把该器作为夷王时器,一般认为夷王在位没有 37 年之久。从厉王元年向前查检历表和历谱,符合正月庚戌(47)朔或近似的年份有以下三例:

前 882 年正月,张表是庚戌(47)朔,董谱同。前 882 年距厉王元年的前 878 年有 4 年,若此,夷王在位至少有 37+4＝41 年。董谱定前 882 年为夷王四十三年,夷王在位是四十六年。看来,前 882 年也许是最佳年份。若此,则夷王元年便是前 919 年。不过,前 919 年不是一个共有元年,且董作宾和陈梦家所定夷王在位年数都太长久,不可遽信,仅供参考。

前 913 年正月,张表是辛巳(18)朔,错月是辛亥(48)朔,比庚戌(47)早一日合历,董谱是庚辰(17)朔,错月是庚戌(47)朔,合历,则某王元年是前 949 年。

前 949 年正月,张表正是庚戌(47)朔,董谱是己酉(46)朔,与铭文庚戌(47)朔完全吻合,某王元年就是前 985 年。不过,此时已经到西周中期了,与器形纹饰特征不合。

张闻玉定善夫山鼎为穆王世,曰:"穆王三十七年即公元前 970 年,查公元前 970 年实际天象:冬至月朔辛巳 08h12m,丑月庚戌 19h46m,寅月庚辰 08h08m。(下略)是

---

① [美]夏含夷:《此鼎铭文与西周晚期年代考》,载朱凤瀚、张荣明:《西周诸王年代研究》,第 248 页。
② 叶正渤:《西周年历谱校勘记》,《盐城师范学院学报》(人文社会科学版)2010 年第 2 期。

年建丑,正月庚戌朔。与善夫山鼎历日吻合。"①前970年正月,张表、董谱皆是辛巳(18)朔,错月是辛亥(48)朔,比铭文庚戌(47)朔早一日合历,则穆王元年就是前1006年,但该年不是共有元年。张闻玉以殷正建丑来比勘历表,是不足取的。

所以,根据器形纹饰铭文辞例等要素结合历日记载比勘的结果,本文认为善夫山鼎铭文"唯卅又七年正月初吉庚戌",是"唯卅又七年正月既死霸庚戌"的误记,校正后铭文所记历日完全符合厉王三十七年正月的历朔。而三十七年正月,厉王尚未出奔于彘。由于铭文把月相词语"既死霸"误记成了"初吉",遂使该器之时代多年来成为学术上的一个疑团。

● 四十二年、四十三年逨鼎

2003年1月19日陕西省宝鸡市眉县马家镇杨家村一西周青铜器窖藏出土青铜器27件。二件四十二年逨鼎和十件四十三年逨鼎形制基本一致,都是垂腹蹄足,饰波曲纹和窃曲纹,皆有铭文。二件四十二年逨鼎每件内壁皆铸铭文25行,约280字,铭文内容相同。②

隹(唯)卅又二年五月既生霸乙卯,王在周康穆宫。旦,王各(格)大室,即立(位)。嗣(司)工(空)散右吴逨入门立中廷北向(向),尹氏受王釐书,王乎(呼)史减册釐逨……

十件四十三年逨鼎器形、花纹、铭文全同,大小相次,内壁皆铸铭文,31行,计316字,铭文内容相同。两件器形较小的鼎,铭文分铸于两器内壁。

---

① 张闻玉:《关于善夫山鼎》,原载《中国文物报》1989年10月20日。
② 《考古与文物》编辑部:《宝鸡眉县杨家村窖藏单氏家族青铜器群座谈纪要》,《考古与文物》2003年第3期;《文物》编辑部:《陕西眉县出土窖藏青铜器笔谈》,《文物》2003年第6期。

佳(唯)卅又三年六月,既生霸丁亥,王在周康穆宫。旦,王各(格)周庙即立(位)。嗣(司)马寿右吴速入门立中廷北向(向),史减受王命书,王乎(呼)尹氏册命速……

按:本器与上一器的铸造时间应稍晚于速盘。向之说者或据速盘铭文所记单氏家族8代人辅佐西周12位王(文王至宣王。按:学界对铭文理解有误,实际是11位周王,文王至厉王),遂将速鼎诸器属之于宣王世。然与所知宣王四十二年(前786年)及四十三年(前785年)历法又不合(见《座谈纪要》)。笔者曾推算四十二年和四十三年速鼎铭文的历日关系,并将其与张表厉王四十二年(即共和五年,前837年)和厉王四十三年(即共和六年、前836年。据《史记》记载推算,厉王元年应为前878年)相应月份的朔日干支进行比勘对照,附以董谱,以便参照。结果如下:

铭文"唯卅又二年五月既生霸乙卯",既生霸是初九,干支是乙卯(52),则某王四十二年五月是丁未(44)朔。按:笔者研究发现,四十二年速鼎铭文五月既生霸乙卯(52)是乙丑(2)的误记。因此,某王四十二年五月应该是丁巳(54)朔。详见拙著《速鼎铭文历法解疑》。①

铭文"唯卅又三年六月既生霸丁亥",既生霸是初九,干支是丁亥(24),则某王四十三年六月是己卯(16)朔。笔者所推:四十二年五月丁巳(54)朔(校正后),四十三年六月己卯(16)朔;张表所推:共和五年五月丁巳(54)朔,共和六年六月庚辰(17)朔;董谱所推:共和五年五月丁巳(54)朔,共和六年六月辛巳(18)朔。通过比勘对照可以看出,校正后笔者所推四十二年五月的干支与张表、董谱完全吻合,而四十三年六月的干支比张表迟一日合历。董谱共和五年五月也是丁巳朔,完全合历;共和六年

---

① 叶正渤:《速鼎铭文历法解疑》,《盐城师范学院学报》(社科版)2012年第6期。

六月董谱是辛巳(18)朔,笔者据铭文所推比董谱迟二日合历。清汪日桢《历代长术辑要》共和六年六月正是己卯(16)朔,与笔者所推完全一致。己卯朔是当时的真实历朔。

再来看宣王相应年份的历日。张表所推:宣王四十二年五月辛卯(28)朔,四十三年六月甲申(21)朔;董谱所推:宣王四十二年五月辛酉(58)朔,四十三年六月乙卯(52)朔;笔者所推:四十二年五月丁巳(54)朔(校正后),四十三年六月己卯(16)朔。看得出,张表和董谱所推由于前之闰月安排不同导致干支不同而外,是基本接近的。张表五月是辛卯(28)朔,而铭文五月既生霸乙丑(2)(校正后),据张表本月则无乙丑(2),错月是辛酉(58)朔,乙丑是月之初五,显然不合既生霸这个月相词语所指的时间。张表次年六月是甲申(21)朔,铭文四十三年六月既生霸丁亥(24)是六月初四,含当日相距共四日,同样不合既生霸这个月相词语所指的时间。而与本人据铭文所推的结果相差更大。因此,从历法的角度来看,逨鼎铭文所记历日根本不符合宣王世的历朔,而符合厉王世的历朔。

需要说明的是,本人所推是基于月相词语所指时间是定点的、既生霸是初九这一定点月相日的认识,且所推的结果与张表、董谱相比勘,不允许有三日及以上的误差。根据文献记载,本人认为厉王纪年应包括共和14年在内,共计37+14=51年。详见《厉王纪年铜器铭文及相关问题研究》以及《从历法的角度看逨鼎诸器及晋侯稣钟的时代》等论文。[①] 而其他学者由于认为月相词语是四分一月的,因此推算结果在与张表进行比勘时,往往允许有五至六天,甚至七到八天的游移。这种说法是不严谨、不科学的,所得数据太不精确,其结果必定不符合历史事实。西周金文里的月相词语是用来纪日的,所以所指时日在当时是明确而又固定的,不允许有几日的游移。2016年9月18日,王森博士来电询问:"您在否定颂鼎、元年师兑簋等器为共和器时,一条重要的论据便是铭文中涉及周王处理政事的内容。您认为厉王奔彘后,不可能继续处理政事,但这一论点与四十二、四十三年逨鼎矛盾了,因为逨鼎铭文中描写了厉王的政事活动。所以,此条论点是否值得商榷。"按:笔者以为,这正说明中国古代史上还有很多东西没有搞清楚,或者史籍文献缺载。不过,像这类问题,是否符合历法应是最重要的。四十二年鼎和四十三年鼎铭文的历日记载符合厉王纪年相应的年月日,是有可靠证据的,应该没有疑问。

此外,同窖藏出土逨盘,呈方唇,折沿、浅腹、附耳、铺首,圈足下附四兽足。腹及

---

① 叶正渤:《厉王纪年铜器铭文及相关问题研究》,《古文字研究》第26辑;《从历法的角度看逨鼎诸器及晋侯稣钟的时代》,《史学月刊》2007年第12期;《西周共和行政与所谓共和器的考察》,《纪念徐中舒先生诞辰110周年学术研讨会论文集》,第162页,收入拙著《金文标准器铭文综合研究》,第35页。

圈足饰窃曲纹,铺首为兽衔环。盘内底铸铭文21行,约360字,记载了单氏家族8代人辅佐西周11位王(文王至厉王)征战、理政、管理林泽的历史,对西周王室变迁及年代世系有着明确的记载,可资对西周王世的了解和研究。可惜铭文没有历日记载,但距铭文所记事件来看,应早于逨鼎诸器。

又,1958年在眉县马家镇杨家村出土一组逨钟,钲间和左鼓有铭文130字,重文12。应是同一人所铸,可惜铭文也没有历日记载。①

十、宣王时期

● 叔专父盨

叔专父盨,又名叔専父盨、郑季盨。1964年10月陕西长安县张家坡村墓葬出土。体呈椭圆形,直口鼓腹,两侧端有兽首耳,圈足下连铸四条兽面扁足,盖面隆起,上有四个曲尺形扉,可以倒置。器、盖同铭,各39字(重文2)。②

隹(唯)王元年,王才成周。六月初吉丁亥,弔(叔)专父乍(作)奠(郑)季宝钟六、金奠盨四、鼎七。奠(郑)季其子₌孙₌永宝用。(《集成》4454)

按:说者或以为本器属于厉王世器。③ 铭文"唯王元年,王在成周。六月初吉丁亥",初吉是初一朔,干支是丁亥(24),则某王元年六月是丁亥朔。厉王元年是前878年,该年六月张表是乙酉(22)朔,比铭文丁亥朔迟二日,基本合历。董谱该年六月是乙卯(52)朔,错月为乙酉(22)朔,错月又迟二日相合。

或说本器为夷王元年时器,夷王在位的年数不确定,以通行的说法夷王元年是前885年来看,该年六月张表是丙寅(3)朔,与铭文六月丁亥(24)朔含当日相差二十二

---

① 刘怀君:《眉县出土一批西周窖藏青铜乐器》,《文博》1987年第2期。参阅叶正渤:《金文标准器铭文综合研究》,第230页。
② 赵永福:《陕西长安张家坡西周墓清理简报》,《考古》1965年第9期。
③ 马承源:《商周青铜器铭文选》,第276页。

日,显然不合历。董谱是乙丑(2)朔,与铭文丁亥(24)朔相差二十三日,显然亦不合历。

本器铭文所记历日与宣王元年六月历朔亦相合。宣王元年是前827年,该年六月张表是戊午(55)朔,错月是戊子(25)朔,铭文六月丁亥朔比历表迟一日合历。董谱宣王元年六月是己未(56)朔,错月是己丑(26)朔,铭文六月初吉丁亥比董谱迟二日合历。

厉王元年的师兑簋铭文"唯元年五月初吉甲寅",五月初吉是甲寅(51),六月就不可能是叔专父盨铭文的六月初吉丁亥。所以,本器所记历日应是宣王元年六月的朔日。

● 兮甲盘

宋代出土。清吴式芬《攈古录》卷三作兮田盘,吴大澂《愙斋集古录》卷十六作兮伯盘,方濬益《缀遗斋彝器考释》卷七作兮伯吉父盘。敞口浅腹,窄沿方唇,两附耳高处器口。盘内底铸铭文13行,133字。

隹(唯)五年三月既死霸庚寅,王初各(格)伐厰(玁)𤞞(狁)于䛒(余)虗(吾)。兮田(甲)从王,执首执讯,休亡(无)敃……(《集成》10174)

按:本器属于宣王时器,历来无异议。《诗·小雅·六月》毛序:"《六月》,宣王北伐也。"《诗集传》:"成、康既没,周室侵衰,八世而厉王胡暴虐,周人逐之,出居于彘。玁狁内侵,逼近京邑。王崩,子宣王靖即位。命尹吉甫率师伐之,有功而归。诗人作歌以叙其事也如此。"其诗曰:"薄伐玁狁,至于太原。文武吉甫,万邦为宪。"此篇铭文所记内容为兮甲从天子征伐玁狁,受到赏赐后,周天子又命兮甲从成周至南淮夷征收贡物,包括币帛、冠服、奴隶等。铭文还记载,如果被征服的部族不服从,则"即刑扑伐"。陈梦家说："此盘所记五年王初略伐玁狁应在宣王五年。"①根据文献记载,本器及以下若干器铭文所记皆与抗击玁狁有直接的关系,学界基本认定属于宣王时器物。

吴其昌称本器为兮伯吉父盘,曰："宣王五年(前823年)正月小,丙寅朔;既死霸二十六日得庚寅。"②叶按:吴其昌言"宣王五年(前823年)正月小,丙寅朔……",当是"三月小,丙寅朔"之误。且既死霸是定点月相,太阴月的二十三日,不可能是二十六日。因为吴采用月相四分说,以为一个月相词语所指时间包含几日,故有此说,不可从。

铭文"唯五年三月既死霸庚寅",既死霸是二十三日,干支是庚寅(27),则某王五年三月是戊辰(5)朔。宣王五年是前823年,该年三月张表是丁卯(4)朔,戊辰比丁卯早一日合历;董谱是丙寅(3)朔,含当日相差三日,实际早二日合历。这不仅证明兮甲盘铭文所记历日符合西周宣王五年三月的历朔,铭文所记事迹属于宣王时事,同时也证明本人认为既死霸这个月相词语是定点的,指太阴月的二十三日的看法也是正确的。③

将兮甲盘铭文所记历日与厉王五年(前874年)三月的历朔进行比勘,完全不合历。

● 附：五年琱生簋、六年琱生簋

此外,宣王五年器还有五年琱生簋,即召伯虎簋一。铭文曰："唯五年正月己丑,琱生又吏(使)召来合事余献……"吴其昌曰："宣王五年(前823年)正月小,丙寅朔;既死霸二十四日,得己丑。与历谱合。"又按曰:《诗·大雅·江汉》"王命召虎",毛传："召虎,召穆公也。"郑笺："召公,召穆公也,名虎。"此召穆公即此器及下一器之召伯虎也。按:宣王五年(前823年)正月张表是戊辰(5)朔,己丑(26)是本月二十二日,不逢月相日,故只用干支纪日,符合西周铜器铭文的纪时方式。④ 吴其昌说"既死霸二十四日,得己丑,与历谱合",误甚。本篇铭文没有用月相词语纪时,是因为己丑不逢月相日。根据铭文所记历日推算该月的朔日范围,与兮甲盘铭文所记历日的确是相衔接的。

又:六年琱生簋,即召伯虎簋二。铭文曰："唯六年四月甲子,王在旁京。召伯虎告曰：'余告庆。'……"宣王六年(前822年)四月张表是辛卯(28)朔,该月无甲子。

---

① 陈梦家：《西周铜器断代》,第323—326页。
② 吴其昌：《金文历朔疏证》,《燕京学报》第六期,第1047—1128页。
③ 叶正渤：《金文标准器铭文综合研究》,第231—235页。
④ 叶正渤：《略论西周铭文的纪时方式》,《徐州师范大学学报》(哲社版)2000年第3期;叶正渤：《金文月相纪时法研究》,第43页。

错月是辛酉(58)朔,甲子是初四,亦非月相日,故也只用干支纪日。比勘历表和历谱,五年琱生簋、兮甲盘、六年琱生簋所记历日完全相衔接,说明这几件器物的确是宣王时期的。

● 我簋盖

《图像集成》(12—21)收录一件我簋及簋盖铭文,器铭锈蚀未除,故未拓,前此未著录。2011年11月出现在西安,为某收藏家收藏。器盖内各铸铭文91字,其中合文2,重文1。直口鼓腹,腹部有一对兽首耳,下有垂珥,盖面隆起,沿下折,盖上有圈状捉手,矮圈足连铸三个兽面小足。盖面及口下均饰窃曲纹,腹部饰瓦沟纹,圈足饰变形对角夔龙纹。

唯王七年正月初吉甲申,王命我遣鲁侯,伯颖蔑乎老父历,易(锡)圭瓒一肆……

按:从铭文的字体风格来看似应不假。铭文"唯王七年正月初吉甲申",初吉是初一朔,干支是甲申(21),则某王七年正月是甲申朔。由于铭文中的人物和地点无法与其他器物铭文相系联,只能从字体方面加以考察。《图像集成》定其时代为西周中期后段,大概是基于历朔合于通行的说法(懿王元年为前899年)懿王七年(前893年)正月历朔的缘故吧。然与笔者近日所推西周中期共王以后其他王世的历朔皆不合历。①

验之历表和历谱,厉王七年是前872年,该年正月张表是壬子(49)朔,错月是壬午(19)朔,董谱是壬午朔,与铭文甲申(21)朔含当日相差三日,可以说是合历的,则本器铭文所记历日符合厉王七年正月的历朔。

验之宣王世历朔,宣王七年是前821年,该年正月张表是丙辰(53)朔,董谱同(董

---

① 叶正渤:《金文四要素铭文考释与研究》,台湾花木兰文化出版社2015年版。

谱于正月后置一闰),错月是丙戌(23)朔,与铭文甲申(21)含当日也相差三日,完全合历,则本器也可能是宣王之世器物。

结合七年师兑簋铭文所记应当是厉王七年五月甲寅(51)朔,本器"唯王七年正月初吉甲申",排比干支表,正月初吉是甲申(21)朔,则七年五月就不可能是甲寅(51)朔。所以,将本器置于宣王世比较合适。不过,七年师兑簋铭文所记历日有些特殊。

● 虢季子白盘

据传清道光时期陕西宝鸡县虢川司出土,后为清淮军将领刘铭传获得。[①] 刘氏后人捐献给故宫博物院。器呈长方形,形制巨大,深腹。口外沿下纹饰繁缛,四面各铸有二环。四边下有四个方角圈足。盘内底铸铭文8行111字,重文4。虢季子白盘铸于周宣王时期,与散氏盘、毛公鼎并称西周三大青铜器。

隹(唯)十又二年正月初吉丁亥,虢季子白乍(作)宝盘……(《集成》10173)

按:陈梦家:"即虢季氏子白,与虢宣公子白鼎是一人。……虢宣公子白疑即《纪年》所记幽王既死立王子余吾之虢公翰。"[②]

---

① 详见台湾中研院历史语言研究所蔡哲茂教授《虢季子白盘与刘铭传》一文。载《古今论衡》第15期,2006年。叶正渤:《金文标准器铭文综合研究》,第235—239页。
② 陈梦家:《西周铜器断代》,第328页。

吴其昌："宣王十二年（前816年）正月大，乙酉朔；初吉三日得丁亥。与历谱合。"①今本《竹书纪年》："（宣王）三年，王命大夫仲伐西戎；五年夏六月，尹吉甫帅师伐玁狁，至于太原。"铭文所记当指此事。铭文"惟十又二年正月初吉丁亥"，则宣王十二年正月是丁亥（24）朔。宣王十二年（前816年）正月，张表是戊子（25）朔，比铭文早一日合历。董谱宣王十二年正月正是丁亥朔，完全合历。这不仅证明虢季子白盘铭文所记历日就是周宣王十二年正月之历朔，盘铭所记就是宣王时之事，亦证明本文认为初吉这一定点月相指初一朔的看法是完全正确的。②

虢季子白还铸有一件虢宣公子白鼎。铸铭文5行27字，无历日记载。陈梦家在《西周铜器断代》中说："虢宣公子白即虢季子白，犹虢文公子㦰即虢季子㦰。文公、宣公皆生称，皆是虢季氏，乃一家，先后为在官'虢公'。文公见存于宣王十二年，是年虢季子白伐狁狁。此鼎称虢宣公子白，宜在文公既卒之后，应在宣王十二年后。"③其说是也。可见直到西周晚期，不仅周王的王号生称、死谥相同，而且诸侯国君的名号也是生称、死谥相同的。

● 附：不嬰簋盖

目前所知存世的西周青铜器中，宣王时的不嬰簋盖为时代最早的一件。盖内有铭文13行152字，重文2。不嬰簋器身已佚，仅存其盖。现藏中国国家博物馆。1980年12月山东省滕县城郊公社后荆沟大队出土一件器物可以与之相配。

本铭所记不嬰与玁狁战于高陵之役，当晚于虢季子白盘铭文所记子白抗击玁狁之事。但时间间隔也不会太长。虢季子白率师伐玁狁是在宣王十又二年正月之前，据历法来看，不嬰簋之铸则在次年九月。铭文"唯九月初吉戊申"，初吉是初一朔，则该年九月是戊申（45）朔。张表宣王十三年（公元前815年）九月是丁未（44）朔，董谱同，铭文戊申（45）朔比历表历谱丁未（44）早一日合历。亦可证初吉的确是初一，月相词语确实是定点的。此篇铭文不仅内容与抗击玁狁有关，而且历日也与虢季子白盘铭文所记历日相衔接，故附于此以便研究。④

● 克　钟

克钟相传于清光绪十六年（1890）陕西省扶风县法门寺任村出土。同时出土的有

---

① 吴其昌：《金文历朔疏证》，《燕京学报》第六期，第1047—1128页。
② 叶正渤：《月相和西周金文月相词语研究》，《考古与文物》2002年第3期；《金文月相纪时法研究》，第71—132页。
③ 陈梦家：《西周铜器断代》，第331页。虢宣公子白鼎初著录于于省吾《商周金文录遗》90；又见陈平：《颐和园藏商周铜器及铭文选析》，《古文字研究》第24辑，中华书局2002年版。
④ 叶正渤：《金文标准器铭文综合研究》，第240—244页。

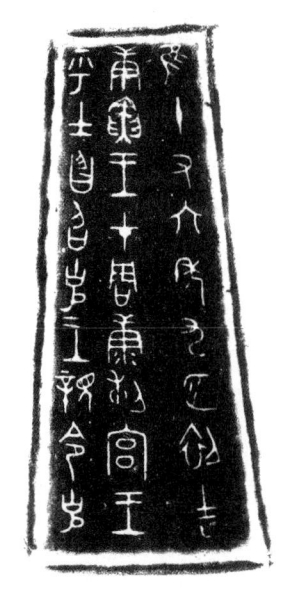

大、小克鼎、克盨等器共 120 余件。传世克钟共五件，根据铭文来看应该是七件，属编钟。克钟铭文共 79 字，分刻于两件钟的器表，每钟半篇。另外天津市艺术博物馆藏有一器，器形为镈，但自铭为钟，铭文与克钟全同，全篇铭文铸于一器上。

克钟，平口椭圆体，四道透雕交龙扉棱，左右两道以钮相连。干上饰以重环纹，舞部有四组对称的夔形龙纹，篆间饰有窃曲纹，鼓部中央作对称相背式的卷龙纹，上下各有一道方锥乳钉绊带，均为当时的流行纹饰。

隹（唯）十又六年九月初吉庚寅，王才（在）周康剌宫。王乎（呼）士曶召克……（《集成》204—208）

按：吴其昌曰："厉王十六年，七月小，乙酉朔；九月大，甲申朔；初吉七日，适得庚寅。与历谱合。"吴其昌在克尊条下曰："此尊与下克钟、克敦、克簠、克鼎，同为一人所铸之器。此鼎作于十六年七月，克钟作于十六年九月，克敦、克簠作于十八年十二月，克鼎作于二十三年九月，正相衔接。于十六年七月之既生霸中，须有乙未；九月初吉中，须有庚寅；十八年十二月之既望中，须有庚寅；三者皆吻合不牾，则无论如何，是王必为厉王，决不可易。不必推勘字体，然后知为厉王时也。"①但郭沫若说"克钟有十六年九月初吉庚寅，克盨有十八年十二月初吉庚寅……。十六年九月初吉既有庚寅，十八年十二月初吉中不得有庚寅"；"用知此数器不属于一王"，故郭沫若定克钟为夷王之世而定克鼎为厉王之世。②陈梦家则定克钟、大小克鼎、克盨皆为夷王时器。③

吴其昌所说的克尊，即伯克壶，铭文曰"唯十又六年七月既生霸乙未，伯大师锡伯克仆卅夫"，笔者研究认为，既生霸是太阴月的初九，则某王十六年七月是丁亥（24）朔。而克钟铭文"唯十又六年九月初吉庚寅"，初吉是初一朔，则某王十六年九月是庚寅（27）朔。根据大小月相间的历法常识排比干支表，十六年七月是丁亥（24）朔，那么九月就不可能是庚寅（27）朔，只能是丙辰（23）朔。说明伯克壶所记历日与克钟、克盨等器铭文所记历日不相衔接，因此不属于同一王世，也不是同一人所铸之器。笔者曾研究认为，伯克尊（壶）铭文所记十六年七月丁亥（24）朔，张表、董谱厉王十六年（前863年）七月皆是丁亥（24）朔，与铭文正合。④说明伯克尊（壶）铭文所记历日是厉王

---

① 吴其昌：《金文历朔疏证》，《燕京学报》第六期，第 1047—1128 页。
② 转引自陈梦家《西周铜器断代》，第 260 页。
③ 陈梦家：《西周铜器断代》，第 259—266 页。
④ 叶正渤：《金文月相纪时法研究》，第 185 页。

十六年七月的。

吴其昌说克钟合于厉王十六年九月"初吉七日,适得庚寅。与历谱合",这是欠妥的。因为初吉这个月相词语与其他几个月相词语一样,都是定点的,而不是四分一月的。厉王十六年(前863年)九月张表是丙戌(23)朔,董谱同,丙戌(23)距铭文初吉庚寅(27)含当日相差五日,显然不合。既然历日不合,克钟就不可能是厉王十六年九月的。

郭沫若、陈梦家皆定克钟为夷王时器,但是铭文"王在周康刺宫"已提示人们,刺宫是位于康宫里面供奉厉王神主的庙室,因此,克钟不可能是厉王之前器物。况且夷王在位年数史无明载,史家又众说纷纭,因此也无法验证。基于上述看法,笔者遂将克钟所记历日与宣王十六年九月朔日进行比勘对照,其结果如下。

铭文"唯十又六年九月初吉庚寅",初吉是初一朔,则宣王十六年九月是庚寅(27)朔。宣王十六年(前812年)九月,张表是庚申(57)朔,董谱同(按:董谱误作庚辛①),张表十月是庚寅(27)朔,董谱八月是庚寅朔,张表与董谱错月则为庚寅朔,与铭文正合。所以,克钟所记的历日符合宣王十六年九月的历朔。

此外,经过比勘克钟铭文所记历日不合厉王十六年九月的历朔,笔者又试着从厉王元年的前878年向前比勘张表和董谱,符合九月庚寅(27)朔或近似者的年份有:前879年九月,张表是己未(56)朔,董谱同,错月是己丑(26)朔,比铭文庚寅(27)朔迟一日,合历,则某王元年是前894年。前900年九月,张表是辛酉(58)朔,错月是辛卯(28)朔,董谱是辛卯(28)朔,比铭文庚寅(27)早一日合历,则某王元年是前915年。前905年九月,张表是庚寅(27)朔,合历;董谱是庚申(57)朔,错月是庚寅(27)朔,合历,则某王元年是前920年。以上所得年份皆不是共和元年,故不取。

有人把伯克尊(壶)铭文隶作"十六年十月既生霸乙未",笔者核对铭文摹本,应是七字。这是把金文"十"当作战国以后的"十"来看待,其实金文"十"是"七"字,这是研究古文字的人都知道的。

至于克钟与克鼎、克盨铭文的历日关系,笔者研究发现克盨铭文所记月相词语有误,校正后才与克钟铭文所记历日相衔接,铭文所记符合宣王时的历朔。详见《克盨铭文历朔研究》。

● 克 镈

清光绪十六年(1890年)出土于陕西省岐山县法门寺任村。据传同窖共出土120

---

① 叶正渤:《〈西周年历谱〉校读》,《盐城师范学院学报》2010年第2期。

余件铜器,有克镈、克钟及中义父鼎等器。原为潘祖荫旧藏,后工部侍郎张翼于光绪三十年(1904年)在北京琉璃厂购得珍藏,然后其子张叔诚于1981年捐献。现藏天津博物馆。

克镈椭圆形,平口,顶中央有一小圆孔。钮饰夔纹,自钮向两旁下垂有隆起的连环夔纹,近于口。正、背两面中央各有一条垂直隆起的连环纹。两条夔纹和自钮下垂的两条夔纹形成四个对称的棱。镈体有两条带状横圈,上圈接近顶,下圈接近口。两条横圈内共有菱形枚十六枚。正背两面中部各有相对的两条大夔纹。下面一圈围带下铸有铭文16行计79字。①

隹(惟)十又六年九月初吉庚寅,王在周康剌(烈)宫。王乎(呼)士曶召克……(《集成》209)

按:克镈铭文与克钟铭文相同,学界或以为厉王时器,或以为宣王时器。笔者研究克钟所记的历日,认为符合宣王十六年九月的历朔。所以,克镈所记历日也应该是宣王十六年九月的历朔。参阅《克钟铭文历朔研究》、《克盨铭文历朔研究》等文。

● 克 盨

克盨传光绪十六年(1890年)陕西扶风县法门寺任村窖藏出土。同时出土的有大、小克鼎、克盨等器共120余件。盨作椭方体,子母口,腹微鼓,腹两侧有一对兽首耳,圈足外侈,每面的正中有长方形缺,盖隆起,上有四个矩形扉。盖顶饰双头夔纹,扉上饰夔纹,盖沿、器沿和圈足均饰窃曲纹,盖上和器腹饰瓦纹。器、盖内铸铭文10行106字,器盖同铭。②

---

① 陈邦怀:《克镈简介》,《文物》1972年第6期。
② 陈梦家:《西周铜器断代》,第264页。

佳(唯)十又八年十又二月初吉庚寅,王才(在)周康穆宫。王令尹氏友史趞……(《集成》4465)

按:郭沫若定其为厉王之世,陈梦家说:"此器作于夷王十八年,约当公元前870年左右。"按照陈梦家的说法,则夷王元年是公元前887年。下面来验证一下看结果如何。

铭文"唯十又八年十又二月初吉庚寅",初吉是初一朔,则某王十八年十二月是庚寅(27)朔。张表公元前870年十二月是丙寅(3)朔,丙寅距庚寅(27)含当日有二十五日,显然不合历。董谱前870年十二月是乙未(32)朔,距铭文庚寅(27)朔含当日有六日,亦不合历。且笔者根据《史记》记载推算厉王元年是前878年,这已为多件厉王时期的铜器铭文所记历日证实,[①]前870年左右应该属于厉王纪年范围之内,因此,陈梦家说本器约作于前870年左右的夷王十八年不可信。由此可以倒推陈说夷王元年是前887年同样也不可遽信。

郭沫若定其为厉王时期,张表厉王十八年(前861年)十二月是癸酉(10)朔,董谱同。癸酉(10)距铭文庚寅(27)朔含当日相差十八日,显然与厉王十八年十二月历朔亦不合历。

吴其昌称克盨为克簋,曰:"克敦:佳十又八年,十又二月,初吉庚寅(现藏瑞典国立博物院)。克簋:佳十又八年,十又二月,初吉庚寅。按:厉王十八年(前861年)十二月小,辛未朔;既望二十日,得庚寅。'初吉'当是'既望'之误,说详《考异二》。"[②]

假如铭文"唯十又八年十又二月初吉庚寅"如吴其昌所说是"既望"之误,下面也来验证一下,看结果如何。设铭文是"唯十又八年十又二月既望庚寅",既望是十四日,干支是庚寅(27),则十二月应该是丁丑(14)朔。前861年十二月张表是癸酉(10)

---

① 参阅本书附录二《西周若干可靠的历日支点》一节。
② 吴其昌:《金文历朔疏证》,《燕京学报》第六期,第1047—1128页。

朔,董谱同,癸酉(10)距丁丑(14)含当日相差五日,显然不合历。这就是说,即使铭文误记月相词语了,但所记也不是厉王十八年十二月的历日。

不过,善夫克铸有克钟七件(十六年铸),大克鼎一件,克盨一件(十八年铸),小克鼎七件(二十三年铸),陈梦家说,克钟与善夫克鼎、盨同出一窖,应是一人。据此可以将克之诸器铭文联系起来进行考察。

克钟铭文:"唯十有六年九月初吉庚寅,王在周康剌宫……"郭沫若说"克钟有十六年九月初吉庚寅,克盨有十八年十二月初吉庚寅……。十六年九月初吉既有庚寅,十八年十二月初吉中不得有庚寅","用知此数器不属于一王",故其定克钟为夷王世而定克鼎为厉王世。笔者以吴其昌之说比勘克钟铭文与克盨铭文所记历日,惊人地发现克盨铭文所记月相词语初吉可能真如吴其昌所说是"既望"之误,校正后两器铭文所记历日完全衔接。也就是说,克钟、克盨诸器应该属于同一王世。分析验证如下。

克钟铭文:"唯十有六年九月初吉庚寅",初吉是初一朔,则某王十六年九月是庚寅(27)朔。设克盨铭文是"唯十又八年十又二月既望庚寅",既望是十四日,则某王十八年十二月应该是丁丑(14)朔。从十六年九月到十八年十二月,按大小月相间排比干支表,如下:

	正月	二月	三月	四月	五月	六月	七月	八月	九月	十月	十一	十二	十三
十六年									庚寅	庚申	己丑	己未	
十七年	戊子	戊午	丁亥	丁巳	丙戌	丙辰	乙酉	乙卯	甲申	甲寅	癸未	癸丑	癸未
十八年	壬子	壬午	辛亥	辛巳	庚戌	庚辰	己酉	己卯	戊申	戊寅	丁未	丁丑	

在这近三年中当安排一个闰月三十日。校正十八年十二月的月相词语后所得的朔日干支,与排比干支表所得的干支完全相同,皆是丁丑(14)。这绝不是偶然的巧合,与三年师兑簋铭文的"既望"误记作"初吉"相同。① 校正后得到两个相互制约的历日数据分别是十六年九月庚寅(27)朔和十八年十二月丁丑(14)朔,完全衔接。下面以此来比勘验证,看符合哪一个王世。

先来验证厉王之世。厉王十六年是前863年,该年九月张表是丙戌(23)朔,董谱同,丙戌距铭文的庚寅(27)朔含当日相差五日,显然不合历。厉王十八年是前861年,该年十二月张表是癸酉(10)朔,董谱同,癸酉距校正后的铭文丁丑(14)朔含当日也相差五日,显然亦不合历。

再来验证宣王之世。宣王十六年是前812年,该年九月张表是庚申(57)朔,董谱

---

① 参阅本书《师兑簋铭文历朔研究》一节。

同,错月是庚寅(27)朔,与克钟铭文九月初吉庚寅相合。宣王十八年是前810年,该年十二月张表是戊寅(15)朔,校正后的克盨铭文丁丑(14)迟一日合历;该年十三月张表是丁未(44)朔,与铭文丁丑(14)错月合历。该年十二月董谱是丁未(44)朔,错月则是丁丑(14)朔,与校正后的克盨铭文完全合历。董谱在宣王十七年置一闰,所以与校正后的历日错月相合。由此看来,十六年克钟和十八年克盨铭文所记历日符合宣王之世,且十八年克盨铭文"十二月初吉庚寅",可能是蒙十六年克钟铭文"九月初吉庚寅"而误记,应为"十二月既望庚寅"。

另外,善夫克还铸有小克鼎七件,其铭文曰:"唯王廿又三年九月,王在宗周。王命膳夫克舍命于成周遹正八师之年,克作朕皇祖厘季宝宗彝。"可惜铭文九月之后未记干支,无法进行验证。但是,从时间方面来看,应该是接在克钟、克盨之后。

此外,善夫克还铸有一件大克鼎,铭文没有时间记载,但是根据铭文所记王对善夫克的任命来看,大克鼎铭文是重命,因此,其时间应该在克钟之后,克盨之前。铭文曰:"克,昔余既令女出纳朕令,今余唯申就乃令,赐汝……",申就,是重新任命的意思,铭文常见。

陈梦家在《西周铜器断代》中根据邹安的说法认为"疑是仿刻,不可信。"①但细审拓片,除了首字"隹"有些不太像以外,铭文的字体风格与西周晚期的铭文很相近,似不假。

本文认为十六年克钟和校正后的十八年克盨铭文所记历日相衔接,符合宣王世的历朔,克盨铭文"十八年十二月初吉庚寅",当是"十二月既望庚寅"的误记。

● 趩 鼎

趩鼎,圆腹呈大半球形,直口圜底,二立耳,窄口折沿,三蹄足,颈部饰二道弦纹,与颂鼎器形相同。内底铸铭文10行96字,重文2。②

隹(唯)十又九年四月既望辛卯,王才(在)周康邵(昭)宫,各(格)于大室,即立(位)。宰訊(讯)右(佑)趩入门,立中廷,北乡。史留受王令(命)书……(《集成》2815)

按:马承源说:"趩鼎纪年应合于周厉王十九年四月既望辛卯日。"陈梦家说:"此器与颂鼎最相似,其相同之点如下:受命于周康邵宫,右者为宰,有令书,赏赐的命服、旂、攸勒,花纹形制。所不同者,颂鼎作于三年,尹氏受王命书,史册令之,受令册反入堇圭,铭末有嘏辞;此鼎作于十九年,史受王令书,内史册易,铭末无嘏辞。"又说:"此

---

① 陈梦家:《西周铜器断代》,第265页。
② 《上海博物馆集刊》,1982年。

器宰、史、内史之名,皆未见他器。十九年四月既望辛卯与克盨十八年十又二月初吉庚寅,不相衔接。以裘盘'奠伯、奠姬'之例例之,作器者的皇考亦当为奠伯。"①陈梦家把本器、颂鼎及克盨等器皆置于夷王时期。裘盘属于厉王二十八年时器,这基本已成定论。裘盘铭文所记周王赐给裘的物品以及辞例与本器铭文基本相同。裘盘铭文:"史𣪘受王令书,乎史淢册,易裘玄衣黹屯、赤市、朱黄、䜌(銮)旂、攸勒、戈琱威䇶必(柲)彤沙。"不过,王所赐品物有些也同于穆王时的二十四年䣄簋铭文"易(锡)汝赤市、幽黄、金车、金勒、旗。汝䢔敬夙夕勿灋(废)朕命",二十七年卫簋铭文"王呼内史易卫载(缁)市(韍)、朱黄(衡)、䜌(銮)"等。

铭文"唯十又九年四月既望辛卯",既望是十四日,干支是辛卯(28),则某王十九年四月是戊寅(15)朔。宣王十九年(前809年)四月张表是乙巳(42)朔,董谱同,错月是乙亥(12)朔,距铭文戊寅(15)朔含当日相差四日,显然不合历,但近是。陈梦家说"十九年四月既望辛卯与克盨十八年十又二月初吉庚寅,不相衔接",陈说属实。本文置克盨于宣王十八年,并据吴其昌之说克盨铭文"十八年十二月初吉庚寅"(27)是"既望庚寅"之误,见前文《克盨铭文历朔研究》。笔者曾定趞鼎为宣王时器,曰:"既望是十四日,则宣王十九年四月戊寅朔。张表、董谱皆为乙巳朔,错一月又迟三日。在这之前可能还有三个连小月。"②但是同样发现与属于宣王时期的克盨、吴虎鼎铭文所记历日不相衔接。现比较如下。

克盨铭文"唯十又八年十又二月既望(校正后)庚寅",则某王十八年十二月是丁丑(14)朔。吴虎鼎铭文"唯十又八年十又三月既生霸丙戌",则某王十八年十三月是戊寅(15)朔。趞鼎铭文"唯十又九年四月既望辛卯",则某王十九年四月是戊寅(15)

---

① 陈梦家:《西周铜器断代》,第282页。
② 叶正渤:《金文月相纪时法研究》,第188页。

朔。某王十八年十三月是戊寅(15)朔,按照一般历法规律,某王十九年四月就不会是戊寅(15)朔,除非在此之前有三个连小月。宣王十九年是前809年,张表从前810年七月份以后出现两次二个连大月,又在年终置一闰,到809年正月以后也并非大小月相间,董谱这两年的月首日干支也并非完全是大小月相间那样有规律。这些现象说明当时的历法状况可能比较特殊。如果是这样,那么克盨铭文(校正后)、吴虎鼎铭文和趩鼎铭文所记历日就相衔接,符合宣王世的历法。

比勘厉王十九年(前860年)四月,张表是壬申(9)朔,壬申距戊寅(15)含当日相差七日,不合历。董谱该年四月是辛未(8)朔,距戊寅(15)含当日相差八日,亦不合历。陈梦家把趩鼎、克盨和颂鼎等器置于夷王世,但夷王在位一般认为不足十九年,而董作宾、陈梦家等认为夷王在位超过三十年,所以一些高纪年铜器铭文他们皆置于夷王世。夷王元年是何年至今未知,因此不好比勘验证。

根据本人所推西周诸王元年和诸王在位的年数,趩鼎铭文所记历日有可能符合穆王、共王或懿王的纪年。比勘张表和董谱,发觉与懿王、共王十九年四月的历朔皆不合,但与穆王十九年四月的历朔相合。本文推得穆王元年是前1003年,则穆王十九年是前985年。该年四月张表是丁丑(14)朔,董谱同,铭文戊寅(15)朔比历表历谱早一日合历。不过,趩鼎的形制类似毛公鼎、颂鼎、吴虎鼎,圆腹,圜底,二立耳,腹饰二道弦纹。这些都是西周晚期鼎的形制特征,因此笔者最终还是把趩鼎置于宣王世。

● 吴虎鼎

1992年陕西省长安县申店乡徐家寨村黑河引水工地出土。体呈半球形,平折沿,口沿上一对立耳,三条蹄足。口沿下饰变形兽体纹。鼎内壁铸铭文16行约163字。[1]

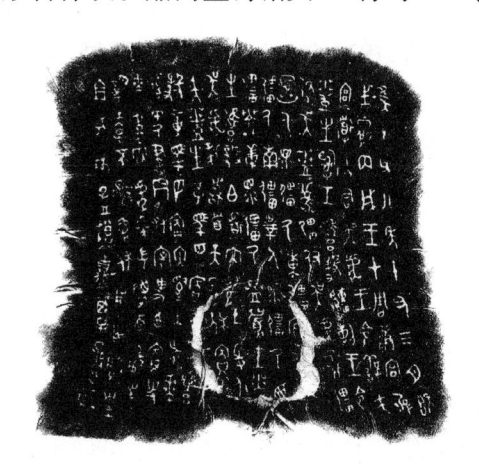

---

[1] 穆晓军:《陕西长安县出土西周吴虎鼎》,《考古与文物》1998年第3期。

隹(唯)十又八年十又三月既生霸丙戌,王在周康宫徲(夷)宫。道内右吴虎,王令(命)善(膳)夫丰生、嗣(司)工(空)雔(雍)毅齵(緐、申)剌(厉)王命……

按:铭文"隹十又八年十又三月既生霸丙戌,王在周康宫徲宫",既生霸是初九,干支是丙戌(23),则某王十八年十三月是戊寅(15)朔。徲宫,即夷宫,位于周康宫中供奉夷王神主的庙室。铭文又言"王命膳夫丰生……,申厉王命",申,申述、重申。很显然,时王与厉王不是同一个人,且在厉王之后。据文献记载,厉王之后唯有宣王在位超过十八年以上。因此,此器当属于宣王之世。另外,从铭文所记历日来比勘,既生霸是初九,干支是丙戌(23),则该年十三月是戊寅(15)朔,十三月是年终置闰。宣王十八年(前810年)十二月张表是戊寅(15)朔,十三月是丁未(44)朔,与本器错月相合。这前后错一个月干支才相合,可能是由于西周时于此前的置闰与张表不同所致。由此可以基本确定,吴虎鼎铭文所记是西周宣王十八年十三月的实际历日。可见,该器是宣王时期标准器之一。

说者或以为吴虎鼎属于厉王时器。比勘张表、董谱厉王十八年(前861年)十二月,张表是癸酉(10)朔,董谱同,癸酉距铭文戊寅(15)含当日相差六日,显然不合历。厉王十九年(前860年)正月,张表是癸卯(40)朔,董谱同,癸卯(40)距戊寅(15)含当日相差二十六日,显然也不合历。所以,吴虎鼎铭文所记历日不符合厉王十八年十三月的历朔。

十一、幽王时期

● 王臣簋

王臣簋,1977年12月陕西省澄城县南串业村墓葬出土。簋弇口鼓腹,一对兽首衔环耳,矮圈足下连铸三个兽面小足,盖面隆起,上有圈形捉手。盖沿和器口沿饰窃曲纹,圈足饰S形卷云纹,均以云雷纹填地。器盖同铭,铭文共85字。[①]

隹(唯)二年三月初吉庚寅,王各(格)于大室,益公入右(佑)王臣,即立中廷,北卿(向)。乎(呼)内史敖册命王臣……(《集成》4268)

按:或以为懿王时器,或以为夷王时器,或以为厉王时器。厉王元年是前878年,所以我们先从厉王时期开始验证。

铭文"唯二年三月初吉庚寅",初吉是初一朔,干支是庚寅(27),则某王二年三月是庚寅朔。厉王二年(前877年)三月,张表是辛巳(18)朔,董谱是庚辰(17)朔,与铭

[①] 吴镇烽、王东海:《王臣簋的出土与相关铜器的时代》,《文物》1980年第5期。

文庚寅(27)朔含当日相距十或十一日,显然不合历。这就是说,王臣簋铭文所记历日"唯二年三月初吉庚寅"不是厉王二年三月的历朔。

经比勘,与宣王二年三月的历朔亦不合。但宣王元年(前827年)三月却是庚寅朔。

夷王在位的时间史无定论,其元年亦难以确定。目前通行的说法以前885年为夷王元年,则夷王二年是前884年,该年三月张表是辛卯(28)朔,董谱同,比铭文庚寅(27)朔早一日相合。但不能仅靠一件器物铭文所记历日相合就决定夷王元年就是前885年,还要结合其他铭文所记历日进行比勘验证,只有当几件器铭所记历日皆合历了,才可以确定。本文近据七八件铜器铭文所记历日推得夷王元年是前893年,比勘王臣簋铭文所记历日,与之不合历。

懿王在位的年数同样也不确定,因此也不好验证。学界一般根据古本《竹书纪年》"懿王元年天再旦于郑"的记载,考定懿王元年是前899年,懿王二年便是前898年。该年三月张表是壬午(19)朔,董谱同,壬午距铭文庚寅(27)朔含当日相差九日,显然不合历。

董作宾根据古本《竹书纪年》所记,参考奥波尔策《日月食典》推得懿王元年是前966年,则懿王二年就是前965年。前965年三月张表是壬午(19)朔,董谱是辛巳(18)朔,距铭文三月庚寅(27)朔含当日分别相距九日或十日,也不合历。

以上比勘的结果表明,要么懿王元年既不是前899年也不是前966年,要么王臣簋铭文所记历日不属于懿王二年三月的历朔。

又有一件三年柞钟,铭文"唯王三年四月初吉甲寅",初吉是初一朔,则某王三年四月是甲寅(51)朔。排比干支表,发现二年王臣簋铭文所记历日与之完全衔接。就是说,从二年三月初吉庚寅(27)到三年四月初吉甲寅(51)完全衔接。这样,同时符合这两个历朔的年份才可以确定为铭文的纪时,才可以推导出共有的某王元年。

笔者从幽王二年的前780年向前查检张表和董谱,符合三月庚寅朔或近似的年份有如下几种:

前780年三月,张表是戊午(55)朔,错月是戊子(25)朔,比铭文三月庚寅(27)朔迟二日合历,则某王元年是前781年。此年是周幽王元年。董谱幽王二年闰二月是丁亥(24)朔,比庚寅迟三日,近是,则王臣簋铭文所记历日基本符合幽王二年三月的历朔。幽王三年是前779年,该年四月是辛巳(18),错月是辛亥(48)朔,三年柞钟铭文是四月初吉甲寅(51),甲寅距辛亥错月又早三日,近是。

前889年三月张表是庚申(57)朔,董谱同,错月是庚寅(27)朔,董谱闰三月是庚寅朔,合历,则某王元年是前890年。

前920年三月,张表是庚寅(27)朔,董谱同,与铭文完全合历,则某王元年是前921年。次年前919年四月正是甲寅(51)朔,完全符合上述条件。

前982年三月,张表是庚申(57)朔,与庚寅错月相合;董谱是庚寅朔,完全合历,则某王元年是前983年。次年前981年四月是甲申(21)朔,错月是甲寅(51)朔,符合条件。

前1013年三月,张表是庚寅(27)朔,次年前1012年四月是甲寅(51)朔,董谱同,完全符合条件,则某王元年是前1014年。

以上比勘所推出的元年,皆与其他铭文推出的元年不同,也就是说都不是一个共有元年。但是,铭文中有佑者益公,是传达王命的大臣和册命之礼的导引者。益公之名也见于十二年永盂和九年乖伯簋铭文。唐兰在《西周青铜器铭文分代史征》一书中皆列为共王时器,而彭裕商则将永盂等有益公之名的器物列为夷、厉之世,[①]分歧较大。本文近据五祀卫鼎、七年趞曹鼎、八祀师𩛩鼎、九年卫鼎和十五年趞曹鼎等器铭文所记历日推得共王元年是前948年,共王在位二十年。比勘王臣簋铭文所记历日与之不合,所以王臣簋不属于共王时器。与其后懿王世的历朔也不合。

从铭文字体方面来考察,王臣簋铭文的字体的确呈现出西周中期偏晚及其往后的特征,大抵像懿王及以后铭文的字体。从王所赏赐的物品等方面来看,也属于西周中晚期,所以其时代不会太早。由于王臣簋铭文所记历日与三年柞钟铭文历日完全衔接,三年柞钟所属的时代确定了,王臣簋所属的时代也能确定。马承源定三年柞钟为幽王三年,比勘三年柞钟铭文的历日基本符合,王臣簋铭文也基本符合幽王二年三月的历朔。据此,王臣簋和三年柞钟皆可定为幽王时器。

从历法的角度来考察,颂鼎、颂簋和颂壶铭文所记历日也基本符合幽王三年五月

---

① 唐兰:《西周青铜器铭文分代史征》,第420页,中华书局1986年版;彭裕商:《西周青铜器年代综合研究》,第361—373页。

的历朔。

● 三年柞钟

1960年10月陕西省扶风县齐家村窖藏出土。钟体横截面呈椭圆形,甬中空,两面各饰枚六组。鼓部饰回首夔龙纹,篆间饰双头兽纹,舞上饰粗线云纹。钲间铸铭文21字。铭文共45字,重文3。①

隹(唯)王三年四月初吉甲寅,中(仲)大(太)师右(佑)柞。……(《集成》133)

按:或以为懿王时器,或以为夷、厉间器,或以为幽王时器。马承源说:"按《年表》幽王三年为公元前七七九年:是年四月辛亥朔,甲寅为初四日,柞钟的纪年、月序、月相和干支皆与之相合。故定柞钟为幽王三年。"②下面分别来验证一下,看结果如何。

铭文"唯王三年四月初吉甲寅",初吉是初一朔,干支是甲寅(51),则某王三年四月是甲寅朔。马承源说是幽王三年,幽王三年是前779年,该年四月张表是辛巳(18)朔,董谱同。错月是辛亥(48)朔,铭文四月甲寅(51)朔比历表辛亥朔含当日早四日,显然不合历。

宣王元年是前827年,则宣王三年是前825年,该年四月张表是戊寅(15)朔,董谱同,戊寅(15)距铭文四月甲寅(51)朔含当日是二十五日,显然不合历。即使错月戊申

---

① 陕西省博物馆、陕西省文物管理委员会:《扶风齐家村青铜器群》,《文物》1961年第5期。
② 马承源主编:《商周青铜器铭文选》,文物出版社1988年版。

(45)朔,与铭文甲寅(51)朔含当日相差七日,也不合历,说明也不是宣王三年四月的历朔。

厉王元年是前878年,厉王三年则是前876年。该年四月张表是乙巳(42)朔,与铭文甲寅(51)朔含当日也有十日之差,显然亦不合历。董谱是甲辰(41)朔,与铭文甲寅朔有十一日之差,所以也不合历,说明三年柞钟铭文所记历日也不符合厉王三年四月的历朔。

夷王元年是何年至今不明确,目前通行的说法以前885年为夷王元年,则夷王三年是前883年。[①] 该年四月张表是乙酉(22)朔,董谱同,与铭文四月甲寅(51)朔错月又早一日相合。但不能仅靠一件器物铭文所记历日相合就确定夷王元年就是前885年,还要结合其他铭文所记历日进行比勘验证,至少有两件以上器铭所记历日皆合历了才可以确定。本文近据七八件铜器铭文所记历日推得夷王元年是前893年,比勘柞钟铭文所记历日,与之不合。

懿王元年也不确定,目前通行的说法定前899年为懿王元年,则懿王三年是前897年。该年四月张表是丙午(43)朔,董谱同,与铭文四月甲寅(51)朔含当日有九日之差,显然也不合历。

从厉王元年的前878年向前查检张表和董谱,符合四月甲寅(51)朔或近似的年份有:前888年四月,张表是甲寅(51)朔,董谱同,完全合历,则某王元年是前890年。前914年四月,张表是乙酉(22)朔,董谱同,与铭文四月甲寅(51)朔错月又早一日相合,则某王元年是前916年。前919年四月,张表是甲寅(51)朔,董谱同,完全合历,则某王元年是前921年。前1012年四月,张表、董谱皆是甲寅(51)朔,完全合历,则某王元年是前1014年。

从比勘的结果来看,以上几个年份没有一个是通行说法中的共有元年,且与笔者近日所推西周诸王元年亦不相合。结合王臣簋铭文所记历日来考察,与三年柞钟完全衔接。王臣簋铭文"唯二年三月初吉庚寅",初吉是初一朔,则某王二年三月是庚寅(27)朔。三年柞钟铭文"唯王三年四月初吉甲寅",初吉是初一朔,则某王三年四月是甲寅(51)朔。按大小月相间排干支表,发现两器铭文所记历日完全衔接。就是说,从二年三月初吉庚寅(27)到三年四月初吉就是甲寅(51)完全衔接。这样,同时符合这两个历朔的年份才可以确定为共有元年。但是,以上数据没有一个与西周元年相合。比勘的结果,唯有与幽王三年四月的历朔相近,但并不相合。参阅《王臣簋铭文历朔研究》。

从历法的角度来考察,颂鼎、颂簋和颂壶铭文所记历日也皆与幽王三年五月的历

[①] 夏商周断代工程专家组:《夏商周断代工程1996~2000年阶段成果概要》,《文物》2000年第12期。

朔相近。

● 颂 鼎

圆腹,直口圜底,二立耳,窄折沿,三蹄足,腹饰二道弦纹。铭文相同者传世共有三件鼎、六件簋、二件壶。鼎内壁铸铭文15行151字,重文2。①

隹(唯)三年五月既死霸甲戌,王才(在)周康邵(昭)宫。旦,王各(格)大室,即立(位)。宰弘右(佑)颂入门,立中廷(庭)。尹氏受(授)王令(命)书。王乎(呼)史虢生册令(命)颂。……(《集成》2827)

按:吴其昌说:"宣王三年,五月大,乙巳朔;既死霸三十日得甲戌。与历谱密合。"又按:"此敦所记王在周,而命颂作业于成周,与史颂敦所记悉同。"②马承源曰:"周宣王三年五月既死霸甲戌日,据《年表》宣王三年为公元前825年,五月戊申朔,廿七日得甲戌,合既死霸之数。"李学勤亦谓合既死霸。吴其昌、马承源和李学勤都是采用一月四分说的,但是吴与马、李的结论却并不一样,吴说"既死霸三十日得甲戌。与历谱密合",马承源说"廿七日得甲戌,合既死霸之数",可见四分说不能用来纪日,因为太不确定了。下面来验证吴说和马、李说,看是否合历。与历表、历谱比勘时含当日相差四日即认为不合历。

宣王三年(前825年)五月,张表是戊申(45)朔,与铭文壬子(49)朔含当日相距五日,显然不合历。董谱是丁未(44)朔,与铭文壬子(49)含当日相距六日,亦不合历。

铭文"唯三年五月既死霸甲戌,王在周康邵(昭)宫",既死霸是二十三日,干支是

---

① 叶正渤、李永延:《商周青铜器铭文简论》,第62页,中国矿业大学出版社1998年版。
② 吴其昌:《金文历朔疏证》,《燕京学报》第六期,第1047—1128页。

甲戌(11),则某王三年五月是壬子(49)朔。

幽王三年(前779年)五月,张表是辛亥(48)朔,铭文壬子(49)朔比历表早一日合历。董谱是庚戌(47)朔,铭文壬子(49)比历谱早二日合历。因此,从历法的角度来考察,颂鼎、颂簋和颂壶铭文所记历日符合幽王三年五月的历朔,不符合宣王三年五月的历朔。再来比勘一下厉王三年五月的历朔,厉王三年(前876年)五月,张表是甲戌(11)朔,董谱同。甲戌(11)向前距颂鼎铭文五月壬子(49)朔是二十三日,完全不合历。从器形纹饰、字体和铭文辞例等方面来考察,这两组器物都具备西周晚期的特征。由于颂鼎等器铭文所记历日符合幽王三年五月的历朔,所以,笔者以为将颂鼎等器置于幽王之世比较合宜。颂簋器、盖共十件,颂壶共四件,铭文与颂鼎全同,考察从略。不过,如果颂鼎铭文是"唯三年五月初吉甲戌"的话,那么就完全符合厉王三年五月的历朔。然而尚缺乏更多的纪年颂器的系联,因而无法求证。

郭沫若定颂器与史颂器皆为共王时器,本文也来比勘一下看是否合历。目前通行的说法共王元年是前922年,则共王三年是前920年。该年五月张表是庚寅(27)朔,而据铭文历日记载推算某王三年五月是壬子(49)朔,壬子距庚寅(27)含当日相差二十三日,根本不合历。董谱是己丑(26)朔,己丑距壬子(49)含当日相差二十四日,也不合历。本文推得共王元年是前948年,则共王三年就是前946年。该年五月张表是辛酉(58)朔,董谱是庚寅(27)朔,错月是庚申(57)朔,与铭文壬子(49)朔含当日分别相距十日和九日,也皆不合历。

颂鼎与趞鼎器形相同,且铭文中周王活动的地点也相同,皆在周康昭宫。因此其时代也应相同或相近。

此外,还有一组史颂器,鼎二,簋四,簠、盘、匜各一,鼎铭与簋铭相同。铭文曰"唯三年五月丁巳,王在宗周,命史颂䜌穌津(即孟津),……",铭文无月相词语,说明丁巳非月相之日,故只用干支纪日。吴其昌曰:"宣王三年(前825年),五月大,乙巳朔;既生霸十三日得丁巳。此'史颂',即颂敦、颂壶之'颂'也。……亦即史颂诸器,同作于宣王三年之证也。"吴其昌根据铭文所记历日认为,史颂鼎、史颂簋铭文所记是五月既生霸的十三日,且王在宗周,而颂鼎、颂簋铭文所记历日是既死霸三十日,王在成周康卲宫。从历日记载方面来看,史颂鼎在前,王在宗周;颂鼎在后,王在成周,时间、事件前后衔接,因而这两件器属于同一个王世。但是,陈梦家认为:"此器(颂鼎)作于王之三年五月既死霸甲戌,既死霸为初一。史颂器作于王之三年五月丁巳,史颂器之三年五月丁巳,与此(颂鼎)三年五月不是一王。"① 陈梦家认为既死霸是初一,既然初一是

---

① 陈梦家:《西周铜器断代》,第280页。

甲戌(11),那么五月就无丁巳(54),同样是三年五月,有甲戌,就不可能有丁巳,所以他把颂鼎与史颂鼎分别看作夷王和厉王两个王世之器。从历法方面来考察,本文认为颂鼎铭文所记三年五月既死霸甲戌,既死霸是二十三日,干支是甲戌(11),则某王三年五月是壬子(49)朔。而史颂鼎铭文所记三年五月丁巳(54),丁巳在壬子之后六日,且又不逢月相日,所以只用干支纪日,历日完全衔接。再从内容方面来看,三年五月壬子(49)朔,丁巳(54)是五月初六,周王在宗周。到五月既死霸二十三日甲戌,王在成周康卲宫。丁巳(54)距甲戌(11)含当日是十八日,周王完全可以从宗周镐京到成周洛邑。所以从时间方面来看,史颂鼎与颂鼎所记历日应该是同王同年同月,所记事件发生在两个不同的地点是完全可能的。颂器铭文所记历日符合幽王三年五月的历朔。

此外,从历法的角度来考察,王臣簋、三年柞钟铭文所记历日也基本符合幽王二年三月和三年四月的历朔。

十二、四要素纪年铭文伪刻例析

● 静方鼎

日本出光美术馆收藏,器形及铭文刊于出光美术馆编辑的《馆藏名品选》(1996年)图版67。[①]

隹(惟)十月甲子,王在宗周。令(命)师中眔(暨)静省南或(国),𠀠[曾]埶(设)应(位、居)。八月初吉庚申,至,告于成周。月既望丁丑,王在成周大室,令(命)静曰……

按:铭文"师中眔(暨)静省南或(国)",师中,说者以为与北宋重和元年(公元1118年)在湖北安州孝感出土的"安州六器"的中方鼎、中甗等铭文里的"中",当是同

---

① 徐天进:《日本出光美术馆收藏的静方鼎》,《文物》1998年第5期。

一个人而稍晚,此时中已担任师之职。静是另一个奉命省视南国之贵族。李仲操在《也谈静方鼎铭文》中认为:"'安州六器'学者断其为西周成王时物。静作的簋、卣、彝,学者断其为穆王时物。则二人不同王世,其年代相隔八十多年,二人是否见过面尚难确知。而此《静方鼎》则记师中与静为同一王世人,且二人还一同去南国,显然此师中非'安州六器'之中,此静也非簋、卣、彝所记之静。他们应是不同王世的同名之人,不能相混。"①

铭文中有三个历日记载,分别是"惟十月甲子,王在宗周";"八月初吉庚申,至,告于成周";"月既望丁丑,王在成周大室"。"夏商周断代工程"简本曰:"静方鼎的'十月甲子'在昭王十八年,'八月初吉庚申'与'月既望丁丑'在昭王十九年。以穆王元年为公元前976上推,昭王十八年为公元前978年,十月癸亥朔,甲子初二日;十九年为公元前977年,八月戊午朔,庚申初三日,合于初吉,丁丑二十日,合于既望。"②本文认为,说"八月戊午朔,庚申初三日,合于初吉,丁丑二十日,合于既望"是欠妥的。因为月相词语所表示的时间是定点的,在与已知历表(张培瑜《中国先秦史历表》和董作宾《西周年历谱》、《中国年历简谱》)进行验证时含当日可以有一、二日之误差,但不应超过三日之差。初吉指初一朔,既望指十四日,非此则误。李仲操在前举文中指出:"静方鼎历日错误明显,它不是西周时之物,应是后人的伪作。用它来否定西周月相的定点日期,是否定不了的。"③

此外,该器铭文字迹模糊,笔划不清。其中"甲子"的"子",当取自利簋铭文,仅形似而已;居字所从的"广",笔划过于上扬;"初吉"二字不但不清晰而且也不相似;"既望"二字笔划似不全;一般铭文言"王在成周大室",或言"王在周某大室",本铭却言"王在周大室";天子的"子",写法与他器亦不同;有些笔划很纤细,且粗细不一,像刀刻似的;所记历日更不合西周铭文的纪时体例,墨拓也不均匀,委实可疑。④

说者或以静方鼎铭文所记历日"从八月初吉庚申至既望丁丑相距18天"来否定月相词语初吉与既望应相距14日之说,从而否定定点说,这是不能成立的。⑤ 因为本篇铭文存在诸多疑点,所以,据以为论是没有说服力的。李仲操在前举文章中认为,铭文在"计算八月既望日干支时,而误用十月甲子作为月首干支,故推出了既望丁丑",并说"如果不是这样,则此鼎铭文的真实性令人怀疑"。其说有一定的根据和启

---

① 李仲操:《也谈静方鼎铭文》,《文博》2001年第3期。
② 夏商周断代工程专家组:《夏商周断代工程1996—2000年阶段成果概要》,《文物》2000年第12期。
③ 李仲操:《也谈静方鼎铭文》,《文博》2001年第3期。
④ 叶正渤:《金文标准器铭文综合研究》,第126页。
⑤ 杜勇、沈长云:《金文断代方法探微》,第203页,人民出版社2002年版。

发性。即以说者所举彧簋彧鼎二器铭文历日来否定初吉为朔日、既望为十四日之例来看,也能证明初吉确为朔日,既望确为十四日。现移录于下,并略作分析。

彧簋:"惟六月初吉乙酉,才堂师。"

彧鼎:"惟九月既望乙丑,才堂师。"

我们以为初吉是初一朔,则六月是乙酉(22)朔,设六月小,29日,则七月是甲寅(51)朔;本年七月似也是小月,29日,则八月是癸未(20)朔;八月也是小月,29日,则九月是壬子(49)朔,则九月既望乙丑(2)正是十四日,本年六七八三个月都是小月。三个连小月或三个连大月在历法上是存在的,翻开张表和董谱,只要稍一查看就可以看到。

所以,就静方鼎铭文来说,其纪时的确如李仲操所说不合常例,存在令人怀疑的地方。而月相词语纪时的确是定点的,各指太阴月中固定而又明确之一日。具体来说,初吉指初一朔,既生霸指初九,既望指十四日,既死霸指二十三日,方死霸指二十四日。① 笔者曾研究过厉王时期的裘盘、晋侯穌编钟、伯宽父盨、四十二年逨鼎乙、四十三年逨鼎辛,宣王时期的兮甲盘、虢季子白盘、不嬰簋二、吴虎鼎等铭文里的历日,并且用公认比较科学可靠的张培瑜《中国先秦史历表》和董作宾《西周年历谱》进行验证,结果显示,笔者根据铭文所记历日推算所得到的历朔与张表、董谱一般完全相同或仅有一二日之差。而这一二日之差,在历法上是客观存在的。这一结果显示,笔者研究所得的数据是比较准确的。由于以上所举铭文中的历朔均已得到验证,所以,它们成为西周几个重要而又明确的历日支点。这也证明笔者对月相词语的理解是完全正确的。②

● 鲜 簋

鲜簋,又称三十四祀盘,是无盖双耳簋。美国旧金山亚洲美术馆博物馆收藏,著录于巴纳和张光裕编《中日欧美澳纽所见所拓所摹金文汇编》中。器形侈口束颈,鼓腹圈足,兽首双耳,下有垂珥,腹前后有扉棱。口沿下有浮雕兽首,腹饰垂冠回首夔龙纹,圈足饰目雷纹,间以四道扉棱。器内底铸铭文5行44字。③

隹(唯)王卅又四祀,唯五月既望戊午,王在荌(旁)京,啻(禘)于卲(昭)王。鲜穧历,祼,王靱(赏)祼玉三品、贝廿(二十)朋。对王休,用乍(作),子孙其永宝。(《集成》10166)

---

① 叶正渤:《〈逸周书〉与武王克商日程、年代研究》,《南京社会科学》2001年第8期;《月相和西周金文月相词语研究》,《考古与文物》2002年第3期;《金文月相纪时法研究》,学苑出版社2005年版。
② 叶正渤:《西周若干可靠的历日支点》,《殷都学刊》2014年第1期。
③ 王辉:《商周金文》,第128页,文物出版社2006年版。

按：据铭文内容来看，"王在菱（旁）京，啻（禘）于瑠（昭）王"，则本器应该铸于穆王之世。传世文献说穆王在位有五十五年之久。今本《竹书纪年》："（穆王）五十五年，王陟于祇宫。"《史记·周本纪》："穆王立五十五年，崩。子共王繄扈立。"穆王元年始于何年至今尚无定论。目前通行的说法定前976年为穆王元年，则穆王三十四年便是前943年。铭文"唯王卅又四祀，唯五月既望戊午"，既望是太阴月的十四日，干支是戊午(55)，则穆王三十四年五月是乙巳(42)朔。前943年五月，张表是癸酉(10)朔，董谱同，错月是癸卯(40)朔，与铭文乙巳(42)朔含当日相差三日，近是。但仅凭一件器物所记历日合历与否尚不能完全确定穆王元年的具体年代，还需要更多的属于穆王世的铭文所记历日的验证，因为朔日干支每过五年零一二个月或三十一年多些就会重复出现，天文学上又有93年的波动理论（大循环），所以月首干支可能重复出现。

笔者根据伯吕盨、三年卫盉、五祀卫鼎和九年卫鼎等器铭文所记历日推得共王元年是前948年，再根据传世文献记载穆王在位五十五年推算，穆王元年是前1003年。穆王三十四年就是前970年。[①] 该年五月张表是己卯(16)朔，董谱同，己卯距乙巳(42)含当日相差二十七日，显然不合历。但是，结合铭文内容和器形纹饰等要素来看，将三十四祀盘置于穆王世大抵上是不会错的。

穆王在位的时间范围大致是前920年至前1020年的百年范围之内，所以，从前1020年向后查检张表和董谱，发现符合五月乙巳(42)朔或近似者的年份与穆王世其他铜器铭文所记历日皆不衔接。就是说，不能与其他铭文推出一个共有的元年，且本器之纪年和历朔也不能安排进其他王世。据何幼琦的文章介绍，赵光贤推算了器铭的纪时后，认为不符旧说穆王34年的月、日，加以"此器来源不明，如系传世之物，则

[①] 叶正渤：《〈逸周书〉与武王克商日程、年代研究》，《南京社会科学》2001年第8期；《金文月相纪时法研究》，第174页；《金文标准器铭文综合研究》，第66页。

不见于历代著录；如为近世出土，亦无出土地及流传海外之迹"，因而不信其真。何幼琦对他的铭辞研究之后，确认这是一篇模拟周初语词、字体的伪铭。①

笔者研究西周纪年铜器铭文的历朔，发现确实有一些铭文所记历日与相关王世的其他铭文所记历日无法衔接得上，尤其是一些来路不明，或所谓的传世品，或铭文是描摹的，更是如此，又如静方鼎和说盘铭文等。因其为伪，所以也略加考辨，以正视听。

● 说　盘

说盘铭文，载于清李光庭《吉金志存》卷三第 31 页，无出土及流传情况介绍。铭文共 52 字，合文 1，重文 2。由于说盘铭文是一篇纪年铭文，王年、月份、月相词语和干支四者俱全，对西周年代学、历法学的研究具有特别重要的意义。同时，鉴于目前著录金文的文献如《殷周金文集成》等皆未收录本篇铭文，一般读者很难看到，笔者根据刘启益《西周纪年》一书提供的线索，托人用数码相机把铭文拓片照下来。本篇铭文又多稀奇古怪字，语句不太通顺，意义也不甚明了。

隹（惟）十有（又）二（三）年正月初吉乙巳，甥叔㠱自作其盘。㠱若曰："不（丕）显皇考允弔（叔），穆秉元明德，御于氒（厥）用𠦪二匹。"辪（以）用旛（祈）眉寿万年，子孙其永宝。

按：刘启益以为该器是夷王时器。② 铭文"唯十又二（三）年正月初吉乙巳"，初吉是初一朔，干支是乙巳（42），则某王十二（三）年正月是乙巳朔。③ 本文近推夷王元年是前 893 年，夷王在位十五年，则夷王十三年是前 881 年。该年正月张表是乙巳（42）朔，董谱同，完全合历。所以，铭文当是"唯十又三年正月初吉乙巳"，而不是"唯十又二年正月初吉乙巳"。铭文所记历日符合夷王十三年正月的历朔，夷王元年是前 893 年。

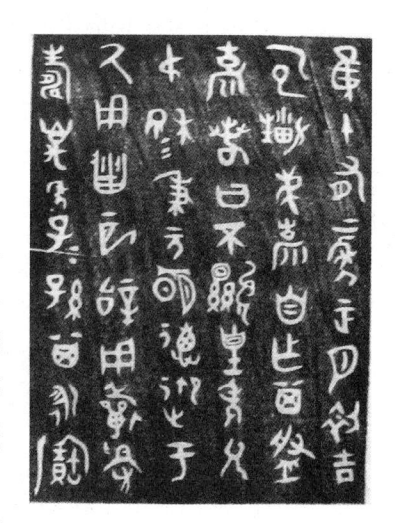

据传世文献，西周自共和以前只有王世而无王年，所以，王年不确定，又只凭一件铜器铭文的干支与历表相对照，即使相符，也不能因此确定结论的正确，至少应该根据一组铜器铭文的历法信息相符才能初步确定，也即具有共有元年的性质方

---

① 何幼琦：《〈鲜盘〉铭辞辨伪》，《殷都学刊》1991 年第 4 期。
② 刘启益：《西周纪年》，第 356 页，广东教育出版社 2002 年版。
③ 叶正渤：《金文月相纪时法研究》，第 182、224 页。

才可靠。

此外,本篇铭文在文字、字体、辞例诸多方面与西周其他铭文颇多不同,笔者对该篇铭文的真实性甚是怀疑。从字体风格方面来看,颇具西周金文的特征。但某些文字的写法和辞例等,却又与西周一般铭文差异较大,有些语句甚至不通顺。笔者曾就此请教过有关专家,告知可能是后世学人摹写致误。这种可能性是存在的,宋人和清人的著录普遍存在摹写失真的现象。结合其他金文著录亦未收录此器,为慎重起见,本文还是将其作为伪铭来看待。

第二节 西周时期三要素纪时铭文历朔

一、成王时期

● 矢令方尊(彝)

> 唯八月,辰在甲申,王令周公子明保,尹三事四方,受命卿事寮。丁亥,令矢告于周公宫,公令徣(出)同卿事寮。唯十月月吉癸未,明公朝至于成周,徣(出)令舍(舍)三事令……甲申,明公用牲于京宫。乙酉,用牲于康宫。既咸,用牲于王。(《集成》6016)

康宫,非指康王之庙,犹言宁宫。"用牲于王"中的王,指王城,位于洛阳城西北约二十里。

按:王,当是周成王。周公,周公旦。明保,周公旦之次子君陈。《礼记·坊记》郑玄注:"君陈盖周公之子,伯禽弟也。"《尚书·君陈》序曰:"周公既没。命君陈分正东郊成周。作《君陈》。"而君陈也是一位可委以重任的贤才,《尚书·君陈》:"王若曰:'君陈!惟尔令德孝恭,惟孝,友于兄弟,克施有政。命汝尹兹东郊。敬哉!昔周公师保万民,民怀其德。往慎乃司,兹率厥常。"

本篇铭文无王年记载,但是有几处纪时:"唯八月,辰在甲申……丁亥,……唯十月月吉癸未,……甲申,明公用牲于京宫。乙酉……"由铭文可以推断八月可能是甲申(21)朔,丁亥(24)是八月四日,九月可能是癸丑(50)朔,则十月月吉方得癸未(20),甲申(21)是十月二日,乙酉(22)是十月三日。本文推得成王元年是前1092年,成王三年(前1090年)八月,张表是甲寅(51)朔,九月是甲申(21)朔,十月是癸丑(50)朔,十一月是癸未(20)朔,正好错后一个月合历。而董谱八月正是甲申(21)朔,九月是癸丑(50)朔,十月是癸未(20)朔,铭文与之完全合历。在成王在位的三十年间,再无与铭文所记历日相合者,说明成王元年就是前1092年,且成王"令周公子明保,尹三事四方,受命卿事寮"等是成王三年(前1090年)之事。

第三章　西周时期纪年、纪时铭文历朔研究

● 砢(何)尊

> 唯王初迁宅于成周,复禀武王豊(礼),祼(福)自天,在四月丙戌,王诰宗小子于京室……砢(何)赐贝卅朋,用作𢀛(庾)公宝尊彝,唯王五祀。(《集成》6014)

按:这是成王初迁宅于成周之际庾公所铸之器,时在成王五祀四月丙戌(23)。本文推得成王元年是前1092年,则成王五祀是前1088年,该年四月张表是乙亥(12)朔,董谱同,丙戌(23)是四月十二日,非月相之日,故铭文只用干支纪日。

● 作册夨令簋

> 唯王于伐楚伯,在炎。唯九月既死霸丁丑,作册夨令尊宜于王姜,姜赏令贝十朋。(《集成》4300—4301)

按:铭文"唯王于伐楚伯",成王征伐楚伯。郭沫若在《两周金文辞大系图录考释》中说:"此成王东伐淮夷践奄时器。楚即淮夷,淮徐初本在淮水下游,为周人所迫始溯江而上至于鄂赣。"①炎,"郯"字初文,即今山东境内之郯城。作册夨,作册是职官名,夨是人名。王姜、姜,是同一人,郭沫若说是成王之后(夫人),也有说是武王之后(夫人)。王姜之名也见于𥂴卣等器铭文。唐兰在《西周青铜器铭文分代史征》一书中定本器为昭王南征时,恐非是。②据铭文字体风格来看,当属西周成王时期。

铭文无王年记载。既死霸,月相词语,太阴月之二十三日,干支是丁丑(14),则某年九月是乙卯(52)朔。查检历表,前1085年九月,张表是乙卯(52)朔,董谱闰八月是乙卯朔,九月是乙酉(22)朔。本文推得成王元年是前1092年,则前1085年是成王八年。

● 保　卣

> 乙卯,王令保及殷东或(国)五侯,征(诞)兄(貺)六品……遘于四方,会王大祀,祓于周,在二月既望。(《集成》5415)

按:本器与保尊一名宾卣、宾尊。陈梦家等认为铭文中的保是召公奭,《史记·周本纪》:"召公为保,周公为师,东伐淮夷,残奄,迁其君薄姑。"《左传·僖公四年》:"昔召康公命我先君大公曰:'五候九伯,女实征之,以夹辅周室'。"五侯,指徐、奄、熊、盈和薄姑。但彭裕商在《西周青铜器年代综合研究》一书中认为铭文中的保并非召公

---

① 郭沫若:《两周金文辞大系图录考释》,《郭沫若全集·考古编》卷八,第24页。
② 唐兰:《西周青铜器铭文分代史征》,第273页,中华书局1986年版。

奭,保应为周初殷代遗民,且本铭所记乃是叛乱已平,天下安定时的事。① 本器属于成王时期,意见则是一致的。周,成周洛邑王城以东约二十里地,也可能指洛邑。本文以为,铭文所记成王"遘于四方,会王大祀,祓于周",不会是成王践奄平定叛乱之后太久的事。

铭文无王年记载,只记在二月既望乙卯。既望是十四日,干支是乙卯(52),则某年二月是壬寅(39)朔。本文推得成王元年是前1092年,成王十一年(前1082)年二月张表是壬寅(39)朔,董谱是辛丑(38)朔,盖此年是成王大会殷东国五侯并于周举行大祀之年。

● 保 尊

乙卯,王令保及殷东或(国)五侯,祉(诞)兄(贶)六品……祓于周,在二月既望。(《集成》6003)

按:本篇铭文所记历日与保卣铭文相同。

● 召圜器(召卣)

唯十又二月初吉丁卯,召启进事,奔走事皇辟君,休。王自毇吏(使)赏毕土方五十里。召弗敢望(忘)王休异,用作欪宫旅彝。(《集成》10360)

按:召,陈梦家在《西周铜器断代》中疑是毕公高,②文王庶子。启,肇也,始也。进事,犹言进于职事。休,赐也。毇,当是地名。吏,读作使。毕土之毕,地名,近丰、镐,是文王、武王、周公所葬之地。《尚书序》:"周公在丰,将殁,欲葬成周。公薨,成王葬于毕。"方,方圆,指土地面积。欪宫,宫室名。

铭文无王年记载。初吉是初一朔,干支是丁卯(4),则某年十二月是丁卯朔。查检张表,成王十六年(前1077年)十二月是丁卯(4)朔。董谱十一月是丁卯朔,日全食,错月相合。

● 丰 尊

唯六月既生霸乙卯,王在成周,令丰寂(殷)大矩,大矩易(锡)丰金、贝,用作父辛宝隫(奠)彝。𩰋(木羊册)(《集成》5996)

按:王,应是周成王。丰,人名,具体职官不明。大矩,也是人名。成周,是成王所建,王既然在成周,说明此时成周业已建成,所以,丰器之制作最早不会早于西周成王

---

① 彭裕商:《西周青铜器年代综合研究》,第221—225页。
② 陈梦家:《西周铜器断代》,第52页。

初期。简报作者说:"以上丰尊、丰卣的时代或当西周偏晚。"㸐,丰氏家族的族徽。

铭文无王年记载。既生霸,月相词语,太阴月的初九,干支是乙卯(52),则某年六月是丁未(44)朔。成王二十年(前1073年)五月张表是丁丑(14)朔,六月张表是丙午(43)朔,比铭文丁未(44)迟一日合历,董谱六月正是丁未朔,完全合历。

● 丰　卣

唯六月既生霸乙卯,王在成周,令丰殷大矩,大矩赐丰金、贝,用作父辛宝奠彝。木羊册(《集成》5403)

按:铭文与丰尊同。

● 士上尊(辰臣父簋尊)

唯王大禴(禴)于宗周,祮(出)襄(祼、馆)𦮸京年,在五月既望辛酉,王令士上眔史寅殷于成周。(《集成》5999)

按:士上诸器或称"辰臣父簋尊"等名。宗周,地名,武王所建之镐京,西周五邑之一,铭文中常与成王所建之成周(洛邑)相对。𦮸京,地名,文王所建之丰京,也是西周五邑之一。士上所铸尊、卣、盉三器铭文相同,当是同时所铸,见以下诸器铭文。士上,人名。史寅,也是人名。殷,众也,如殷见。《周礼·春官·大宗伯》:"殷见曰同。"郑玄注:"殷,犹众也。十二岁王如不巡守,则六服尽朝。朝礼既毕,王亦为坛,合诸侯以命政焉。所命之政,如王巡守。殷见,四方四时分来,岁终则徧。"铭文下文涉及百姓(众诸侯),正是殷见之义。"殷"的这一用法,也见于宣王时期的文盨等铭文。唐兰定为昭王时器。

铭文无王年记载。既望是十四日,干支是辛酉(58),则某年五月是戊申(45)朔。成王二十五年(前1068年)五月张表是戊寅(15)朔,六月是戊申(45)朔,错月相合。董谱五月是戊申朔,日偏食,完全合历。

● 士上卣

唯王大禴(禴)于宗周,祮(出)襄(祼)𦮸京年,在五月既望辛酉,王令士上眔史寅殷于成周。(《集成》5421—5422)

按:铭文与士上尊铭文相同。

● 士上盉(臣辰盉)

唯王大禴(禴)于宗周,祮(出)襄(祼)𦮸京年,在五月既望辛酉,王令士上眔史寅殷于成

周。(《集成》9454)

按：铭文与士上尊铭文相同。

● 员方鼎

唯征(正)月既望癸酉，王獸于眡(视)廩。王令员执犬，休善，用作父甲羞彝。🀆（冀）。(《集成》2695)

按：眡(视)廩，地名。令，郭沫若谓当训为锡，赐也。员，人名，也见于员卣、员尊、盉、壶等器铭文。执，当读为猛鸷之鸷。休善，读作休膳，膳，牲肉也。文末是员氏家族之族徽，旧释析子孙。

铭文无王年记载。既望是十四日，干支是癸酉(10)，则某年正月是庚申(57)朔。成王十三年(前1080年)正月，张表、董谱皆是庚寅(27)朔，错月是庚申(57)朔，铭文与历表历谱错月合历。

● 旅鼎(旗鼎)

唯八月初吉，辰在乙卯，公赐旅仆，旅用作文父日乙宝尊彝。🀆（冀）。(《集成》2670)

按：公，职官名，即召公君奭。旅，人名，旅还铸有师旅鼎。仆，召公所赐之臣。旅在师旅鼎铭文中称师，说明职官已经升迁，则本器之铸当在师旅鼎之前。

铭文无王年记载。初吉，月相词语，太阴月的初一。辰在乙卯(52)，则某年八月是乙卯(52)朔。由此可见，"辰在××"表示日辰所在之干支，本篇铭文是初一朔。成王八年(前1085年)八月张表是丙戌(23)朔，九月是乙卯(52)朔，错月相合。董谱八月是丙戌朔，闰八月是乙卯朔，也合历。

● 己公方鼎(婞奚方鼎)

唯二月初吉庚寅，在宗周。楷仲赏厥婞奚逐毛两、马匹，对扬尹休，用作己公宝尊彝。(《集成》2729)

按：一名婞奚方鼎。铭文中有"楷仲"这个人物，又见于献簋铭文。陈梦家曰："作器者的上司(主赏者)尹，乃毕公之子毕仲。毕公是作册，故其子袭为尹，尹亦作册。"婞，唐兰说通"养"，是臣仆之类，奚是婞之名，又见成王时的弔德鼎铭文。逐毛，是建于首车上的旗子。陈梦家曰："此方鼎形制特异之处，在其两耳伏兽，乃有直立之角的龙。……则此方鼎的形制、花纹俱属成王。"[①]

---

① 陈梦家：《西周铜器断代》，第55页。

铭文无王年记载。初吉,月相词语,太阴月的初一,干支是庚寅(27),则某年二月是庚寅(27)朔。

● 御正卫簋

  五月初吉甲申,懋父赏御正卫马匹,自王,用作父戊宝奠彝。(《集成》4044)

按:铭文中有懋父,即白懋父其人。御正,职官名,卫是人名。

铭文无王年记载。初吉是初一朔,则某年五月是甲申(21)朔。

● 御正良爵

  唯四月既望丁亥,公太保赏御正良贝,用作父辛奠彝。子。(《集成》9103)

按:公太保,即保卣铭文中的太保召公奭。御正,职官名。良是人名。

铭文无王年记载。既望是十四日,干支是丁亥(24),则某年四月是甲戌(11)朔。

● 不寿簋

  唯九月初吉戊戌,王在大宫,王姜赐不寿裘,对扬王休,用乍(作)宝。(《集成》4060)

按:王姜,即作册夨令簋铭文中的王姜,或单称姜,郭沫若说是成王之后(夫人)。不寿,人名。陈梦家说本篇铭文里的王姜与成王时的王姜并非一人,故将本器列于共王之世。[①]

铭文无王年记载。初吉是初一朔,则某年九月是戊戌(35)朔。陈书和百度网站干支是戊辰(5),经核对铭文,当是九月初吉戊戌。

● 奢 簋

  唯十月初吉辛巳,公姒(姒)易(锡)奢贝,在莽京,用乍父乙宝彝,其子孙永宝。(《集成》4088)

按:公姒(姒),人名,唐兰在《西周青铜器铭文分代史征》中疑是召公之妻,[②]且将奢簋置于康王之世。奢,也是人名。莽京,西周铭文中初见,地名,郭沫若说是丰京,文王所都,是西周铭文中的五邑之一。或说是镐京,武王所都,恐非是。关于莽京的地望,考证的文章很多,说法也不一,但莽京位于宗周故地则是无疑的。

铭文无王年记载。初吉是初一朔,干支是辛巳(18),则某年十月辛巳朔。

[①] 陈梦家:《西周铜器断代》,第176页。
[②] 唐兰:《西周青铜器铭文分代史征》,第193页。

● 小臣传卣（小臣传簋）

唯五月既望甲子,王在荥京,令师田父殷成周年。囗师田父令小臣传非余(琮)。(《集成》4206)

按：一名小臣传卣。荥京,丰京,文王所都,西周五邑之一。师田父,师是西周职官名,田父是人名,担任师之职。殷,众也,如殷见。《周礼·春官·大宗伯》："殷见曰同。"郑玄注："殷,犹众也。十二岁王如不巡守,则六服尽朝。朝礼既毕,王亦为坛,合诸侯以命政焉。所命之政,如王巡守。殷见,四方四时分来,岁终则徧。"铭文下文涉及众官,正是殷见之义。成周,地名,即洛邑,在铜器铭文中常与宗周相对。小臣,职官名。传,人名,担任小臣之职。余,读作琮(tú),唐兰考证说是笏的异名。笏,古代大臣上朝时手中所持的狭长微曲的板子,用来记事,按品第不同分别用玉、象牙或竹制成。

铭文无王年记载。既望是十四日,干支是甲子(1),则某年五月是辛亥(48)朔。

● 命 簋

唯十又一月初吉甲申,王在华,王锡命鹿,用乍(作)宝彝。命其永以多友簋飤。(《集成》4112)

按：华,地名。《国语·郑语》："邬、弊、补、依、䑓、历、华,君之土也。若前华后河,右洛左济。"注："华,华国也。"唐兰考证说："华在今河南省密县,西为嵩山,是夏族旧居,所以华即是夏,中华民族起源于此。"[①]鹿,当是人名。

铭文无王年记载。初吉是初一朔,则某年十一月是甲申(21)朔。

● 繁 卣

唯九月初吉癸丑,公酻祀,雩(越)旬又一日辛亥,公祢酻辛公祀,衣事亡䀠。(《集成》5430)

按：公,可能是召公奭。酻,殷商时期甲骨卜辞里已有此字,从酉从彡,叶玉森说为祭祀义。

铭文无王年记载。不过,本篇铭文纪时可能有问题。铭文"唯九月初吉癸丑(50),公酻祀,雩旬又一日辛亥(48),公祢酻辛公祀",辛亥在癸丑前二日,而不是旬又一日。就是说,癸丑(50)之后旬又一日当是癸亥(60),而不是辛亥(48),因知本篇铭

[①] 唐兰：《西周青铜器铭文分代史征》,第338页。

文干支误记,把"癸亥"误记成"辛亥"了。初吉是初一朔,干支是癸丑(50),则某年九月是癸丑朔。

● 鯀簋残底

唯十又一月初吉辛亥,公令鯀伐(阀)于眔伯,眔伯蔑鯀历。(《集成》4146)

按:公,可能是召公奭。鯀,人名。眔伯,也是人名。伐,《说文》:"阀阅,自序也。从门伐声。义当通用伐。"阀阅,仕官人家自序功状而树立在门外左边的柱子。《玉篇》:"在左曰阀,在右曰阅。"从铭文的内容来看,眔伯蔑鯀历,是鯀受伐于眔伯的,可见是鯀竖阀阅。

铭文无王年记载。初吉是初一朔,干支是辛亥(48),则某年十一月辛亥朔。

● 荣仲鼎

王作荣仲宫,在十月又二月生霸吉庚寅,子加荣仲璋瓒一,牲大牢。己巳,荣仲速内(芮)白、獻(胡)侯、子,子赐伯金钧,用作父丁鼎彝。史(《汇编》1567)

按:本篇铭文月相词语错乱。生霸,当是既生霸的漏记。吉,也许是初吉的误记。

铭文无王年记载。设为前者,既生霸,初九,干支是庚寅(27),则某年十二月是壬午(19)朔。

● 寓 鼎

唯二月既生霸丁丑(14),王在菶京真口。戊寅,王蔑历,史(使)𩇩(虢)大人锡作册寓甂(摄)𡇥。(《集成》2756)

按:菶京,地名,西周五邑之一,或说是镐京,恐非。对西周金文中菶京的地望作考证的人很多,说法也不一。蔑历,犹言勉励、嘉奖。𩇩(虢),人名。作册,职官名。寓,人名,担任作册之职。甂,读作摄,职掌、主管。

铭文无王年记载。既生霸是初九,干支是丁丑(14),则某年二月是己巳(6)朔,戊寅(15)是二月十五日。

● 蓍 簋

唯十月初吉壬申,驭戎大出于櫨,蓍搏伐,执讯,获馘,櫨侯𢆶蓍马三匹,臣一家,贝五朋。蓍扬侯休,用作櫨中好宝。(《汇编》1891)

按:驭戎,北方戎狄之一。櫨,地名。蓍,人名。搏伐,大规模地征伐。櫨侯,侯名。𢆶,根据下文当读作厘,给与、赐予。《诗·大雅·江汉》:"厘尔圭瓒,秬鬯一卣。"

铭文无王年记载。初吉是初一朔,干支是壬申(9),则某年十月是壬申朔。

● 作册折方彝

唯五月,王在庄(斥),戊子(巳),令作册折兄(贶)圣土于相侯,赐金、赐臣,扬王休,唯王十又九祀,用作父乙尊,其永宝,木羊册。(《集成》9895)

按:庄,地名,或读作斥,具体地望不详,应当是东夷或淮夷之地。折,人名,担任作册之职。兄,读作贶,赠予、赐予。相侯,侯名,其地当在今安徽淮北市相山一带,正是淮河下游。本器或以为成王时器,或以为康王时器,或以为昭王时器,尤以昭王世为主流。昭王南征楚荆,主要在荆江一带,不涉及位于淮河下游的相地。结合矢令方尊等器铭文,本文以为是成王时器。

唯王十又九祀,则某王在位至少有十九年。因为戊子这一日不逢月相之日,所以铭文没有用月相词语纪时。但是,根据铭文,十九年五月应该有戊子(25)。

● 作册折尊

唯五月,王在庄(斥),戊子(巳),令作册折兄(贶)圣土于相侯,赐金、赐臣,扬王休,唯王十又九祀,用作父乙尊,其永宝,木羊册。(《集成》6002)

按:铭文与作册折方彝相同。

● 作册折觥

唯五月,王在庄(斥),戊子(巳),令作册折兄(贶)圣土于相侯,赐金、赐臣,扬王休,唯王十又九祀,用作父乙尊,其永宝,木羊册。(《集成》9303)

按:铭文与作册折方彝相同。

● 贤 簋

唯九月初吉庚午,公弔(叔)初见于卫,贤从。公命吏(使)晦(贿)贤百晦粮,用作宝彝。(《集成》4104—4106)

按:《大系》释文二二九。郭沫若曰:"此器甚古,当在周初。公叔殆即康叔,公其字也。"卫康叔,姬姓,名封,称为康叔封,是周武王的同母弟,获武王封畿内之康国。成王平定三监之乱后,徙封康叔于商故都朝歌之卫。伯懋,即康叔之子康伯髦,因为是周文王之孙,故亦称王孙牟。铭文记公叔初见于卫,贤可能是公叔之子,故此器当为成王时器。

铭文无王年记载。初吉是初一朔,干支是庚午(7),则某年九月是庚午朔。

● 耳 尊

唯六月初吉,辰在辛卯,侯各于耳黹,侯休于耳,锡臣十家,长师耳对扬侯休。(《集成》6007)

按:耳,人名。黹,根据铭文文意当是耳之宫室名。陈梦家定于成康时器。[1]

铭文无王年记载。铭文"唯六月初吉,辰在辛卯",六月初吉这一日所逢干支是辛卯(28)。由此可见,"辰在××"表示日辰所在之干支。初吉是初一朔,辰在辛卯(28),则某年六月是辛卯朔。

● 䵼 簋

唯正月初吉丁卯,䵼(蜆)征(诞)公,公赐䵼(蜆)宗彝一肆,赐鼎二。(《集成》4159)

按:䵼,作器者人名,字从贝从黾,或释作蜆。诞,陈梦家释为造,诣也,就也。此字也见于令方彝和士上盉铭文。(79/2004)

铭文无王年记载。初吉是初一朔,干支是丁卯(14),则某年正月是丁卯朔。

● 献 簋

唯九月既望庚寅,楷伯于遘王休,亡尤。朕辟天子,楷伯令厥臣献金车。对朕辟休,作朕文考光父乙。十世不忘献身在毕公家,受天子休。(《集成》4205)

按:陈梦家曰:"毕公,即毕公高。铭之中'王'与'天子'前后互举,则天子之称起于成王之时。"[2]陈梦家将其置于成王世。而郭沫若以为"毕公家"是毕公之庙,楷伯是毕公子,置本器于康王世之末。[3] 献,人名,是楷伯的臣属。作朕文考光父乙,郭沫若以为当是"文考父乙光"文之误倒。仔细体会铭文"十世不忘献身在毕公家,受天子休"之文义,毕公家未必是毕公之庙,当是毕公家之宫室。所以,以陈梦家之说将献簋置于成王之世为宜。

铭文无王年记载。既望是十四日,干支是庚寅(27),则某年九月是丁丑(14)朔。

● 庚嬴卣

唯王十月既望,辰在己丑,王各于庚嬴宫,王蔑庚嬴(嬴)历,锡贝十朋。(《集成》5426)

按:庚嬴,人名,也见于庚嬴鼎铭文,是嬴姓之女嫁于庚某者。庚嬴宫,庚嬴的宫

---

[1] 陈梦家:《西周铜器断代》,第89页。
[2] 陈梦家:《西周铜器断代》,第54页。
[3] 郭沫若:《两周金文辞大系图录考释》,《郭沫若全集·考古编》卷八,第108页。

室。说者将庚嬴鼎与庚嬴卣置于康王时器,本文则根据庚嬴鼎铭文所记历日合于所推成王时历朔,而不合于康王时历朔,所以,庚嬴卣也属于成王时器。

铭文无王年记载。既望是十四日,辰在己丑(26),则某年十月是丙子(13)朔。辰,表示日辰所逢的干支。

● 敔甗

唯十又[二]月,王[令]南宫[伐][虎]方之年。[唯]正[月]既死霸庚申,[王]在[宗]周。

按:南宫,人名。[虎]方,方国名。据百度网站介绍,其地望以往主要有二种说法:一是淮水上游说,二是汉南荆楚故地说。1989年9月,江西新干县大洋洲商墓出土了480多件铸造精美的青铜器,具有浓厚地方特色,这批青铜器上的虎形象特别引人注目,人们据此提出赣鄱地区虎方说。这样,虎方的地望,因所依据的材料不同而得出了三种截然不同的说法。据此来看,西周时期的虎方尚待进一步研究,本文以为当是淮夷之一。

铭文无王年记载,只是说伐虎方之年。孙庆伟认为是昭王十八年。[①]《论尧公簋、韦甗及成王在位年数》一文的作者认为应是成王时器(据国学论坛)。既死霸是二十三日,干支是庚申(57),则某年十二月是戊戌(35)朔。

二、康王时期

● 师遽方彝

唯正月既生霸丁酉,王在周康寝,飨豊(醴),师遽蔑历,客(侑)。王乎宰利锡遽。丁(《集成》9897)

按:周康寝,位于成周洛邑王城以东约二十里的康寝宫名。师遽,人名,担任师之职。客,铭文读作侑,祭名。宰利,人名,担任宰之职。师遽还铸有师遽簋一件,其盖铭曰"唯王三祀四月既生霸辛酉,王在周。客(各)新宫",从铭文内容来看,纪年用祀不用年,这表明其时代应在西周早期或中期偏早。"王在周,各新宫",周,指成王迁都雒邑而建的王城,周则是在王城以东大约二十里。表明新宫建成不久,其时代也应在西周早期或中期偏早,不会晚于共王以后。

铭文无王年记载。既生霸是初九,干支是丁酉(34),则康王某年正月是己丑(26)朔。

---

① 孙庆伟:《从新出敔甗看昭王南征于晋侯燮父》,《文物》2007年第1期。

● 作册大方鼎

公束铸武王、成王异鼎。唯四月既生霸己丑，公赏作册大白马。大扬皇天尹大保休。（《集成》2758—2761）

按：公束（剌），人名。陈梦家说此鼎与令器同出，郭沫若考定此器作于康王之世，作器者大是作册矢令之子，父子同官，公束即召公奭。召公奭在康王时期为大保，与《顾命》所记符合。异鼎，大鼎也。陈梦家怀疑召公所铸祭祀武王、成王的翼鼎可能就是大保铸鼎和成王奠鼎，因为此二鼎都是方鼎，且耳上都有特殊的匍伏之兽。铭文"公束（剌）铸武王、成王异鼎"，则器之铸必在康王之世。

铭文无王年记载。既生霸是初九，干支是己丑（26），则康王某年四月是辛巳（18）朔。

● 作册䰧卣

唯公太史见服于宗周年，在二月既望乙亥，公太史咸见服于辟王，辨（遍）于多正，零四月既生霸庚午，王遣公太史，公太史在丰，赏作册䰧马，扬公休，用作日己旅奠彝。（《集成》5432）

按：陈梦家曰："此公太史疑即作册毕公。"作册，职官名。䰧，人名，担任作册之职。

铭文无王年记载。但是，铭文有两处纪时非常重要，涉及西周铜器铭文中的月相纪时问题。一是"二月既望乙亥（12）"，二是"四月既生霸庚午（7）"，从二月乙亥到四月庚午，含当日共计是五十六日。由此推得既望是太阴月之十四日，既生霸是初九，则某年二月是壬戌（59）朔，三月是壬辰（39）朔，四月也是壬戌（59）朔。查检历表，前1034年二月，张表是壬戌（59）朔，三月是壬辰（39）朔，四月是壬戌（59）朔，铭文与之完全合历，则属本文所推康王之世。董谱二月是壬戌朔，三月是壬辰朔，四月是辛酉（58）朔，也基本合历。按本文所推，康王元年是前1062年，则前1034年当是康王二十九年。

● 害鼎

唯九月既生霸辛酉（58），在匽（燕）。侯锡害贝、金，扬侯休，用作召伯父辛宝奠彝。（《集成》2749）

按：匽，即燕。侯，即燕侯。据陈梦家考证，此鼎之侯应是匽侯旨，乃召白之子。匽侯旨当为召公奭之次子而就封于燕者，可能是第一个燕侯。[①] 害，人名。燕侯的属

[①] 陈梦家：《西周铜器断代》，第96、97页。

下,铜器出土地梁山是其居住地。

铭文无王年记载。既生霸是初九,干支是辛酉(58),则某年九月是癸丑(50)朔。

● 效 尊

唯四月初吉甲午,王蓶(观)于尝,公东宫内(纳)乡(飨)于王。王锡公贝五十朋。(《集成》6009)

按:根据语法关系,"蓶"当读作观,观瞻。尝,地名。公东宫,人名。据陈梦家书介绍,本句铭文有四种不同读法。[①] 郭沫若置效尊、效卣与眢鼎、眢壶盖、眢簋于孝王时期。

铭文无王年记载。初吉是初一朔,干支是甲午(31),则某年四月是甲午朔。

● 效 卣

唯四月初吉甲午,王蓶(观)于尝,公东宫内(纳)乡(飨)于王。王锡公贝五十朋。(《集成》5433)

按:铭文与孝尊同,当是同时所铸。铭文无王年记载。初吉是初一朔,则某年四月是甲午(31)朔。

● 敔 簋

唯三月初吉丁亥,王在周,各于大室,王蔑敔历,锡玄衣、赤袤。(《集成》4166)

按:周,铭文单言周,一般指成周雒邑王城以东约二十里。敔,人名。西周还有一件敔簋,铭文与此敔簋不同。其铭文曰"唯王十月,王在成周。南淮夷……唯王十又一月,王各于成周大庙,武公入右敔告禽",彼器是西周中晚期器物。见陈梦家书。[②] 此人也见于公鼎、公簋铭文。

铭文无王年记载。初吉是初一朔,干支是丁亥(24),则某年四月是丁亥朔。

● 敔簋盖

唯十又一月既生霸乙亥,王在康宫。各齐白室,召敔,王锡敔貂裘。敔拜頴首。(《汇编》671)

按:康宫,周宫室名,铭文或曰周康宫,可见其在成周洛邑王城以东约二十里地的

[①] 陈梦家:《西周铜器断代》,第121页。
[②] 陈梦家:《西周铜器断代》,第229页。

建筑物,并非康王之庙,最早见于成王时期的矢令方彝铭文。其铭文曰:"乙酉,用牲于康宫。既咸,用牲于王……"齐白室,宫室名。召,召见。敌,人名,也见于敌簋铭文,当是同一个人。

铭文无王年记载。既生霸是初九,干支是乙亥(12),则某年十一月是丁卯(4)朔。

● 公贸鼎

唯十又二月初吉壬午,叔氏使布安眔伯,宾布马辔乘,公贸用扬休鲜,用作宝彝。(《集成》2719)

按:叔氏,人名。布,也是人名。眔伯,也是人名。宾,通傧,有赠予义。公贸,人名。

铭文无王年记载。初吉是初一朔,干支是壬午(19),则某年十二月是壬午朔。

● 豨簋

唯十又二月既生霸丁亥,王事(使)荣蔑历,令往邦,乎锡緃(鸾)旗,用保乃邦。(《集成》4192—4193)

按:陈梦家说:"井侯簋、大小盂鼎三器,已定为康王时器,铭文皆有人名荣,与此器之戎可能是一人。小盂鼎作于王二十五年,而康王在位暂定为38年,则荣或后动于康王后期。《西甲》6.42的四耳,亦荣所作,器亦西周初期形制。"①陈梦家将荣簋定为康王时器,将本器暂定为昭王时器。本文仍定为康王时器。

铭文无王年记载。既生霸是初九,干支是丁亥(24),则某年十二月是己卯(16)朔。

三、昭王时期

● 义盉盖

唯十又一月既生霸甲申,王在鲁,卿(佮)即邦君、者(诸)侯、正、有司大射,义蔑历,眔于王,逨(徕)义赐贝十朋。(《集成》9453)

按:鲁,地名,周公旦所封之地,今山东曲阜一带。卿,字书所无,或即"合"字初文。即,就也。义,人名。徕,劳徕,慰劳。

铭文无王年记载。既生霸是初九,干支是甲申(21),则某年十一月是丙子

---

① 陈梦家:《西周铜器断代》,第133页。

(13)朔。

● 㫃(友)簋

　　　　唯四月初吉丁卯,王蔑㫃(友)历,锡牛三,㫃(友)既拜顓首,升于厥文祖考。(《集成》4194)

　　按:㫃,从友从甘,《说文》友字的古文,铭文是人名。升,读作烝,献也,祭也。

　　铭文无王年记载。初吉是初一朔,干支是丁卯(4),则某年四月是丁卯朔。

● 尹姞鬲

　　　　穆公作尹姞宗室繇林,唯六月既生霸乙卯,休天君弗望(忘)穆公圣粦明毖先王。(《集成》754—755)

　　按:陈梦家说:"穆公与尹姞当是夫妇,都是生称。"又说:"尹姞"、"公姞"(见公姞鬲铭文)乃是身份地位称号与姓的结合,公尹是其夫穆公的称号。天君或君是王后之称。① 繇林,地名,陈梦家疑是桃林。桃林在陕州桃林县西。陈梦家据花纹、字体暂定于昭王之世,唐兰定于共王之世。尚有公姞鬲、次尊、次卣和井鼎,也约略铸于同时。毖,辅佐。

　　铭文无王年记载。既生霸是初九,干支是乙卯(52),则某年六月是丁未(44)朔。

● 次　尊

　　　　唯二月初吉丁卯,公姞令次司田人。次蔑历,锡马、赐裘,对扬公姞休,用作宝彝。(《集成》5994)

　　按:公姞,人名,也见于公姞鬲铭文,当是同一个人。次,也当是人名。司,职掌。

　　铭文无王年记载。初吉是初一朔,干支是丁卯(4),则某年二月是丁卯朔。

● 次　卣

　　　　唯二月初吉丁卯,公姞令次司田人,次蔑历,赐马、赐裘,对扬公姞休,用作宝彝。(《集成》5405)

　　按:器盖同铭,且铭文与次尊铭文相同。

● 敔　簋

　　　　唯八月初吉丁亥,伯氏贶(贮)敔,锡敔弓、矢束、马匹、贝五朋。敔用从,永扬公休。(《集

---

① 陈梦家:《西周铜器断代》,第135页。

第三章　西周时期纪年、纪时铭文历朔研究　203

成》4099)

按：伯氏，人名。賸(贮)，从宀从贝从壬，或作室，或释胙。陈梦家说在金文中有三义：(1)作为铸作义；(2)作为休美义；(3)作为赏赐义。本句用为赏赐义。敞，也是人名。陈梦家据字体花纹以及所赐之物定本器为昭王时器。[①] 唐兰疑伯氏亦即伯懋父。

铭文无王年记载。初吉是初一朔，干支是丁亥(24)，则某年八月是丁亥朔。

● 段簋

唯王十又四祀，十又一月丁卯，王在毕，烝。戊辰，曾(赠)。王蔑段历，念毕仲孙子。(《集成》4208)

按：毕，地名，文王墓所在地，故铭文言"王在毕，烝"。烝，烝祭文王。段，人名，自称是毕仲孙子，毕仲是毕公高。毕公高，周文王庶子，武王弟。周武王克殷，封高于毕(陕西咸阳西北)。成王时为太史。康王时命其分居里，管理东都成周，安定周郊。死于康王晚期。故本篇铭文之王，当是康王之子昭王。

昭王十四祀十一月丁卯(4)，王在毕，烝。本文推昭王元年是前1022年，则昭王十四祀是前1009年。该年十一月张表是癸巳(30)朔，错月是癸亥(60)朔，董谱是癸亥(60)朔，铭文丁卯(4)是初五，戊辰(5)是初六，皆非月相之日，故只用干支纪日。

● 不栺方鼎

唯八月既望戊辰，王在上侯应(位)，被(华)祼(灌)不栺，赐贝十朋。不栺敢拜稽首，敢扬王休，用作宝尊彝。(《集成》2735—2736)

按：上侯，地名或侯名。应，或释居，或释位，当以释居为妥。被祼不栺，此句意思不太好理解。或释作华灌，灌是灌祭，意思同样不好理解。不栺，显然是人名，而且是臣，疑不栺当是御祭者，因而才受到王十朋贝的赏赐。

铭文无王年记载。既望是十四日，干支是戊辰(5)，则某年八月是乙卯(52)朔。

四、穆王时期

● 长甶盉

唯三月初吉丁亥，穆王在下减应(居)，穆王郷(飨)豊(礼)，即丼伯、太祝射，穆₌王蔑长甶

[①] 陈梦家：《西周铜器断代》，第138页。

以速(徕)即井伯。(《集成》9455)

按：穆王是生称，所以本器是穆王时期的标准器。① 下减应(居)，地名，西周金文中多次见之。井伯，人名。太祝，西周职官名。长由，也是人名。来，读作徕，慰劳、慰勉。或释作差，训为择，恐非。

铭文无王年记载。初吉是初一朔，则穆王某年三月是丁亥(24)朔。本文推得穆王元年是前 1003 年，前 1002 年三月，张表、董谱皆是丙戌(23)朔，比铭文丁亥迟一日合历，则长由盉铭文所记历日符合穆王二年三月的历朔。比勘张表和董谱，长由盉铭文所记历日与穆王七年(前 997)三月错月也合历。

● 吕方鼎

唯五月既死霸，辰在壬午(19)，王饔(祼)口大室，吕徝(侍、延)于大室。(《集成》2754)

按：饔，此字有多种不同的解释，一般释作祼，即灌祭。吕，人名。徝，此字也有多种不同的解释，一般释作侍或延，或诞。本器也是穆王时期的标准器之一。

铭文无王年记载。既死霸是二十三日，干支是壬午(19)，则某年五月是庚申(57)朔。

● 静 簋

唯六月初吉，王在莽京。丁卯，王令静司射学宫，小子眔服、眔小臣及尸仆学射。雩八月初吉庚寅，王以吴来、吕刚……(《集成》4273)

按：莽京，陈梦家隶定为镐京，恐非是。郭沫若说是丰京，文王所都，西周五邑之一。静，人名。小子，同宗的年轻人或晚辈。服，人名。小臣，西周职官名。尸仆，也当是人名，可能是侍从者。以，当读作与。吴来、吕刚，也是人名。静还铸有静卣，见下文。小臣静卣是伪铭。② 静方鼎铭文也是伪铭，见下文。

铭文无王年记载。六月初吉是六月初一朔，丁卯(4)是六月初吉之后的某一日。八月初吉庚寅，则某年八月是庚寅(27)朔。本文推得穆王元年是前 1003 年，静簋铭文所记历日符合穆王元年六月和八月的历朔。

● 静 卣

唯四月初吉丙寅，王在莽京，王赐静弓，静拜頴首，敢对杨王休，用作宗彝。其子=孙=永宝

---

① 叶正渤：《金文标准器铭文综合研究》，第 130—133 页。
② 叶正渤：《小臣静卣铭文献疑》，《南京师大学报》1997 年第 2 期。

用。(《集成》5408)

按:荼京,即丰京,是文王所都,西周五邑之一。静,人名。

铭文无王年记载。初吉是初一朔,干支是丙寅(3),则某年四月是丙寅朔。

● 曶壶盖

唯正月初吉丁亥,王各于成宫。井公内(人)右曶。王乎尹氏册命曶曰……(《集成》9728)

按:郭沫若认为成宫本器仅见,成殆是人名。井公即井叔。曶,人名,即曶鼎之曶。又说:"此与曶鼎自是一人之器,或说曶鼎称'文考宂伯',此称'文考厘公',不得为一人。案:宂伯乃字,厘公乃号,不足异。又鼎言'更乃祖考司卜事',而此言'更乃祖考作冢司徒于成周八师',盖以太卜而兼司徒。"①尹氏,西周职官名。郭以曶鼎、曶壶盖及曶簋诸器皆为孝王时器。本文以为曶鼎铭文所记历日符合本文所推穆王元年六月的历朔,铭文言"王在周穆王大室,王若曰……",则穆王是生称,而非死谥,且即位之当年便建有大室。曶鼎是穆王时器,则曶壶盖以及曶簋也是穆王时器。

铭文无王年记载。初吉是初一朔,干支是丁亥(24),则某年正月是丁亥朔。

● 曶 簋

唯三(四)月初吉丙午,王令曶锡载巿、冋黄,㧙于旋。(《汇编》1915)

按:曶,人名,与曶鼎、曶壶盖铭文之曶当是同一人。载巿、冋黄(珩),服饰和玉佩。㧙,字书所无。旋,或隶作事,人名,西周金文有元年师事簋和五年师事簋,当即师事簋铭之事。

铭文无王年记载。初吉是初一朔,干支是丙午(43),则某年四月是丙午朔。

● 彧 簋

唯六月初吉乙酉,在堂(堂)自(师)。戎伐𢻫,彧達(率)有嗣(司)、师氏遣追御戎于槭林,搏戎𤞷(胡)。朕文母竞敏行,休宕氒心,用袭氒身,卑(俾)克氒啻(敌)。(《集成》4322)

按:简报作者从器物形制、花纹和铭文字体三方面分析认为这组铜器大部分制作于穆王时期。前之出土的伯彧铜器尚有录彧卣、录彧尊、录簋、录伯彧簋和伯彧簋等八件,且器形、花纹、造型作风与此相同,铭文字体亦如出一手。又有相同的人名伯彧和伯雍父,时间亦与伐淮夷有关,简报作者认为这两批铜器的伯彧应是同一人。堂,

---

① 郭沫若:《两周金文辞大系图录考释》,《郭沫若全集·考古编》卷八,第217页。

或释作堂,堂𠂤(师),地名,地望不详。叡,字书所无,根据语法关系也是地名。戜,或读如终。棫林,地名。《左传·襄公十四年》:"郑司马子蟜帅郑师以进,师皆从之,至于棫林,不获成焉。"《世本》:"桓公居棫林,徙拾(虢、郐间十邑)"。《史记·秦本纪》:"秦军走,晋兵追之,遂渡泾,至棫林(在泾西)而还。"即今陕西咸阳北泾阳县一带。搏,搏伐。戎𧻚,即戎胡。

铭文无王年记载。初吉是初一朔,干支是乙酉(22),则某年六月是乙酉朔。

● 戜方鼎

唯九月既望乙丑,在㙂(堂)𠂤(师)。王𠟭姜吏(使)内史友员锡戜玄衣、朱襮(襮)裣(衿)。戜拜稽首,对扬王𠟭姜休。(《集成》2789)

按:㙂𠂤,读作"堂师"。王𠟭姜,人名。内史,职官名。友员,人名。戜,人名。

铭文无王年记载。既望是十四日,干支是乙丑(2),则某年九月是壬子(49)朔。

● 懋尊、懋卣①

唯六月既望丁子(巳),穆王在奠(郑),蔑懋历,赐犬(绳)带。懋拜稽首,敢对扬天子休,用作文考日丁宝隣(奠)彝。

按:懋尊、懋卣的铭文行款有列有行,字体规整,首尾出锋,显示出西周早期铭文字体的特征。懋,人名,西周铜器铭文中首次出现。

铭文无王年记载。既望是十四日,干支是丁巳(42),则周穆王某年六月是壬辰(29)朔。吴镇烽根据器形、纹饰以及铭文字体,称"穆王在郑",以为懋尊、懋卣的时代当在穆王或共王初年。本文根据器形、纹饰、字体,尤其是铭文称"穆王在郑",此穆王肯定是生称,而非死谥,故将懋尊、懋卣的时代明确定在穆王之世。

● 竞簋

唯六月既死霸壬申,白屖父蔑御史竞历,赏金。竞扬白屖父休,用作父乙宝奠彝簋。(《集成》4134—4135)

按:白屖父,人名;伯,排行老大;屖,是其私名;父或甫,古代是成年男子的称呼。御史,西周职官名。竞,人名,担任御史之职。蔑历,或蔑……历,郭沫若说有勉励、嘉奖之义。对扬,或扬……休,是答扬某某赏赐的意思。陈梦家说竞铸有多件器物。②

---

① 吴镇烽:《懋尊、懋卣考释》,复旦大学出土文献与古文字研究中心网站2014年6月16日。
② 陈梦家:《西周铜器断代》,第120页。

铭文无王年记载。既死霸是二十三日,干支是壬申(9),则某年六月是庚戌(47)朔。

● 竞卣

唯白犀父以成𠂤(师)即东,命戍南夷。正月既生霸辛丑,在怀。白犀父皇竞,各于官。竞蔑历,赏竞章(璋)。对扬白休,用作父乙宝尊彝。子孙永宝。(《集成》5425)

按:白犀父,人名,也见于竞簋、县改(妃)簋铭文。父,后世写作甫,成年男子的称呼。成𠂤(师),当指驻扎于成地之师。成,陈梦家认为应是濮县的郕。① 南夷,南方的夷族及所居之地。怀,地名,师旅所经之地,也见于鄂侯驭方鼎铭文。王国维考证说是大怀山,位于河南省浚县境内。皇,美也,有赞美义。竞,即御史竞簋铭文里的御史竞。官,陈梦家说借作馆,馆舍。② 章,瑾璋之类,古代大臣朝见君王时手持的玉器。郭沫若说:"此器花纹形制与录伯㦰卣如出一范,决为同时之器无疑,疑犀父即㦰之字也。犀通夷,㦰,孙诒让谓字乃从戈冬声,孙说甚合义例,似信。名㦰字夷,王引之所谓'连类'之例也。"③

铭文无王年记载。既生霸是初九,干支是辛丑(38),则某年正月是癸巳(30)朔。

● 县改(妃)簋

唯十又二月既望,辰在壬午,伯犀父休于县改(妃)曰:……(《集成》4269)

按:白犀父,人名,也见于竞卣、竞簋等器铭文。县改(妃),也是人名。

铭文无王年记载。既望是十四日,辰在壬午(19),则某年十二月是己巳(6)朔。《大系》铭文作"唯十又三月既望,辰在壬午",细审铭文,二在月字之上,仍应读作十又二月,不应连月字上画读作三。金文中合书虽然比较普遍,但有些字明显分开书写的,则仍应分读。

● 善鼎

唯十又二月初吉,辰在丁亥,王在宗周。王各太师宫,王曰:……(《集成》2820)

按:宗周,镐京,武王所都,西周五邑之一。太师宫,宫室名。

铭文无王年记载。初吉是初一朔,日辰是丁亥(24),则某年十二月是丁亥朔。

---

① 陈梦家:《西周铜器断代》,第10页。
② 陈梦家:《西周铜器断代》,第119页。
③ 郭沫若:《两周金文辞大系图录考释》,《郭沫若全集·考古编》卷八,第149页。

● 遇 甗

　　唯六月既死霸丙寅,师雍父戍在古师,遇从。师雍父宛(爰)史(使)遇事于胡侯。(《集成》948)

　　按：师雍父、遇,从辵禹声,人名。师雍父是一个重要人物。古𠂤(师),地名,地望不详,是师雍父戍守之地。陈梦家隶作"由𠂤"。① 胡侯,人名。

　　铭文无王年记载。既死霸是二十三日,干支是丙寅(3),则某年六月是甲辰(41)朔。

● 臤 尊

　　唯十又三月既生霸丁卯,臤从师雍父戍于古𠂤(师)之年,臤蔑历,仲竞父赐赤金。(《集成》6008)

　　按：爰、师雍父、仲竞父,皆是人名。

　　铭文无王年记载。既生霸是初九,干支是丁卯(4),则某年十三月是己未(56)朔。该年是年终置闰。

● 㺇 簋

　　唯十又一月既望丁亥,王各于康大室,㺇(司)曰：朕光,尹周师右(佑),告㺇(司)于王。王或(又)赐(锡)㺇(司)仲(佩)、缁黻、朱衡,曰"用事"。㺇(司)拜稽首,对扬王休,用乍朕文考甲公宝奠簋。其夙夕用厥蒷香享。祀于厥百神,孙₌子₌其万年永宝用兹王休,其曰引勿替。

　　按：康大室,当是康宫大室之省。㺇,从二犬,从頤省,读若司 sī。《玉篇》有二义："狱官"、"察看",铭文用为人名。西周康王时有一件鲁侯㺇鬲,㺇是鲁侯的名字。其铭文曰："鲁侯㺇作彝,用飨鬻氒文考鲁公。"未知是否即同一人。尹,治也。

　　铭文无王年记载。既望是十四日,干支是丁亥(24),则某年十一月是甲戌(11)朔。

● 㺇 盘

　　唯四月初吉丁亥,王各于师禹父宫,㺇(司)曰：朕光,尹周师右(佑),告㺇于王。王锡㺇(司)佩、缁袚丝亢(衡)、金车、金簚。曰："用夙夕事。"㺇(司)拜稽首,对扬王休。用作朕文祖

---

① 陈梦家：《西周铜器断代》,第115—119页。

戉公盘盉,其孙=子=万年永宝用兹王休,其日引勿替。

按:獄,人名,又见于獄簋铭文。

铭文无王年记载。初吉是初一朔,干支是丁亥(24),则某年四月是丁亥朔。排比干支表,四月是丁亥(24)朔,则同年十一月就不可能是甲戌(11)朔,故此二器虽是同一人所铸,但所记历日不属于同一年份。

● 即 簋

唯王三月初吉庚申,王在康宫,各大室,定伯入右即,王乎命女赤巿、朱璜、玄衣、黹纯、銮旂。(《集成》4250)

按:简报作者说:"此即簋和师虎簋、豆闭簋的造型、纹饰全同,通体饰瓦纹,兽纽环耳。这种形制和纹饰见于昭穆之世和共王初期,在共王以后则流行一种与此相承的簋,腹部三分之二仍为瓦纹,颈部增饰一带纹,不做环耳。因此,即簋的时代当断在共王时期。作器者即,称其父为文考幽叔,与师朕似为一家。"

简报称即簋"造型、纹饰全同,通体饰瓦纹,兽纽环耳。这种形制和纹饰见于昭穆之世和共王初期",[①]结合师虎簋、豆闭簋铭文所记历日符合穆王世的历朔,所以,本文定即簋为穆王世器物。即簋与师毂鼎同出于一窖藏。师毂鼎铭文所记历日符合共王八祀正月丁卯日。即簋铭文无王年记载,只有月份、月相词语和干支。惟王三月初吉庚申,初吉是朔日,则穆王某年三月是庚申(57)朔。

另外,同出还有二件簋盖,作器者为恒,但是从形制、铭文字体、语例分析,简报作者认为属于西周中期共懿时期,尤其是铭文末尾的"世子孙"也流行于共懿时期同类铭文。同出的师朕钟铭文(只有后半截)有人物师朕、烈祖虢季宄公幽叔,皇考德叔。烈祖虢季宄公幽叔,很可能就是即簋铭文里的文考幽叔,则师朕是即的若干代后人。

● 大簋(大作大中簋)

唯六月初吉丁巳,王在奠(郑),蔑大历,锡刍騂牺,曰"用啻于乃考",大拜首稽首。(《集成》4165)

按:奠,读作郑,地名。西周时期有南郑、西郑。今本《竹书纪年》:"冬十月,筑祇宫于南郑。"《穆天子传》注引《纪年》"穆王元年,筑祇宫于南郑",又"穆王以下都于西郑"。南郑、西郑皆在周京畿之内。春秋以后又有新郑,即今河南省郑州南的新郑县。大,人名。陈梦家说:"此郑地之大与大簋、大鼎之大,时代相距甚远,决非一人。大指

---

① 吴镇烽、雒忠如:《陕西省扶风县强家村出土的西周铜器》,《文物》1975年第8期。

'皇考大中'与盨之'文考大中'是一人,故大与盨应是兄弟,故隶于共世。"[①]1955 年 3 月出土于陕西眉县车站乡东李村的盨诸器,见郭沫若《盨器铭考释》,《考古学报》1957 年第 2 期。陈梦家将其置于共王世,郭沫若、唐兰置于懿王世,也有人将其置于穆王世。本文研究认为应置于穆王世。既然本篇铭文之大与盨是兄弟行,则也应置于穆王之世。㣇骍犅,豢养的赤色特牛,专供祭祀之用。啻,同禘,禘祭,大合祭。

铭文无王年记载。初吉是初一朔,干支是丁巳(54),则某年六月是丁巳朔。

● 君夫簋盖

> 唯正月初吉乙亥,王在康宫大室。王命君夫曰:"覿(续)求乃友。"君夫敢敏扬王休。(《集成》4178)

按:康宫大室,位于康宫的大室。君夫,人名,郭沫若说当是穆王时司徒君雅。覿,郭沫若以为即《周礼》鬻字,《说文》训见,段玉裁谓即觏字。覿求,读为续求,求,敛聚也。[②] 敏扬,犹对扬、答扬。

铭文无王年记载。初吉是初一朔,干支是乙亥(12),则某年正月是乙亥朔。

● 伊 彝

> 六月初吉癸卯,伊㚢祉(侍)于辛吏,伊㚢赏辛事(吏)秦金,用作父□奠彝。(《集成》10582)

按:伊㚢,人名。辛吏,也是人名,当是伊㚢的上司或长辈。伊㚢赏辛吏秦金,杨树达曰:"细思之,知此文赏字乃文法表被动之形,故'伊㚢赏辛吏金'者,谓伊㚢见赏于辛吏以金也。"类似的例子也见于鬲尊、麦尊铭文。秦金,秦字从杨树达释。[③] 根据语法特征,暂定于穆王时期。

铭文无王年记载。初吉是初一朔,干支是癸卯(40),则某年六月是癸卯朔。

● 周乎卣

> 唯九月既生霸乙亥,周乎铸旅宗彝,用享于文考庚仲,用匄永福,孙₌子₌其永宝用。(《集成》5406)

按:周乎,人名。匄,祈也、求也。根据器形和纹饰,暂置于穆王时期。

铭文无王年记载。既生霸是初九,干支是乙亥(12),则某年九月是丁卯(4)朔。

---

① 陈梦家:《西周铜器断代》,第 169 页。
② 郭沫若:《两周金文辞大系图录考释》,《郭沫若全集·考古编》卷八,第 134 页。
③ 杨树达:《积微居金文说》,第 112 页。

夹伯壶盖

唯正月初吉庚寅,王在[禹]父宫,锡夹伯矢束、素丝束,对扬王休,用作饙壶。(《集成》9702)

按:禹父,人名;[禹]父宫,禹父之宫室。夹伯,人名。暂置于穆王之世。

铭文无王年记载。初吉是初一朔,干支是庚寅(27),则某年正月是庚寅朔。

夹簋

唯十又一月既生霸戊申,王在周康宫,乡(飨)醴。夹御,王蔑乎(其)老夹历。(《汇编》1958—1959)

按:周康宫,铭文中常见周王于此接见贵族和大臣。夹,人名,字迹不清,或隶作"老"。御,侍御。蔑历,勉励、嘉奖之义。结合器形纹饰,器口沿下饰长尾形鸟纹,器身平素,下腹外鼓,双耳上端饰兽首,因暂置于穆王之世。

铭文无王年记载。既生霸是初九,干支是戊申(45),则某年十一月是庚子(37)朔。

匍盉

唯四月既生霸戊申,匍即于氐。青(邢)公吏(使)嗣(司)史(使)完曾(赠)匍于(以)束麀冟、韦(韋)两、赤金一匀(钧)。匍敢对扬公休,用乍宝奠彝,其永用。(《汇编》62)

按:匍,人名,据考证是应国的使者。氐,地名,当是邢国地名。青(邢)公,也是人名。司史(使)完,人名,担任司使之职。麀冟、韦(韋),鹿皮衣物。

铭文无王年记载。既生霸是初九,干支是戊申(45),则某年四月是庚子(37)朔。

季姬方尊

唯八月初吉庚辰,君命宰弔(叔)易(锡)帠季姬畋(甸)臣丰空桑,厥师夫曰丁……(《汇编》364)

按:君,指周王王后。宰叔,人名,担任宰之职。锡,赐也。帠,或说是地名。季姬,季,伯仲叔季之季,排行最小,姬,女性用字,则季姬是嫁于帠君的小女儿。畋,读作甸,甸臣,职掌农事的臣工。空桑,地名,李学勤引《帝王世纪》云伊尹"生于空桑",曰在今河南杞县西,即旧陈留南,与帠(济阳)邻近。师,李学勤曰当读如长,夫,一夫的合文,丁是人名,即师一夫,也即宰叔所赐之甸臣之长名曰丁。器形纹饰等具有穆王时特征。

铭文无王年记载。初吉是初一朔,干支是庚辰(17),则某年八月是庚辰朔。本文研究认为穆王元年是前1003年,穆王在位55年。据此查检张表,前960年八月是庚辰(17)朔,董谱同,则该年是穆王四十四年。

● 闻 尊

惟十月初吉,辰在庚午,师多父令□于周,曰:"余学事女母不善,虞朕采达田外臣仆,女母又一不闻,蔑历,赐马乘盉卣二。"闻拜稽首,扬对朕皇尹休,用作朕文考宝宗彝,孙=子=其万年永宝。

按:师多父,人名,担任师之职。闻,也是人名。据器形粗矮、垂腹,颈部饰长尾鸟纹等特征来看,暂定于穆王时期。

铭文无王年记载。初吉是初一朔,辰在庚午(7),则某年十月是庚午朔。

● 舲 簋

隹正月初吉丁丑,昧爽,王在宗周,各大室,溓叔右舲,即立中廷,作册尹册命,易緣(鸾),令邑于奠(郑),讯讼,敢征五孚,舲对扬王休,用作朕文且(祖)丯中宝簋,世孙子其永宝用。①

按:本器未见著录。张光裕说:"癸未十一月喜见西周舲簋乙器,是器完好,带盖,两耳上饰兽首,下附短耳,盖及口沿前后各饰两对回首夔龙。盖器对铭,各六十三字。"又曰:"自器形、花纹、铭文字形及内容审视,该簋当属西周中晚期器。"舲,张光裕隶作从并从令,读作并。细审所录拓片字形,当是从舟从令。铭文是作器者人名。张文未提供器形和全部铭文拓片,仅录了几个字形的局部拓片。本书据字形及铭文推测当是西周穆王时器,故列于此。

铭文无王年记载。初吉是初一朔,干支是丁丑(14),则某王某年正月是丁丑朔。

● 旅伯簋

隹正月初吉辛未,王客奠(郑)宫,王易旅伯贝十朋。

按:本器也未见著录,张光裕在《读新见西周舲簋铭文札迻》一文中提及。客,读作各,入也。奠,读作郑,郑宫,当是位于郑的宫室。前举大簋铭文有"王在郑"之语,可资参阅。

---

① 张光裕:《读新见西周舲簋铭文札迻》,《古文字研究》第25辑,第174—177页。

五、共王时期

● 元年师旋簋

　　　　唯王元年四月既生霸,王在淢居。甲寅,王各庙,即位。遅公入佑师旋,即立(位),立中廷。(《集成》4279—4282)

　　按:本书推得元年师事簋和五年师事簋皆是共王时期器物。

　　既生霸是初九,铭文无月相词语,则某王元年四月既生霸之日,王在淢居。甲寅(51)并不是既生霸这一日,而是既生霸之后的某日。以往多误解,遂将本篇铭文也置于四要素铭文之内,误甚。

● 七年趞曹鼎

　　　　唯七年十月既生霸,王在周般宫。旦,王各大室,丼白入右趞曹,立中廷,北乡。(《集成》2783)

　　按:周,位于成周洛邑王城以东约二十里地。般宫,宫室名。丼白,人名,西周金文中多见,恐怕不是同王世,也不是同一个人。趞曹,也是人名,又见于十五年趞曹鼎铭文。共王七年十月既生霸,既生霸是初九,但既生霸之后无干支纪日。由此也说明既生霸等月相词语是定点的,指太阴月中固定而又明确的一日。若不是定点的,尽管就在当时也不知道所指是何日。十五年趞曹鼎是共王时的标准器,则本器也应属于共王时期器物。[①]

　　本文推得共王元年是前948年,共王七年就是前942年。该年十月张表是甲子(1)朔,董谱同,则铭文十月既生霸是壬申(9)。

● 师汤父鼎

　　　　唯十又二月初吉丙午,王在周新宫,在射庐。王乎宰雁:"锡盛弓、象弭,矢志、彤橺。"师汤父拜稽首。(《集成》2780)

　　按:周新宫,位于周的新建之宫。新宫之名也见于十五年趞曹鼎铭文。郭沫若曰:"此铭文辞字迹款式俱类趞曹鼎第二器,二器俱有新宫,新宫者盖新建之宫,决为同时之器无疑。"[②] 射庐,习射之建筑物,有顶无墙。陈梦家说:"周新宫见趞曹鼎二、师

[①] 参阅叶正渤《金文标准器铭文综合研究》第164—166页,线装书局2010年版。
[②] 郭沫若:《两周金文辞大系图录考释》,《郭沫若全集·考古编》卷八,第157页。

遽簋、师汤父鼎诸器,射庐见后二器和匡卣。凡有新宫、射庐之称者多共、懿时器。"①宰雁,人名,担任宰之职。师汤父,也是人名,担任师之职。此人也见于仲枏父簋、鬲、甗铭文,当是同一人。

铭文无王年记载。初吉是初一朔,干支是丙午(43),则某年十二月是丙午朔。

● 豆闭簋

> 唯王二月既眚霸,辰在戊寅,王各于师戏大室,丼白入右豆闭。(《集成》4276)

按:师,西周职官名;戏,是人名,担任师之职。师戏大室,则是师戏家的宫室。丼伯,人名,是西周中期一位重要的人物。郭沫若曰"此铭亦有丼伯",且疑师戏即师虎。② 豆闭,也是人名。陈梦家说:"此器与前器(指师虎簋)都是全部瓦纹,环耳,原有盖。此等形制纹饰,见于穆王时并共王初期。"③陈梦家定师虎簋及本器皆为共王时器,但本文推得师虎簋铭文所记历日符合穆王世的历朔,而本器的形制花纹与其相同,当也属于穆王之世。

铭文无王年记载。既生霸是初九,辰在戊寅(15),则某年二月有可能是庚午(7)朔。

● 师毛父簋

> 唯六月既生霸戊戌,旦,王各于大室。师毛父即位,丼伯佑,内史册命:"锡赤市。"(《集成》4196)

按:师毛父,毛父是人名,担任师之职。丼伯,人名,主要活动在西周中期。内史,西周职官名。郭沫若、陈梦家根据铭文中有丼伯这个人物以及铭文体例、纹饰形制等定本器为共王时器。

铭文无王年记载。既生霸是初九,干支是戊戌(35),则某年六月是庚寅(27)朔。

● 师奎父鼎

> 唯六月既生霸庚寅,王各于大室,嗣(司)马丼伯右师奎父,王乎内史驹册命师奎父。(《集成》2813)

按:司马丼伯,丼伯是人名,担任司马之职。师奎父,也是人名,担任师之职。内史驹,内史是西周职官名,驹是人名,担任内史之职。郭沫若曰:"据此器及走簋足征

---

① 陈梦家:《西周铜器断代》,第162页。
② 郭沫若:《两周金文辞大系图录考释》,《郭沫若全集·考古编》卷八,第171页。
③ 陈梦家:《西周铜器断代》,第152页。

井伯乃共王时司马。"①陈梦家说:"此与以下走簋及师瘨簋盖都是司马井伯为佑者,走簋作于十二年,是共王十二年前后井伯已是司马之官,异乎以前五器的但称佑者井伯。"他继而又从花纹形制方面论证说:"此器形制及顾龙式花纹,同于以下的趞曹鼎二,当作于共王十二年至十五年间。"②

铭文无王年记载。既生霸是初九,干支是庚寅(27),则某年六月是壬午(19)朔。

● 师瘨簋盖

唯二月初吉戊寅,王在周师司马宫,各大室,即位,司马井伯亲右师瘨入门立中廷。(《集成》4283—4284)

按:周师,职官名。司马宫,宫室名,根据铭文很可能是司马井伯亲家的宫室。司马井伯亲,人名,担任司马之职,此名也见于走簋铭文。师瘨,人名,担任师之职。

铭文无王年记载。初吉是初一朔,干支是戊寅(15),则某年二月是戊寅朔。

● 师虎鼎

唯王八祀正月,辰在丁卯,王曰:"师虎,汝克尽乃身,臣朕皇考穆=王。"(《集成》2830)

按:铭文"王曰:'师虎,汝克尽乃身,臣朕皇考穆=王……'",王称皇考穆王,则时王一定是穆王之子共王,故本器也是共王时期的标准器之一。③

唯王八祀正月,辰在丁卯(4),共王八年正月丁卯(4)这一日。本文推得共王元年是前948年,共王八祀就是前941年。前936年正月张表、董谱皆是癸巳(30)朔,错月是癸亥(60)朔,丁卯(4)是初五。初五非定点月相日,故只用干支纪时,符合西周铭文的纪时体例。

● 卫 簋

唯八月初吉丁亥,王客(各)于康宫,荣伯佑卫,内(入)即位,王曾(增)令卫。(《集成》4209—4212)

按:康宫,宫室名,康,宁也,最早见于成王时期的矢令方彝铭文。荣伯,人名。卫,也是人名。二十七年卫簋铭文所记历日符合穆王二十七年三月的历朔,则本卫簋也应属于穆王或其后共王之世的器物。

铭文无王年记载。初吉是初一朔,干支是丁亥(24),则某年八月是丁亥朔。

---

① 郭沫若:《两周金文辞大系图录考释》,《郭沫若全集·考古编》卷八,第174页。
② 陈梦家:《西周铜器断代》,第153页。
③ 参阅叶正渤《金文标准器铭文综合研究》,第160—163页。

● 永 盂

> 隹十又二年初吉丁卯,益公入即命于天子,公乃出厥命,锡畀师永厥田:阴阳洛,疆眔(沓)师俗父田,厥眔(暨)公出厥命井伯、荣伯、尹氏、师俗父、遣仲,公乃命酉司徒□父,周人司空(尸自)、(亚文)史、师氏、邑人奎父、毕人师同,付永厥田。(《集成》10322)

按:益公,人名,西周铜器铭文中多次出现。师永,人名,担任师之职。铭文中还有许多人名,对同时期铜器铭文的历史断代很有帮助,因录之。

铭文只有王年、月相词语和干支,漏刻了月份,很遗憾,难以确定其具体时间。初吉是初一朔,干支是丁卯(4),则某王十二年某月是丁卯朔。本文推得共王元年是前948年,则共王十二年是前937年。该年七月,张表是丁卯(4)朔,董谱五月、七月皆是丁卯朔,则永盂铭文所记历日很可能是共王十二年七月初吉丁卯。

● 申簋盖

> 唯正月初吉丁卯,王在周康宫,各大室,即位。益公入右申[立]中廷,王命尹册命申。(《集成》4267)

按:周康宫,位于洛邑王城以东约二十里周的宫室名。益公,人名,主要见于西周中期偏早的盠驹尊、盠方彝、永盂、走马休盘等器铭文中,约当穆王、共王时期。申,也是人名。

铭文无王年记载。初吉是初一朔,干支是丁卯(4),则某年正月是丁卯朔。

● 弭伯簋(弭伯师耤簋)

> 唯八月初吉戊寅,王格于大室,荣伯入,右师耤,即立。中庭……弭伯用乍奠簋。(《集成》4257)

按:荣伯,人名。陈梦家说荣伯也见于卫簋、永盂、辅师嫠簋、康鼎、同簋、卯簋、敔簋等器铭文,可能是同一人。[①] 师耤,人名,担任师之职。弭伯,也是人名。《记陕西蓝田县出土的西周铜簋》一文作者谓:"根据此簋的形制、花纹、铭文及其与弭叔簋的关系来看,乃宣王时器。"卫簋、永盂是穆、共时人,因此,此说恐非。

铭文无王年记载。初吉是初一朔,干支是戊寅(15),则某年八月是戊寅朔。

[①] 陈梦家:《西周铜器断代》,第196页。

● 卯簋盖

　　唯王十又一月既生霸丁亥,荣季入佑卯,立中廷,荣伯乎令(命)卯曰……(《集成》4327)

　　按:荣季,人名。卯,也是人名。荣伯,人名。

　　铭文无王年记载。既生霸是初九,干支是丁亥(24),则某年十一月是己卯(16)朔。

● 康　鼎

　　唯三月初吉甲戌,王在康宫,荣伯入右(佑)康。王令:"死嗣(尸)王家,锡汝幽黄、攸勒。"(《集成》2786)

　　按:康宫,宫室名。荣伯,人名。陈梦家曰:"懿王以前鼎足皆作圆柱形,腹底部近乎平,腹底径大于口径。至懿王时师汤父鼎开始变圆柱足为马蹄形足,但腹形未变。至康鼎则足部已具马蹄形而腹部收尖,成为此后锅形腹马蹄形足的鼎的先导。此鼎项下一带花纹作纠抱式,开后来史颂簋式花纹的先河。"①

　　铭文无王年记载。初吉是初一朔,干支是甲戌(11),则某年三月是甲戌朔。

● 同簋盖

　　唯十又二月初吉丁丑,王在宗周,各于大庙。荣伯右(佑)同立中廷,北向。(《集成》4270—4271)

　　按:宗周,镐京旧都,此处有周王室的大庙。荣伯,人名。同,也是人名。

　　铭文无王年记载。初吉是初一朔,干支是丁丑(14),则某年十二月是丁丑朔。

● 应侯见工簋

　　唯正月初吉丁亥,王在羼,乡(飨)醴(酒),应侯见工友赐玉五瑴(珏)。(《集成》78—79)

　　按:羼,地名,地望不详。应侯见工,应侯,应国之侯;见工,应侯名。《左传·僖公二十四年》:"昔周公弔二叔之不臧(臧,善也),故封建亲戚以蕃屏周。管、蔡、郕、霍、鲁、卫、毛、聃、郜、雍、滕、毕、原、酆、郇,文之昭也。邗、晋、应、韩,武之穆也。"杜预注:"应国在今父城县西南。"故城在今河南宝丰县西南。应侯当是武王之子应侯的后裔。右者荣伯,其人也见于永盂、康鼎、卯簋、敔簋和同簋等铭文中,皆当是共王时器物。②

---

①　陈梦家:《西周铜器断代》,第221页。
②　参阅韧松、樊维岳:《记陕西蓝田县新出土的应侯钟》,《文物》1975年第10期。

铭文无王年记载。初吉是初一朔,干支是丁亥(24),则某年正月是丁亥朔。

● 应侯见工钟

唯正二月初吉,王归自成周,应侯见工,遗(遗)王于周。辛未,王各于康,荣伯入,右应侯见工,锡彤(彤弓)一,彤(彤矢)百,马。

按:正,表示周正,疑是"王"字的笔误,或是"惟王二月初吉"。应侯见工,应侯,应国之侯;见工,应侯名。应侯还铸有一件应侯见工簋。铭文曰:"周正二月初一,王归自成周。辛未(8),王各于康(宫)。"

● 吕服余盘

隹(唯)正二月初吉甲寅,备中内(仲入)右吕服余。(《集成》10169)

按:备仲,人名。吕服余,也是人名。伯吕还铸有一件伯吕盨,其铭文曰:"唯王元年六月既眚霸庚戌,伯吕又作旅盨,其子子孙孙万年永宝用。"其纪年符合共王元年的历朔。

铭文无王年记载。初吉是甲寅(51),则某年正二月是甲寅朔。正,可能是"王"字的误写,也可能是指周正之正,表明所用的历法是周正,而不是殷正或其他。

● 格伯簋

唯正月初吉癸巳,王在成周,格伯爰良马乘于倗生(甥),厥贮(价)卅田。(《集成》4262—4265)

按:郭沫若曰:"倗生与望簋之宰倗父殆系一人,以能以三十田租求良马,且与格伯发生关系,必非寻常之人。"[①] 格伯,人名,铸有格伯簋等多件器物。爰,义同摽,给予。倗生,也是人名,又见于异仲壶铭文。

铭文无王年记载。初吉是初一朔,干支是癸巳(30),则某年正月是癸巳朔。本文推得共王元年是前948年,共王八年(前941年)正月,张表、董谱皆是癸巳(30)朔,且整个共王世只有这一年正月是癸巳朔,完全合历,则格伯簋铭文所记符合共王八年正月的朔日。

● 卻朐簋

唯元年三月丙寅,王各于大室,康公佑卻朐,锡戠衣、赤吕市。(《集成》4197)

---

① 郭沫若:《两周金文辞大系图录考释》,《郭沫若全集·考古编》卷八,第181页。

按：陈梦家说本器纹饰近于师瘨簋盖和五年师事簋，故此器宜在共王元年。康公，陈梦家疑是共王时期的密康公。①

铭文无月相词语。某王元年三月丙寅(3)这一日。

● 宆 鼎

唯王九月既望乙巳，遣仲令宆瓢(摄)嗣(司)奠(郑)田，宆拜頴首，对扬遣仲休。(《集成》2755)

按：遣仲，人名。宆，也是人名，字书所无，或隶作穿。暂定于西周共王时期。

铭文无王年记载。既望是十四日，干支是乙巳(42)，则某王某年九月是丁酉(34)朔。

● 冉 簋

唯王十又一月初吉丁亥，王在姑。王弗望(忘)应公室。歠宔冉身，锡贝卅朋、马三匹。冉对扬王不显休宔，用作文考厘公奠彝。(《汇编》1606)

按：冉簋，与近年新出土的冉簋同名，但是铭文不同。② 姑，当是地名。应公，人名。歠宔，前一字疑是肈字的或体，后一字铭文中常见，当读如休，赐也。冉，人名。歠宔冉身，疑有王对冉多所宠爱赏赐之义。

铭文无王年记载。初吉是初一朔，干支是丁亥(24)，则某年十一(二)月是丁亥朔。

六、懿王时期

● 匡卣、尊

唯四月初吉甲午，懿王在射庐，作兔罝。(《集成》5423)

按：铭文"懿王在射庐"，此懿王是生称，本器是懿王时的标准器之一。③ 兔罝，椓杙(钉桩)布网守兔。

铭文无王年记载。初吉是初一朔，干支是甲午(31)，则某年四月是甲午朔。

● 免 簠

唯三月既生霸乙卯，王在周，令免作司徒，司奠(郑)还蔷(廩)。(《集成》4626)

---

① 陈梦家：《西周铜器断代》，第175页。
② 吴振武：《新见西周冉簋铭文释读》，《史学集刊》2006年第2期。
③ 参阅叶正渤：《金文标准器铭文综合研究》，第167、168页。

按：周，位于成周洛邑王城以东约二十里地。免，人名。司徒，西周职官名。司，负责、掌管。郑，地名。关于西周时郑之地望，陈梦家在《西周铜器断代》中论之甚详，可资参阅。① 免还铸有簋、尊、卣、盘等几件器物。免簋之铸在前。

铭文无王年记载。既生霸是初九，干支是乙卯(52)，则某年三月是丁未(44)朔。

● 免　尊

　　唯六月初吉，王在奠(郑)。丁亥，王各大室，丼叔右(佑)免，王蔑免历，令史懋。(《集成》6006)

按：郑，地名。丼叔，人名，与丼伯并不是一人，也不是同时代之人。陈梦家在《西周铜器断代》一书中论之甚详，可资参阅。② 免，人名。史懋，人名，担任史之职，也见于史懋壶铭文，当是同时期之人。

铭文无王年记载。初吉是初一朔，但丁亥(24)并非是初吉，而是初吉之后的某一日。

● 免　卣

　　唯六月初吉，王在奠(郑)。丁亥，王各大室，丼叔右(佑)免，王蔑免历。(《集成》5418)

按：铭文、纪时与免尊相同。

● 伯姜鼎

　　唯正月既生霸庚申，王在旁京隩宫，天子泳宝(休)伯姜，赐贝百朋。(《集成》2791)

按：隩宫，宫室名。伯姜，人名，受王赏赐者。本篇铭文中王和天子之称同时出现，可见是同一人。

铭文无王年记载。既生霸是初九，干支是庚申(57)，则某年正月是壬子(49)朔。

● 史懋壶

　　唯八月既死霸戊寅，王在菶京隩宫，亲令史懋路筭，咸。王乎伊伯锡懋贝。(《集成》9714)

按：菶京，地名，即丰京，文王所都，西周五邑之一。隩宫，宫室名，也见于伯姜鼎铭文。史懋，人名，担任史之职，也见于免尊诸器铭文。伊伯，人名，担任尹之职。

---

① 陈梦家：《西周铜器断代》，第180页。
② 陈梦家：《西周铜器断代》，第178页。

铭文无王年记载。既死霸是二十三日,干支是戊寅(15),则某年八月是丙辰(53)朔。

● 守宫盘(守宫尊)

唯正月既生霸乙未,王在周,师光守宫事,裸周师,不(丕)杯(丕),锡守宫丝束。(《集成》10168)

按:周师,职官名。周师光守宫,人名,担任师之职。据陈梦家说,守宫也可能是由守卫宫闱而设立的职官。守宫还铸有觥、鸟尊、卣、爵等几件器物。郭沫若将守宫诸器置于懿王世,陈梦家因之。裸,灌祭。

铭文无王年记载。既生霸是初九,干支是乙未(32),则某年正月是丁亥(24)朔。

● 小臣守簋盖

唯五月既死霸辛未,王事(使)小臣守事(使)于夷,宾(傧)马两,金十钧,守敢对扬天子休令。(《集成》4179—4181)

按:小臣,西周职官名。守,人名,担任小臣之职。此小臣守疑与守宫盘铭文里的守是一人。宾,读作傧,有赏赐义。铭文既称"王使小臣守使于夷",继而又称"守敢对扬天子休令",可见王和天子是同一人,不可视为二人。

铭文无王年记载。既死霸是二十三日,干支是辛未(8),则某年五月是己酉(46)朔。

● 弭叔盨盖(弭叔作叔班盨)

唯五月既生霸庚寅,弭叔作叔班旅盨,其子子孙孙永宝用。(《集成》4430)

按:弭叔,人名,叔是排行,第三。弭叔铸有盨、簋、鬲、匜等多件器。班,也是人名,称叔班,其排行是第三。弭叔诸器先后出土于陕西蓝田县寺坡村,寺坡村当是弭叔氏的封地。

铭文无王年记载。既生霸是初九,干支是庚寅(27),则某年五月是壬午(19)朔。

● 弭叔簋(弭叔师察簋)

唯五月初吉甲戌,王在荟,各于大室,即立中廷,井叔入佑师察。王乎尹氏册命师察。(《集成》4253—4254)

按:"甲"字之外还有一口,与兮甲盘之甲写法相同,乃商代甲骨文"甲"字一种写法的遗留。荟,即荟京之省称。井叔,人名,是西周早中期一个重要人物。师察,人名,担任师之职。

铭文无王年记载。初吉是初一朔,干支是甲戌(11),则某年五月是甲戌朔。

● 蔡簋

唯元年既望丁亥,王在减应(居)。旦,王各庙即位,宰曶入右蔡,立中廷,王乎史岺册令蔡。(《集成》4340)

按:减应(居),地名,下减,见于穆王时的长由盉铭文。宰曶,人名,担任宰之职。与曶鼎铭文里的曶当是一人,则本器应属于懿王时期或稍后,郭沫若定为夷王之世器。此人名字又见于大师虘簋铭文。大师虘簋铭文所记历日符合夷王十二年正月的历朔。与厉王十二年正月的历朔也合。蔡,也是人名。史岺,或释作史微,也是人名,担任史之职。

铭文漏记月份,只有王年、月相词语和干支,既望是十四日,干支是丁亥(24),则某王元年某月是甲戌(11)朔。本文推得懿王元年是前928年,该年八月张表、董谱皆是甲戌(11)朔,抑或蔡簋铭文所记历日就是懿王元年八月,据此亦证明懿王元年就是前928年。

● 瘨鼎

唯三年四月庚午,王在丰,王乎虢叔召瘨,赐驹两,拜稽[首,敢对扬天子休]。(《集成》2742)

按:丰,地名,文王所建之都,又称丰京。虢叔,人名,虢是姓氏,叔是排行第三。瘨,人名。瘨还铸有三年瘨壶、四年瘨盨、十三年瘨壶等器。铭文漏刻"首敢对扬天子休"一行。

铭文无王年记载,亦无月相词语纪时。某王三年四月庚午(7)日。本文推得懿王元年是前928年,懿王三年是前926年,该年四月张表是甲午(31)朔,董谱同,该月无庚午(7)。错月是甲子(1)朔,庚午是初七。三年瘨壶铭文所记历日符合懿王三年九月的历朔,四年瘨盨铭文所记历日符合懿王四年二月的历朔。

● 三年瘨壶

唯三年九月丁巳,王在奠(郑),乡(飨)豊(礼),王乎虢叔召瘨,赐羔俎。己丑,王在句陵。(《集成》9726—9727)

按:奠,读作郑,地名。乡礼,燕飨之礼。虢叔,人名,叔是排行老三。召,召见。瘨,也是人名。三年瘨壶与四年瘨盨出土于同一窖藏,因此,两器之主人瘨当是同一人。瘌还铸有四年瘌盨、十三年瘌壶等器,详见发掘简报。本文推得三年瘌鼎铭文所记历日符合懿王三年四月的历朔,四年瘌盨铭文所记历日符合懿王四年二月的历朔。懿王三年是前926年,该年九月张表是壬戌(59)朔,错月是壬辰(29)朔,铭文九月丁巳(54)是九月二十六日。

懿王三年九月丁巳(54)这一日。

● 扬 簋

  唯王九月既省(生)霸庚寅,王在周康宫。旦,各大室,即位。司徒单伯入右扬。王乎内史史岜册令扬。王若曰……(《集成》4294—4295)

  按:周康宫,位于成周洛邑王城以东约二十里。司徒单伯,人名,担任司徒之职。扬,也是人名。内史史岜,人名,担任内史之职,或单称史,见蔡簋铭文,或隶作史年、史先、史微。谏簋铭文所记历日符合夷王之世,本篇铭文也有史年之官,则也当置于夷王世。

  铭文无王年记载。既生霸是初九,干支是庚寅(27),则某年九月是壬午(19)朔。

● 燮 簋

  唯八月初吉庚午,王令燮在(缁)市、旅(旗)。对扬王休,用乍宫仲尊器。(《集成》4046)

  按:燮,人名。陈梦家说:"懿王弟燮为夷王,此或为太子时之器乎?"①陈说"弟燮",当是懿王子燮之误。《史记·周本纪》:"孝王崩,诸侯复立懿王太子燮,是为夷王。"缁市,黑色的韨,即蔽膝。旅(旗),鸾旗,画有鸾鸟的旗帜。宫仲,当是受器者人名。

  铭文无王年记载。初吉是初一朔,干支是庚午(7),则某年八月是庚午朔。

● 师𧽯鼎

  唯九月初吉庚寅,师𧽯作文考圣公、文母圣姬奠鼎,其万年,子孙永宝用。支(《集成》2713)

  按:师𧽯,𧽯,读yin,人名,担任师之职。
  铭文无王年记载。初吉是初一朔,干支是庚寅(27),则某王某年九月是庚寅朔。

● 师𧽯鬲

  唯九月初吉庚寅,师𧽯作文考圣公、文母圣姬奠鼎,其万年子孙永宝用。支(《集成》745)

---

① 陈梦家:《西周铜器断代》,第203页。

按：铭文与师趛鼎相同。

● 昌鼎

唯七月初吉丙申，晋侯令昌（曐）追于倗，休，又（有）禽。侯厘曐。(《汇编》1445)

按：晋侯，侯名，晋国之侯。昌，或隶作曐，人名。倗，古地名，也是方国名。据考证，古倗国位于山西运城绛县横水镇横北村一带。禽，通擒，擒获。厘，通赉，赏赐。《诗·大雅·江汉》："厘尔圭瓒，秬鬯一卣。"

铭文无王年记载。初吉是初一朔，干支是丙申(33)，则某年七月是丙申朔。

● 殷鼎

唯正月既生霸丁亥，王在西宫。王令寝锡殷大鼎，殷拜稽首，敢对扬天子丕显休。(《汇编》1446)

按：铭文字迹不清，暂隶作寝，人名。殷，也是人名，字书所无。暂置于懿王时期。

铭文无王年记载。既生霸是初九，干支是丁亥(24)，则某年正月是己卯(16)朔。

● 殷簋

唯王二月既生霸丁丑，王在周新宫，王各大室，即立（位）。士戍右殷，立中廷……(《汇编》840—841)

按：周新宫，位于周的新宫。士戍，人名。右，佑也，导引、傧佑。殷，也是人名。

铭文无王年记载。既生霸是初九，干支是丁丑(14)，则某年二月是己巳(6)朔。

● 楚簋

唯正月初吉丁亥，王各于康宫，仲倗父入佑楚，立中廷，内史尹氏册命楚。(《集成》4246—4249)

按：仲倗父，人名。楚，也是人名。

铭文无王年记载。初吉是初一朔，干支是丁亥(24)，则某年正月是丁亥朔。

七、孝王时期

● 伯鲜鼎

唯正月初吉庚午，伯鲜作旅鼎，用享孝于文祖，子═孙═永宝用。(《集成》2663—2666)

按：伯鲜，人名。陈梦家定伯鲜组器为孝王时。①

铭文无王年记载。初吉是初一朔，干支是庚午(7)，则某年正月是庚午朔。

● 伯鲜甗

唯正月初吉庚午，伯鲜作旅献(甗)，子孙永宝用。(《集成》940)

按：铭文纪时与伯鲜簋铭文相同，为同时所铸。

● 鲜 钟

唯囗月初吉囗寅，王在成周司土(徒)淲宫，王赐鲜吉金，鲜拜稽首……(《集成》143)

按：成周，即成周洛邑。司徒淲宫，淲是人名，担任司徒之职；司徒淲宫，司徒淲家的宫室。鲜，人名，即伯鲜鼎、伯鲜甗铭文里的伯鲜。

铭文无王年记载。初吉是初一朔，干支字锈蚀不清，疑是丙寅(3)，则某月是丙寅朔。

● 仲偁父鼎

唯正五月初吉丁亥，周伯边及仲偁父伐南淮尸(夷)，俘金，用作宝鼎，其万年子孙永宝用。(《集成》2734)

按：周伯边、仲偁父，皆是人名。陈梦家说"仲偁父与仲柟父是一人，乃师汤父的有司。"并定本器与中义父组、函皇父组铜器皆为孝王时器。② 南淮夷，位于今河南东南部、安徽中部淮河上中游一带。陈絜在《"仲偁父鼎"补释及相关历史问题》一文中认为，铭文中的周字是噩字的误释，器主应为噩伯边，器名应定为噩伯边鼎，噩国位于济南附近，原来定西周中期器物，当断于西周晚期更妥，极有可能是厉宣之世的器物。③

铭文无王年记载。初吉是初一朔，干支是丁亥(24)，则某王某年五月是丁亥朔。

● 大矢始鼎

唯三月初吉甲寅，王在穌宫，大矢始锡友(日)獸(胡)。王在华宫……(《集成》2792)

按：甲寅，《集成》等书皆隶作"庚寅"，验之拓片(摹本)当是"甲寅"。大矢始，大

---

① 陈梦家：《西周铜器断代》，第245页。
② 陈梦家：《西周铜器断代》，第247页。
③ 陈絜：《"仲偁父鼎"补释及相关历史问题》，《古文字研究》第28辑，第212页。

矢是职官名,始是人名。友,是始所赏赐的对象总名,不是人名,本篇铭文中始所赏赐的具体对象分别是胡、考和攸三人。友当指僚友,地位较低下,因而可以赏赐与他人。华宫,宫室名。本器之时代,陈梦家说或是西周中期偏晚。暂定于孝王之世。

铭文无王年记载。初吉是初一朔,干支是甲寅(27),则某年三月是甲寅朔。

● 尸(夷)伯簋

唯王征月初吉,辰在壬寅,尸(夷)伯尸于西宫,寻(赐)贝十朋,敢对扬王休。(《汇编》667)

按:尸伯,即夷伯。尸,即夷字的初文,本文作人名。后一尸字,周宝宏以为当是主持某种典礼仪式之义。西宫,宫室名。寻(冉),或释作赐,据铭文当有赠予义。暂定于孝王世。

铭文无王年记载。征月,即正月。初吉是初一朔,辰在壬寅(39),则某年正月是壬寅朔。

● 芮簋

唯六月既生霸亲(辛)巳,王命芮罘叔貔父归(馈)吴姬飨器,师黄宾芮章(璋)。(《集成》4195)

按:芮,人名。叔貔父,也是人名。吴姬,人名,是师黄的妻室。吴,即虞,姬姓。师黄,黄是人名,担任师之职。宾,有赏赐义。陈梦家说:"此器与师事簋、师藉簋、害簋同形制花纹,暂定为孝王器。"①

铭文无王年记载。既生霸是初九,干支是辛巳(18),则某年六月是癸酉(10)朔。

八、夷王时期

● 南宫柳鼎

唯王五月初吉甲寅,王在康庙,武公有(佑)南公柳,即立中廷。(《集成》2805)

按:康庙,庙宇名,在周。又见于元年师兑簋铭文。武公,人名,也见于禹鼎、敔簋铭文,应是一人。南宫柳,也是人名,陈梦家说当是武王时期南宫括、成王时期南宫毛之后。② 此鼎底尖圆,足作马蹄形。

铭文无王年记载。初吉是初一朔,干支是甲寅(51),则某年五月是甲寅朔。

---

① 陈梦家:《西周铜器断代》,第228页。
② 陈梦家:《西周铜器断代》,第229页。

公 簋

唯八月初吉丁丑,公作敔奠簋,敔用易眉寿永命,子₌孙₌永宝用享。(《汇编》74)

按:公,人名。敔,人名,与西周早期敔簋铭文中之敔恐非一人,与西周中晚期敔簋铭文中的敔当是同一人,其时代也应相同或相近。见陈梦家书。① 其铭文曰:"唯王十月,王在成周。南淮夷……。唯王十又一月,王各于成周大庙,武公入右敔告禽……"铭文中有武公其人,与南宫柳鼎铭文中的武公疑是一人,故置于此。

铭文无王年记载。初吉是初一朔,干支是丁丑(14),则某年八月是丁丑朔。

公 鼎

唯八月初吉丁丑,公作敔奠鼎,敔用易眉寿永命,子₌孙₌永宝用享。(《汇编》75)

按:铭文与公簋相同。

乖伯归夆簋

唯王九年九月甲寅,王命益公征眉敖。益公至,告。二月,眉敖至囗,献帛。已未……(《集成》4331)

按:陈梦家曰:"作器者名夆,归是其国名,乖白是称号。归即归子国。"郭沫若说归,即夔,在今湖北秭归县归乡。益公,人名,西周早期和中期偏晚的铭文里多见,显然是不同的两个人。眉敖,氏族君主名。或说即西周初期的古微国,初在陕西眉县,后迁徙入楚境。郭沫若定为宣王之世器,陈梦家定为夷王时器。

某王九年九月甲寅(51)日,王命益公征眉敖。

师道簋

唯二月初吉丁亥,王在康宫,各于大室。益公内(入)右师道即立中廷。(《汇编》1394)

按:益公,人名。师道,也是人名。

铭文无王年记载。初吉是初一朔,干支是丁亥(24),则某年二月是丁亥朔。

庚季鼎(南季鼎)

唯五月既生霸庚午,伯俗父右(佑)庚(南)季。王锡赤吕市、玄衣黹纯、鸾旗。(《集成》2781)

---

① 陈梦家:《西周铜器断代》,第229页。

按：伯俗父，人名。庚季，或隶作南季，人名。郭沫若定本器为夷王时器，暂从之。铭文无王年记载。既生霸是初九，干支是庚午(7)，则某年五月是壬戌(59)朔。

● 辅师嫠簋

唯王九月既生霸甲寅，王在周康宫，各大室，即位，荣伯入右辅师嫠。王乎作册尹。(《集成》4286)

按：荣伯，人名。陈梦家说荣伯也见于卫簋、永盂、辅师嫠簋、康鼎、同簋、卯簋、敔簋等器铭文，可能是同一人。① 辅师嫠，人名。辅，读作镈，乐器名；师，职官名；嫠，人名，担任镈师，即乐师之一种。作册，职官名。尹，也是职官名，或称作册内史。结合师嫠簋铭文所记历日基本符合厉王十一年九月的历朔，又根据周王对辅师嫠的任命应在前，在师嫠簋铭文中对师嫠的重命应在后，所以，将辅师嫠簋置于夷王时期。当然，铭文所记历日有可能是夷王时期，也有可能是厉王初年的。因无王年记载，故不能遽定。

铭文无王年记载。既生霸是初九，干支是甲寅(51)，则某年九月是丙午(43)朔。

● 虘 钟

唯正月初吉丁亥，虘作宝钟。用追孝于己伯，用享大宗，用乐好宾，虘暨蔡姬永宝，用邵大宗。(《集成》89)

按：虘，或作虖，人名。陈梦家说，此虘即太师虘簋之虘。② 太师虘簋铭文里有一个师晨，而师晨鼎铭文里也有其人，郭沫若定此二器为厉王时器，陈梦家定此二器为懿王时器。太师虘簋所记历日符合夷王时的历朔。所以，虘钟也应属于夷王时期的器物。

铭文无王年记载。初吉是初一朔，干支是丁亥(24)则某年正月是丁亥(24)朔。

九、厉王时期

● 伯穌鼎

唯十又二月既望丁丑，伯穌作宝鼎，用乡(享)王出内事人孙子，其万年永宝。(《汇编》1690)

---

① 陈梦家：《西周铜器断代》，第196页。
② 陈梦家：《西周铜器断代》，第191页。

按：伯龢，人名，或说即厉王时期的伯龢父或师龢父。又见十一年师厘簋铭文。

铭文无王年记载。既望是十四日，干支是丁丑(14)，则某年十二月是甲子(1)朔。查检张表，厉王时期只有厉王四年(前875年)十二月是甲子(1)朔，董谱同，完全合历。

● 郑虢仲簋

唯十又一月既生霸庚戌，奠(郑)虢仲乍(作)宝簋，子＝孙＝伋永用。(《集成》4024—4026)

按：郑虢仲，人名，郑是地名，虢是国名，姬姓。《左传·僖公五年》："虢仲、虢叔，王季之穆也，为文王卿士，勋在王室，藏于盟府。"杜预注："虢仲、虢叔，王季之子，文王之母弟也。"孔颖达疏引贾逵曰："虢仲封东虢，制是也。虢叔封西虢，虢公是也。"马融曰："虢叔，同母弟，虢仲异母弟。"陈梦家曰："东土的郑或郑虢，奠虢中即城虢仲，亦即成王时的虢城。地在河南新郑、成皋一带，即东周的郑国。……据《纪年》郑桓公之称郑在东周初年，所居之郑是郑父之丘，即西周东虢所居，以其在郑父之丘故曰郑虢。"① 或说此即厉王时的执政大臣虢仲(虢公长父)。今本《竹书纪年》："三年，淮夷侵洛，王命虢公长父征之，不克。"《后汉书·东夷传》："厉王无道，淮夷入寇，王命虢仲征之，不克。宣王复命召公伐之。"

铭文无王年记载。既生霸是初九，干支是庚戌(47)，则某年十一月是壬寅(39)朔。

● 何 簋

唯三月初吉庚午，王在华宫，王乎虢仲入佑何。王锡何赤巿、朱亢、䜌(鸾)旂。(《集成》4202)

按：华宫，宫室名，位于华地之宫室。虢仲，人名。虢仲之名又见于1993年河南省三门峡上村岭西周虢国墓葬出土的虢仲盨铭文，据研究此人即周厉王时期的卿士虢公长父。今本《竹书纪年》："三年，淮夷侵洛，王命虢公长父征之，不克。"《后汉书·东夷传》："厉王无道，淮夷入寇，王命虢仲征之，不克。宣王复命召公伐之。"② 佑，导引。何，也是人名。

铭文无王年记载。初吉是初一朔，干支是庚午(7)，则某年三月是庚午朔。厉王九年(前870年)三月，张表是庚子(37)朔，错月则是庚午(7)朔，董谱正是庚午朔，完全合历，说明何簋铭文所记历日符合厉王九年三月的历朔。

---

① 陈梦家：《西周铜器断代》，第181页。
② 参阅刘社刚《虢仲盨及相关问题考》，《文博》2011年第6期。

● 成　钟

唯十又六年九月丁亥，王在周康㣇宫，王窺（亲）锡成此钟。成其子₌孙₌永宝用享。（《汇编》1461）

按：周康宫㣇宫，位于周康宫里供奉夷王神主的庙室，则时王应该是厉王。成，人名。

铭文无月相词语。某王十六年九月丁亥（24）日，王在周康宫㣇宫。厉王十六年是前863年，该年九月张表是丙戌（23）朔，董谱同，丁亥（24）是初二，非月相之日，故只用干支纪日。铭文所记历日与历表、历谱厉王十六年九月历法相合，所以是厉王时器。

● 几父壶

唯五月初吉庚午，同中宊西宫，锡几父开鈠六。（《集成》9721—9722）

按：同中，人名，也见于元年师兑簋铭文，担任佑者，陈梦家说是同一"同中"，但不在同一年。① 宊，根据铭文当用作动词，或为祭祀义。西宫，当是宫室名。按文义本句当为"同中祭于西宫"，赐几父品物。几父之受赐，可能是因侍御有功无差错而赐。

铭文无王年记载。初吉是初一朔，干支是庚午（7），则某年五月是庚午朔。本文推得元年师兑簋铭文所记历日合于厉王元年五月的历朔，三年师兑簋铭文校正后合于厉王三年二月的历朔，而几父壶铭文中的同中与元年师兑簋铭文里的同中是同一人，一般来说几父壶也应属于厉王之世器物。查检历表，厉王十四年（前865年）五月，张表、董谱皆是庚午（7）朔，铭文与之完全合历，抑或几父壶铭文所记历日即是该年五月之历朔。

● 井南伯簋

唯八月初吉壬午，井南伯乍鄦季姚好奠簋，其万年子₌孙₌永宝，日用享孝。（《集成》4113）

按：井南伯，人名。根据陈梦家所说器形与兑簋同，因暂定于厉王之世。

铭文无王年记载。初吉是初一朔，干支是壬午（19），则某年八月是壬午朔。

● 僟匜

囗三月既死霸甲申，王在荟上宫。伯扬父乃成劾，曰："牧牛，叡！乃可（奇）湛……"（《集

---

① 陈梦家：《西周铜器断代》，第243页。

成》10285）

按：荥上宫，位于荥京的上宫。伯扬父，人名。牧牛，也是人名。唐兰定为厉王时器。

铭文无王年记载。既死霸是二十三日，干支是甲申（21），则某年三月是壬戌（59）朔。

● 獣（胡）叔鼎

唯王正月初吉乙丑，獣（胡）叔、仰（信）姬作宝鼎。（《集成》2767）

按：獣（胡）叔、信姬，皆是人名，当为夫妇。《陕西蓝田县出土獣叔鼎》一文从器形、花纹判断其制作时代当在西周晚期。

铭文无王年记载。初吉是初一朔，干支是乙丑（2），则某王某年正月是乙丑朔。

十、宣王时期

● 五年琱生簋（召伯虎簋）

唯五年正月己丑，琱生（甥）又吏（使）召来合吏（事）。余献妇氏以壶，告曰……（《集成》4292）

按：琱生，人名。琱生之名又见于十一年师嫠簋铭文，称为宰琱生，担任宰之职。召，也是人名，或说即是宣王时期的召伯虎。

铭文无月相词语，某王五年正月己丑（26）日，琱生又使召来合事。说者以为此召伯虎即宣王世之召伯虎，则宣王五年（前823年）正月，张表是戊辰（5）朔，铭文己丑（26）是二十二日。董谱是丁卯（4）朔，己丑（26）是二十三日。

● 五年琱生尊（盨）

唯五年九月初吉，召姜以琱生戒五寻壹两，以君氏命曰……①

按：召姜，人名。琱生，人名。戒，字书所无，指某种品物。君氏，召姜之长辈。

铭文无干支，某王五年九月初吉这一日，召姜以……宣王五年（前823年）九月，张表是甲子（1）朔，董谱同。

---

① 宝鸡市考古所、扶风县博物馆：《陕西扶风五郡西村西周青铜器窖藏发掘简报》，《文物》2007年第8期。

● 六年琱生簋（六年召伯虎簋）

唯六年四月甲子,王在莽。召伯虎告曰:"余告庆",曰:"公厥禀(廩)贝……"(《集成》4293)

按:莽,当是莽京之省。召伯虎,人名。说者以为是宣王时期之人。琱生还铸有一件鬲。

铭文无月相词语,六年四月甲子(1)日,王在莽。宣王六年(前822年)四月,张表是辛卯(28)朔,董谱是庚寅(27)朔,则本月无甲子日,错月方有甲子日。

● 不娶簋

唯九月初吉戊申,伯氏曰:不娶,驭方、玁狁广伐西俞,王令我羞追于西,余来归献禽。(《集成》4328—4329)

按:伯氏,人名,或即虢季子白。陈梦家据《史记·秦本纪》和《后汉书·西羌传》以为是宣王时秦仲的长子庄公,不娶是其幼弟。① 不娶,人名,白氏的部属。驭方、玁狁,部族名。在商、周甲骨卜辞和铜器铭文中,部族名和方国名往往是同一的。

铭文无王年记载。初吉是初一朔,干支是戊申(45),则某年九月是戊申朔。笔者在《金文标准器铭文综合研究》一书中曾推算虢季子白盘铭文所记历日"唯十又二年正月丁亥"符合宣王十二年(前816年)正月的历朔,不娶簋铭文所记历日则是次年即宣王十三年(前815年)九月的历日。该年九月张表是丁未(44)朔,董谱同,铭文是戊申(45)朔,早一日合历。②

● 梁其鼎

唯五月初吉壬申,梁其作奠鼎,用享孝于皇祖考,用祈多福眉寿无疆。(《集成》2768—2770)

按:梁其,人名。梁其铸有鼎、壶、簋、簠、钟多件。陈梦家说:"此组铜器……簋的形制花纹近于克簋、师克簋,壶的形制花纹极近于虢季子组壶,花纹同于智壶盖……大小两鼎的形制花纹同于中义父鼎、仲枏父鼎、鬲攸比鼎和毛公鼎,梁其钟形制花纹同于井人钟。"③以上诸器郭沫若及本文皆定于宣王之世。

铭文无王年记载。初吉是初一朔,干支是壬申(9),则某年五月是壬申(9)朔。

---

① 陈梦家:《西周铜器断代》,第319页。
② 叶正渤:《金文标准器铭文综合研究》,第241页。
③ 陈梦家:《西周铜器断代》,第279页。

梁其壶

唯五月初吉壬申,梁其作奠壶,用享考(孝)于皇祖考,用祈多福眉寿永令无疆。其百子千孙永宝用。(《集成》9716—9717)

按:铭文纪时与梁其鼎同。

宴簋

唯正月初吉庚寅,宴从顝父东,多赐宴,宴用乍朕文考日已宝簋,子₌孙₌永宝用。(《集成》4118—4119)

按:宴,人名。顝父,也是人名。暂定于西周晚期宣王世。
铭文无王年记载。初吉是初一朔,干支是庚寅(27),则某年正月是庚寅朔。

无叀鼎

唯九月既望甲戌,王各于周庙,术(遂)于图室,司徒南仲右(佑)无(许)叀入门。(《集成》2814)

按:术,读作遂,往也。司徒,西周职官名。南仲,人名。此人见于《诗经·小雅·出车》《大雅·常武》,或说是文王之臣属,或说是宣王时人,郭沫若定其为宣王时人。① 无叀,读作许叀,也是人名。
铭文无王年记载。既望是十四日,干支是甲戌(11),则某年九月是辛酉(58)朔。

十一、幽王时期

鄦簋器盖

唯二年正月初吉,王在周邵宫。丁亥,王各于宣射(榭),毛伯入门,立中廷。(《集成》4296—4297)

按:吴其昌曰:"幽王二年(前780年)正月大,丙戌朔;初吉二日得丁亥。与历谱合。"又按:"'宣榭',为宣王所营之台榭。故虢季子白盘作于宣王十二年,乃记宣王赏赐虢季子之事,而铭云'宣榭爰飨',可证也。此云'格于宣榭',则决不在宣王前之共王,而为宣王后之幽王必矣。"② 周邵宫,位于周之宫室名。宣射,即宣榭,古代建筑于

---

① 郭沫若:《两周金文辞大系图录考释》,《郭沫若全集·考古编》卷八,第320页。
② 参阅吴其昌《金文历朔疏证》,《燕京学报》第六期,第1047—1128页。

土台上的厅堂,为讲武临观之所。《春秋·宣公十六年》:"夏,成周宣榭火。"晋杜预注:"《传例》曰:'宣榭,讲武屋。'《尔雅》曰:'无室曰榭,谓屋歇前。'"榭是上面有棚顶,四面无墙的建筑物,西周时期练兵习武所用。毛伯,人名,郭沫若以为即毛公鼎铭文里的毛公厝。①

铭文月相词语之后无干支,某王二年正月初吉之日,王在周卲宫。郭沫若以为正月当是二月。本篇不属于四要素齐全的铭文,因为丁亥并不是初吉这一日,而是初吉之后的某日。以往有人误以为就是初吉,误甚。

某王二年正月初吉日,王在周卲宫。幽王二年(前780年)正月,张表是戊午(55)朔,董谱是丁亥(24)朔。若按郭沫若所说铭文是二月,则幽王二年(前780年)二月张表是戊子(25)朔,董谱该年闰正月丁巳(54)朔,二月仍是丁亥(24)朔。

● 史颂鼎

> 唯三年五月丁巳,王在宗周,令史颂省穌姻友、里君、百生(姓)、帅隅盩于成周。(《集成》2787—2788)

按:宗周,地名,即镐京,在金文中常与成周相对而言,如本篇铭文即是。史颂,人名,担任史之职。成周,地名,位于洛邑东北约二十里,为成王所建。陈梦家说:"两组花纹形制相异,颂组应在史颂组之前。"②郭沫若曰:"本铭与史颂簋之日辰相差仅十八日,彼言王在宗周命颂,则王尚在镐京;此言王在周康卲宫命颂,则王已至洛阳;盖王于前命后随即由宗周至洛阳也。"③故郭沫若定颂器和史颂诸器皆为共王时器。结合颂鼎铭文所记历日皆不合于其他各王的历朔,却合于幽王三年五月的历朔,所以,颂器以及史颂诸器皆当是幽王时器。

铭文无月相词语,某王三年五月丁巳日,王在宗周。幽王三年(前779年)五月,张表是辛亥(48)朔,丁巳(54)是初七。董谱是庚戌(47)朔,丁巳是初八。

● 史颂簋

> 唯三年五月丁巳,王在宗周,令史颂省穌姻友、里君、百生(姓)、帅隅盩于成周……(《集成》4229—4236)

按:铭文与纪时皆与史颂鼎铭文相同。

---

① 郭沫若:《两周金文辞大系图录考释》,《郭沫若全集·考古编》卷八,第327页。
② 陈梦家:《西周铜器断代》,第307页。
③ 郭沫若:《郭沫若全集·考古编》卷八,第163页。

● 雁侯簋

　　唯正月初吉丁亥,雁(应)侯乍(作)生杙姜奠簋,其万年子₌孙₌永宝用。(《集成》4045)

　　按:雁侯,侯名,即应侯。生杙姜,也是人名。

　　铭文无王年记载。初吉是初一朔,干支是丁亥(24),则某年正月是丁亥朔。

● 虢季编钟

　　唯十月初吉丁亥,虢季作为协钟,其音鸣雍,用义(宜)其家,用与其邦……(《汇编》1—8)

　　按:虢季,人名。本器之时代,或说是西周中晚期,或说是春秋早期,暂定于西周晚期。

　　铭文无王年记载。初吉是初一朔,干支是丁亥(24),则某年十月是丁亥朔。

● 追尸(夷)簋

　　唯正月初吉丁亥,追尸(夷)不敢怸(昧)先人之覭(显),对扬厥覭(显)且(祖)之遗宝,用作朕皇祖寏(宄)中奠簋,追尸(夷)。(《汇编》53)

　　按:追尸(夷),人名。

　　铭文无王年记载。初吉是初一朔,干支是丁亥(24),则某年正月是丁亥朔。

● 曾子原彝簋

　　唯九月初吉庚申,曾子邍(原)彝为孟姬鄝铸剩(媵)簋。(《集成》4573)

　　按:曾子原彝,人名。曾,是曾国,子是子爵,曾国位于今湖北江汉平原。原彝,是曾子的名字。孟姬鄝,也是人名。孟,排行老大,姬,女性用字,鄝,是孟姬的名,则孟姬是曾子原彝的长女。剩,读作媵,媵簋,陪嫁之器。由此可知,本器是曾子原彝为长女孟姬鄝所铸的媵器。

　　铭文无王年记载。初吉是初一朔,干支是庚申(57),则某年九月是庚申朔。

● 灶乎簋

　　唯正二月既死霸壬戌,灶(蛇)乎乍(作)宝簋,用听凤夜,用享孝皇祖、文考。(《集成》4157—4158)

　　按:灶(蛇)乎,人名。享孝,祭也。

　　铭文无王年记载。既死霸是二十三日,干支是壬戌(59),则某年二月是庚子(37)朔。

- 蕭兑簋

    唯正月初吉壬午,蕭兑乍(作)朕文祖乙公、皇考季氏奠簋,用祈眉寿。(《集成》4168)

    按：蕭兑,人名。

    铭文无王年记载。初吉是初一朔,干支是壬午(19),则某年正月是壬午朔。

- 毛畀(叟)簋

    唯六月初吉丙申,毛畀(叟)乍(作)宝簋,其子₌孙₌万年永宝用。(《集成》4028)

    按：畀,字书所无,或隶作叟,毛叟,人名。

    铭文无王年记载。初吉是初一朔,干支是丙申(33),则某年六月是丙申朔。

- 官夌父簋

    唯王正月既死霸乙卯,官(管)夌父乍(作)义友宝簋,孙₌子₌永宝用。(《集成》4032)

    按：官(管)夌父,夌,字书所无,人名。义友,也当是人名。

    铭文无王年记载。既死霸是二十三日,干支是乙卯(52),则某年正月是癸巳(30)朔。

- 逋　簋

    唯七月初吉甲戌,逋(傅)乍(作)朕文考胤伯奠簋。(《集成》4074—4075)

    按：逋,或隶作傅,人名。

    铭文无王年记载。初吉是初一朔,干支是甲戌(11),则某年七月是甲戌朔。

- 叔頵父鼎

    唯十又一月既死霸乙酉,弔(叔)頵父作宝鼎,子₌孙₌万年永宝用。卜(《汇编》734)

    按：乙酉,《集录》(二)345作"己亥"。据铭文,疑是"己酉"。且"叔"下一字空缺未释。叔頵父,人名。頵,从页君声,字书所无,或是"顯"字异体。

    铭文无王年记载。既死霸是二十三日,干支是己酉(46),则某年十一月是丁亥(24)朔。

- 事族簋

    唯三月既望乙亥,事(史)族乍(作)宝簋,其朝夕用享于文考,其子₌孙₌永宝用。(《集成》

4089）

按：事（史）族，人名。

铭文无王年记载。既望是十四日，干支是乙亥（12），则某年三月是壬戌（59）朔。

● 敖叔簠盖

唯王三月初吉癸卯，敖叔微廩于西宫，益贝十朋，用乍（作）宝簠。（《集成》4130）

按：敖叔微，人名。廩，积聚。

铭文无王年记载。初吉是初一朔，干支是癸卯（40），则某年三月是癸卯朔。

● 彔氏刲簠

唯八月初吉丁亥，彔氏刲作簠，子=孙=永宝用享。（《汇编》1612）

按：彔氏，氏族名，刲是人名。氏族名和人名用字皆为字书所无。

铭文无王年记载。初吉是初一朔，干支是丁亥（24），则某年八月是丁亥朔。

● 嚣伯盘

唯正月初吉庚午，嚣伯塍（媵）嬴尹母沐盘，其万年子=孙=永用之。（《集成》10149）

按：嚣伯，人名，封为伯爵，故名曰嚣伯。嚣国，其地望据考证有说是今河南荥阳一带，有说在楚国境内。本器是为嬴尹母所铸的陪嫁器皿，供盥洗用的盘。其时代，有说是春秋初年。本文暂定于西周晚期。

铭文无王年记载。初吉是初一朔，干支是庚午（7），则某年正月是庚午朔。

● 汤叔盘

唯正月初吉壬午，囗（棠）汤叔伯氏葊铸其尊，其万年无疆，子=孙=永宝用之。（《集成》10155）

按：汤叔伯氏葊，人名。

铭文无王年记载。初吉是初一朔，干支是壬午（19），则某年正月是壬午朔。

● 鸞伯盘

唯八月既生霸庚申，辛囗囗胄……。鸞（栾）伯方囗邑。（《集成》10167）

按：鸞伯，即栾伯，人名。

铭文无王年记载。既生霸是初九，干支是庚申（57），则某年八月是壬子

(49)朔。

● 楚嬴盘

　　　　唯王二月初吉庚午,楚嬴铸其宝盘,其万年子=孙=永用享。(《集成》10148)

　按:楚嬴,人名。或说为春秋早期器。

　铭文无王年记载。初吉是初一朔,干支是庚午(7),则某年二月是庚午朔。

● 蔡公子壶

　　　　唯正月初吉庚午,蔡公子囗作奠壶,其眉寿无疆,子=孙=万年永宝用享。(《集成》9701)

　按:蔡公子,人名。

　铭文无王年记载。初吉是初一朔,干支是庚午(7),则某年正月是庚午朔。

● 曾仲大夫䖈簋

　　　　唯五月既生霸庚申,曾仲大夫𧊒(䖈)乃用吉攸,自乃酬金,用自乍(作)宝簋。(《集成》4203—4204)

　按:曾仲大夫䖈,䖈是人名,曾国。

　铭文无王年记载。既生霸是初九,干支是庚申(57),则某年五月是壬子(49)朔。

● 晋侯对鼎

　　　　唯二月既生霸庚寅,晋侯𩰫(对)铸奠匌鼎,用易(祈)眉寿万年,其子=孙=永宝用。(《汇编》851)

　按:晋侯对,晋国之侯,名对。

　铭文无王年记载。既生霸是初九,干支是庚寅(27),则某年二月是壬午(19)朔。

● 晋侯对盨

　　　　唯正月初吉庚寅,晋侯𩰫(对)作宝奠伋盨,其用田兽,甚乐于邍(原)邇(隰)。(《汇编》852—856)

　按:晋侯对,人名。

　铭文无王年记载。初吉是初一朔,干支是庚寅(27),则某年正月是庚寅朔。

● 晋侯对盨

　　　　唯正月初吉丁亥,晋侯𩰫(对)作宝奠盨,其万年子=孙=永宝用。(《汇编》855)

按：晋侯对,人名。

铭文无王年记载。初吉是初一朔,干支是丁亥(24),则某年正月是丁亥朔。

● 晋侯对铺

唯九月初吉庚寅,晋侯𡚬(对)作铸奠铺,用旨食大饎,其永宝用。(《汇编》857)

按：晋侯对,人名。

铭文无王年记载。初吉是初一朔,干支是庚寅(27),则某年九月是庚寅朔。

● 晋侯对鼎

唯九月初吉庚寅,晋侯𡚬(对)作铸奠鼎,其万年眉寿,永宝用。(《汇编》907)

按：晋侯对,人名。

铭文无王年记载。初吉是初一朔,干支是庚寅(27),则某年九月是庚寅朔。

● 晋侯对匜

唯九月既望戊寅,晋侯𡚬(对)作宝䚧(奠)匜,其子孙万年永用。(《汇编》858)

按：晋侯对,人名。

铭文无王年记载。既望是十四日,干支是戊寅(15),则某年九月是乙丑(2)朔。

● 晋侯断簋

唯九月初吉庚午,晋侯断作團簋,用享于文旲(祖)皇考,其万䙷(年)永宝用。(《汇编》865—867)

按：晋侯断,晋侯之名。

铭文无王年记载。初吉是初一朔,干支是庚午(7),则某年九月是庚午朔。

● 晋侯断壶

唯九月初吉庚午,晋侯断作奠壶,用享于文旲(祖)皇考,万䙷(年)永宝用。(《汇编》868—869)

按：晋侯断,晋侯之名。

铭文无王年记载。初吉是初一朔,干支是庚午(7),则某年九月是庚午朔。

● 晋侯喜父鉴

唯五月初吉庚寅,晋侯喜父作朕文考剌侯宝鉴,子=孙=其永宝用。(《汇编》903)

按：晋侯喜父，人名。

铭文无王年记载。初吉是初一朔，干支是庚寅(27)，则某年五月是庚寅朔。

● 晋侯喜父盘

  唯五月初吉庚寅，晋侯喜父作朕文考剌侯宝盘，子₌孙₌其永宝用。(《汇编》905)

按：晋侯喜父，人名。

铭文无王年记载。初吉是初一朔，干支是庚寅(27)，则某年五月是庚寅朔。

关于1991—1994年山西天马—曲村遗址北赵晋侯墓地出土的铜器很多，涉及晋国几代晋侯的世系，许多学者对此做了有益的探讨。作为专题研究，读者可自行查阅《文物》等杂志和百度等网站的相关文章。

第三节　西周时期二要素纪时铭文历朔

一、成王时期

● 珂(何)簋

  唯八月，公陕殷年，公益(锡)珂贝十朋……(《文物》2009年第2期)

按：某公陕殷年之八月，某公益(锡)珂(何)贝十朋。

● 井侯方彝

  在八月乙亥，辟井(邢)侯光厥正事(吏)，酏于麦宫，赐金……(《集成》9893)

按：某年八月乙亥(12)日，辟邢侯光厥正事。铭文与纪时和麦方彝完全相同，当是同时所铸之器。见下文。

● 麦方彝

  在八月乙亥，辟井侯光毕正吏，献(祼)于麦宫，锡金，用作奠彝。用献井侯出入徃令……(《集成》6015)

按：井侯，即邢侯。光，宠也，用为动词。正吏，正卿。献，或释作祼，灌祭。麦，人名。麦宫，麦之宫。麦还铸有麦方尊、麦方盉、麦方鼎等器，当是同时所铸。铭文、纪时与井侯方彝完全相同，当是同时所铸之器。见上文。

某年八月乙亥(12)日，辟井侯光毕正吏。

● 矢令方彝

唯八月,辰在甲申,王令周公子明保尹三事四方,受卿事寮。丁亥,令矢告于周公宫,公令造(出)同卿事寮。唯十月月吉癸未,明公朝至于成周,造(出)令舍(舍)三事令……(《集成》9901)

按:郭沫若在《大系》中说,周公即周公旦。明保乃鲁公伯禽也,即鲁侯。伯禽是字,保是名,明是封鲁以前之封邑。[①] 明保之名也见于成王时期的䚄卣、明公簋铭文。又见三要素铭文历朔研究矢令簋铭文。

某年八月甲申(21)日,王令周公子明保尹三事四方,受卿事寮。

● 寓 鼎

唯十又二月丁丑,寓献佩于王姤,王姤锡寓曼丝,对易扬王姤休,用作父壬宝奠鼎。(《集成》2718)

按:寓,人名,其人也见于寓鼎、寓卣和晋簋铭文。佩,佩玉。曼丝,缦帛之类丝织品。易,疑是衍文,或扬字的部件,由于结构松散而脱离字的主体。

某年十二月丁丑(14)日,寓献佩于王姤。

● 新邑鼎(柬鼎)

癸卯,王来奠新邑,[二]旬又四日丁卯,[往]自新邑于柬,王[赏]贝十朋,用作宝彝。(《集成》2682)

按:新邑,是成周雒邑(洛邑)的初名。见于《尚书》中的《召诰》、《多士》、《康诰》和《洛诰》。[②]

铭文"[二]旬又四日丁卯",从癸卯(40)王来奠新邑以后的甲辰(41)至丁卯(4)正好是二旬又四日。这种纪时方式是商代甲骨卜辞的纪时格式,它说明两点:一、商周时期人们计日均包含当日在内,即两头算;二、商代纪时用旬,周代则不用,本铭是商代纪时方式的遗留。参阅《商代纪年、纪时铭文历朔研究》一章。

● 商 尊

唯五月,辰在丁亥,帝司赏庚姬贝卅朋、迗(贷)丝廿寽(锊),商用作文辟日丁宝奠彝。冀(析子孙)(《集成》5997)

[①] 郭沫若:《两周金文辞大系图录考释》,《郭沫若全集·考古编》卷八,第29页。
[②] 陈梦家:《西周铜器断代》,第64页。

按：商尊与商卣同出，器、盖同铭，铭文内容亦相同。发掘报告称："器物作风有商末周初铜器的特征，是这批铜器中时代最早的，当在西周初期。"唐兰认为是穆王时器物，与墙盘的时代相接。① 不过，罗振玉曾指出，铭文末尾凡是有"析子孙"标识的一般皆可定为商代器物。

某年五月丁亥（24）日，帝司赏庚姬贝卅朋。

● 商　卣

唯五月，辰在丁亥，帝司赏庚姬贝卅朋、迖（贷）丝廿㝯（鋝），商用作文辟日丁宝奠彝。冀（析子孙）（《集成》5404）

按：铭文纪时与商尊同。

● 召　卣

唯九月，在炎师，甲午，伯懋父赐召白马……（《集成》5416）

按：某年九月甲午（31）日，伯懋父赐召白马。

● 召　尊

唯九月，在炎师。甲午，伯懋父赐召白马……（《集成》6004）

按：铭文纪时与召卣同。

● 小臣宅簋

唯五月壬辰，同公在丰，令宅事伯懋父，伯赐小臣宅画盾、戈九、易金车，马两……（《集成》4201）

按：同公，人名。丰，郭沫若说即丰沛之丰，今江苏徐州丰县、沛县一带，而非丰京。② 唐兰说："丰是丰邑，因丰谷、丰水而得名，在今陕西省鄠县东。是文王旧都，周公归老于此。武王迁镐京，丰在丰水西，镐在丰水东。"③ 两种说法截然相反。本文从郭说。宅，人名，担任小臣之职。事，侍奉、职事。白懋父，或说是康伯髦，随成王东征的一个重要人物。唐兰疑伯懋父为穆王时的祭公谋父。④ 有说是姜太公，存疑待考。

某年五月壬辰（29）日，同公在丰。

---

① 唐兰：《略论西周微史家族窖藏铜器群的重要意义》，《文物》1978年第3期。
② 郭沫若：《两周金文辞大系图录考释》，《郭沫若全集·考古编》卷八，第68页。
③ 唐兰：《西周青铜器铭文分代史征》，第318页。
④ 唐兰：《西周青铜器铭文分代史征》，第317页。

● 师旅鼎(师旗鼎)

唯三月丁卯,师旅众仆不从王征于方雷,使厥友弘以告于伯懋父,在芎……(《集成》2809)

按:师旅,人名,或隶作师旗。郭沫若在"于方"之后断句,并说:"于方,即卜辞中所见之盂方,其地当在今河南睢县附近。"①据此种断句法,则雷也是人名,做下句的主语。但是,唐兰在"雷"后断句,认为方雷就是方国名。据他考证,方雷当在今河北省内丘县东北巨鹿县与隆尧县交界处。②弘,是人名。白懋父,也是人名,是成王东征时的一个重要人物。据此,本器当属于成王时。唐兰定其为穆王世,似偏晚。旅还铸有一件鼎,其铭文曰:"唯八月初吉,辰在乙卯,公锡旅仆,旅用作文父日乙宝尊彝。冀。"本器铭文中已称师旅,说明其铸当在旅鼎之后。芎,地名。

某年三月丁卯(4)日,师旅众仆不从王征于方雷。

● 旅鼎(旗鼎)

唯公太保来伐反(叛)尸(夷)年,在十又一月庚申,公在盩师,公锡旅贝十朋。旅用作父奠彝。(《集成》2728)

按:公太保,即召公奭,担任太保之职。盩师,地名,陕西周至县鄠城南的诸(竹)峪,是南宫括微氏家族的世居之地。铭文有"唯公太保来伐反(叛)尸(夷)年",因而定其为成王东征时器。太保,又见大保簋等器铭文。

某年十一月庚申(57)日,召公在盩师。

● 中方鼎

唯十又三月庚寅,王在寒𠂤(次),王令太史兄(贶)福土。王曰……(《集成》2785)

按:《大系》称作中甗。寒𠂤(次),地名,郭沫若以为与庠是一地。并说:"寒当是寒浞故地,在今山东潍县境内。"令,郭沫若说用为锡,赐也。太史,职官名。兄,是太史之名。③其实,"令"当如字读,读作命,"兄"读作贶,赠予义,似乎更好理解。福,人名,郭说是地名。

某年十三月庚寅(27)日,王在寒师。本篇铭文所记历日在趩尊、卣所记历日之前一日。

---

① 郭沫若:《两周金文辞大系图录考释》,《郭沫若全集·考古编》卷八,第69页。
② 唐兰:《西周青铜器铭文分代史征》,第214页。
③ 郭沫若:《两周金文辞大系图录考释》,《郭沫若全集·考古编》卷八,第49页。

● 趞 卣

　　唯十又三月辛卯,王在斥(斥),锡趞采曰趞,易(锡)贝五朋。趞对王休,用作姑宝彝。(《集成》5402)

　　按:斥,地名。趞,人名。

　　某年十三月辛卯(28)日,王在斥。十又三月,是年终置闰。辛卯在中方鼎铭文后一日。

● 趞 尊

　　唯十又三月辛卯,王在斥(斥),锡趞采曰趞,此贝五朋,趞对王休,用作姑宝彝。(《集成》5992)

　　按:铭文与纪时与趞卣相同。

● 班 簋

　　唯八月初吉,在宗周。甲戌,王令毛伯更虢城公服,粤(屏)王立(位)……(《集成》4341)

　　按:宗周,西周都城,五邑之一,丰镐一带,在铜器铭文中常与成周(洛邑)相对而言。毛伯,人名。郭沫若说:"毛公即《尚书·顾命》之毛公,亦即文王子毛叔郑也。"① 更,读作赓,续也。虢城公,人名。郭沫若说即城虢趞生簋之趞,乃西虢始封之君。班,人名,是趞之臣属。服,所服之职事。陈梦家说:"此器四耳、四足并其兽面纹皆表示它不能晚于成、康。"②唐兰以为铭文中的毛伯应是《穆天子传》里的毛班,毛伯班与穆王同辈,所以他把班簋置于穆王时期。③

　　某年八月甲戌(11)日,王令毛伯更虢城公服。甲戌并不是初吉之日,而是初吉后的某一日。

● 旟 鼎

　　唯八月初吉,王姜赐旟田三于待……(《集成》2704)

　　按:王姜,成王之后(夫人)。旟,人名,字书所无。

　　初吉是初一朔,则某年八月初一,王姜赐田。

---

① 郭沫若:《两周金文辞大系图录考释》,《郭沫若全集·考古编》卷八,第59页。
② 陈梦家:《西周铜器断代》,第27页。
③ 唐兰:《西周青铜器铭文分代史征》第348页。

第三章　西周时期纪年、纪时铭文历朔研究

● 小臣伯鼎

　　唯二月辛酉,王姜赐小臣伯(侣)贝二朋。扬王休,用作宝鼎。[《集录》(二)340]

　　按：王姜,成王之后(夫人)。小臣,西周职官名。
　　某年二月辛酉(58)日,王姜赐小臣侣贝。

● 保员簋

　　唯王既燎,毕伐东尸(夷),在十又一月。公反自周。己卯,公在盩,保员逦,辟公易(赐)保员金车,曰：用事……(《集成》1442)

　　按：燎,燎祭,商周时祭祀之一种。东夷,位于东方之夷族。公,当指周公旦。周,成周洛邑王城以东约二十里。保员,人名。
　　某年十一月己卯(16)日,公在盩。

● 觉公簋

　　觉公作妻姚簋。遘于王命唐伯侯于晋,惟王廿又八祀。凶

　　按：觉公簋,或称尧公簋。李学勤在《释"疏"》一文中疑"觉"字可释为"疏",因此,簋名可隶定为疏公簋。见《考古》2009年第9期。彭裕商在《觉公簋年代管见》中以为觉公簋是成王时器,见《考古》2008年第10期。朱凤瀚在《觉公簋与唐伯侯于晋》中认为是康王时器物,见《考古》2007年第3期。今本《竹书纪年》记载成王在位三十年,含周公摄政共计三十七年,而康王在位二十六年。本文根据铜器铭文以及传世文献结合起来考察,推定成王在位是三十年,康王在位是四十年,都容得下铭文所记二十八年。根据铭文"遘于王命唐伯侯于晋"来看,铭文所记当是成王二十八年时事。

● 史兽鼎

　　尹令史兽立(莅)工(功)于成周。十又一月癸未,史兽献功于尹。咸献功……(《集成》1445)

　　按：尹,西周职官名,也称令尹。史兽,人名。成周,洛邑,成王所建,是西周五邑之一,在西周铭文中常与宗周相对。陈梦家定本器为成康时器。
　　某年十一月癸未(20)日,尹令史兽莅功于成周。

● 臣卫父辛尊

　　唯四月乙卯,公赐臣卫宋嗣贝三朋,在新乔,用作父辛宝奠彝。(《集成》5987)

　　按：臣卫宋嗣,人名。新乔,地名。

某年四月乙卯(52)日,公赐臣卫贝。

● 鼍方尊

  唯九月既生霸,公令鼍从口友口炎身,鼍既告于公,休无怨,敢对扬厥休……(《集成》6005)

按:鼍,人名,字书所无。
既生霸是初九,则某年九月初九,公令鼍。

● 玕作父辛簋

  唯八月甲申,公仲在宗周,赐玕(羿)贝五朋,用作父辛奠彝。冁(《集成》10581)

按:公仲,人名。宗周,地名,西周五邑之一。羿,人名。冁,铭末的徽号,字书所无。
某年八月甲申(21)日,公仲在宗周。

二、康王时期

● 大盂鼎

  隹九月,王在宗周命盂。王若曰:"盂,丕显玟王,受天有大命。在珷王,嗣玟作邦,辟厥匿,匍有四方,畯正厥民。……"盂用对王休,用作祖南公宝鼎。隹王廿又三祀。(《集成》2837A、2837B)

按:宗周,丰、镐之合称,西周五邑之一,常与成周相对而言。盂,人名。盂还铸有一件小字盂鼎。玟,是文王的专用字。珷,是武王的专用字,武王是文王之子。嗣,继也。
康王二十三年九月某日,康王在宗周命盂。

● 貉子卣

  唯正月丁丑,王各于吕䤾。王牢于厫,咸宜。王令士道归(馈)貉子鹿三,貉子对扬王休……(《集成》5409)

按:吕䤾,地名,或宫室名,吕后一字字书所无。牢于厫,牢,古代饮食礼。于后一字字书所无。咸,皆也。宜,一切礼节皆顺利。士道,人名。归,读作馈,赠予也。貉子,人名。唐兰说貉子是己侯之名。① 己侯貉子簋铭文称"己侯貉子"可证。

---

① 唐兰:《西周青铜器铭文分代史征》,第336页。

某年正月丁丑(14)日,王各于吕叚。

● 宜侯夨簋

唯四月,辰在丁未,王省武王、成王伐商图,征(侍、诞)省东或(国)图……(《集成》4320)

按:某年四月丁未(44)日,王省武王、成王伐商图。

● 荣簋

唯正月甲申,荣各,王休于锡厥臣父瓒(赞)王祼、贝百朋,对扬天子休,用作宝奠彝。(《集成》4121)

按:荣,人名,也见于大小盂鼎、邢侯簋和齋簋铭文。根据陈梦家的解说,中间一长句意当为"王休贝百朋,锡厥臣父瓒(赞)王祼",前句是主句(果),后句是分句(因)。①

某年正月甲申(21)日,荣各,王休于锡厥臣父。

● 高卣盖

唯十又二月,王初祼莽。唯还,在周,辰在庚申,王饮西宫,烝,咸厘……(《集成》5431)

按:祼,或释作馆。莽,莽京,即丰京,文王所都,西周五邑之一。周,位于成周洛邑王城以东约二十里。辰在,日辰所在。烝,烝祭。咸,皆也。厘,福也。暂定于康王之世。

某年十二月庚申(57)日,王饮于西宫。

● 相侯簋

唯二月乙亥,相侯休于厥臣殳,赐帛、金,殳扬侯休,告于文考,事文考。由作奠簋……(《集成》4136)

按:相侯,侯名,当是相国之侯。殳,相侯之臣,人名。唐兰定于昭王世,本文暂定于康王之世。

在二月乙亥(12)之日,相侯休于厥臣殳。

● 柞伯簋

唯八月,辰在庚申,王大射,在周。王令南宫率王多士,师鲁父率小臣,王遟(尸)赤金十

---

① 陈梦家:《西周铜器断代》,第126页。

钑……(《汇编》76)

按：南宫，人名。多士，职官名。师鲁父，人名，担任师之职，字书所无。小臣，职官名。㝊，周宝宏释作迟，读为尸，训为陈列。① 共、懿时还有一个柞伯，见柞伯鼎铭文。

某年八月庚申(57)日，某王在周，举行大射礼。

三、昭王时期

● 公姞鬲

唯十又二月既生霸，子仲渔敏池，天君蔑公姞历，事(使)赐公姞鱼三百……(《集成》753)

按：公姞，即尹姞鬲铭文中的尹姞，与穆公是夫妇关系。天君是时王的王后。公姞之名又见次尊、次卣铭文。穆公之名又见于尹姞鬲等器铭文。

既生霸，太阴月之初九，则某年十二月初九，子仲渔敏池，天君蔑公姞历。既生霸之后无干支，证明既生霸这个月相词语是指固定而又明确的一日。否则，就不知道子仲渔敏池、天君蔑公姞历具体是哪一日。

● 井 鼎

唯七月，王在旁京。辛卯，王渔于敏池，呼井从渔，攸锡鱼。对扬王休，用作宝奠鼎。(《集成》2720)

按：旁京，地名，郭沫若说是丰京，文王所都，西周五邑之一。陈梦家说是镐京，恐非，镐京是武王所都。陈梦家说："以生鱼赏锡，仅见此器(公姞鬲)及井鼎，亦约略同时之作。"②井，人名。攸，根据铭文也当是人名，不能理解为《尔雅·释诂》"攸，所也"。

某年七月辛卯(28)日，王渔于敏池。

● 貉子卣

唯正月丁丑，王各于吕，辞(治)王牢于囗，咸宜。王令士道归(馈)貉子鹿三。貉子扬王休……(《大系》二〇二)

按：吕，疑是宫室名，因为前面的动词是各，各，入也。治王牢于囗，于后一字当是

---

① 周宝宏：《西周金文词义研究(六则)》，《古文字研究》第25辑，第110—114页。
② 陈梦家：《西周铜器断代》，第136页。

地名,字书所无。

某年正月丁丑(14)日,某王各于吕。

● 𩵦妘方鼎

唯八月,辰在乙亥,王在莽京,王赐𩵦妘扬进金……(《集成》2725—2726)

按:莽京,地名,西周五邑之一。𩵦妘扬,人名。

某年八月乙亥(12)日,王赐𩵦妘扬进金。

四、穆王时期

● 遹 簋

唯六月既生霸,穆=王在莽京,乎(呼)渔于大池,王乡酉(酒),遹御,亡遣(谴)……(《集成》4207)

按:穆王是生称。莽京,即丰京,文王所都,是西周五邑之一。遹,人名。遹簋是西周穆王时期的标准器之一。陈梦家说:"此器纹饰是全部瓦纹,环耳,圈足下有小足三。这种形制和纹饰,到共王时期仍然流行。"①

既生霸是初九,则某年六月初九,穆王在莽京。

● 剌 鼎

唯五月,王在衣(殷),辰在丁卯,王啻(禘),用牡于大(太)室,啻(禘)卲(昭)王,剌御。王锡剌贝卅朋。天子万年,剌对扬王休,用乍黄公奠䵼彝,其孙=子=永宝用。(《集成》2776)

按:铭文"禘昭王",则时王一般是昭王之子穆王。剌,人名,侍御者。这也是穆王时期的一件标准器。陈梦家说:"除了铭文表示应在昭王以后一点外,从形制、花纹和字体三方面,亦可以推定它应在穆世……花纹作一长条的龙形,其首部向尾,故名之曰'顾龙'……字体可以定为西周中期之初的,已经脱离了西周初期'画中肥而首尾出锋'的作风,成为'画圆而首尾如一'的作风。这种字体的改变,在康王后半期已经开始。它们是比较紧凑的,到穆王以后就渐形松散。"②大室,既是祭祀先王的地方,同时也是时王居住和处理政事的地方。

根据矢令方彝(簋)和旗鼎等铭文有"辰在××"来看,"辰在××"表示日辰所在之干

---

① 陈梦家:《西周铜器断代》,第145页。
② 陈梦家:《西周铜器断代》,第146页。

支,不一定指初一朔。某年五月丁卯(40),王禘,用牡于大室。

● 盠方尊

　　　　唯八月初吉,王各于周庙,穆公右盠,立于中廷,北乡(向),王册命尹……(《集成》6013)

按:周庙,庙室名。穆公,陈梦家说:"此穆公与尹姞鬲之穆公是一人,器定为昭王时。"①可见此穆公应是昭、穆王时期人。右,佑导,导引。盠,人名。关于这批出土的盠组铜器的时代,陈梦家将其置于共王世,郭沫若、唐兰置于懿王世,也有人将其置于穆王世。本文研究认为应置于穆王之世。

初吉是初一朔,则某年八月初一,王各于周庙。

● 盠方彝

　　　　唯八月初吉,王各于周庙,穆公右盠,立中廷,北乡(向),王册命尹……(《集成》9899—9900)

按:铭文所记内容以及历日与盠方尊相同。

● 盠驹尊

　　　　唯王十又二月,辰在甲申,王初执驹于庠(厈),王乎师豦召(诏)盠……(《集成》6011)

按:庠,读作斥或厈,地名,地望不详,其名也见于作册麦方尊、趞尊、趞卣和作册睘卣、尊等器铭文,其地当与宗周相近。唐兰说:"周穆王常居于郑宫,就在春秋时的雍邑,与庠地应邻近。"即今陕西省凤翔县。②师豦,人名。此人也见于师豦簋铭文。

某年十二月甲辰(41)日,王初执驹于厈。

● 趞　簋

　　　　唯三月,王在宗周。戊寅,王各于大朝(庙),密叔佑趞,即位,内史即命。王若曰……(《集成》4266)

按:宗周,即镐京,武王所都,西周五邑之一。大朝,当是大庙。密叔,人名。《国语·周语上》:"共王游于泾上,密康公从。"韦昭注:"密,今安定阴密县是也,近泾。"约今甘肃省平凉市灵台县境内,商周时此地建有密须国、密国,密叔当是古密国之后。

---

① 陈梦家:《西周铜器断代》,第171页。
② 唐兰:《西周青铜器铭文分代史征》,第252页。

趞，从走从岂，《玉篇》胡该切，读 hāi，铭文是人名。

某年三月戊寅(15)日，王各于大庙。

● 戠 簋

  唯正月乙巳，王各于大室，穆公入佑戠，立中廷，北乡(向)。王曰……(《集成》4255)

按：陈梦家说"器饰瓦纹，乃穆王、共王时流行的纹饰。其所锡命服，与豆闭簋同"，将本器置于共王时期。郭沫若置于宣王世，结合前文陈说穆公是穆王时人等要素，本文将其置于穆王世。戠，当从言弋声，字书所无，铭文是人名。

某年正月乙巳(42)日，王各于大室，穆公入佑戠。

● 录伯戜簋盖

  唯王正月，辰在庚寅，王若曰："录伯戜，繇自乃祖考，有爵(勋)于周邦……。"录白戜……(《集成》4302)

按：录国，郭沫若谓殆即《春秋·文公五年》"楚人灭六"之"六"，旧称皋陶之后，地望在今安徽六安附近。① 录白戜，人名，戜，唐兰谓当读如"终"。录白戜还铸有一件白戜簋。

某王某年正月庚寅(27)日，王若曰……

● 倗伯鼎

  唯五月初吉，倗伯肇作宝鼎……

按：冯时《倗伯考》一文说："此倗伯名'禹'，或即《穆天子传》之鄅伯絮。……时在穆王二十三年，则穆王西游，于铭文首得明证。"②据顾实《穆天子传疏证》云，周穆王西游大约在穆王十三、四年，而不是在穆王二十三年。2006 年绛县横水墓地出土一件倗伯鼎，铭文曰："倗伯作毕姬宝旅鼎。"

某年五月初一，倗伯铸宝鼎。

● 老 簋

  唯五月初吉，王在㫄京，渔于大滮(池)。王蔑老历，赐鱼百。老拜頴首，皇扬王休……(《汇编》1875)

---

① 郭沫若：《两周金文辞大系图录考释》，《郭沫若全集·考古编》卷八，第 142 页。
② 《纪念徐中舒先生诞辰 110 周年暨学术研讨会论文集》，第 118 页。

按：蒡京，地名，西周五邑之一。老，人名。

某王某年五月初一，王在蒡京渔于大池。

五、共王时期

● 师酉簋

唯王元年正月，王在吴（虞），各吴（虞）大庙。公族琅厘入佑师酉，立中廷……（《集成》4288—4291）

按：吴，读作虞，地名。陈梦家引《汉书·地理志·河东郡》"大阳"条说："'吴山在西，上有吴城，周武王封太伯后于此，是为虞公，为晋所灭。有天子庙'，吴大庙应是虞地的天子庙。"[①]其说可信。不过，郭沫若定师酉簋为懿王时器，陈梦家定为孝王时器，皆有可商。本文以为师酉鼎铭文所记历日符合共王时的历朔，故定为共王之世。参阅师酉鼎铭文历朔研究。

某王元年正月，王在虞，各虞大庙。

● 利 鼎

唯王九月丁亥，王客于般宫，丼伯内（入）右（佑）利，立中廷，北向……（《集成》2804）

按：铭文中既有丼伯，又有般宫，与七年趞曹鼎铭文里的丼伯当是同一个人，而般宫则是位于周的宫室名。所以，从铭文内容方面来考察，本器也当属共王时期。

某王某年九月丁亥（24）日，王各于般宫。

● 癸簋盖

唯二月初吉，王在师嗣（司）马宫大室，即位，丼伯内（入）佑癸，立中廷……（《集成》4243）

按：师嗣（司）马宫，宫室名。大室，据陈梦家考证，大室是生人居住办事的地方。

某年二月初一，某王在师嗣马宫大室。根据铭文有佑者丼伯，故置于共王之世。

● 师趛盨

唯王正月既望，师趛作楷姬旅盨，子=孙=其万年永宝用。（《集成》4429）

按：师趛，人名，担任师之职。

---

① 陈梦家：《西周铜器断代》，第244页。

既望是十四日,则某王某年正月十四日,师𧸙作楷姬旅盨。

● **格伯作晋姬簋**

　　唯三月初吉,格伯乍(作)晋姬宝簋,子₌孙₌其永宝用。(《集成》3952)

按:格伯,人名,又见于格伯簋铭文。晋姬,人名,晋国之女嫁于格伯为妻者。某年三月初一,格伯铸晋姬宝簋。

● **仲枏父鬲**

　　唯六月初吉,师汤父有嗣(司)仲枏父作宝鬲,用敢享考(孝)于皇且(祖)考,用祈眉寿,其万年子₌孙₌其永宝用。(《集成》746—752)

按:师汤父,人名,此人见于师汤父鼎铭文。有司,西周职官名。仲枏父,人名。此人铸有鬲四件,簋二件,甗一件,匕一件。师汤父鼎属于共王时器,则仲枏父诸器应与之同时,故也置于共王时期。

某年六月初一,师汤父有司仲枏父铸宝鬲。

● **仲冉父簋**

　　唯六月初吉,师汤父有嗣仲冉父乍(作)宝簋,用敢乡(享)孝于皇祖考……(《集成》4154—4155)

按:铭文及纪时与仲枏父簋全同。

● **仲枏父甗**

　　唯六月初吉,仲枏父作旅献(甗),其万年子₌孙₌永宝用。(《集成》942)

某年六月初一,仲枏父铸旅甗。

● **师秦宫鼎**

　　唯五月既望,王[各]于师秦宫,王各于享庙……(《集成》2747)

按:陈梦家说此鼎形制近于康鼎,足尚未马蹄化,铭文锈蚀不清且又漏刻一行字。[①] 暂定与康鼎同时,为共王时器。

既望是十四日,则某年五月十四,王各于师秦宫,又各于享庙。既望之后铭文无

---

① 陈梦家:《西周铜器断代》,第 337 页。

干支，说明既望也是定点月相日。否则，便不知道王各于师秦宫又各于享庙是五月之何日。

● 农卣

唯正月甲午，王在奠应(居)，王亲令伯斿曰：毋卑(俾)农弋(特)，使厥友……(《集成》5424)

按：奠应(居)，地名，具体不详。伯斿，人名。农弋，根据语法关系也当是人名。唐兰定其为穆王世，本文根据铭文字体暂定于共王世。

某年正月甲午(31)日，王在奠居。

● 雁侯见工钟

唯正二月初吉，王归自成周，雁(应)侯见工遗(馈)王于周。辛未，王各于康宫，荣伯内(入)右应侯见工……(《汇编》73、《集成》107—108)

按：应侯见工，应侯人名，是周初封武王之子应叔于应国的后世孙。荣伯，也是人名，见于西周中晚期铭文。

某年二月初一，王归自成周。

● 辰在寅簋

唯七月既生霸，辰在寅□□自乍(作)宝簋，其子孙永宝。(《集成》3953)

按：人名之字缺。

既生霸是初九，辰在寅，疑漏刻天干字，则某年七月初九，某人为自己铸宝簋。

● 殷毃盘

唯正月初吉，侉孙殷毃作沐盘，子＝孙＝永寿用之。(《集成》10127—10128)

按：殷毃，人名，字书所无。

某年正月初一，侉孙殷毃铸盘。

● 銍叔簋

唯王五月辰在丙戌，銍弔(叔)作丰姞懿(姑)旅簋。丰姞懿(姑)用宿夜亯考(孝)于諴公于銍弔(叔)朋友兹簋。脂皀亦寿人，子孙其永宝用。(《汇编》1957)

按：銍叔，人名。

某王某年五月丙戌(23)日，銍叔铸丰姞姑旅簋。

六、懿王时期

● 免 簋

唯十又二月初吉,王在周。昧丧(爽),王各于大庙,丼叔右(佑)免,即令(命)……(《集成》4240)

按:周,位于成周洛邑王城以东约二十里地。昧爽,天将明未明之时。大庙,宗庙。丼叔,人名,与丼伯并不是一人,也不是同时代之人。陈梦家在《西周铜器断代》一书中论之甚详,可资参阅。免,人名。即命,就命。此外,免还铸有簋、尊、卣、盘等几件器物。

某年十二月初一,王在周。

● 免 盘

唯五月初吉,王在周,令作册内史锡免鼬百隥,免蔑静女(敬鲁)王休,用作盘盉,其万年宝用。(《集成》10161)

按:周,成周洛邑王城以东约二十里。作册内史,职官名。免,人名。静女,郭沫若读作敬鲁。王休,王美好的赏赐。盘盉,应是盘,盥洗具。免所铸铜器还有簋、卣、盘、簋等多件。

某年五月初一,王在周。

● 𩰬 簋

唯王正月,辰在甲午,王曰:"𩰬,命女(汝)司成周里人眔者(诸)侯、大亚……"(《集成》4215)

按:𩰬,人名,读作楚。郭沫若定为厉王时器,唐兰定为共王时器。从字体风格、行款布局规整等方面来看,具有穆王或懿王时铭文的显著特点。所以,置于穆王或懿王世为妥。

某王正月甲午(31)日,王曰……

● 害 簋

唯四月初吉,王在犀宫,宰犀父佑害立,王策命害曰……(《集成》4258—4260)

按:犀宫,宰犀父之宫室。害,是人名。陈梦家说:"师害簋与蔼簋、害簋、师毃簋同形制。"[①]

---

① 陈梦家:《西周铜器断代》,第 227 页。

某年四月初一,王在犀宫,王策命害。

● 柞伯鼎

唯四月既死霸,虢仲令柞伯曰:"在乃圣祖周公䜌有共(庸、劳)于周邦,用昏(暋)无及,广伐南国。今汝其率蔡侯左至于昏邑。"

按:虢仲,人名。柞伯,也是人名。据考证,此柞伯是柞伯簋铭文柞伯之后人,并非同一个人,彼为康王时人,此为共、懿时人,或说此为厉王时人。

既死霸是太阴月之二十三日,则某年四月二十三日,虢仲令柞伯率蔡侯伐南国。既死霸之后也没有干支,证明既死霸也是固定而又明确的一日,否则,便不知道虢仲令柞伯率蔡侯伐南国是四月何日。

● 齉卣

唯王九月,辰在己亥,丙公献王馈器,休,无遣(愆),内尹右衣献公畲,在馆,赐齉马,曰……(《汇编》1452)

按:丙公,人名。齉,字书所无,铭文是人名。
某王某年九月己亥(36)日,丙公献给王食器。

七、孝王时期

● 㒭鼎

唯三月初吉,㒭来遘于妊氏,妊氏令㒭事保厥家,因付厥且(租)仆二家……(《集成》2765)

按:㒭,人名。㒭还铸有一件㒭簋。
某年三月初一,㒭来遘于妊氏。

● 伯中父簋

唯五月,辰在壬寅,伯中父夙夜事走(朕)考,用乍(作)厥宝奠簋。(《集成》4023)

按:伯仲父,人名。
某年五月壬辰(29)日,伯仲父铸宝簋。

● 㮰簋

唯八月既生霸,㮰乍(作)文祖考奠宝簋,用孝于宗室,㮰其万年孙_子_永宝。(《集成》4098)

按:㮰,人名,字书所无。

既生霸是初九,则某年八月初九,㝬铸文祖考尊宝簋。

● 趩盂

唯正月初吉,君在漅既宫,命趩事(使)于述(遂)土……(《集成》10321)

按:君,未署名,不知是何君。趩,人名。述(遂)土,地名。

某年正月初一,某君在漅既宫。

八、夷王时期

● 大簋盖

唯十又五年六月,大乍(作)尊簋,用享于高祖皇考,用赐眉寿……(《集成》4125)

按:大,人名,又见十二年大簋盖铭文。

某王十五年六月,大作奠簋。

九、厉王时期

● 伯晨鼎

唯王八月,辰在丙午,王命垣侯伯晨曰:"嗣乃祖考,侯于垣,锡汝秬鬯一卣,玄衮衣……"(《集成》2816)

按:垣,字迹不清,暂释为垣。垣侯伯晨,垣国之侯,名伯晨。郭沫若曰:"伯晨当即前器指师晨,前乃尚为王官时器,今器乃出就封邑也。"①郭沫若将其置于厉王之世。师晨鼎铭文所记历日符合厉王之世的历朔,因也置之于厉王世。

某年八月丙午(43)日,王命垣侯伯晨。

● 散氏盘

用矢𤽄(扑)散邑,乃即散用田……。唯王九月,辰在乙卯,矢卑(俾)鲜且(祖)……(《集成》10176)

按:矢,人名。散邑,邑名,大约位于陕西宝鸡凤翔一带,西北与矢国为邻。鲜,也是人名。

某王某年九月乙卯(52)日,矢使鲜祖……

---

① 郭沫若:《两周金文辞大系图录考释》,《郭沫若全集·考古编》卷八,第249页。

● 叡先伯簋

唯九月初吉,叡年伯自乍其宝簋。(《集成》3807)

按:叡年伯,人名。人名字为字书所无。

某年九月初一,叡年伯自铸宝簋。

十、宣王时期

● 驹父盨盖

唯王十又八年正月,南仲邦父命驹父𣪕(即)南者(诸)侯,率(帅)高父,𧱏南淮尸(夷)……(《集成》4464)

按:南仲,人名。其人又见于宣王时期的㤅𧱏鼎铭文,郭沫若《两周金文辞大系图录考释》认为即《诗·小雅·出车》、《大雅·常武》里的南仲。《诗·小雅·出车》:"王命南仲,往城于方。出车彭彭,旗旐央央。天子命我,城彼朔方。赫赫南仲,玁狁于襄。"郑玄笺:"王命南仲为将率,往筑城于朔方为军垒,以御北狄之难。此我,我戍役也。"襄,《齐诗》作攘,除也。《诗》又曰"赫赫南仲,薄伐西戎","赫赫南仲,玁狁于夷"。《诗·大雅·常武》:"赫赫明明,王命卿士,南仲大祖,大师皇父。整我六师,以修我戎。既敬既戒,惠此南国。"《诗经原始》:"宣王自将伐徐也。"铭文是宣王命卿士南仲为帅整师伐南淮夷。驹父盨所记载,当与《常武》是同一件事。

从器形、纹饰以及铭文的字体来看,驹父盨盖也属于西周晚期器。宣王十八年(前810年),该年正月张表是癸丑(50)朔,董谱是壬午(19)朔。

宣王十八年正月,南仲邦父命驹父𣪕(即)南者(诸)侯。

● 文 盨

唯王廿又三年八月,王命士𠭯父殷南邦君者(诸)侯,乃赐马,王命文曰:"率道于小南。"唯五月初吉,还至于成周,作旅盨,用对王休。

按:士𠭯父,人名。殷,有众多义,如殷见。《周礼·春官·大宗伯》:"殷见曰同。"郑玄注:"殷,犹众也。十二岁王如不巡守,则六服尽朝。朝礼既毕,王亦为坛,合诸侯以命政焉。所命之政,如王巡守。殷见,四方四时分来,岁终则徧。"此种用法的殷,也见于士上尊、士上盉等器铭文。

某王二十三年八月,王命士𠭯父殷南邦君诸侯。次年五月初一,还至于成周。

● 小克鼎

  唯王廿又三年九月,王在宗周,王命善(膳)夫克舍令于成周,遹正八师之年……(《集成》2796—2802)

  按：善夫克,人名,担任膳夫之职。笔者业已考定克钟、克盨铭文(校正后)所记历日符合宣王之世,则本器所记应属于宣王二十三年九月。参阅《克钟铭文历朔研究》、《克盨铭文历朔研究》等文。

  某王二十三年九月,王在宗周。

● 微䜌鼎

  唯王廿又三年九月,王在宗周,王令微䜌甗(摄)嗣(司)九陂,䜌作朕皇考𩰬彝奠鼎……(《集成》2790)

  按：微䜌,人名。甗,读作摄,职掌、主管,义同嗣(司)。陂,坡堤、堤坝；九陂,虚指众多的堤坝水库。郭沫若说："本铭与小克鼎同年同月,同言'王在宗周',而文辞字例亦极相近,其为同时之器无疑。"郭沫若以为同时所铸,且列于厉王世。本文据克钟、克盨铭文定于宣王世。

  某王二十三年九月,某王在宗周。

● 伯氏始氏鼎(邓伯氏鼎)

  唯登(邓)八月初吉,伯氏、始(姒)氏作妳婷哭拜(䤾)贞(鼎),其永宝用。(《集成》2643)

  按：王国维《雪堂藏器拓本》跋曰："此邓国媵女之器。白氏者其父之字,始(姒)氏其母之姓。𩰬字从女,从曼,即邓女之姓。《左氏传》楚夫人邓曼,曼字当如此作。"①

  初吉是初一朔,则邓历某年八月初一,伯氏、姒氏作妳婷哭䤾鼎。

● 楚公逆钟

  唯八月甲申,楚公逆自作夜雨雷镈……(《集成》106)

  按：郭沫若曰："孙诒让谓楚公逆即熊逆。熊逆元年当周宣王二十九年,故此器之作在宗周末年。"②

---

① 转引自唐友波：《王国维跋〈雪堂藏器拓本〉》读后,据复旦大学出土文献与古文字研究中心网站。
② 郭沫若：《两周金文辞大系图录考释》,《郭沫若全集·考古编》卷八,第 354 页。

某年八月甲申(21)日,楚公逆自作夜雨雷镈。按郭沫若之说,周宣王二十九年是前799年,该年八月张表是乙亥(12)朔,甲申是八月初十。董谱该年八月是乙巳(42)朔,则该月无甲申。

● 吴生残钟

[初]吉甲戌,王命□周,王若曰:……(《集成》104)

按:某年某月初一甲戌(11),王命□周。

● 伯吉父鼎

唯十又二月初吉,伯士(吉)父作毅奠鼎,其万年子₌孙₌永宝用。(《集成》2656)

按:伯吉父,人名。
某年十二月初一,伯吉父铸鼎。

● 伯吉父簋

唯十又二月初吉,伯吉父乍(作)毅奠簋,其万年子₌孙₌永宝用。(《集成》4035)

按:伯吉父,人名,又见于伯吉父鼎铭文。
纪时与伯吉父鼎铭文相同,为同日所铸之器。

● 伯庶父簋

唯二月戊寅,伯庶父乍(作)王姑凡姜奠簋,其永宝用。(《集成》3983)

按:伯庶父,人名。伯庶父还铸有一件壶。
某年二月戊寅(15)日,伯庶父铸王姑凡姜奠簋。

十一、幽王时期

● 晋姜鼎

唯王九月乙亥,晋姜曰:"余唯嗣朕先姑君晋邦,余不暇妄(荒)宁,巠(经)用明德……"(《集成》2826)

按:晋姜,人名。先姑君晋邦,君称先姑,则为女性嫁于晋国为君者。此器与曾伯淋簋同时,所记事件皆与征淮夷有关,且有(晋)文侯之称,则其在西周末年或春秋初期。

某王某年九月乙亥(12)日,晋姜为畯(久)保己之子孙后代铸鼎。

- 向臀簋

　　唯王五月甲寅,向臀乍(作)旅簋,臀其寿考万年,孙子永宝用。(《集成》4033—4034)

　　按:向臀,人名,字书所无。

　　某王某年五月甲寅(51)日,向臀铸旅簋。

- 应姚簋

　　唯七月丁亥,应姚作弔(叔)奡父奠簋,弔(叔)奡父其用祈眉寿……(《汇编》58)

　　按:应姚,人名,据考证她是第九代应侯的夫人姚氏。应侯初封于今河南安阳一带,后南迁至河南平顶山一带。叔奡父,也是人名。

　　某年七月丁亥(24)日,应姚铸叔奡父奠簋。

- 应侯鼎

　　唯囗月丁亥,应侯作奠鼎。(《汇编》61)

　　按:应侯,侯名,应国之侯。

　　某年某月丁亥(24)日,应侯铸奠鼎。

- 晋侯僰马壶

　　唯正月初吉,晋侯僰马既为宝盂,则作奠壶,用奠于宗室,用享用考,用祈寿考……(《汇编》888)

　　按:晋侯僰马,晋侯人名。

　　某年正月初一,晋侯僰马铸宝壶。

- 晋侯僰马壶盖

　　唯正月初吉,晋侯僰马既为宝盂,则作奠壶。用奠于宗室,用享用考,用祈寿考……(《汇编》902)

　　按:铭文、纪时与晋侯僰马壶铭文相同。

- 楚公逆钟

　　唯八月甲午,楚公逆祀厥先高曼(祖)考,夫(敷)壬(任)三(四)方首。楚公逆出……(《汇编》891—896)

按：楚公逆，楚公名逆。又见前页楚公逆钟铭文，孙诒让谓楚公逆即熊逆。但二器铭文及纪时皆不同，虽是同一个人所铸之器，但内容、时间不同。

某年八月甲午(31)日，楚公逆为祀其高祖铸钟。

● 䲭休簋

> 唯正月初吉，䲭休作朕文考弔(叔)氏奠簋，休其万年子₌孙₌永宝用。(《汇编》899)

按：䲭休，䲭，读如伤，本是一种大鼎，铭文是人名。

某年正月初一，䲭休为其文考叔氏铸奠簋。

● 戎生编钟

> 唯十又一(二)月乙亥，戎生曰：休辝皇且(祖)宪公，赾₌趄₌，启毕明心，广经其猷……(《汇编》1613—1620)

按：戎生，人名。或说西周懿王时器，或曰春秋初年器，现暂定为西周末春秋初。[①]

某年十一(二)月乙亥(12)日，戎生铸钟。

[①] 参阅《保利藏金》、王世民《戎生编钟》、马承源《戎生编钟铭文的探讨》、裘锡圭《戎生编钟铭文考释》、李学勤《戎生编钟论释》等；又叶正渤：《金文标准器铭文综合研究》，第255页。

第四章

春秋时期纪年、纪时铭文历朔研究

第一节 春秋时期四要素纪年纪时铭文历朔

● 蔡侯盘、蔡侯尊

　　1955年5月安徽寿县城西门城墙内侧蔡侯墓墓葬出土，共出土文物584件，其中青铜器486件。蔡侯盘，郭沫若释为"卢"。盘口沿窄，口沿下有兽形耳，两个有耳衔环，腹略鼓，腹有花纹，有一道环圈，三个弧形圈足。腹内铸铭文16行95字。蔡侯尊，侈口长颈，鼓腹圈足。唇部嵌铜作三角形回纹，颈腹间有铭文92字，与盘铭同。于省吾考证以为是蔡昭侯申嫁女于吴王之媵器。[①] 然验之历表和历谱不合历，可见其说非是。详见下文考释。

　　　　元年正月初吉辛亥，蔡侯䚄（封）虘共（恭）大命，上下陟㽙（否），歔（撼）敬不惕（易），肇佐天子，用作大孟姬媵彝盘……

　　按：铭文"元年正月初吉辛亥"，初吉，月相词语，根据韦昭《国语》注是初一朔，则某王元年正月辛亥（48）朔。学术界考证为蔡昭侯申元年，公元前518年，一说为前519年。此大孟姬为蔡昭侯长女，于昭侯元年（公元前518年）嫁于吴王僚。[②] 验之历表，此说非是。

　　查张表公元前519年（周敬王元年）正月是壬寅（39）朔，董谱同；[③] 前518年（周敬王二年）正月是丁酉（34）朔，董谱同，与铭文元年正月初吉辛亥（48）皆相差十数日，显然不合历。铭文中的元年应当是周王的纪年，而不是蔡某侯的纪年。古代有天子告

[①] 安徽省文物管理委员会、安徽省博物馆：《寿县蔡侯墓出土遗物》，《考古学报》1956年第1期；安徽省博物院编著、中科院考古研究所编辑：《寿县蔡侯墓出土遗物》，科学出版社1956年版。
[②] 杨桂梅：《蔡侯申尊》，中国国家博物馆网站。
[③] 董作宾：《中国年历简谱》，第116页，艺文印书馆1991年版。

朔之礼，《周礼·春官·大史》："正岁年以序事，颁之于官府及都鄙，颁告朔于邦国。"郑玄注："天子颁朔于诸侯，诸侯藏之祖庙，至朔朝于庙，告而受行之。郑司农云：'……以十二月朔，布告天下诸侯。'"《榖梁传·文公十六年》："天子告朔于诸侯。"班固《汉书·律历志》："周道既衰，幽王既丧，天子不能班朔，鲁历不正，以闰余一之岁为首。"又《汉书·五行志下》："周衰，天子不班朔，鲁历不正，置闰不得其月，月大小不得其度。"以上记载证明，王室及诸侯皆用周正一种历法。

春秋时期诸侯国使用的仍然是周天子的纪年，而不是列国的纪年。如晋国的晋姜鼎铭文"唯王九月乙亥，晋姜曰……"，此器之时代或说是共和时期，或说是周幽王时期，或说是春秋初年。晋公䵼铭文"唯王正月初吉丁亥，晋公曰……"，此器唐兰说是晋定公时，郭沫若从之。郭沫若说："晋定公即位于鲁昭公三十一年，在位三十六年，以鲁哀公十八年卒。"一说晋定公在位三十七年，约当公元前511年至前475年。此时已到春秋中晚期了，尚使用周王之纪年。邵钟铭文"唯王正月初吉丁亥，邵囗曰……"，此邵，王国维说："邵即《春秋左氏传》晋吕甥之吕也。"晋吕甥，秦穆公（前659年至前621年）时人，铭文皆曰"唯王某年"，可谓不胜枚举。或不言"唯王某年"，亦相同。如晋公戈铭文"唯三（四）年六月初吉丁亥"，应是周顷王四年（前615年）的纪年；骉羌钟铭文"唯廿又再祀"，用的便是周威烈王二十二年的纪年。

公元前770年至前476年，是我国历史上的春秋时期。笔者从前476年向前查检张表，同时符合某周王元年且是正月辛亥（48）朔或相距一二日者，只有前696年，该年是周庄王元年。该年正月，张表正是辛亥（48）朔，完全合历。董谱该年正月是庚辰（17），二月是庚戌（47）朔，错月又迟一日合历。① 由此可见，铭文的纪年纪时与前696年即周庄王元年正月辛亥（48）朔完全合历。由此看来，铭文中的"元年正月辛亥，蔡侯囗恭虔大命"就不是蔡昭侯申。根据《史记·管蔡世家》和《十二诸侯年表》的记载，周庄王元年，是鲁桓公十六年，蔡桓侯十九年。蔡桓侯二十年卒。蔡桓侯的名字叫封人，而不是申。《史记·管蔡世家》："宣侯二十八年，鲁隐公初立。三十五年，宣侯卒，子桓侯封人立。"所以，本文以为蔡侯盘、蔡侯尊铭文"元年正月辛亥"应该是周庄王元年正月的历朔。

说者或据《史记·吴泰伯世家》："去齐卒，子寿梦立。寿梦立而吴始益大，称王。"因曰吴王寿梦时（前585年即位）吴国始称王，此前似未称王。然而，春秋初年吴国的铜器铭文中吴侯业已称王矣。者减钟铭文"隹正月初吉丁亥，工敔王皮然之子者减择其吉金，自作瑶钟……"，王国维在《攻吴王夫差鉴跋》中说："工敔亦即攻吴，皆句吴之

---

① 董作宾：《中国年历简谱》，第101页。

异文。……皮然无考。以声类求之,当即《史记·吴泰伯世家》之颇高,乃吴子寿梦之曾祖。《史记》载颇高子句卑与晋献公同时,则皮然王吴当在春秋之初叶矣。"[①]郭沫若说:"《史记·吴泰伯世家》叙自太伯以降至第十五世为转,《索隐》引谯周《古史考》作柯转。柯转即此皮然也。……柯转之子为颇高……此者减与颇高为兄弟,大约当春秋初年,鲁国桓、庄之世也。"[②]可见此时工䴡王已经称王。而周庄王元年(前696年)时,正是鲁桓公十六年,蔡桓侯十九年,吴侯颇高在位。根据者减钟铭文,吴国称王并非自吴王寿梦时始,而是吴侯颇高业已称王。据此,结合蔡侯盘、蔡侯尊铭文的纪年纪时综合考察,铭文中的吴王非颇高莫属,铭文中的大孟姬当是蔡桓侯的长女而嫁给颇高者。

此外,铭文中蔡侯的名字也不是西周金文中常见的左从𦥑、右上从东、右下从田的䵼(学界隶作申或缧)字,见三年师兑簋、师㝨簋、伊簋、师颕簋、鄜簋、亲簋等器铭文。而蔡侯盘、蔡侯尊铭文中蔡侯的名字是从四个苗、中间从幺、下从又的䵼字,左边既不从𦥑,右边也不从东田,与䵼(申、缧)字的写法根本不同,显然与䵼(申、缧)不是一个字。蔡侯盘铭文中的䵼,象以又(手)将幺(绳)把田地植木连接起来之形,与封界的意思很近似。此䵼字是否即封疆界林的"封"字异文?结合蔡桓侯之名"封人"来考察,䵼肯定是"封人"的专用字。封人是管理山林川泽之官,亦称虞人。甲骨文"封"是象形字,象植木于土之形。金文、小篆封是会意字,左边象土上植木,右边是寸(手),表示以手植木。《说文》:"封,爵诸侯之土也。从之从土从寸。"郭沫若说:"古之畿封实以树为之也。此习于今犹存。然其事之起,乃远在太古。太古之民多利用自然林木以为族与族间之畛域,西方学者所称为境界林者是也。"所以,本文以为䵼是蔡桓侯名字封人的专用字,很可能是"封"字的异构。

据《史记·管蔡世家》记载,蔡是周武王母弟叔度的封国,后因叔度参与商纣王子武庚禄父的叛乱,被周公流放于上蔡。周成王时改封叔度子胡于蔡,以奉蔡叔之祀,是为蔡仲。春秋时期,蔡为小国,处于吴国与楚国之间,经常受到楚国胁迫。蔡齐侯四年,楚惠王灭蔡,蔡侯齐亡,蔡遂绝祀。时在春秋后二十三年,即公元前447年。

● 晋公戈

晋公戈是台湾收藏家王振华先生古越阁收藏的众多中国古代铜兵器中的精品之一。此戈出土时间地点皆不明,估计是80年代后期被盗掘出土。戈通长19.7厘米,

---

[①] 王国维:《观堂集林》卷十八,第898页。
[②] 郭沫若:《两周金文辞大系图录考释》,《郭沫若全集·考古编》卷八,第333页。

三角形援锋,刃缘明显。中胡,上方一小穿,下部二长穿。方内,内上边比援上刃略低,前后平行,内上有一长穿。胡上铸铭文2行19字。①

隹(唯)三(四)年六月初吉丁亥,晋公作岁之祭车戈三百。

按:李学勤通过对该戈形制的考察、铭文所记历日的分析,以及晋国世系等方面分析认为此戈为西周时期晋厘侯四年(前837年,共和五年)之物,其余晋君都不合。然而孙华分别从晋公戈铭文的称谓称公不称侯、晋国诸侯的时代历日和戈的形制三方面分析认为李学勤所定之时代不准确。指出:②

晋公戈应是春秋早期曲沃代翼以后一代晋公所作之器。这位晋公的人选,从各方面的材料考察,以晋武公称可能性最大。……继周桓王继位的周王先后是庄王和妖王(叶按:当是周僖王),庄王四年(公元前693年)当晋武公二十三年,妖王四年(公元前678年)当晋武公三十八年,都在晋公戈的年代范围内,戈铭的"唯四年"也有庄王或妖王四年的可能性。尤其是妖王四年,这年恰为周王室正式承认晋武公为晋国君侯之年,晋武公在此年作兵器以为纪念是极有可能的事。不过,庄王四年周历六月庚申朔,丁亥在下月之初;妖王四年周历六月甲子朔,丁亥在该月下旬,都与"初吉"的月相不合。如果"唯四年"确为庄王或妖王四年的话,"六月初吉丁亥"的铭文也就只能认为是吉日习语而不是实际的历日。

孙华最终得到这样几个认识:(1)晋公戈应当是武公时期的铜戈而不是晋妖侯所造之戈;(2)晋公戈铭的"唯四年"有周桓王四年(公元前716年)、晋武公四年(公元前713或前708年)、周妖王四年(公元前678年)几种可能,年代范围在公元前716—前678年之间;(3)从周、晋历史史实和戈铭历日等方面综合考察,晋公戈当以周妖王四年(公元前678年)和晋武公四年(公元前708年)两种可能性最大。③

本文以为,孙华从三个方面进行分析有一定道理。但是,既然比勘验证晋公戈铭文所记历朔与周庄王四年以及周妖(僖)王四年六月的历朔不合,说明晋公戈不属于这两个王世。而且,月相词语"初吉"肯定不是"吉日习语",而是"实际的历日",即初一朔,这已为多件铜器铭文的历日记载所证明。李学勤也指出西周金文月相词语丁亥的纪日是实指,这是对的。其实,春秋以后用丁亥纪日也同样是实指。更为重要的是,春秋时期诸侯所铸铜器铭文大多使用的仍是周王的纪年,而不是诸侯自己的纪年。

如果按照历朔比勘,晋公戈铭文"唯四年六月初吉丁亥(24)",符合周顷王四

---

① 李学勤:《古越阁所藏青铜兵器选粹》,《文物》1993年第4期。
② 同上注。
③ 孙华:《晋公戈年代小议》,《文物季刊》1997年第2期。

年(前615年)六月的历朔。张表前615年六月是戊子(25)朔,董谱同,比丁亥(24)朔早一日相合。根据《史记·十二诸侯年表》,此年当鲁文公十二年,晋灵公六年。

又,周贞定王四年(前465年)六月,张表是丁巳(54)朔,董谱同,张表、董谱五月是丁亥(24)朔,错月也符合铭文历朔。据《史记·六国年表》推算,此年当晋出公凿十年。晋出公凿是晋定公午之子。

又,周烈王四年(372年)六月,张表是丁巳(54)朔,董谱同,张表、董谱错月(七月)是丁亥(24)朔,完全合历。此年已接近战国晚期,故不可据。

至于说春秋时期晋用夏历,不用周历,周正以夏历十一月为正月,即建子。夏历以寅月为正月,即建寅,比周历晚两个月,就干支来说,结果是一样的。张表是按周正编排的,六月即夏正的八月。据此比勘张表的结果也是同样。周顷王四年(前615年)八月,张表是丁亥(24)朔,与铭文完全相合。周贞定王四年(前465年)八月,张表是丙辰(53)朔,错月(七月)是丙戌(23)朔,比铭文丁亥(24)迟一日相合。所以,从历法的角度来考察,晋公戈铭文所记历日符合周顷王四年(前615年)六月和周贞定王四年(前465年)六月的历朔。山东省博物馆王恩田主张周顷王四年的看法,笔者与之观点一致。但王说该年六月张表是丁亥朔,则与历表不符,张表是戊子(25)朔。黄盛璋以为晋公戈铭文使用的若是晋的纪年,则为晋悼公四年(前569年);如为周纪年,则为周敬王(前516年)或周景王(前541年)。①

前文业已言及,春秋时期诸侯国仍使用周王的纪年,而不是自己的纪年。如晋国的晋姜鼎铭文"唯王九月乙亥,晋姜曰……",此器之时代或说是共和时期,或说是周幽王时期,或说是春秋初年。晋公簋铭文"唯王正月初吉丁亥,晋公曰……",此器唐兰说是晋定公时,郭沫若从之。郭沫若说:"晋定公即位于鲁昭公三十一年,在位三十六年,以鲁哀公十八年卒。"一说晋定公在位三十七年,约当公元前511年至475年。此时已到春秋中晚期了,尚使用周王之纪年。邵钟铭文"唯王正月初吉丁亥,邵口曰……",此邵,王国维说:"邵即《春秋左氏传》晋吕甥之吕也。"晋吕甥,秦穆公(前659年至前621年)时人,铭文皆曰"唯王某年",可谓不胜枚举。或不言"唯王某年",亦相同。蔡侯盘、蔡侯尊铭文"元年正月辛亥"应该是周庄王元年正月的历朔。又如,同是晋的䣄羌钟铭文"唯廿又再祀",用的便是周威烈王二十二年的纪年。所以,晋公戈铭文所记历日"唯四年六月初吉丁亥(24)",符合周顷王四年(前615年)六月的历朔。

---

① 王恩田、黄盛璋之说,据玉清:《台北龚氏珍藏——西周晋公戈》,华声论坛网(图说历史/国内)http://bbs.voc.com.cn/forum-57-1.html。

第二节　春秋时期三要素纪时铭文历朔

一、吴国器

● 者㳮钟（一）

　　　　唯正月初吉丁亥，工敔王皮然之子者㳮择厥吉金，自作瑶钟……（《集成》193—202）

　　按：工敔，郭沫若认为即勾吴。皮然，吴泰伯第十五代孙柯转。者㳮，与柯转之子颇高为兄弟，大约当春秋初年，鲁国桓、庄之世也。①

　　铭文无王年记载。初吉是初一朔，干支是丁亥（24），则某年正月是丁亥朔。根据郭沫若的说法：者㳮与柯转之子颇高为兄弟，大约当春秋初年，鲁国桓、庄之世也。考之十二诸侯年表，鲁桓公时约当周庄王之时。检之张表，周庄王十年（前 687 年）正月是戊午（55）朔，董谱同，与本器铭文"唯正月初吉丁亥"（24）错月又迟一日合历。该年是鲁庄公七年。

　　又，张表周惠王十一年（前 666 年）正月是丁亥（24）朔，与铭文合历。董谱是丙辰（53）朔，错月是丙戌（23）朔，错月又迟一日合历。该年吴王颇高已故，其子句卑继位已六年。者㳮钟所记很可能就是以上两个年份的正月初吉，其余恐皆非是。其年鲁庄公（前 693 年—前 662 年）仍然在位。

● 者㳮钟（二）

　　　　唯正月初吉丁亥，工敔王皮然之子者㳮择厥吉金，自作瑶钟。子=孙=永宝用之。

　　按：铭文纪时与者㳮钟铭文（一）相同。

● 吴王光鉴

　　　　唯王五月，既字白（迫）期，吉日初庚，吴王光择其吉金，玄銧（矿）白銧（矿）……（《集成》10298—10299）

　　按：吴王光（前 514—前 486 年），人名，吴国诸樊之子阖闾，于王僚十二年（前 515 年）杀僚后自立为王。鉴是一种重要的水器，或无耳，或有两耳、四耳，是一种大号的盆，可以盛水洗浴，可以贮水借以照面，还可以装冰，即《周礼》所谓"冰鉴"。本器是吴

---

① 郭沫若：《两周金文辞大系图录考释》，《郭沫若全集·考古编》卷八，第 332 页。

王光为其女儿叔姬出嫁而作的媵器。

吉日,月首日,同朔日;初庚,月中第一个庚日。

● 虘巢镈

　　唯王正月初吉庚午,虘巢曰:余攻王之玄孙,余觉子择其吉金,自作龢钟……(《汇编》1277—1282)

　　按:唯王,此指周王,表明用的是周正。虘巢,人名,是吴王之玄孙,或说是吴王僚之子。据董珊说既非诸樊,亦非庆忌,恐是另一子,文献失载。

　　初吉是初一朔,干支是庚午(7),则某王某年正月是庚午朔。吴王僚,公元前526—前514年在位,若虘巢是吴王僚之子,则在吴王僚及其后的三十年内当有周正某年正月庚午朔。查检张表和董谱,前503年正月,张表是己巳(6)朔,较铭文迟一日合历;董谱正是庚午(7)朔,完全合历。其年当周敬王十七年,鲁定公七年。再其后二十年内无有可能合历的年份,则铭文所记很可能就是前503年正月的历朔。

● 臧孙钟

　　唯王正月初吉丁亥,攻敔仲冬臧之外孙坪之子臧孙择厥吉金,自作龢钟……(《集成》93—101)

　　按:臧孙,人名,是攻敔仲冬臧之外孙坪之子。据刘兴考证,臧孙是吴王夫差的外孙。①

　　初吉是初一朔,干支是丁亥(24),则某王某年正月是丁亥朔。吴王夫差,阖庐之子,公元前495年—前473年在位,在位二十三年。查检张表,公元前475年周正正月是丁亥(24)朔,董谱同。若臧孙是吴王夫差外孙之说可信,则臧孙钟铭文所记即是公元前475年正月的历朔。其年当周元王元年,鲁哀公二十年,吴王夫差二十一年。

● 配儿钩鑃

　　唯□月初吉庚午,吴王□□□犬子配儿,曰:……(《集成》426—427)

　　按:配儿,人名,据考证配儿是吴王阖闾的太子波,是吴王夫差的兄弟。此器本是吴国之器而流入越国者,故出土于浙江绍兴。吴王阖闾,公元前514年至前496年在位,吴王为其太子配儿铸器,则其铸应在吴王阖闾在位的公元前514至公元前496年之间。越国于公元前473年灭吴,时吴王夫差在位。本器流入越国,盖在越灭吴之后。

　　初吉是初一朔,干支是庚午(7),则某年某月是庚午(7)朔。可惜铭文月份残泐不

---

① 刘兴:《吴臧孙钟铭文考》,《东南文化》1990年第4期。

清,否则是可以搞清楚具体年份的。

二、越国器

● 其次句鑃

唯正初吉丁亥,其次择其吉金铸句鑃,台(以)享台(以)孝,用祈万寿。子₌孙₌永宝用之。(《集成》421—422)

按:其次,人名。句鑃,一种似铎的乐器,手持柄用木棒敲击而发出声音,徐谓之钲铖。据郭沫若说唯见于上古徐国、越国。

唯正初吉,正,当是《春秋经》"春王正月"之正的意思,指周正。周正以冬至所在月为正月,即夏历的十一月。郭沫若曰"当是正月初吉"。① 初吉是初一朔,干支是丁亥(24),则某年正月是丁亥朔。

● 姑冯昏同之子句鑃(姑冯句鑃)

唯王正月初吉丁亥,姑冯昏同(冯同)之子,择厥吉金,自作商句鑃……(《集成》424)

按:冯同,人名。郭沫若说即越王勾践时之大夫冯同,字本从凤欠声,从凤者取凤鸟之冯风也。冯字从马作者乃后来之讹变。文献或作逄同、扶同。② 商,仿作商人之器。

初吉是初一朔,干支是丁亥(24),则某王某年正月是丁亥(24)朔。根据郭沫若之说,句鑃是越王勾践之大夫冯同之子。勾践,公元前496年—前465年在位。那么,本器所记历日当是勾践之时或稍后。查检张表,公元前475年周正正月是丁亥(24)朔,董谱同。若郭沫若之说可信,则本器铭文所记即是公元前475年正月的历朔。其年是周元王元年,鲁哀公二十年,吴王夫差二十一年。

三、徐国器

● 宜桐盂

唯正月初吉日己酉,邾(徐)王季禀之孙宜桐作铸飤盂以媵妹,孙子永寿用之。(《集成》10320)

---

① 郭沫若:《两周金文辞大系图录考释》,《郭沫若全集·考古编》卷八,第338页。
② 郭沫若:《两周金文辞大系图录考释》,《郭沫若全集·考古编》卷八,第339页。

第四章　春秋时期纪年、纪时铭文历朔研究　271

按：郭沫若疑徐王季稟殆即徐王粮，人无所考，则宜桐为徐王粮之孙。据考证，徐王粮有说是春秋中期偏早时的徐国国君，有说是春秋中期偏晚时徐国的国君。关于徐国和舒国的地望，徐中舒先生在其遗稿《蒲姑、徐奄、淮夷、群舒考》一文中做了详细的考证，可资参阅。①

初吉是初一朔，干支是己酉(46)，则某年正月是己酉朔。由于文献缺载，仅有铭文拓片存世，铭文字迹特殊，且有人疑为伪者，故其具体年份无法推算。

● 沇儿钟

　　　　唯正月初吉丁亥，郐(徐)王庚之思(淑)子沇儿择其吉金，自作龢钟……（《集成》203）

按：徐王庚，人名，据考证是春秋晚期偏早的一个徐王。沇儿，据铭文是徐王庚之子。

初吉是初一朔，干支是丁亥(24)，则某年正月是丁亥朔。

● 沇儿簠

　　　　唯王四月初吉丁巳，曾孙沇儿曰："余吕以口之孙……"（《集成》4245）

按：据沇儿钟铭文"徐王庚之淑子沇儿"，而本器铭文称"曾孙沇儿"，可见吕以口当是徐王庚之祖父。钟与簠为同人所铸。根据两件器所记历日，既然钟铭"正月初吉丁亥"，则四月就不可能是簠铭所记"四月初吉丁巳"，也就是说两件器不可能是同一年所铸。

初吉是初一朔，干支是丁巳(54)，则某王某年四月是丁巳朔。

● 王孙遗者钟

　　　　唯正月初吉丁亥，王孙遗者择其吉金，自作龢钟……（《集成》261）

按：遗者，人名，郭沫若疑即容居。郭沫若考定器作于战国晚期，徐国为楚灭亡之前。

初吉是初一朔，干支是丁亥(24)，则某年正月是丁亥朔。

● 郐䣙尹钲铖

　　　　唯正月初吉，日在庚，郐(徐)䣙尹者故炉，自作钲铖……（《集成》425）

按：钲铖，古代也称丁宁。

---

① 《四川大学学报》（哲社版）1998年第3期。

初吉是初一朔,干支逢庚,则某年正月朔日逢庚日。

- 郐王义楚鍴(觯)

  唯正月吉日丁酉,郐(徐)王义楚择余吉金,自作祭鍴(觯)……(《集成》6513)

  按:徐王义楚,人名,春秋晚期,见于《左传·昭公六年》:"徐义楚聘于楚。楚子执之,逃归。"

  吉日,犹初吉,干支是丁酉(34),则某年正月是丁酉朔。

- 郐王子旃钟

  唯正月初吉元日癸亥,郐(徐)王子旃择其吉金,自作穌钟,以敬盟祀……(《集成》182)

  按:子旃,人名,春秋晚期徐王之一。

  正月初吉元日,即正月初一,干支是癸亥(60),则某年正月是癸亥朔。

- 遱邡钟

  唯王正月初吉丁亥,舍(徐)王之孙寻楚猷之子遱邡,择毕吉金,作铸穌钟……(《汇编》1251—1262)

  按:遱邡,人名,字书所无,是徐王之孙、寻楚胡之子。

  初吉是初一朔,干支是丁亥(24),则某王某年正月是丁亥朔。

- 保凡钟

  唯正月初吉丁亥,徐王之孙保凡择毕吉金,作铸其穌钟,以享以孝……(《汇编》1268—1276)

  按:保凡,人名,是徐王之孙。

  初吉是初一朔,干支是丁亥(24),则某年正月是丁亥朔。

- 余購逯儿钟(侴儿钟)

  唯正九月初吉丁亥,曾孙侴儿,余达斯于之子(孙),余几璐之元子,曰……(《集成》183—186)

  按:曾孙侴儿,人名,或释仆儿。余达斯于,也是人名,是曾孙侴儿之祖父。余几璐,人名,是曾孙侴儿之父。

  正,当是《春秋经》"春王正月"之正的意思,指周正。周正以冬至所在月为正月,即夏正之十一月。初吉是初一朔,干支是丁亥(24),则某年九月是丁亥朔。

徐太子伯辰鼎

唯五月初吉辛酉,徐太子伯辰囗作为其好妻饎鼎,賨(贮)于橐亞,永宝用之。(《集录》(二)349)

按:伯辰囗,人名,所缺之字当是该人之字。

初吉是初一朔,干支是辛酉(58),则某年五月是辛酉朔。

郐太子鼎

唯五月初吉丁亥,郐(徐)太子伯辰囗作为其好妻囗(鼎),囗于橐亞(次),永宝用之。(《集成》2652)

按:此徐太子伯辰,与上一器当是同一人,唯铭文纪时干支有异。

初吉是初一朔,干支是丁亥(24),则某年五月是丁亥朔。

庚儿鼎

唯正月初吉丁亥,郐(徐)王之子庚儿,自作飤鐈,用征用行,用和用调,眉寿无疆。(《集成》2715—2716)

按:初吉是初一朔,干支是丁亥(24),则某年正月是丁亥朔。

之乘辰钟(足利次留元子钟)

唯正十月吉日丁巳,之乘辰曰:余郐(徐)王旨后之孙足剝次留之元子而作鷈夫台之贵姓,择毕吉金……(《汇编》1409)

按:之乘辰,人名,是徐王旨后之孙、足利次留之元子。元子,长子也。

正,若不是"王"字之误,则指周正。吉日,犹言元日、初吉,月首日也。干支是丁巳(54),则某年十月是丁巳朔。

四、舒国器

夫跌申鼎

唯正月初吉丁亥,甫虞公甚六之妻夫跌申择毕吉金,作铸飤鼎。余以饎以享,以伐四方,以从攻(句)虘(吴)王。枼(世)万子孙,羕(永)宝永享。(《汇编》1250)

按:甫虞公甚六、夫跌申,皆是人名,为夫妻。舒国的地望,约在今安徽淮南向西至江汉平原一带,徐中舒先生在其遗稿《蒲姑、徐奄、淮夷、群舒考》一文中做了详细的考证,可资参阅。①

初吉是初一朔,干支是丁亥(24),则某年正月是丁亥朔。

● 九里墩鼓座

唯正月初吉庚午,余受屖于之玄孙,圣麇公牺择其吉金,玄鏐钝铝……(《集成》429)

按:余受屖于,人名。圣麇公牺,也是人名。

初吉是初一朔,干支是庚午(7),则某年正月是庚午朔。

● 冶仲考父壶

唯六月初吉丁亥,冶仲丂父自作壶,用祀用卿(饗),多福滂滂,用祈眉寿万年无疆……(《集成》9708)

按:冶仲丂父,人名。

铭文无王年记载。初吉是初一朔,干支是丁亥(24),则某年六月是丁亥朔。

五、楚国器

● 楚王钟(楚邛仲妳南和钟)

唯王正月初吉丁亥,楚王媵邛(江)仲妳(芈)南龢钟,其眉寿无疆,子孙永保用之。(《集成》72)

按:郭沫若曰:"邛即江、黄之江。仲妳(芈)女字,南名。……。江以楚穆王商臣三年灭于楚,此江楚尚通婚姻,自在国亡之前。成王熊恽之妹有江芈者或即此邛(江)仲妳。楚王殆即成王或其父文王也。"②楚成王,公元前671年—前626年在位。楚文王之子,母是楚文夫人息妫。公元前672年杀其兄而即位,公元前638年,在泓之战中战败宋襄公,称雄中原。

初吉是初一朔,干支是丁亥(24),则某王某年正月是丁亥朔。据郭文,检张表前666年正月是丁亥朔,与铭文所记历日合历;董谱是丙辰(53)朔,错月又迟一日合历。又,前661年,张表、董谱皆是丁巳(54)朔,错月合历。若本器的确如郭沫若所说是楚成王时器,则铭文所记历日很可能是这两个年份的正月历朔,其年分别是周惠王十一年,鲁庄公二十八年,楚成王六年;或周惠王十六年,鲁闵公元年,楚成王十一年。这

---

① 《四川大学学报》(哲社版)1998年第3期。
② 郭沫若:《两周金文辞大系图录考释》,《郭沫若全集·考古编》卷八,第355页。

是历日五年重复再现的现象。参阅"余论"中的有关论说。

● 楚嬴匜

唯王正月初吉庚午,楚媵(嬴)铸其匜,其万年子孙永用享。(《集成》10273)

按：楚嬴,人名。

初吉是初一朔,干支是庚午(7),则某王某年正月是庚午朔。

● 王孙诰钟

唯正月初吉丁亥,王孙寉(诰)择其吉金,自作龢钟。中翰且扬,元鸣孔皇……(《汇编》418—443)

按：王孙寉(诰),人名。

初吉是初一朔,干支是丁亥(24),则某年正月是丁亥朔。

● 鄔子受钟

唯十又四年参(三)月,月唯戊申,亡忮昧丧,鄔子受作鸞彝訶(歌)钟,其永亡祚东鄂,配厥休。(《汇编》504—520)

按：鄔子受,人名。

某王十四年三月戊申(45)日。

● 发孙虘鼎

唯正月初吉丁亥,发孙虘择余吉金,自作飤鼎,永宝用之。(《汇编》1205)

按：发孙虘,人名。

初吉是初一朔,干支是丁亥(24),则某年正月是丁亥朔。

● 发孙虘簠

唯正月初吉丁亥,发孙虘择其吉金,自作飤匠,永保用之。(《汇编》1773)

按：发孙虘,人名。

纪时与虘鼎铭文相同。

● 楚屈子赤目簠

唯正月初吉丁亥,楚屈子赤目朕中妳璜飤匠,其眉寿无疆,子〓孙〓永宝用之。(《汇编》1230)

按：楚屈子赤目，人名。

初吉是初一朔，干支是丁亥（24），则某年正月是丁亥朔。

● 楚屈子赤角簠盖

唯正月初吉丁亥，楚屈子赤目朕（媵）仲芈璜飤簠，其眉寿无疆……（《集成》4612）

按：与楚屈子赤目簠铭文当是同一人所铸，纪时也全同。

● 东姬匜

唯王正月初吉乙亥，宣王之孙澦子之子东姬自作会与（匜），其眉寿万年无期……（《汇编》398）

按：东姬，人名。

初吉是初一朔，干支是乙亥（12），则某王某年正月是乙亥朔。

● 仲改卫簠

唯正月初吉丁亥，仲改（妃）卫用其吉金，自作旅［簠］，子=孙=永宝。（《汇编》399—400）

按：仲妃卫，人名。

初吉是初一朔，干支是丁亥（24），则某年正月是丁亥朔。

● 何次簠

唯正月初吉乙亥，毕孙何次择其吉金，自作馈臣（簠），其眉寿万年无疆……（《汇编》402—404）

按：何次，人名，是毕之孙。

初吉是初一朔，干支是乙亥（12），则某年正月是乙亥朔。

● 以邓匜

唯正月初吉丁亥，楚弔（叔）之孙以邓择其吉金，铸其会与（匜），子=孙=永宝用之。（《汇编》405）

按：以邓，人名，是楚叔之孙。

初吉是初一朔，干支是丁亥（24），则某年正月是丁亥朔。

● 以邓鼎

唯正月初吉丁亥，楚弔（叔）之孙以邓择其吉金，铸其𩝸鼎，永宝用之。（《汇编》406）

按：铭文中的人物与纪时与以邓匜铭文相同，是同人同时所铸。

● 敬事天王钟

唯王正月初吉庚申，自作永（咏）命（铃），其眉寿无疆，敬事天王……（《集成》73—81）

按：初吉是初一朔，干支是庚申（57），则某王某年正月是庚申朔。

● 王子午鼎

唯正月初吉丁亥，王子午择其吉金，自作䎱彝䙷鼎，用享以孝于我皇祖文考……（《集成》2811）

按：王子午，楚庄王之子名午，又名子庚，楚共王兄弟，曾任楚国令尹（宰相）。楚庄王自前613年—前591年在位，在位二十三年。

初吉是初一朔，干支是丁亥（24），则某年正月是丁亥朔。根据楚庄王在位的年数查检张表，前599年正月是丁亥（24）朔，董谱同，完全合历，则王子午鼎铭文所记历日很可能就是该年正月的历朔。其年当周定王八年，鲁宣公十年，楚庄王十五年。

由于王子午与楚共王是兄弟，而楚共王自前590年—前560年在位。查检张表，前568年正月是戊子（25）朔，早一日合历；董谱正月是丁亥（24）朔，完全合历。王子午鼎铭文所记也可能是该年正月的历朔。其年是周灵王四年，鲁襄公五年，楚共王二十三年。

● 王子吴鼎

唯正月初吉丁亥，王子㝬（吴）择其吉金，自作飤鼎……（《集成》2717）

按：王子，王之子名㝬（吴），人名。

初吉是初一朔，干支是丁亥（24），则某年正月是丁亥朔。

● 考叔𫢶父簠

唯正月初吉丁亥，考叔𫢶父自作奠簠，其眉寿，万年无疆……（《集成》4608—4609）

按：考叔𫢶父，人名，𫢶，从言墙省声，字书所无。

初吉是初一朔，干支是丁亥（24），则某年正月是丁亥朔。

● 塞公孙𫢶父匜

唯正月初吉庚午，塞公孙𫢶父自作盥匜，其眉寿无疆，子₌孙₌永宝用之。（《集成》10276）

按：塞公孙𫢶父，人名，与考叔𫢶父簠铭文中的言父当是同一人。塞公、考叔、𫢶父，祖、父、子为三代人。

初吉是初一朔,干支是庚午(7),则某年正月是庚午朔。

● 彭子仲盆盖

唯八月初吉丁亥,彭子仲择其吉金,自作籢盆,其眉寿无疆,子=孙=永宝用之。(《集成》10340)

按:彭子仲,当是人名。籢盆,食器。陈梦家说是春秋初器。

初吉是初一朔,干支是丁亥(24),则某年八月是丁亥朔。

● 长子虇臣簠

唯正月初吉丁亥,长子虇臣择其吉金,作其子孟羋之女媵(媵)簠……(《集成》4625)

按:长子虇臣,人名。

初吉是初一朔,干支是丁亥(24),则某年正月是丁亥朔。

● 嘉子伯昜口簠

唯九月初吉壬申,嘉子伯胪用其吉金,自作宝簠,子=孙=永寿用之。(《集成》4605)

按:嘉子伯胪,人名。

初吉是初一朔,干支是壬申(9),则某年九月是壬申朔。

● 嘉子孟嬴诣缶

唯正月初吉庚午,嘉子孟嬴诣不自作行缶,子孙其万年无疆,永用之。(《汇编》1806)

按:嘉子孟嬴诣不,人名。可能是秦哀公嫁妹孟嬴于楚国者,本为秦媵器而留于楚国者。

初吉是初一朔,干支是庚午(7),则某年正月是庚午朔。

● 孟縢姬缶

唯正月初吉丁亥,孟縢姬择其吉金,自作浴缶,永宝用之。(《集成》10005)

按:孟縢姬,人名。

初吉是初一朔,干支是丁亥(24),则某年正月是丁亥朔。

● 葬子敢盉

唯八月初吉乙亥,葬子敢择其吉金,自作鯀鼎……(《汇编》1235)

按:葬子敢,人名,字书所无。

初吉是初一朔,干支是乙亥(12),则某年八月是乙亥朔。

● 鄦(莒)侯小子簠

唯五年正月丙午,鄦(莒)侯少子析、乃孝孙丕巨拾趣(取)吉金而作皇妣口君中妃祭器……(《集成》4152)

按:郭沫若曰:"鄦国故地当在今湖北襄阳附近。"① 汉襄阳南犹有次卢村。

五年正月丙午(43),丕巨作祭器八簠。

● 鄦(莒)大史申鼎

唯正月初吉辛亥,郜安之孙鄦(莒)太史申作其造鼎十……(《集成》2732)

按:郜安,人名。鄦(莒)太史申,人名,是郜安之孙,担任太史之职。

初吉是初一朔,干支是辛亥(48),则某年正月是辛亥朔。

● 卜鼎(薳夫人嬭鼎)

唯正月初吉,岁在芮滩,孟甲在奎之际,薳夫人嬭择其吉金,作铸沐鼎,以和御汤……

按:薳夫人嬭鼎,2006年河南淅川县徐家岭11号墓出土。② 薳夫人嬭,人名,自称薳夫人嬭鼎。铭文仅言正月初吉,没有干支,且使用岁星纪年。根据王长丰、郝本性推算,本器所记历日当是鲁定公三年,即公元前507年正月的历朔。③ 前507年正月,张表是甲午(31)朔,董谱是癸巳(30)朔。其年是周敬王十三年,鲁定公三年,楚昭王九年。

● 徐厘尹晋鼎

唯正月吉日初庚,徐厘尹晋自作汤鼎。温良圣敏,余敢敬明祀……

按:徐厘尹晋,作器者人名。汤鼎,沐浴用的鼎。铭文无王年记载,则某年正月吉日逢初庚日。④

六、罗国器

● 罗子箴盘

唯正月初吉乙亥,䍽子箴择其吉金,铸其盥盘,子孙用之。(《汇编》1372)

---

① 郭沫若:《两周金文辞大系图录考释》,《郭沫若全集·考古编》卷八,第372页。
② 《河南淅川县徐家岭11号楚墓》,《考古》2008年第5期。
③ 《中原文物》2009年第3期。
④ 据广濑薰雄《释卜鼎——〈释卜缶〉补说》一文,《古文字研究》第29辑。

按：郄子簋，人名。

初吉是初一朔，干支是乙亥(12)，则某年正月是乙亥朔。

七、鄀国器

● 上鄀公敄人簋盖

唯鄀正二月初吉乙丑，上鄀公敄人乍（作）尊簋，用享孝于厥皇祖，与厥皇考……(《集成》4183)

按：上鄀公敄人，人名。上鄀，国名。郭沫若说："鄀，姬姓之国。黄帝之子昌意降居若水，为诸侯，此其后也。"春秋时的鄀国，在今湖北襄樊雍州。春秋时曾改名为乐乡县，又曾多次迁都，为楚所灭。鄀之故都商密附近，在今河南淅川下寺一带。郭沫若认为"意南郡之鄀为本国，故称上，上雒之鄀为分枝，故称下。……南郡之鄀后为楚所灭，故于春秋末年其故都竟成为楚都也。两鄀传世之器均古，大率在春秋初年，或更在其前。盖其初实一强盛之国，其地当跨有今河南、湖北、陕西三省所接壤处也。"[1]

铭文"唯鄀正二月初吉乙丑"，则使用的是鄀国的历法。初吉是初一朔，干支是乙丑(2)，则鄀正二月是乙丑朔。

● 上鄀公敄人钟

唯[鄀正]二月[初吉乙丑]，上鄀公敄人[作其龢钟]，用追孝于毕皇祖可公，皇考晨公……(《大系》释179)

按：本器铭文与上鄀公敄人簋铭文相同，是同一人所铸，纪时也相同。

● 鄀公平侯鼎

唯鄀八月初吉癸未，鄀公平侯自作奠盂，用追孝于厥皇祖晨公，与毕皇考犀公……(《集成》2771—2772)

按：鄀公平侯，侯名。

初吉是初一朔，干支是癸未(20)，则鄀正某年八月是癸未(20)朔。

● 鄀公平侯盂

唯鄀八月初吉癸未，鄀公平侯自作奠盂，用追孝于厥皇祖晨公，与毕皇考犀公……(《大系》释179，46字，又重文2。)

---

[1] 郭沫若：《两周金文辞大系图录考释》，《郭沫若全集·考古编》卷八，第375页。

按：本器与都公平侯鼎是同人同时所铸。郭沫若曰："平侯乃敓人之子,观敓人于晨公称考,而此称祖,可知。又此'皇考㣇公'即敓人。上都省称为都。"①

铭文纪时与都公平侯鼎相同。

● 上都公簠

　　唯正月初吉丁亥,上都公择其吉金,铸弔(淑)妫番改(妃)媵匿(簠)……(《汇编》401)

　按：初吉是初一朔,干支是丁亥(24),则某年正月是丁亥朔。

● 上都府簠

　　唯正六月初吉丁亥,上都府择其吉金,铸其淄(簠)簠,簠其眉寿无期……(《集成》4613)

　按：上都府,人名。

　初吉是初一朔,干支是丁亥(24),则某年六月是丁亥朔。

● 都公諴鼎

　　唯十又四月既死霸壬午,下都雍公諴作奠鼎,用追享孝于皇祖考,用祈眉寿……(《集成》2753)

　按：下都,地名,陕西商县境内,灭于晋。雍公諴,是人名。

　既死霸是二十三日,干支是壬午(19),则某年十四月是庚申(57)朔。十四月,郭沫若疑是十三月之误,或为都字之误剔。

八、江国器

● 伯戈盘

　　唯王(正)月初吉丁亥,邛(江)仲之孙伯戈,自作沐盘,用祈眉寿,万年无疆……(《集成》10160)

　按：郭沫若曰："邛当即江、黄之江……其故地在今河南息县西南。"

　初吉是初一朔,干支是丁亥(24),则某年正月是丁亥朔。

● 邛仲之孙伯戈盆

　　唯八月初吉庚午,邛(江)仲之孙伯戈,自作饙䀇(盆),其眉寿……(《集成》10341)

---

① 郭沫若:《两周金文辞大系图录考释》,《郭沫若全集·考古编》卷八,第376页。

按：据传此器与伯戈盘同时出土，当为同一人所铸，唯纪时不同。

初吉是初一朔，干支是庚午（7），则某年八月是庚午朔。

● 孙叔师父壶

唯王正月初吉甲戌，邛（江）立（太）宰孙弔（叔）师父作行具，眉寿万年无疆，子=孙=永宝用之。（《集成》9706）

按：邛（江），国名，江国。立（太）宰，职官名。孙叔师父，人名。行具，出行用具。铭文无王年记载。初吉是初一朔，干支是甲戌（11），则某王某年正月是甲戌朔。

● 禀君季怂盂

唯王正月初吉丁亥，邛（江）伯厚之孙禀君季怂自作濫盂，用祀用飨，其万年无疆，子=孙=永宝是尚。

按：2012年1月山东沂水县纪王崮顶一座春秋古墓中出土大批青铜器，其中两件器物上有铭文，一是华孟子鼎，一是禀君季怂盂（见山东琅琊网4月18日的报导）。本文据林沄在中国古文字研究会第十九届学术年会上提交的论文《华孟子鼎等两器部分铭文重释》一文，华孟子鼎铭文无纪时，故未予采录。根据林沄的文章，本器铸造者应为江国国君的后裔到禀地为采邑之主者。故本文将禀君季怂盂定为江国之器，春秋时期。

铭文"唯王正月初吉丁亥"，唯王之王，应指周王，说明春秋时期的江国仍奉周王室的正朔。初吉，初一朔，干支是丁亥（24），则某王某年正月是丁亥朔。

九、蔡国器

● 射　壶

惟九月初吉甲寅，皇君尹叔命射司贮，乃事东（董）征其工，乃事术。追念于蔡君子兴用天尹之宠，式蔑射历，锡之金……

按：皇君，大君；尹叔，人名，也见于蔡姞簋铭文。射，也是人名，当是尹叔的家臣。司，职掌、主管。贮，积存、收藏，金文中一般指以物易物的商业事务。董，董理、治理、管理、督正。征，征询。董征，犹言督察。工，指射所负责的事情。乃事，你的职事。术，读作循，遵循、按照。蔡君子兴，蔡君之子，名兴。用，由也，表原因。式，语词。蔑射历，勉励、嘉奖射。

铭文无王年记载。初吉是初一朔，干支是甲寅（51），则某年九月是甲寅朔。朱凤瀚根据器形纹饰定为西周末春秋初期蔡国器。

● 蔡太师鼎

　　唯正月初吉丁亥,蔡大(太)师鬻剩(媵)鄔(许)叔姬可母飤繁……(《集成》2738)

　按:蔡太师,蔡国之太师,鬻是人名。媵,陪嫁。许叔姬,人名,嫁于许国之蔡太师女。

　初吉是初一朔,干支是丁亥(24),则某年正月是丁亥朔。

● 蔡公子叔汤壶

　　唯正月初吉丁亥,蔡公子弔(叔)汤作其醴壶,其万年眉寿无疆,子₌孙₌永宝用亯。(《汇编》1892)

　按:蔡公子叔汤,人名,蔡国之公子。李学勤以为壶的形制类似太师小子师望壶等,应为西周晚期之器。

　初吉是初一朔,干支丁亥(24),则某年正月是丁亥朔。

● 蔡侯纽钟

　　唯正五月初吉孟庚,蔡侯[申]曰:"余唯(虽)末少子,余非敢宁忘(荒)……"(《集成》210—222)

　按:正,当是《春秋经》"春王正月"之正的意思,指周正。周正以冬至所在月为正月,即夏正之十一月。初吉是初一朔;孟庚,一个月中第二个庚日,则某年五月某庚日。

● 蔡侯甬钟(吴王光钟)

　　春稔岁,吉日初庚,吴王光逼(追)之穆曾(赠)舒金……(《集成》223)

　按:稔岁,丰年、丰岁,同稔年。吉日,犹言元日。初庚,一个月中第一个庚日。

● 蔡叔季之孙羿匜

　　唯正月初吉丁亥,蔡叔季之孙羿,剩(媵)孟姬有之妇沐盘……(《集成》10284)

　按:蔡叔季和羿,皆是人名,祖孙辈。器属蔡国,但是出土于燕国。

　初吉是初一朔,干支是丁亥(24),则某年正月是丁亥朔。

● 蔡大膳夫趣簠

　　唯正月初吉壬申,蔡大膳夫趣作其饙匠(簠),其万年眉寿无疆……(《汇编》1236)

　按:蔡大膳夫趣,人名。器属蔡国,但是出土于楚国。

初吉是初一朔,干支是壬申(9),则某年正月是壬申朔。

- 蔡侯盘

　　　　唯王正月初吉丁亥,蔡侯作剩(媵)鄬中姬丹盥盘……(《汇编》471)

按:蔡侯,侯名。器属蔡国,但是出土于楚国。

初吉是初一朔,干支是丁亥(24),则某年正月是丁亥朔。

- 蔡侯匜

　　　　唯王正月初吉丁亥,蔡侯作剩(媵)鄬中姬丹盦会盟(匜),用祈眉寿……(《汇编》472)

按:铭文、纪时与蔡侯盘铭文相同。器属蔡国,但是出土于楚国。

- 蔡侯簠

　　　　唯正月初吉丁亥,蔡侯剩(媵)孟姬宝匩(匡)匜(簠),其眉寿无疆,永宝用之。(《汇编》1896—1897)

按:人名、纪时与蔡侯盘、蔡侯匜铭文相同。器属蔡国,但是出土于楚国。

- 蔡大司马燮盘

　　　　隹正月初吉丁亥,蔡大司马燮作剩孟姬铸盥盘,其眉寿无期,子孙永保用之。

按:据韩文考证,①大司马燮是蔡庄侯甲午的儿子,文侯申的兄弟,《春秋》经传皆有记载。这件蔡大司马燮嫁女儿孟姬盥盘,应该是燮被郑人俘获(事在鲁襄公八年,蔡景侯二十七年,即公元前564年)之前所铸。

铭文"隹正月初吉丁亥",初吉是初一朔,则某年正月是丁亥(24)朔。根据韩文考证事在公元前564年之前,查检历表和历谱,张表前568年正月是戊子(25)朔,董谱正月正是丁亥朔,完全合历,则蔡大司马燮盘铭文所记历日就是前568年正月的历朔。时当周灵王四年、鲁襄公五年、蔡景侯二十四年。

十、曾国器

- 曾伯黍簠

　　　　唯王九月初吉庚午,曾伯黍(淋)哲圣元武孔黹,克狄淮夷,印燮繇汤(阳)……(《集成》

---

① 韩自强、刘海洋:《近年所见有铭铜器简述》,《古文字研究》第24辑,第166—169页,中华书局2002年版。

4631—4632)

按：曾伯霖（淋），人名，曾国之国君，名伯淋。传世的文献中不见国名为"曾"的国家，但是有"缯"和"鄫"两国，两国皆在中原地区，文献中皆以为姒姓国。一在今河南省南阳方城县一带，西与姜姓申国为邻；一在今山东苍山县东北，于公元前567年被莒国所灭。另据铜器铭文所载，汉水以东尚有一个曾国，位于湖北随州一带，见宋代出土的安州六器铭文。本器与克狄淮夷有关，当是位于今山东的曾国。郭沫若认为此簠与晋姜鼎同时，皆春秋初年之物。①

初吉是初一朔，干支是庚午(7)，则某年九月是庚午朔。平王九年（前762年）九月，张表是庚午(7)朔，董谱同，与铭文完全合历，疑铭文所记历日是该年九月的历朔。

● 曾子恤簠

唯正月初吉丁亥，曾子恤自作飤簠，子=孙=永宝用之。（《集成》4588）

按：曾子恤，人名，名恤。

初吉是初一朔，干支是丁亥(24)，则某年正月是丁亥朔。

● 曾子口匠（簠）

唯正月初吉乙亥，曾子口择其吉金，自作飤匠（簠）……（《集成》4614）

按：曾子之名字残泐，缺。郭沫若说："此器全体浅刻纠虺纹，……根据此器可断定此等样式在春秋中叶时已有之。"②

初吉是初一朔，干支是乙亥(12)，则某年正月是乙亥朔。

十一、申国器

● 申文王之孙州棶簠

惟正十月初吉庚午，申文王之孙州棶择其吉金，自作食簠，永宝用之。

按：初吉是初一朔，干支是庚午(7)，则某年十月是庚午朔。黄锡全认为楚灭申是在春秋早期晚段的楚文王三年至六年之间（前687—前684年）。据此，则此器当作于这四年之间。查张表和董谱，唯前685年十月的历朔与此相近。

---

① 郭沫若：《两周金文辞大系图录考释》，《郭沫若全集·考古编》卷八，第397页。
② 郭沫若：《两周金文辞大系图录考释》，《郭沫若全集·考古编》卷八，第400页。

十二、邓国器

● 邓公孙无忌鼎

　　　　唯九月初吉丁亥,邓公孙无忌攠其吉金,铸其囗鼎……(《汇编》1231)

　按：邓公,人名；无忌,也是人名,是邓公之孙。
　初吉是初一朔,干支是丁亥(24),则某年九月是丁亥朔。

● 邓子盘

　　　　唯正月初吉丁亥,邓子与塍弔(叔)曼盥盘,眉寿无期,子孙永宝。(《汇编》1242)

　按：邓子,邓国之子。与,按文例疑是人名。叔曼,人名。
　初吉是初一朔,干支是丁亥(24),则某年正月是丁亥朔。

十三、许国器

● 鄦子蘉自钟

　　　　唯正月初吉丁亥,鄦(许)子蘉(酱)自(师)择其吉金,自作铃钟……(《集成》153—154)

　按：许子,许国之太子。蘉(酱)自(师),人名。
　初吉是初一朔,干支是丁亥(24),则某年正月是丁亥朔。

● 鄦子妆簠

　　　　唯正月初吉丁亥,鄦(许)子妆择其吉金,用铸其簠,用剩(塍)孟姜、秦嬴……(《集成》4616)

　按：郭沫若疑此许子妆与许子蘉是一人,或是一名一字。为许塍女和秦塍女而作器。
　铭文纪时与许子蘉师钟相同。

● 鄦公买簠

　　　　唯王正月初吉丁亥,鄦(许)公买择厥吉金,自作飤簠以祈眉寿……(《集成》4617)

　按：许公买,人名。
　初吉是初一朔,干支是丁亥(24),则某王某年正月是丁亥朔。

● 子璋钟

唯正十(七)月初吉丁亥,群子子璋,择其吉金,自作龢(锽)钟,用宴以饎,用乐父兄诸士,其眉寿无期……(《集成》113—119)

按:子璋,人名。郭沫若以铭文字体与许子妆簠相似,文辞类似许子钟,且疑子璋即许子妆,故置于许国。

正,当是《春秋经》"春王正月"之正的意思,指周正。周正以冬至所在月为正月,即夏历之十一月。十月,或释作七月。初吉是初一朔,干支是丁亥(24),则某王某年十月是丁亥朔。

十五、唐国器

● 唐子仲濒儿鈚(瓶)

唯正十月初吉丁亥,钖子仲濒择其吉金,铸其御鈚(瓶)。(《汇编》1210)

按:钖子仲濒,人名。

初吉是初一朔,干支是丁亥(24),则某年周正十月是丁亥朔。

● 唐子仲濒儿匜

唯正月咸己未,唐子仲濒儿择其吉金,铸其御遣匜。(《汇编》1209)

按:何琳仪、高玉平曰:"其实'咸'乃'弋、日'合文"。因此,铭文首句读为:"唯正月弋日己未。"①

一日是己未(56),则某年正月是己未朔。

● 唐子仲濒儿盘

唯正月咸辛亥,钖子仲濒儿择其吉金,铸其御盘,子_孙_永宝用之。(《汇编》1211)

按:唐子仲濒儿,人名,唐国之子,名仲濒儿。唐子仲濒儿还铸有匜、瓶二件器物。

咸,疑也是弋日的合书。参见唐子仲濒儿匜铭文何琳仪、高玉平之说。某年正月一日辛亥(48),唐子仲濒儿铸盘。

---

① 何琳仪、高玉平:《唐子仲儿匜铭文补释》,《考古》2007 年第 1 期。

十六、戴国器

● 弋(戴)叔朕鼎

唯八月初吉庚申,弋(戴)弔(叔)朕自作饙鼎,其万年无疆,子₌孙₌永宝用之。(《集成》2690—2692)

按:戴叔朕,人名。郭沫若说,戴国地望,在今河南考城县东南。《大系》释文二二八。戴国,见于《春秋·隐公十年》:"秋,宋人、卫人入郑。宋人、蔡人、卫人伐戴。郑伯伐取之。"不知何时为宋所灭。

初吉是初一朔,干支是庚申(57),则某年八月是庚申朔。

● 叔朕簠

唯十月初吉庚午,弔(叔)朕择其吉金,自作荐簠,以敦稻粱……(《集成》4620—4622)

按:叔朕,及戴叔朕。

初吉是初一朔,干支是庚午(7),则某年十月是庚午朔。

十七、宋国器

● 季子镈(□□镈)

唯正月初吉丁亥,□□择其吉金,自作龢钟,肄肄仓仓,嘉平远贲,子乐父兄……(《汇编》276—282)

按:□□,所缺者是人名。根据同出之宋公䜌簠铭文"有殷天乙唐(汤)孙宋公䜌作其妹勾敔夫人季子媵簠",宋公䜌为其妹勾吴夫人季子作器。据此推定,所缺人名有可能是宋公䜌之妹季子。宋公䜌,即宋景公,公元前516—前469年在位,在位四十八年。《春秋》称宋景公名栾,《史记》作"头曼"。可见此是季子为自己做龢钟。

初吉是初一朔,干支是丁亥(24),则某年正月是丁亥朔。据宋景公在位(公元前516—前469年)四十八年推算,查检张表,前475年正月是丁亥(24)朔,董谱同,与铭文完全合历。其年是周元王元年,鲁哀公二十年,宋景公四十二年,宋景公尚在位。

● 鄝子成周钟

唯正月初吉丁亥,鄝子成周择其吉金,自作龢钟,眉寿无期,子₌孙₌永保鼓之。(《汇编》

283—291）

按：鄱子成周，人名。简报称"鄱子成周"四字是将原铭文挖除后刻上去的。初吉是初一朔，干支是丁亥（24），则某年正月是丁亥朔。

● 左执君鼎

唯王正月之初吉丁亥，此余左执君作铸其小鼎，□□永宝，子孙无疆，子子孙孙永宝是尚。（M2：24）

● 瀸公宜佫（旨）鼎

唯正月初吉日丁亥，浅（瀸）公宜佫（旨）余其臧金用铸其糱宜鼎。（M2：25）

按：据 M2：25 鼎铭文中有瀸公之人，其人也见于 M1：24 铜铺铭文及 M1：39 铜鼎腹壁铭文，二器铭文相同。宋公䤩（貈）饎铺铭文曰："有殷天乙唐孙宋公䤩（貈）乍瀸叔子饎铺，其眉寿万年，子子孙孙永宝用之。"䤩（貈）字从囗从貈（貈），发掘报告称宋公固，引《春秋》成公十五年"夏六月，宋公固卒"为说："鲁成公十五年是公元前 576 年，因此 M1 出土的宋公固所作媵器的年代应不晚于 576 年。由此推断，两座墓葬的年代应为春秋晚期。"

关于这两个墓葬的时代，发掘报告说："M1 出土的宋公固所作媵器的年代应不晚于公元前 576 年。由此推断，两座墓葬的年代应为春秋晚期。"发掘报告预设了一个前提，就是把 M1：24 宋公䤩饎铺铭文和宋公䤩饎鼎铭文中的䤩看作"固"字，是宋公之名。铜铺铭文中那个从囗从貈（貈）的宋公䤩是否即《春秋》成公十五年之宋公固？尚缺乏文字学上的证据。䤩在西周金文中是个常见字，或读作绸缪之绸，或读作䌛、繇、由，或读作劢，有勉励义，但没有读作"固"的。此字应该是从囗从貈，而貈字本从豸舟声（后世改作从召声）。根据钱大昕古无舌上音的说法，舟声上古声母应读如舌头音端透定，所以此字当是貈字。这是其一。其二，据《史记·宋微子世家》所记，历代宋国国君没有叫宋公固的。但是，《春秋》成公十五年"夏六月，宋公固卒。楚子伐郑"，《左传》成公十五年记为"夏六月，宋公固卒。楚子伐郑。秋八月庚辰，葬宋共公"，《公羊传》《穀梁传》同。据《左传》等文献所记来看，宋公固应是宋共公之名。而《史记·宋微子世家》记宋共公字子瑕，与《春秋》及传不同。其三，据《史记·宋微子世家》："（宋成公）十七年，成公卒。成公弟御杀太子及大司马固而自立为君。"据宋世系考证，大司马公孙固是宋庄公之孙，字子鱼，宋襄公时任大司马之职，历仕宋襄公、宋成公，他不是国君。因此，M1：24 铜铺铭文宋公䤩（貈）是否即大司马宋公固？他是宋襄公祖父辈，宋成公太祖父辈，故亦可尊称为宋公。

M2两器铭文的纪时与一般铭文的纪时略有不同,但大抵意思无异。铭文无王年记载,铭文"唯王正月初吉丁亥",则周某王某年正月是丁亥(24)朔。发掘报告推测此两座墓葬的年代在公元前576年之前且与之相近的年代。前599年正月,张表、董谱皆是丁亥朔,与铭文所记历日完全合历。该年是周定王八年,鲁宣公十年,宋文公十二年。宋文公字子鲍,与铭文宋公固不合。如果铭文宋公䜌是大司马固的话,而此时大司马固也早已被杀(宋成公十七年大司马固被杀是前620年),则前599年正月之历日虽与铭文所记相合,但与人物不相合。

根据历法有5年加31年小循环的特点,再往前查检历表和历谱,前635年正月,张表和董谱皆是丙戌(25)朔,比铭文正月丁亥(24)朔早一日合历。该年是周襄王十七年,鲁僖公二十五年,宋成公二年。宋成公名王臣,非名固。而此时大司马固尚健在,则铭文中的宋公䜌有可能是大司马宋公固,而非宋成公。

又,前568年正月,张表是戊子(25)朔,比铭文早一日合历,董谱正是丁亥(24)朔,完全合历。该年是周灵王四年、鲁襄公五年、宋平公八年。宋平公是宋公共之子,名子成,抑或铭文宋公䜌(貀)是其名乎?先秦时人有名有字,而《左传》等文献有时称其名,有时称其字,有时称公,很难辨识清楚,瀸叔或瀸公又是何人?且铭文宋公䜌(貀)确为固字欤?

根据发掘报告的器形纹饰考察,结合历法比勘,宋公䜌簠铺和宋公䜌簠鼎铭文所记历日很可能是公元前635年正月朔日。䜌(貀)如果是固字的话,则很可能是大司马固,而非宋共公固,则铭文之宋公䜌才如发掘报告所说是宋公固为嫁于瀸国的女儿瀸叔子所做的媵器。

十八、郑国器

● 郑师邍(原)父鬲

　　唯五月初吉丁酉,郑师邍(原)父作荐鬲,永宝用。(《集成》731)

按:郑师邍(原)父,人名,担任郑国之师。

初吉是初一朔,干支是丁酉(34),则某年五月是丁酉朔。

● 郑大内史叔上匜

　　唯十又二月初吉乙子(巳),奠(郑)大内史叔上作叔娟(妘)朕(媵)匜……(《集成》10281)

按:叔上,人名,担任郑国大内史。

初吉是初一朔,干支是乙巳(42),则某年十二月是乙巳朔。

● 与兵壶

　　唯正五月初吉壬申，余郑太子之孙与兵，择余吉金，自作宗彝，其用享用孝于我皇且（祖）文考丕陈春秋岁棠（尝）……（《汇编》1980）

　　按：与兵，人名，自称郑太子之孙，则本器为郑国之器。此器之时代，王人聪据新郑壶及淅川下寺乙组墓的器形纹饰推断，亦应与之相当，属春秋中晚期。①

　　初吉是初一朔，干支是壬申（9），则某年周正五月是壬申朔。我国历史把公元前770—前476年称为春秋时期。根据王人聪的推断此器当属春秋中晚期，则应在公元前650—前520年左右。查检张表和董谱，公元前545年五月皆是壬申朔，完全合历。与兵壶所记历日抑或即该年五月之历朔。时当周灵王二十七年，鲁襄公二十八年，郑简公二十一年。

　　不过，查检张表和董谱，发现前581年五月皆是辛未（8）朔，比铭文迟一日合历。又：前576年五月皆是壬寅（39）朔，与铭文错月合历。这就是说，与兵壶铭文所记历日也有可能是前581年五月，或前576年五月的历朔，而这两个年份也都在春秋中晚期时间范围内。

● 虘鼎（郑臧公之孙鼎）

　　唯正六月吉日唯己，余奠（郑）臧公之孙、余剌之疚子虘，作铸䵼彝，以为父母，其屡（献）于下都，曰……（《汇编》1237）

　　按：虘，人名，疑是虞字的或体，郑臧公之孙。疚子，未知何义。

　　吉日，犹元日，初吉，逢己日，则某年周正六月是己日。

十九、苏国器

● 宽儿鼎

　　唯正八月初吉壬申，苏公之孙宽儿择其吉金，自作飤繁，眉寿无期，永保用之。（《集成》2722）

　　按：苏公，苏国之公。苏国在今河南温县一带，似近洛阳。见《国语·晋语》和《左传》僖公十年。宽儿，人名。苏国器尚有苏公簋、苏冶妊鼎、苏甫人匜、甫人父匜、

---

① 王人聪：《郑大子之孙与兵壶考释》，《古文字研究》第24辑，第233—239页，中华书局2002年版。

甫人盨、苏卫妃鼎、苏公子簋及宿儿缶等,可惜铭文大多皆无纪时。①

初吉是初一朔,干支是壬申(9),则某年周正八月是壬申朔。

● 宿儿缶

  唯正八月初吉壬申,苏公之孙宽儿择其吉金,自作行缶,眉寿无期,永保用之。

按:铭文所记历日与宽儿鼎铭文相同,则某年周正八月是壬申(9)朔。未见著录,可能是命名不同遂分为二器。

二十、陈国器

● 陈公子叔邍(原)父甗

  唯九月初吉丁亥,陈公子子叔邍(原)父作旅献(甗),用征用行,用蒸稻粱……(《集成》947)

按:陈公子之子,字叔邍(原)父,人名。

初吉是初一朔,干支是丁亥(24),则某年九月是丁亥朔。

● 原氏仲簠

  唯正月初吉丁亥,邍(原)氏仲作濂母妫家母媵匡(簠),用祈眉寿,万年无疆,永用之。(《汇编》395—397)

按:邍氏,疑即叔原父。

初吉是初一朔,干支是丁亥(24),则某年正月是丁亥朔。

● 鄩子匜

  唯正月初吉丁亥,鄩子子(自)作𦎡孟为(妫)毅女(母)媵(媵)匜,用祈眉寿,万年无疆,永寿用之。(《集成》10279)

按:陈子之子。毅,疑是国名,疑与鄩侯匜是一器。

初吉是初一朔,干支是丁亥(24),则某年正月是丁亥朔。

● 陈侯鼎

  唯正月初吉丁亥,陈侯作铸妫囯母媵鼎,其永寿用之。(《集成》2650)

---

① 郭沫若:《两周金文辞大系图录考释》,《郭沫若全集·考古编》卷八,第508—514页。

按：初吉是初一朔，干支是丁亥(24)，则某年正月是丁亥朔。

● 鄬侯盘

唯正月初吉丁亥，鄬侯作王中妫寏母媵盘，用祈眉寿，万年无疆，永寿用之。(《集成》10157)

按：初吉是初一朔，干支是丁亥(24)，则某年正月是丁亥朔。

● 鄬侯匜

唯正月初吉丁亥，鄬侯作王中妫襊母媵匜，用祈眉寿，万年无疆，永寿用之。(《汇编》1833)

按：疑与陈子匜是一器。襊，郭沫若疑是国名。
纪时与鄬侯匜相同。

● 鄬侯𦅫簠

唯正月初吉丁亥，鄬侯作孟姜𦅫媵簠，用祈眉寿，万年无疆，永寿用之。(《集成》4606—4607)

按：郭沫若曰："鄬侯为姜姓女作媵器，此亦一异例。"①

初吉是初一朔，干支是丁亥(24)，则某年正月是丁亥朔。

二十一、齐国器

● 鎛 镈

唯王五月初吉丁亥，齐辟鞄(陶、鲍)叔之孙、跻仲之子鎛(紟)作子仲姜宝镈……(《集成》271)

按：王，指周王。齐辟，齐地名，鲍叔所食邑名，在今山东莒县东南。陶叔或鲍叔是齐君、跻仲之父，紟之祖。鎛，或释作紟，作器者人名。

初吉是初一朔，干支是丁亥(24)，则某王某年五月是丁亥朔。

● 齐鞄(陶、鲍)氏钟

唯正月初吉丁亥，齐鞄(陶、鲍)氏孙支(颇)择其吉金，自作龢钟……(《集成》142)

按：齐鞄氏，齐是国名，即齐国；鞄氏是人名，或释作陶氏，或释作鲍氏。支也是人名。

---

① 郭沫若：《两周金文辞大系图录考释》，《郭沫若全集·考古编》卷八，第393页。

初吉是初一朔,干支是丁亥(24),则某年正月是丁亥朔。

● 庚　壶

　　唯王正月初吉丁亥,殷王之孙、右师之子武叔曰庚,择其吉金,以铸其盥壶……(《集成》9733)

　　按:庚,人名,是殷王之孙、右师之子,名庚。齐国器。
　　初吉是初一朔,干支是丁亥(24),则某王某年正月是丁亥朔。

二十二、黄国器

● 黄太子伯克盆

　　□正月初吉丁亥,黄太子伯克作其馈盆,其眉寿无疆,子=孙=永宝用之。(《集成》10338)

　　按:黄太子伯克,黄国太子名伯克。
　　初吉是初一朔,干支是丁亥(24),则某年正月是丁亥朔。

● 黄太子伯克盘

　　唯王正月初吉丁亥,黄太子伯克作仲嬴寅剩(媵)盘,用祈眉寿……(《集成》10162)

　　按:黄国,嬴姓,文献中常以江、黄并称,其地在今河南潢川县西。郭沫若曰:"此乃黄国媵女之器,黄乃嬴姓,仲嬴寅即所媵之女名字。……。黄国故地在今河南潢川县境,《春秋·僖十二年》灭于楚。故凡黄之器大率在春秋初年。"[①]
　　初吉是初一朔,干支是丁亥(24),则某王某年正月是丁亥朔。

● 黄韦俞父盘

　　惟正月初吉庚申,黄韦俞(俞)父自作飲器,子=孙=其永用之。(《集成》10146)

　　按:黄韦俞(俞)父,人名。
　　初吉是初一朔,干支是庚申(57),则某年正月是庚申朔。

● 伯亚臣罍

　　唯正月初吉丁亥,黄孙须颈子伯亚臣,自作罍,用征,用祈眉寿……(《集成》9974)

---

① 郭沫若:《两周金文辞大系图录考释》,《郭沫若全集·考古编》卷八,第369页。

按：黄孙须颈子伯亚臣，人名，伯亚臣当是黄姓之孙须颈之子。

初吉是初一朔，干支是丁亥(24)，则某年正月是丁亥朔。

二十三、邾国器

● 邾公牼钟

> 唯王正月初吉，辰在乙亥，鼄(邾)公牼择氒吉金、玄镠肤(铺)吕(铝)，自作龢钟……(《集成》149—152)

按：鼄(邾)公牼，人名，鼄即邾字繁文。郭沫若说即邾宣公，见《春秋》襄公十七年，曰："十有七年春王二月庚午，邾子卒。宋人伐陈。"邾国为颛顼后裔，周武王所封，春秋初为鲁国附庸，从传世器邾公钟(革)钟自称"陆终之孙"，可知其为楚系族属。邾国于鲁穆公时改称邹，后为楚所灭。

辰在乙亥，初吉是初一朔，该日日辰逢乙亥(12)，则某王某年正月是乙亥朔。鲁襄公于公元前575年—前542年在世，襄公四岁即位为鲁国之君，是为鲁襄公。根据郭说，查检张表，前571年正月是乙巳(42)朔，二月是乙亥(12)朔，错月相合；董谱正月是乙亥(12)朔，完全合历，则铭文"唯王"之王当是周灵王。其年当周灵王元年，鲁襄公二年。至襄公退位(前542年)，唯有此年正月朔日相合。

由此也证明本人认为春秋时期诸侯国仍用周王室之历朔是正确的，且认为西周金文中的"辰在某某"，是日辰逢某干支的意思同样也是正确的。(参见笔者《金文月相纪时法研究》一书。)

● 鼄(邾)公华钟

> 唯王正月初吉乙亥，鼄(邾)公华择厥吉金、玄镠、赤铺，用铸其龢钟，以祚其皇祖考……(《集成》245)

按：郭沫若曰："鼄公华即邾宣公之子悼公，见《春秋》昭元年。"[1]《春秋·昭公元年》："六月丁巳，邾子华卒。……葬邾悼公。"郭说是也。鲁昭公元年是前541年，此年邾悼公已死。根据郭说，由鲁昭公元年六月向前推，就可以得到铭文所记历日的年份。

初吉是初一朔，干支是乙亥(12)，则某王某年正月是乙亥朔。根据郭说，查检张表，前571年正月是乙巳(42)朔，二月是乙亥(12)朔，错月合历；董谱前571年正月正

---

[1] 郭沫若：《两周金文辞大系图录考释》，《郭沫若全集·考古编》卷八，第408页。

是乙亥朔,完全合历,则铭文所记历日很可能就是该年正月的历朔。其年是周灵王元年,鲁襄公二年。

● 黿(邾)叔之伯钟

唯王六[月]初吉壬午,黿(邾)叔之伯口友择厥吉金,用铸其穌钟……(《集成》87)

按:王,指周王。黿(邾)叔之伯口友,友是人名,与黿友父鬲铭文之黿友父疑是一人,郭沫若谓"友父疑即《春秋》邾子益之字,与鲁哀公同时"[①]邾国另一件邾太宰欙子穌钟(子穌钟)。鲁哀公于公元前494—前468年在位,在位二十七年。

初吉是初一朔,干支是壬午(19),则某王某年六月是壬午朔。根据郭说,查检张表,前490年六月是壬午(19)朔,董谱同,与铭文完全合历,则铭文所记很可能是该年六月的历朔。其年是周敬王三十年,鲁哀公五年。

● 邲公镈

王正九月元日庚午,舍(余)有融之孚(逊)孙邲公敯父,惕戁大命,保朕邦家,正和朕身。作正朕宝,以共(供)朝于王所,……

按:本器为上海博物馆收藏,据周亚介绍,镈钮由四条躯体相缠的龙纹两两相对而组成。邲国本姓曹。元日,即朔日,初一。周亚根据铭文结合《左传》的有关记载,推算邲公敯父即位应该是在公元前485年前后。[②] 查检张表,周敬王42年(前478年)九月是庚午朔,确定本器之铸造年代应该是在公元前478年,即春秋末期。

验之张表和董谱,周敬王四十二年即前478年,该年九月皆是辛未(8)朔,铭文九月元日庚午(7)比历表、历谱迟一日,这一日之差可以认为是合历的,则邲公镈铭文所记历日的确是周敬王42年(前478年)九月朔日。

二十四、滕国器

● 夆叔盘

唯王正月初吉丁亥,夆(逢)叔作季妃盥盘,其眉寿万年,永保其身……(《集成》10163)

按:逢叔,人名。

初吉是初一朔,干支是丁亥(24),则某王某年正月是丁亥朔。

---

① 郭沫若:《两周金文辞大系图录考释》,《郭沫若全集·考古编》卷八,第412页。
② 周亚:《邲公镈铭文及若干问题》,《古文字研究》第29辑,第386—397页。

- 夆叔匜

  唯王正月初吉丁亥,夆(逢)叔作季妃媵盘,其眉寿万年,永保其身……(《集成》10282)

  按:铭文、纪时与夆叔盘相同,为同时所铸之器。

二十五、鄅(莒)国器

- 鄅(莒)叔之仲子平钟

  唯正月初吉庚午,鄅(莒)叔之仲子平自作铸其游钟……(《集成》172—180)

  春秋晚期。[①]

  按:鄅(莒)叔,人名。仲子,二儿子,名平。此莒国在山东莒南县、沂水县一带。

  初吉是初一朔,干支是庚午(7),则某年正月是庚午朔。

二十六、褒国器

- 公父宅匜

  唯王正月初吉庚午,浮公之孙公父宅铸其行也(匜),其万年子=孙永宝用之。(《集成》10278)

  按:浮公、公父宅,皆是人名,是祖孙关系。浮,国名,即褒国。据赵平安考证,即周幽王的宠妃褒姒之国。[②]

  初吉是初一朔,干支是庚午(7),则某王某年正月是庚午朔。

二十七、晋国器

- 晋公䥽(盆)

  唯王正月初吉丁亥,晋公曰:"我皇祖唐公[膺]受大命,左右武王,龢燮百蛮,广嗣(治)三方,至于大廷,莫不来王。王命唐公……"(《集成》10342)

  按:郭沫若云:春秋时期晋定公午为其女作媵器。晋公,即晋定公。唐公,根据

[①] 山东省博物馆等:《莒南大店春秋时期殉人墓》,《考古学报》1978年第3期。
[②] 赵平安:《迄今所见最早的褒国青铜器》,清华大学出土文献研究与保护中心:《出土文献》第二辑,中西书局2011年版。

铭文"左右武王……"等言辞，知必为唐叔虞。唐叔虞，名姬虞，字子于，周武王第三子，周成王之弟，为晋国的始封诸侯。曾受封于唐（今山西翼城一带），史称唐叔虞。其子燮父继位后改国号为晋，山西从此称晋。郭沫若考证说是晋定公二十四年嫁女于楚惠王也。① 楚惠王于公元前488年即位，在位五十六年。

初吉是初一朔，干支是丁亥（24），则某王某年正月是丁亥朔。根据郭沫若之说，晋定公二十四年是周敬王三十二年，即前488年，楚惠王元年。前488年正月，张表、董谱皆是癸酉（10）朔，与历表和历谱不合。周元王元年（前475年）正月，张表是丁亥朔，董谱同，与铭文合历。该年是鲁哀公二十年，晋定公三十七年，楚惠王十四年。

● 子犯钟

> 唯王五月初吉丁未，子犯右晋公左右来复其邦。者（诸）楚荆不听令（命）于王所，子犯及晋公率西之六师博伐楚荆，孔休……（《汇编》1008—1023）

按：子犯，人名。右，佑助。晋公，学界认为即晋文公重耳。铭文所记三件大事："来复其邦"，指晋公子重耳返国；"博伐楚荆"，指晋楚城濮之战；"燮诸侯、俾朝王"，为践土之盟，因而有人认为器铸于周襄王之际，但具体时间又各有异说。

初吉是初一朔，干支是丁未（44），则某王某年五月是丁未朔。周襄王于前651—前619年在位。据此查检张表，前644年五月，张表是丁未朔，完全合历；董谱是丙午（43）朔，迟一日合历。其年是周襄王八年，鲁僖公十六年，晋惠公七年。除此之外，周襄王在位期间无合历的年份，则本器铭文所记或为周襄王八年（前644年4月22日）五月的历朔。

● 虞侯政壶

> 唯王二月初吉壬戌，虞侯政作宝壶，其万年子=孙=永宝用。（《集成》9696）

按：虞侯政，人名。虞国都城在今山西平陆县张店镇附近。公元前655年晋国假道灭虢国后，返回途中灭虞国。所以，本器之铸当在前655年晋国灭掉虞国之前。

初吉是初一朔，干支是壬戌（59），则某王某年二月是壬戌朔。

● 邵黧钟

> 唯王正月初吉丁亥，邵黧（缞）曰："余毕公之孙、邵伯之子，余颉冈（顽）事君……"（《集

---

① 郭沫若：《两周金文辞大系图录考释》，《郭沫若全集·考古编》卷八，第489页，科学出版社2002年版。

成》225—237)

按：王，是周王。邵黧（緜），即頡冈，是毕公之孙、邵伯之子。王国维《观堂集林》卷十八曰："邵即《春秋左氏传》晋吕甥之吕也。……为吕锜后人所作，彰彰明矣。"

初吉是初一朔，干支是丁亥（24），则某王某年正月是丁亥朔。根据王国维之说，晋吕甥约公元前（？—前636年）在世，邵黧（緜）頡冈是吕伯之子，则铭文所记历日当在前636年之后。查检张表，前599年正月是丁亥（24）朔，董谱同，完全合历。铭文所记也许就是该年正月的历朔。其年当周定王八年，鲁宣公十年，晋景公獳（一名据）元年。

● 太师簋（子仲姜盘）

唯六月初吉辛亥，大师作为子中姜盨盘，孔硕虘好，用祈眉寿，子₌孙₌永用为宝。（《汇编》1464）

按：太师，职官名。子中姜，即子仲姜，人名。子是对成年人的尊称，仲是排行，姜是姓氏，是晋国太师的夫人。或说本器属于春秋早期之器。

初吉是初一朔，干支是辛亥（48），则某年六月是辛亥朔。根据本器属于春秋早期之说，从公元前770年向后查检张表和董谱，百年内符合铭文所记历日的唯有前681年六月是辛亥（48）朔，董谱同，则铭文所记很可能就是该年六月的历朔。其年是周僖王元年，鲁庄公十三年，晋侯缗二十四年。

● 樊季氏孙仲鼎

唯正月初吉乙亥，樊季氏孙仲择其吉金，自作礗沱。（《集成》2624）

按：樊季氏孙仲，人名，是樊氏之孙，仲是名。樊国后为晋所灭，遂并入晋国。
初吉是初一朔，干支是乙亥（12），则某年正月是乙亥朔。

二十八、其他器

● 者尚余卑盘（周丁亥盘）

唯王正月初吉丁亥，者尚余卑囗于即，择其吉金，自作铸其盘……（《集成》10165）

按：者尚余，人名。
初吉是初一朔，干支是丁亥（24），则某年正月是丁亥朔。

● 王孙寿甗

唯正月初吉丁亥，王孙寿择其吉金，自作飤甗，其眉寿无疆，万年无期，子₌孙₌永保用之。（《集成》946）

按：王孙寿，人名。

初吉是初一朔，干支是丁亥(24)，则某年正月是丁亥朔。

- □伯鼎

   唯正月初[吉]□亥，王□□伯□铸□□宝□。

按：王□□伯，人名，可惜字迹不清，无法辨认。

初吉是初一朔，干支当是丁亥(24)，则某年正月是丁亥朔。

- 华母壶

   唯正月初吉庚午，华母自作荐壶。(《集成》9638)

按：华母，人名。

初吉是初一朔，干支是庚午(7)，则某年正月是庚午朔。

- 拍　敦

   唯正月吉日乙丑，拍作朕配平姬墉宫祀彞，继母呈用祀，永枼(世)毋出。(《集成》4644)

按：拍，人名。

吉日，犹言元日，月首日也。干支是乙丑(2)，则某年正月是乙丑朔。

- 钟伯侵鼎

   唯正月初吉己亥，太帀(师)钟伯侵自作石(䃾)沱，其子孙永宝用之。(《集成》2668)

按：钟伯侵，人名，担任太师之职。

初吉是初一朔，干支是己亥(36)，则某年正月是己亥朔。

- □子季□□盆

   唯正九月初吉庚午，□子季[嬴青]自作[铸盆]……(《集成》10339)

按：□子季□□，人名。

初吉是初一朔，干支是庚午(7)，则某年九月是庚午朔。

- 乐子簠

   唯正月初吉丁亥，乐子嚷貒择其吉金，自作飤簠，其眉寿……(《集成》4618)

按：乐子嚷貒，人名。

初吉是初一朔,干支是丁亥(24),则某年正月是丁亥朔。

● 与子具鼎

　　　唯八月初吉丁亥,与子具自作鯀鼎,其眉寿无疆,子孙永宝用之。(《汇编》1399)

按:与子具,人名。

初吉是初一朔,干支是丁亥(24),则某年八月是丁亥朔。

● 隈凡伯怡父鼎

　　　唯王正月初吉辛亥,隈凡白怡父自作鬵鼎,其眉寿万年无疆,子=孙=永宝用之。(《汇编》1692)

按:隈凡白怡父,人名。

初吉是初一朔,干支是辛亥(48),则某王某年正月是辛亥朔。

● 钟离簠

　　　唯王正月初吉丁亥,童丽(钟离)君柏择其吉金作其飤匡(簠)。

按:童丽,即钟离;柏,钟离国君人名。凤阳县古称钟离国、濠州,明朝洪武七年改为凤阳县,钟离国都在今凤阳县临淮关镇东3公里李二庄乡小卞庄西钟离古城遗址。春秋时期灭于吴,吴灭后归楚。

初吉是初一朔,干支是丁亥(24),则某年正月是丁亥朔。

第三节　春秋时期二要素纪时铭文历朔

● 叔液鼎

　　　唯五月庚申,叔液自作饙贞(鼎),用祈眉寿,万年无疆,永寿用之。(《集成》2669)

按:叔液,人名。

某年五月庚申(57)日,叔液自铸饙鼎。

● 鄩公鼎

　　　唯王八月既望,鄩公汤用吉金,自作荐鼎……(《集成》2714)

按:鄩公汤,人名。

既望是十四日,则某王某年八月十四日,鄩公汤自铸荐鼎。

- 齹(申)公彭宇簠

　　唯正十又一月辛巳,齹(申)公彭宇自作淄(齍)簠,宇其眉寿……(《集成》4610—4611)

　　按:申公彭宇,人名。申公,申国之君,彭宇是其私名。
　　周正某年十一月辛巳(18)日,申公彭宇自铸淄簠。

- 邓伯氏姒氏鼎

　　唯邓八月初吉,伯氏姒氏作妳嫚臭媵贞(鼎),其永宝用。(《集成》2643)

　　按:伯氏姒氏,人名。
　　唯邓八月初吉,疑使用的是邓国的历法。初吉是初一朔,某年八月初一,伯氏姒氏作媵鼎。

- 邓公簋盖

　　唯登(邓)九月初吉,不故女夫人始(姒)乍(作)登(邓)公,用为女夫人奠諆敦。(《集成》4055)

　　按:郭沫若曰:"不故疑即薄姑,……今山东博兴县东北地域也。盖薄姑氏虽衰,后世子孙犹守其血食未坠,故此与邓为婚姻也。……邓国故地在今河南邓县。"①此为薄姑之女嫁于邓公为夫人也。此非西周早期器,郭沫若引文献云成王蔑薄姑,此乃其后世女,约春秋晚期。
　　唯邓九月初吉,疑邓国使用本国的历法,但同时采用周之月相纪时法,因曰某月初吉。
　　初吉是初一朔,则某年九月初一时不故女嫁与邓公为夫人也。

- 应侯之孙丁儿鼎盖

　　唯正七月壬午,应侯之孙丁儿择其吉金、玄镠镥铝,自作飤盂,眉寿无朞(期),永宝用之。(《汇编》1712)

　　按:丁儿,人名,是应侯之孙。
　　周正某年七月壬午(19),应侯之孙丁儿自铸飤盂。

- 曾伯从宠鼎

　　唯王十月既吉,曾伯从宠自作宝鼎用。(《集成》2550)

---

① 郭沫若:《两周金文辞大系图录考释》,《郭沫若全集·考古编》卷八,第379页。

按：曾伯从宠，从宠是人名，是曾国之伯。据考证，曾国位于西阳，湖北随县东。十月既吉，犹言十月初吉、月吉。月吉，见于西周早期的矢令方彝铭文。

● 铸叔皮父簋

　　唯二月初吉，乍铸叔皮父奠簋，其妻子用享考（孝）于叔皮父，子=孙=宝，皇万年永用。（《集成》4127）

　　按：作，人名。
　　某年二月初一，作铸叔皮父奠簋。

● 齐太宰归父盘

　　唯王八月丁亥，齐太宰归父䚜为忌（己）盥盘，台（以）祈眉寿，霝（灵）命难老。（《集成》10151）

　　按：归父䚜，人名，担任齐国太宰之职。䚜，字书所无。郭沫若说"齐国有国归父，乃国佐之父，见《左·僖二十八年传》，及三十三年经传，《传》又称国庄子，或即此人。"① 国归父，齐国第二代国子，齐桓公时代重臣国懿仲之子，姜姓，国氏，名归父，谥"庄"，故史称国庄子。春秋中期齐国世卿，二守之一，后担任齐国执政，辅佐齐孝公、齐昭公。本篇铭文用字比较特殊。

　　某王某年八月丁亥（24）日，齐太宰归父为己铸盘。

● 齐侯壶（齐侯钟）

　　唯□□［月初］吉，□□□……（《大系》释文212）

　　按：铭文残泐过甚，几不可通读。郭沫若说铭文所记是齐灵公十二年伐吴时事。②

● 叔尸（夷）钟

　　唯王五月，辰在戊寅，师（次）于淄湢。公曰：女尸（夷），余经乃先祖，余既溥乃心……（《集成》272）

　　按：淄湢，地名。叔夷，人名。
　　某王某年五月戊寅（15）日，次于淄湢。

---

① 郭沫若：《两周金文辞大系图录考释》，《郭沫若全集·考古编》卷八，第428页。
② 郭沫若：《两周金文辞大系图录考释》，《郭沫若全集·考古编》卷八，第444页。

● 东周左师壶

廿九年十二月,为东周左𠂤(师)䣛(酒)壶。(《集成》9640)

按:东周左𠂤(师),人名,担任左师之职。

某王二十九年十二月,铸东周左𠂤(师)酒壶。

● 侃孙奎母盘

十月乙酉,侃孙奎母作姒宝盘,用祈眉寿,其子孙永宝用之。(《集成》10153)

按:侃孙奎母,人名。

某年十月乙酉(22)日,侃孙奎母铸宝盘。

● 王子婴次钟

八月初吉,日唯辰,王子婴次自作龢钟,永用匽嘉。(《集成》52)

按:王子婴次,人名,据王国维考证乃楚国令尹子重。楚国令尹子重即婴齐,是楚穆王之子,楚庄王之弟,楚共王之叔。楚庄王时,婴齐担任左尹。楚共王时(前590—前570年)婴齐一直担任令尹,曾多次伐郑。与1923年秋出土于河南新郑县城内的王子婴次炉铭文中的王子婴次当是同一个人,故知此乃楚国之器。据王国维考证,其时代当在鲁成公十六年晋、楚鄢陵之战之后,楚、郑战败所遗之器。[①]

初吉是初一朔,日唯辰,初吉之日干支正好逢辰,但不知干支是何辰日。

● 要君盉(娄君盉)

唯正月初吉,娄君伯律作饙盉,用祈眉寿无疆,子₌孙₌永宝是尚(常)。(《集成》10319)

按:娄君伯律,人名,伯律是娄国之君,娄国位于湖北境内。

某年正月初一,娄君伯律铸饙盉。

● 䣛大宰簠

唯正月初吉,䣛(郲)大(太)宰欂子䎿(耕)铸其饙𠤳(簠),曰:余诺龏(恭)孔惠,其眉寿用祓,万年无其(期),子₌孙₌永宝用之。(《集成》4624)

按:郲太宰,职官名;欂,人名;䎿,字书所无,或隶作"耕",也是人名,是欂之子。还有一件郲太宰钟,当是一人所铸。

[①] 马世之:《也谈王子婴次炉》,《江汉考古》1984年第1期。

某年正月初一,邾太宰欉之子誓(耕)铸其食用之簠。

● 邾公孙班钟

  唯王正月,辰在丁亥,黿(邾)公孙班择其吉金,为其龢镈……(《集成》140)

  按:班,人名,是邾公之孙。
  某王某年正月丁亥(24)日,邾公之孙班铸和钟。

● 镐 鼎

  [吉]日丁亥,□其吉金,□镐,眉寿□□,[永]宝用之。(《集成》2478)

  按:吉日,犹元日、初吉。铭文缺字甚多,人名字也不清晰。

● 瘵 鼎

  唯正月[初吉],瘵作其溢(甗)鼎贞(鼎),子=孙=永宝用之。(《集成》2569)

  按:瘵,人名。
  某年正月初一,瘵铸鼎。

● 乙 鼎

  七月丁亥,乙自作飤繁,其眉寿无期,永保用之。(《集成》2607)

  按:乙,人名。
  某年七月丁亥(24)日,乙自铸饮鼎。

● 司马楸编镈

  唯正孟岁十月庚午,曰古朕皇祖悍公,严龏(恭)天命,哀命(矜)鰥寡,用克肇谨先王明祀……

  按:董珊认为:"'孟岁'是指岁首。岁首为十月,可知其历法岁首建亥。其后月名'十月'为夏正月序之十月。李学勤先生曾经讲过,春秋金文'正某月'之例,'正'多指夏正而言,其后的月名为夏正月序。李先生的看法,由此铭文又得到证明。"[①]

[①] 董珊:《试说山东滕州庄里西村所出编钟铭文》,复旦大学出土文献与古文字研究中心网站2008年4月26日。又见董珊:《试说山东滕州庄里西村所出编钟铭文》,《古文字研究》第30辑,第196—199页,中华书局2014年版。李学勤之说,见氏著《论郧县肖家河新发现青铜器的"正月"》,《河南科技大学学报》(社会科学版)2003年第1期。该文曰:"2001年3月湖北郧县肖家河发现青铜器,其中三件有铭文,而且都有历日,历日中的'正月'不是一月,应与过去著录的蛮书缶等器相同,是指夏正,这对古代历法研究颇有帮助。"

笔者以为,本篇铭文之纪时,确实令人难以理解。如上文所言"岁首为十月,可知其历法岁首建亥。其后月名'十月'为夏正月序之十月"的话,表明当时以夏正十月为岁首,建正用建亥。那么,这个"正"就不是周正。但是,无论是《春秋经》或"三传",还是出土的青铜器铭文的纪时,都说明春秋时期诸侯国仍沿用周历,即使用周正建子,也就是说以夏之十一月为岁首(正月)。此器出土于山东,属于滕国之器。然据以下战国时期齐地诸器之纪时来看,其月名以及用字皆比较特殊。未知何故。参见下文。

唯正十月庚午(7)日,司马楸铸编镈。

第五章

战国时期纪时铭文历朔研究

第一节 战国时期三要素纪时铭文历朔

● 越王者旨于赐钟

　　　唯正月仲春吉日丁亥,越王者旨于赐择氒吉金,自作(铸)禾(龢)联翟(鑃)……(《集成》144)

　　按:越王者旨,越王人名。具体是哪一个越王,郭沫若亦疑而未决。或说越王者旨于赐(赐)是越王勾践之子,即文献所记的鼫与,在位六年(公元前464—前459年)。《史记·越世家》:"句践卒,子王鼫与立。王鼫与卒,子王不寿立。"未知是否即其人。

　　仲春,春季的第二个月。春季的三个月分别是孟春、仲春和季春。见《吕氏春秋》。铭文"正月仲春",笔者怀疑"仲春"当是"仲冬"的误记。因为周正正月,当夏历的十一月,正是冬季的第二个月,应曰"仲冬"。吉日,亦即初一,则某年正月仲冬是丁亥(24)朔。

● 之利钟

　　　唯王正月初吉乙巳,囗朱勾之孙囗亘囗丧,王欲复师,择吉金,自作禾(龢)童(钟)……(《集成》171)

　　按:铭文缺字颇多,人名之字亦缺。根据器名之利钟来看,应是战国早期越国器。初吉是初一朔,则某王某年正月是乙巳(42)朔。

● 冉钲铖

　　　唯正月初吉丁亥,余囗囗之孙[冉][择]厥吉金,自作钲铖……(《集成》428)

　　按:冉钲铖,又名南疆钲、钲铖。合瓦形体,长腔长柄,柄首作圆饼形,柄中部有一圆孔,上端有箍棱,下部饰直线纹。体铸铭文92字,其中重文2。根据铭文有"伐徐"

字样,疑是吴国器。

初吉是初一朔,干支是丁亥(24),则某年正月是丁亥朔。

● 孙叔左簠

唯正月初吉丁亥,孙叔左择其吉金,自作馈簠,其万年眉寿无疆……(《集成》4619)

按:孙叔左,人名。

初吉是初一朔,干支是丁亥(24),则某年正月是丁亥朔。

● 令狐君嗣子壶

唯十年四月吉日,命(令)瓜(狐)君嗣子作铸尊壶……(《集成》9719—9720)

按:令狐君,人名。嗣子,一般称嫡长子为"嗣子",有继承权。

吉日,同元日、初吉,月首之日,则某王十年四月吉日。

● 鄦貣簠

唯王五月元日丁亥,貣曰:"余鄦仲彦孙、厘弔(叔)和子,恭夤鬼神,毕恭畏忌,敢择吉金,作兹宝簠,用追孝于我皇簠(舅)。"(《集成》4190)

按:貣,人名。鄦仲彦,人名,是貣之祖。厘弔(叔)和,也是人名,是貣之父。

元日,犹言吉日,同于初吉,月之首日,干支是丁亥(24),则某王某年五月是丁亥朔。

● 陈逆簠

唯王正月初吉丁亥,少子陈逆曰:"余鄦趄(桓)子之裔孙,余盟事齐侯,欢恤宗家……"(《集成》4629—4630、《汇编》1781)

按:陈逆,人名,是陈桓的裔孙。据郭沫若说,阮元云:"陈逆见《左·哀十四年传》,字子行,陈氏宗也。"又云:"此器作于鲁哀公二十年,杜氏《长历》哀二十年正月丁亥朔,铭云'唯王正月初吉丁亥',与杜氏合,时齐侯为平公骜,距简公之弑已五年矣。"[①]陈逆还铸有一件陈逆簠。铭文曰:"冰月丁亥,陈氏裔孙逆,作为皇祖大宗簠……"

铭文无王年记载。初吉是初一朔,干支是丁亥(24),则某王某年正月是丁亥朔。根据阮元之说,此器作于鲁哀公二十年是前475年,张表、董谱皆是丁亥(24)朔,完全

---

① 郭沫若:《两周金文辞大系图录考释》,《郭沫若全集·考古编》卷八,第456页。

第五章　战国时期纪时铭文历朔研究　309

合历。阮元所说是也。其年是周元王元年，鲁哀公二十年，齐平公六年。本例再次证明，月相词语初吉就是初一朔的古训是正确的。

● 陈璋方壶（陈骍壶）

唯王五年，奠（郑）易、陈得再立事岁。孟冬戊辰，大将鈛孔、陈璋内（人）伐匽（燕）亳邦之获。（《集成》9703）

按：郑易，地名。陈得，人名。再立事岁，齐复国重新掌权之年。鈛孔、陈璋，也是两个人名。郭沫若曰："此齐襄王五年齐军败燕师时所获之燕器。"

孟冬，冬季的第一个月，夏历的十月。冬季的三个月分别是孟冬、仲冬和季冬。（见《吕氏春秋》）孟冬时节气候寒冷，则某王五年孟冬戊辰（5）之日，陈得再立事。

● 邳伯罍

唯正月初吉丁亥，不（邳）伯夏子自作奠罍，用祈眉寿无疆，子=孙=永宝用之。（《集成》10006—10007）

按：邳伯夏子，邳是古国名，伯是爵称，夏子是作器者名。邳，今江苏徐州东之邳州故地，本属薛国。

初吉是初一朔，干支是丁亥（24），则某年正月是丁亥朔。

● 栾书缶

正月季春，元日己丑，余畜孙书以择其吉金，以作铸缶，以祭我皇祖，余以祈眉寿……（《集成》10008）

按：畜孙，顺从的孙子。书，即栾书，人名，晋国之执政者栾武子，又称栾伯。

季春，春季的最后一个月，夏历的三月。铭文称正月季春，则使用的是夏历。元日，犹朔日。干支是己丑（26），则某年夏正正月（周正三月）是己丑朔。

● 楚王领（颔）钟

唯王正月初吉丁亥，楚王领（颔）自作铃钟，其聿（律）其言（訢）。（《集成》53）

按：楚王领（颔），郭沫若疑是楚悼王。战国时楚国国君，姓芈名熊干，也称楚熊干、疑、类，谥号楚悼王。楚声王之子。公元前401—前381年在位。当周安王时期。

初吉是初一朔，干支是丁亥（24），则某王某年正月是丁亥朔。查检张表、董谱，公元前 401—前 381 年间,正月皆无丁亥朔。此器恐非楚悼王时器。

● 楚子暖簠

唯八月初吉庚申,楚子暖铸其飤簠。子孙永保之。(《集成》4575—4577)

按:郭沫若谓楚子暖即考烈王熊元也。楚考烈王熊元,芈姓,熊氏,战国时期楚国君主,楚顷襄王之子,前 262—前 238 年在位。

初吉是初一朔,干支是庚申(57),则某年八月是庚申朔。张表前 259 年七月是庚申朔,八月是庚寅朔;董谱该年八月正是庚申(57)朔,九月是庚寅(27)朔,唯有此年历朔与铭文所记历日相近。其年当周赧王五十六年,鲁顷公十四(五)年,楚考烈王熊元四(五)年。

● 商鞅量

十八年,齐遣卿大夫众来聘。冬十二月乙酉,大良造鞅爰积十六尊五分尊壹为升。临,重泉。(《集成》10372)

按:大良造鞅,大良造是职官名,战国初期为秦的最高官职,掌握军政大权,亦是爵名;鞅是人名,战国时期政治家,本姓公孙,秦孝公任用他实行变法,因封于商(今陕西商县东南),号商君,因称商鞅。量,是商鞅变法时所造的标准量器。《大系》释文 254 云:"战国周显王二十五年,秦孝公十八年时器。"

周显王二十五年,即秦孝公十八年冬十二月乙酉(22)日。查检张表,周显王二十五年(前 344 年)十二月是辛未(8)朔,乙酉(22)是十二月十五日。董谱前 344 年十二月是壬申(9)朔,乙酉是该月十四日,皆合历。

● 公朱左自(官)鼎

公朱(厨)左自(官),十一年十一月乙巳朏,左自(官)冶大夫杕命冶蒈(憘)铸贞(鼎),容(容)一斛。(《集成》2701)

按:公朱左自(官),职官名。

朏,《说文》:"月未盛之明。从月、出。《周书》曰:'丙午朏。'"《尚书·召诰》:"惟三月丙午朏"。大月初三,小月初二。铜器铭文纪时称朏的还真不多见,除此之外,晋侯马盟书中亦用之。十一年十一月乙巳(42)朏,则某王十一年十一月是癸卯(40)朔,或甲辰(41)朔。查检张表,周安王十一年(前 391 年)十一月是甲辰(41)朔,铭文与之合历。董谱十一月是乙巳朔,与铭文所记完全相合,则铭文所记或许就是该年十一月的历朔。

第二节　战国时期二要素纪时铭文历朔

● 骉羌钟

唯廿又再祀,骉羌作戎,厥辟韩宗撤率征秦迊齐,入长城,先会于平阴。武侄寺力,言敓楚京。赏于韩宗,令于晋公,昭于天子,用明则之于铭,武文咸烈,永世勿忘。(《集成》157—161)

按:骉(biāo)羌,人名。据考证,本器铭文所记事件为战国初年周安王二十二年、晋烈公十二年(前408年)事。

● 嗣子壶

唯十年三月吉日,命瓜君嗣子作铸奠壶。东̣兽̣,康乐我家。……(《大系》释文242)

按:嗣子,人名。郭沫若曰:"此壶与骉羌钟同出于太仓寒墓,大率亦战国初年之器。命瓜当即令狐,《左传·文七年》:'晋败秦师于令狐,至于刳首。'……此器之作者盖晋之大夫,封于令狐者也。"令狐在今山西猗氏县西南二十里许。

吉日,犹元日、初吉,月首日也。因无干支记载,故不知某王十年四月朔日所逢是何日。

● 陈侯因齐敦

为正六月癸未,陈侯因齐曰:"皇考孝武桓公,恭哉!大谟克成。其唯因齐扬皇考昭统……"(《大系》释文222)

按:陈侯因齐,郭沫若曰:"即陈侯午之子齐威王因齐也。'孝武桓公',即陈侯午也。"则是器为齐威王时也。齐威王(前378—前320),妫姓,田氏,名因齐,田齐桓公田午之子。公元前356年继位,在位36年。称霸诸侯,是战国七雄之一。

周正某年六月癸未(20)日,齐威王因齐为孝武桓公铸祭器敦。

● 子禾子缶

□□立事岁,禝月,冈午,子禾子□□内者御……(《集成》10374、《大系》释文225)

按:郭沫若引陈介祺《区鋘考记》云:"咸丰丁巳,闻胶西灵山卫古城旁土中出古铜器三,皆有铭于外。"因亦有陈骍壶铭文陈得,故曰二器之相距并不甚远,大率皆齐闵王末年之器。[1] 齐闵王,名田地,齐宣王之子,齐襄王之父,公元前301年即位,在位

---

[1] 郭沫若:《两周金文辞大系图录考释》,《郭沫若全集·考古编》卷八,第468页。

十七年。

禝月,月名。禝字从示,稷省声,其义当与祭祀有关,不知所指是何月。冈午,即丙午(43)。

● 陈纯釜

陈犹立事岁,畿月戊寅,各(格)兹安陵亭……(《大系》释文227)

按:陈犹,人名。安陵亭,郭沫若说是齐地名,位于胶东湾丘陵地带。

畿月,月名,所指何月也不得而知。大率战国之际齐国纪时所用月名皆不合宗周旧名,且有些干支字其写法也不与宗周同,例如丙午之冈。戊寅(15),畿月戊寅日。

● 陈逆簋

冰月丁亥,陈氏裔孙逆作为徍(皇)祖大宗簋,以匄羕命眉寿,子孙是保。(《集成》4096)

按:《大系》219引吴式芬云:"冰月见《晏子春秋·内篇·谏下第四》,即十一月也。"

某年十一月丁亥(24)日,陈逆铸大宗簋。

● 陈侯因𰻝敦

唯正六月癸未,陈侯因𰻝(齐)曰:"皇考孝武趄(桓)公,恭哉!大谟克成……"(《集成》4649)

按:陈侯因𰻝(齐),人名。郭沫若曰:"此敦失盖,器形与陈侯午敦周氏器全同。陈侯因𰻝即陈侯午之子齐威王因齐也。"

某年六月癸未(20)日,陈侯因齐铸器。

● 陈侯午敦

唯十有三年陈侯午以群诸侯献金作皇妣孝大妃祭器錞敦……(《大系》释文220)

按:郭沫若考证说,本铭所记为田齐桓公十四年事。齐桓公十四年是公元前672年。

● 者沪镈

唯戉(越)十有九年,王曰:者沪,汝亦虔秉卜(丕)经德……(《集成120—132》)

洛阳金村出土。共十二件。战国早期。

按:唯戉(越)十有九年,王曰……

第五章　战国时期纪时铭文历朔研究

● 禾簋

　　唯正月己亥,禾(和)肇乍(作)皇母懿龚孟姬饎彝。(《集成》3939)

西周晚期。

按:和,人名。或说禾簋为战国早期(公元前475—前4世纪中叶)器,今从之。

某年正月己亥(36)日,和开始铸皇母懿龚孟姬饎彝。

● 哀成叔鼎

　　正月庚午,嘉曰:"余郑邦之产,少去母父,作铸饮器黄镬,君既安叀……。"(《集成》2782)

春秋晚期。

按:嘉,人名,即哀成叔,郑康公之后裔。根据赵振华之说,本器之铸当在前372年至前367年之间。查检张表,前370年、前369年、前367年、前366年、前365年正月有庚午。

某年正月庚午(7)日,哀成叔铸鼎禋祀其祖先。

● 楚王酓章钟

　　唯王五十有六祀,返自西𪊽(阳),楚王酓章作曾侯乙宗彝……(《集成》83)

按:楚惠王酓章,人名,即熊章。楚惠王五十六年是公元前433年。

● 楚王酓章镈

　　唯王五十有六祀,返自西𪊽(阳),楚王酓章作曾侯乙宗彝……(《集成》85)

按:铭文与纪时同钟铭。

● 楚王酓忎鼎

　　楚王酓(熊)忎(悍)战获兵铜,正月吉日,窒铸镐贞(鼎),以供岁棠(尝)……(《集成》2795)

按:郭沫若曰:"酓忎即楚幽王熊悍。"楚考烈王之子。公元前237—前228年在位。铭文所记大约是楚幽王三年(前235年)秦、魏伐楚时事。

吉日,犹元日、初吉,月首日也。楚幽王三年(前235年)正月,张表是甲戌(11)朔。

● 楚王酓忎盘

　　楚王酓(熊)忎(悍)战获兵铜。正月吉日窒铸小(炒)盘,以供蒸尝……(《集成》10158)

按：铭文与鼎基本相同。

- 鄂君启车节

　　大司马昭阳败晋师于襄陵之岁,夏㞋至月,乙亥之日,王凥(居)于蔵郢之游宫……(《集成》12110—12113)

按：大司马昭阳,人名,担任大司马之职。襄陵,地名。蔵郢之游宫,位于蔵郢的游宫。据考证,鄂君启节是公元前323年(楚怀王六年)颁发给鄂君启的经商免税通行证,车节三,舟节二。鄂君,鄂国之君。鄂国旧地在今湖北鄂州。

夏㞋至月,楚夏季月名。夏季㞋至之月乙亥(12),王居于蔵郢之游宫。

- 郐(徐)賸尹麐鼎(汤鼎)

　　唯正月吉日初庚,徐賸尹麐自作汤贞(鼎)……(《集成》2766)

按：徐,国名,即徐国。賸尹,职官名。麐,人名,上从二虎,下从口,曹锦炎读作憨。本器是徐国之器而流入越国者。估计是因吴灭徐(前512年)而流入吴国,后越灭吴(前473年)而又流入越国,故出土于绍兴。

吉日,吉善之日。初庚,一月当中所逢的第一个庚日。

- 夐可忌豆

　　唯王正九月,辰在丁亥,夐可忌作虿元子中姞媵鎛(錞)。(《汇编》1074)

按：夐可忌,人名,或释作梁伯可忌。

某王某年九月丁亥(24)日,梁可伯为其元子中姞媵铸媵器。

- 莒公孙潮子镈

　　陈㝬(鯀)立事岁,十月己亥,莒公孙潮子造器也。(《汇编》1132—1138)

按：陈㝬(鯀),人名。立事岁,治理国政之年。莒公孙潮子,人名,莒公之孙,名潮子。

陈㝬(鯀)治理国事之年的十月己亥(36),莒公孙潮子铸器。

第六章

余 论

金文历朔,经过这次全面整理与研究,收获颇丰。有些方面取得了突破性的成果,有些方面则改变了本人以往的看法,有些方面尚需作一些说明。所以最后再从研究方法等方面对金文历朔研究问题作一些总结说明,以增强本课题研究结论的可信性,同时希望对后之学者有所启迪。

第一节 研究方法

金文历朔研究之方法,大抵上遵循这样一条思路进行,即首先根据铜器铭文的形制花纹(器物学方法)和铭文所记内容、历史事件、王号、人名、语词、字体(古文字学方法)等信息,有时也结合传世文献的有关记载,在初步确定铜器铭文大致的历史时代(所属王世)的情况下,再根据铭文所记王年、月份、月相词语和干支,以及本文对月相词语所指时间的理解,推算出铭文所记王年和月份的朔日干支,然后与自己或他人编制的历表或历谱进行比勘对照,看与预想的王年的历表是否符合,如果符合了,就基本上确定下来。如果不符合,那么再寻找其他原因。这样做的前提,首先要对铜器铭文根据器物学和古文字学方法推断出其所属的大致王世。好在这方面的工作前辈学者已经付出了辛勤劳动,并取得了很大的成绩,如郭沫若《两周金文辞大系图录考释》,陈梦家《西周铜器断代》,容庚《商周彝器通考》,唐兰《西周青铜器铭文分代史征》,朱凤瀚《古代中国青铜器》,王世民、陈公柔、张长寿《西周青铜器分期断代研究》,彭裕商《西周青铜器年代综合研究》,陈佩芬《夏商周青铜器研究》,林巳奈夫《殷周时代青铜器研究》等等。在这些书中,学者们根据器形纹饰和铭文内容等信息对铜器铭文所属的时代都做了分期断代,尽管分期断代的结果不尽相同,有些甚至分歧还比较大。但是,铜器铭文总算有个大致的历史范围,总比漫无边际的好。

本课题"金文历朔研究"的研究方法,原则上采用业已证明属于成功的前辈学者的研究方法。总的来说便是王国维所提出的二重证据法,即根据出土文献记载的数据,同时参考传世文献——尽管是残缺不全的若干记载。这是个大原则,没有改变。同时,本课题也有所创新,采用了一些不同于前人的具体研究方法。现概述如下。

首先,从理论上搞清楚什么是月相、月相词语以及月相词语所指的具体时间。这是研究金文历朔的前提之一。其具体做法是研读有关天文历法方面的书籍,参考传世文献的有关记载和解释,分析探讨金文月相词语的含义和所指时间,打好理论基础,确立理论指导。

早在2002年,笔者就发表了《月相和西周金文月相词语研究》、《西周金文月相词语与静簋铭文的释读》等论文,出版了《金文月相纪时法研究》一书,从而奠定了本人对金文月相问题研究的理论基础,获得月相词语所指时间的准确数据。笔者对月相词语的含义尤其是所指时间的理解,建立在对西周七十余件四要素齐全的纪年铭文的历朔进行了推算,并以公认的比较科学权威的张培瑜《中国先秦史历表》、董作宾《西周年历谱》及《中国年历简谱》作为比勘验证的标尺进行比勘验证。其结果证明,本书关于金文月相词语所指时间的理解是可信可靠的。尤其是那十几篇可以确定为属于西周厉王和宣王时期纪年铜器铭文的历朔,与同样有明确历史年代的厉王和宣王世历表及历谱进行比勘验证,结果绝大部分完全合历或基本合历,证明笔者推算所得到的资料准确可靠。也就是说,本书关于金文月相词语的含义,尤其是月相词语所指时间的理解已经得到了验证,符合历史的真实。于是撰写了《西周若干可靠的历日支点》一文,①以厉王、宣王世的纪年铜器铭文的历朔与历表、历谱的比勘验证的结果为据。其实,穆王和共王乃至西周其他各王世的纪年铭文也同样如此,基本上都得到了验证。参阅《西周诸王元年的推定》一节。

第二,根据金文资料复原周代历法,一般是按纪年铭文的王年、月份、月相词语和干支纪日,尤其是根据对月相词语的理解来推定铭文所记当年当月的月首干支,同时确定铭文所记历史事件发生的相对年代和绝对年代。相对年代指周主要是西周具体的王世王年,绝对年代指公元纪年。二者相辅相成,如果缺一将无法进行验证。就是说,如果月首干支不明确,则无法与历表、历谱进行比勘;如果所属年份(王世)不明确,同样也无法进行比勘验证。

因此,本书以对金文月相词语的含义和所指时间研究的成果为前提,首先对四百来件纪年纪时铜器铭文(不包括只有一项纪时要素的铭文)进行分类,尤其以王年、月份、月相词语和干支四要素俱全的七十余篇纪年铭文为重点(同铭异器者不重复考证),经过深入研究,先复原这些铜器铭文所记年月的历朔,再以张培瑜的《中国先秦

---

① 叶正渤:《西周若干可靠的历日支点》,《殷都学刊》2014年第1期。

史历表》和董作宾的《西周年历谱》及《中国年历简谱》两部历书作为比勘验证的工具书,以确定这些铜器铭文所记历朔的绝对年代。其后,以上述资料为纲,再对那些没有王年,只有月份、月相词语以及干支等或时间要素不全的铭文,参考铜器铭文所透露出来的其他信息,如器形纹饰、铭文内容等项,推导它们所属的王世,尽量推算出它们所属时代的历朔。把所有纪年铜器铭文按照其所属王世和纪年串联起来,尽可能复原相对完整的金文历朔谱。这个金文历朔谱,是周代年历的真实记录,因为这是根据出土的金文资料编成的,且已得到现代人编的历表和历谱的验证。这样,就在金文历朔方面恢复了历史的真实,从而为商周历史文化研究提供了可资参考的准确资料。

对于纪时要素不齐全的铭文,如三要素和二要素纪时铭文,由于受纪时要素不全和历法上客观存在的朔日干支会重复出现规律的影响,所以就很难准确推定它们的绝对年代。对于这种情况,本文在确定铭文所属王世和推算出相对历朔的前提下,如有其他信息可资利用的,则尽量推算出铭文历朔的绝对年代。至于只有王年,或只有月份,或只有干支的纪时铭文,由于铭文所提供的纪时信息太少,根本无法进行历朔推算,只好舍弃。

第三,标准的一致性。其一,表现在复原周代历法方面。本书采用周正建子之说,不采用其他说法,尤其不使用忽而某年建子、忽而某年建丑、忽而某年建寅等随意性很大的做法。因为历法制度是一个王朝区别于前一王朝的本质特征之一。同时,历法涉及农业生产等国计民生的大事,因而是不能轻易变更的,更不会像某些今人所说的那样朝令而暮改。关于这一点,《逸周书·周月》篇说得很明白:"夏数得天,百王所同。其在商汤,用师于夏,除民之灾,顺天革命,改正朔,变服殊号,一文一质,示不相沿,以建丑之月为正,易民之视。若天时大变,亦一代之事,亦越我周王致伐于商,改正异械,以垂三统,至于敬授民时,巡狩祭享,犹自夏焉。是谓周月,以纪于政。"夏数,指夏历。因为夏历最切合于实际天象天时,最有益于指导农事活动,因而为百世君王所采用。而周月则主要用来记载政事活动。

但是,在依据铭文所记历日推算铭文历朔乃至对铜器铭文进行历史断代时,当推算的结果与历表和历谱比勘对照发现不符合时,于是有人便采取改变建正的做法,即使是同一个王世,今年用周正建子,明年又改用殷正建丑,甚或用夏正建寅等。改来改去,随意性很大。试想这样朝令而夕改,即使是当时的人怎么能用来纪时记事呢?后世之人更是无法理解古人的纪时。难道古代的历法真如某些人所说是极其粗疏而不确定的吗!对于这一点,何幼琦在《西周编年史复原》一书中指出:"商、周都是正月建子,何来建丑?"[1]其实商代未必是以建子为岁首,但周代历法的确是使用周正建子,

---

[1] 何幼琦:《西周编年史复原》,第10页,湖北人民出版社2003年版。

以子月(夏历十一月)为岁首(正月)。

根据《尚书·尧典》的记载,我国早在帝尧时期就已经制定了历法,更何况时至文明程度很高的周代。《尧典》:"乃命羲和,钦若昊天,历象日月星辰,敬授人时。分命羲仲,宅嵎夷,曰旸谷。寅宾出日,平秩东作。日中,星鸟,以殷仲春。厥民析,鸟兽孳尾。申命羲叔,宅南极,曰交址。寅敬致日,平秩南为。日永,星火,以正仲夏。厥民因,鸟兽希革。分命和仲,宅西土,曰昧谷。寅饯纳日,平秩西成。宵中,星虚,以殷仲秋。厥民夷,鸟兽毛毨。申命和叔,宅朔方,曰幽都。寅在易日,平秩朔伏。日短,星昴,以正仲冬。厥民隩,鸟兽鹬毛。帝曰:'咨!汝羲暨和。期三百有六旬有六日,以闰月定四时,成岁。'"此时已经有了春分、夏至、秋分、冬至四个关键的节气概念,一年为365日,又以闰月定四时,作为一年的时间标准。可以说,这已经是比较成熟的历法体系。

帝尧时任命羲、和两人掌管历法,据《尚书·允征》记载,羲、和玩忽职守,沉湎荒淫,废时乱日。当时《政典》规定:"先时者杀无赦,不及时者杀无赦。"就是说,羲、和制定的历法必须准确无误,历法无论是先天还是后天,都要"杀无赦"。可见,早在上古时期国家对历法的重视程度。所以,本文以为推算铭文中所记历日的历朔,只有坚持一个标准,这样推算所得的数据才相对可靠,才有可验证性。

其二,表现在比勘验证的误差方面。就是说,将推算纪年铭文历日记载所得数据(月首干支)与历表和历谱比勘验证时发生的误差,必须限制在二日(含当日是三日)之内。这是两个原因:1. 历法与实际天象之间本身就存在一二日的误差,且历法经久也必然会发生一至二日的误差。据现代测算大约经307年历法就先天一日,这是搞历法研究的人都知道的。所以,发生误差是正常的,误差在二日以内(含当日是三日)是允许的,即使是今日比较精密的历法也会发生十五的月亮有时十七圆的情况,属于正常现象。2. 本书所采用的作为比勘验证标尺之一的董谱,是根据儒略历编排的,每日一个数据,绝不重复。但儒略历关于日的概念与我们人类经验所概括的日的概念所指时间范围是不一致的。

关于日的概念的经验总结,我国古代文献有明确记载。《尚书大传》:"夏以孟春月为正,殷以季冬月为正,周以仲冬月为正,夏以十三月为正,色尚黑,以平旦为朔。殷以十二月为正,色尚白,以鸡鸣为朔。周以十一月为正,色尚赤,以夜半为朔。"朔,即合朔,指一个月开始的时间。夏以平旦为朔,平旦是日出时,有太阳这个物象作为参照。殷以鸡鸣为朔,鸡鸣是天将亮未亮之时,即昧爽,有鸡鸣这种物象作为参照。周以夜半为朔,夜半时无任何物象可以参照,只能根据推算获得。这就是人们所说的推步历法。由此可见,人们对日的时间的认识,是由有显著物象作为参照逐渐深入到无任何物象作为参照的纯粹通过推算而掌握时间的阶段。周以夜半作为一个月的开始,实际上也就是以夜半作为一日的开始。日的时间范围扩大了,由日出到日落扩大到以夜半到下一个夜半为一日的连续不间断的时间概念。这就是人类经验所总结和概括的日的时间范围。

但是,儒略历对一日的时间界定却不是这样的。据全国科学技术名词审定委员会审定公布的儒略日约定从格林尼治平子午(世界时 12 h)开始到次日格林尼治平子午所经过的时间为一日。这种约定只考虑到平太阳时的问题,却与人类经验对知识的概括和表述不一致,同时也不便于使用。它只是一种人为的规定,而不是人类知识的总结。例如,1996 年 1 月 1 日 12:00:00 的儒略日是 2 450 084。这个数字实际上表示的是 1995 年 12 月 31 日 12:00:00 开始的下半日和 1996 年 1 月 1 日的上午半日。如果是 1 月 1 日下午发生的人事或自然现象,那么用儒略日计算日期,其数字就是在 2 450 084 上再加 0.5,即 2 450 084.5。

可以看出,儒略日的约定,与人类经验所认识的关于日的时间概念是不一致的。换句话说,儒略日的这种人为约定不同于人类经验所概括的知识。另一方面,如果把儒略日转换成中国的干支纪日,那就更不好办了,因为一个干支表示人类经验的完整的一日,既包括整个白天时间,也包括日出前的半夜和日落后的半夜,与儒略日完全不同。从技术层面来看,如果把表示儒略日的数据换算成中国的干支纪日,不仅转换复杂麻烦,而且与公元纪日也不一样。据说作为儒略日起点的公元前 4713 年 1 月 1 日(儒略历),相当于公历公元前 4713 年 11 月 24 日。可见儒略日不便于人类活动的记事和计算。[①]

所以,研究西周历法将推算所得到的资料(干支)与《西周年历谱》或《中国年历简谱》进行比勘对照时,存在一二日的误差也就在所难免。反过来,推算所得到的资料(干支)在与《西周年历谱》或《中国年历简谱》进行比勘对照时,如果相差一二日,也可以理解为那是合历的。这就好像十五的月亮有时十七圆一样,实际天象与历法含当日相差三日,属于正常现象。这是历先天的结果。但是,含当日相差最多只能是三日,再多那就不合历了。所以说,与历表和历谱比勘验证时出现一二日的误差就算合历是有客观依据的。本文始终坚持这一原则进行推算和验证纪年铜器铭文的历朔。由于本文推算所得历朔与历表和历谱比勘绝大多数都合历,间或有一二日之误差,但绝不超过二日(含当日是三日)以上。这样看来,这些数据应该是比较准确和可靠的。本文认为,比勘验证时相差七八天也认为合历的那种说法和做法,既不严谨,也不科学,因而是不可取的。

---

① 参见张培瑜:《中国先秦史历表》;董作宾:《西周年历谱》下篇,《董作宾先生全集》甲编第一册,第 265—328 页。

第四,本文探讨西周王年是从已明确或大致明确的王世开始,采用先易后难的做法。与此相对应,对根据器形纹饰、铭文所记内容等要素,尤其是学术界基本明确王世的纪年铜器铭文,将推算所得到的历朔先与业已明确王世的历朔相比勘验证。如果合历了,则定下来;如果不合历,说明不属于某个业已明确的王世,则再与其他王世的历朔相比勘,或另找原因。这样,基本上可以把四要素齐全的若干铭文排进幽王、宣王、厉王之世。由于武王之世目前尚没有纪年铜器铭文出土,所以主要就靠传世文献的记载来推算。成王、康王和昭王之世的纪年铭文也很少,就采取既根据纪年铭文的历朔记载,同时又参考传世文献的记载进行验证,如果两方面都合历了,就基本确定下来。其后穆、共、懿、孝、夷诸王元年及王年,则主要依据铜器铭文的历日记载推算其历朔,分别找出这些纪年铭文的若干共有元年,初步确定这五个王世各自的元年,然后再将其他纪年铭文所记历朔与历表和历谱进行比勘,看与哪一个王世的历朔合历,就定在哪一个王世。当然,同时也参考器形纹饰、铭文内容等要素作判断,以历朔是否合历为最主要依据。

第五,共有元年推定法。关于西周诸王元年绝对年代的推定,本文主要通过推算几件有可能属于同一王世的若干篇纪年铭文的历朔,即某年某月月首干支,再逆推这些铜器铭文元年的绝对年份,从中找出几篇铭文相同的元年年份,即共有元年,有可能就是西周某王的元年,这就叫共有元年推定法。这种研究方法前人也使用过,事实证明是相对科学可靠的。然后再将这个共有元年相应月份的历朔与历表和历谱相比勘,如果合历了,就确定西周某王元年的具体年份。某王元年最终确定之后,再推算其他纪年铜器铭文,尤其是王年、月份、月相词语和干支四要素俱全的铭文的月首干支(历朔),将推算结果与元年相应月份的历朔进行比勘验证,对号入座,进而最终确定这些铜器铭文所属的王世和绝对年月。

本书以为,上述方法和具体做法是比较科学严谨的,因而是可靠可信的。为此,撰写了《西周诸王元年的推定》一节。

第六,采用二元对照法。即运用两根标尺进行对照验证,以增强推算结果比勘验证的科学性与可靠性,避免根据一根标尺比勘对照所产生的偶然性。具体来说,就是将推算纪年纪时铜器铭文的历朔,与张培瑜的《中国先秦史历表》和董作宾的《西周年历谱》(包含在《中国年历简谱》中)两部历书进行比勘对照,进而推定这些纪年纪时铜器铭文所记历朔的绝对年月。这样,就可以避免以一部历书为参照系进行比勘验证时产生合历的偶然性。因为这两部历书是不同的两个人各自运用不同的方法编制的,如果它们真能体现古代历法,那么比勘验证的结果就应该完全相同或基本相同。这也是本书研究优于他人之处。因为其他人一般是根据自己或某一种历表进行比对,且不说自己所编制的历表或历谱的准确性如何,仅就合历的偶然性来说,与一种历表进行比勘,合历的偶然性要远远大于同时与两种历表或历谱进行比对的必然性。这就是本文在比勘验证时总是同时列出两种比勘数据的原因,目的是检验推算结果的准确性和可靠性。

本书研究之所以选用张培瑜的《中国先秦史历表》和董作宾的《西周年历谱》、《中国年历简谱》作比勘对照的标尺或工具书,是在于这两部历表、历谱的科学性和权威性。

张培瑜《中国先秦史历表》,1987年由山东齐鲁书社出版。作者在"前言"中介绍说:"冬至合朔时日表是根据现代天文方法计算编制而成的。具体作法是:用现在天文年历所使用的太阳、月亮平均轨道根数和历书时计算出平朔时刻,再根据S. newcomb化平朔为实朔的公式(奥波尔策《月亮朔望表》公式主要项与此相同)计算得出实际合朔的历书时,再用天文年历中给出的方法化历书时为世界时,然后换算成中国的纪日干支、日期和标准地方时。……得出的实际合朔时刻,我们与P. Ahnert的《日月行星的天文年代表》做了比对,前1000年以后每个世纪选取起始的十年与H. H. Goldstine的《前1001年至后1651年新月满月表》也作了比对,所得结果是相当一致,平均相差仅只几分钟。可以认为本表给出的合朔时刻是足够准确可靠的,讨论殷、周年代、月相、历法可以放心地使用。"张培瑜又说:"本书冬至合朔时日表给出公元前1500年至前105年这一时期的真实的日月合朔的日期和时刻,由此可以得知当时任何时刻实际的月相情况。对于殷商、西周时期,事实上这就是当时的真实的历日表。"事实上,国内外许多学者在研究先秦尤其是西周历法时,都在使用张表作为比勘对照的依据。所以,如此科学可靠的历表便是本文的首选。

董作宾在《中国年历简谱》说道:"起于黄帝元年丁亥,即公元前2674年;止于民国八十九年,即公元前2000年。分为'年世谱'及'年历谱'两部分。'年世谱'自黄帝元年至商代盘庚十四年丙辰,公元前1385年;有世、有年、无历,共计1290年。'年历谱'自盘庚十五年丁巳,公元前1384年迁殷起,至民国八十九年止,有世、有年、有历,共计3 384年。"[①]该谱的编排,据董作宾介绍,他是根据儒略历一日一日排下来的。一日一个数,绝不重复。他又根据奥波尔策的《日月食典》(Canon der Finsternisse)推算西周合朔时日。可见《中国年历简谱》(含《西周年历谱》)的编制是很有科学性的,因而有很高的学术价值。

笔者在使用张表和董谱比勘验证推算所得资料时,发现两书有时还是有些微差别的,可能是置闰的不同而致某些月份朔日干支不同。

---

① 叶正渤:《关于日与日界》,《汉字文化》2011年第6期。

第二节　西周诸王王年

　　本书研究虽是以对金文月相词语的含义和所指时间研究的成果为前提,对纪年铜器铭文的历朔进行复原工作,其中尤以西周王年、月份、月相词语和干支四要素俱全的七十余篇纪年铭文为研究的重点(同铭异器者未重复计算与考证)。但是,研究发现即使这四要素俱全的七十余篇纪年铭文,有些也并不可靠。其中有3篇怀疑为伪刻,即静方鼎、鲜簋(三十四祀盘)和说盘,这几篇铭文及纪时与其他铭文颇为不同,极为可疑。此外,还有至少13篇铭文的月相词语或干支记载有错误,如十五年趞曹鼎、休盘、晋侯稣编钟、四十二年逑鼎、三年师兑簋等。不过,经研究终于找到了这些铭文月相词语或干支误记的地方,校正后也已得到历表和历谱的验证,使得一些长期以来令学术界困惑的纪年铭文的历法关系乃至所属王世问题最终得以解决。这也是本项研究所取得的重要成果之一。

　　在研究西周纪年铭文历朔的过程中,一个不可回避的问题是武王伐纣的具体时间以及相关史实。据岳南《考古中国——夏商周断代工程解密记》一书介绍,彭林等搜集到的关于武王克商的具有代表性的论著已达57篇,共有44种关于武王克商之年的说法,其中日本7种,美国7种,英国、瑞典、韩国各1种,其余为中国学者。而朱凤瀚、张荣民编的《西周诸王年代研究》一书《当代学者有关西周诸王年代的论著摘编》中收有50篇论著。以上两书中还不包括一些不知名研究者以及网络上的讨论文章,可见关于武王克商之年远不止四十余种说法。对此笔者也做了深入研究,撰写了《武王伐纣事迹综论》一文,作为单篇择机发表。

　　在研究西周纪年铭文历朔的过程中,另一个不可回避的问题是古本《竹书纪年》所记"懿王元年天再旦于郑"的懿王元年的绝对年份。目前通行的说法是公元前899年,但是,学术界也有不同意见,且也得不到懿王世相关纪年铭文所记历朔的验证。争论还在继续,至今尚无定论。因为懿王元年的确定,这是西周史上的一个年代支点,对其他王年的确定至关重要。对此,笔者也作了探讨,撰写了《关于"懿王元年天再旦于郑"问题》一文。

　　根据传世文献结合铜器铭文的纪年来研究西周诸王王年,所得到的结论不仅分歧较大,而且与仅根据铜器铭文的纪年纪时推算所得到的结论有些也很难一致。这是因为传世文献的记载本身就不明确不完全,有些还有很大的出入,怎么能做到根据这些不确定的资料得出一个明确的结果呢。比如武王克商之年,《尚书》仅有零星的记载:

惟十有一年，武王伐殷。 （《泰誓上》）

惟十有三年春，大会于孟津。 （《泰誓上》）

惟戊午，王次于河朔，群后以师毕会。 （《泰誓中》）

时甲子昧爽，王朝至于商郊牧野，乃誓。 （《牧誓》）

惟一月壬辰，旁死魄。越翼日，癸巳，王朝步自周，于征伐商。 （《武成》）

厥四月，哉生明，王来自商，至于丰。乃偃武修文，归马于华山之阳，放牛于桃林之野，示天下弗服。 （《武成》）

丁未，祀于周庙，邦甸、侯、卫，骏奔走，执豆、笾。越三日，庚戌，柴、望，大告武成。既生魄，庶邦冢君暨百工，受命于周。 （《武成》）

惟十有三祀，王访于箕子。 （《洪范》）

以上记载仅告诉人们：文王十一年武王伐殷，十三年师渡孟津，（二月）甲子日发生了牧野之战，文王十三年武王战胜了商王纣。历史上文王十三年是公元前哪一年？这就很难说了。再比如武王之死，涉及武王在位的年数。文献有以下记载：

既克商二年，王有疾，弗豫。 （《尚书·金縢》）

武王克殷……既归，乃岁十二月崩镐，肂于岐周。……元年夏六月，葬武王于毕。 （《逸周书·作洛》）

这两条记载也不足以说清楚武王究竟是克商当年而崩，还是第二年病逝的。根据《金縢》记载，毫无疑问，武王是在克商之后第二年病逝。但根据《作洛》篇记载，"既归，乃岁十二月崩镐"，似乎是说武王克商当年归镐并于十二月即病逝。虽然孔晁注是第二年，但这"乃岁十二月"很像是说既归当年之十二月。而"元年夏六月"，才是克商之第二年，即成王元年。此外，今本《竹书纪年》和《帝王世纪》还记载说武王克商六年而崩。

又比如昭王在位的年数，一般文献记载皆说十九年，但《帝王世纪》说昭王在位五十一年，年代相差这么大。究竟哪一种说法符合历史的事实呢？真使人坠入迷雾之中，无所适从。

大抵上，西周十二王在位的年数，除了成王在位三十七年、康王在位二十六年、穆王在位五十五年、宣王在位四十六年、幽王在位十一年有明确记载，以及武王在位二年、昭王在位十九年之说争议不大而外，穆王以后的共王、懿王、孝王、夷王以及厉王王年皆有争议。笔者在前文已探讨了厉王在位是三十七年，但厉王纪年含共和行政十四年在内，共计是五十一年。[①]

[①] 叶正渤：《厉王纪年铜器铭文及相关问题研究》，《古文字研究》第26辑；《从历法的角度看逨鼎诸器及晋侯稣钟的时代》，《史学月刊》2007年第12期。

第三节　干支重复出现问题

运用推算所得到的金文历朔比勘历表、历谱进而确定铜器铭文所属的王世和绝对年月，客观上还存在一个历法方面的周期相似性问题。对于这一点，董作宾早就发现并予以指出："朔日的干支，大约五年零一两个月可以重见一次；月名相同，朔日干支相同，大约三十一年可以重见一次。所以用'月相'作标准，可能有三十一年的上下波动。日食和月食的周期，在九十三年后四分历法中，也是可以重演的。……于是据天文历法以推求年代，便由绝对的标准降为相对的标准了。"①

这种现象从数理方面很好解释。因为干支数是 60，每月用一个干支作为首日的标记，60 个月一循环。而一年 12 个月，闰月是 13 个月，每过五年零一、二个月，月份总和也差不多是 60。这样又重新开始同步纪月，干支就出现相同或相近了。当然，在某五年的两头月首干支可能相同相近，时间推移越大，随着误差的积累，干支的近似性就越小。到下一个周期大约 31 年多一些，又会重复再现。最大的波动周期是 93 年，就是说每隔 93 年月相词语和朔日干支就会重复再现。这就是天文学上的波动理论，即董作宾所说的月首干支再现现象。

对此，笔者在研究西周铭文历朔时也有同样的体会。举例来说，本书曾据共王时的伯吕盨、五祀卫鼎和九年卫鼎铭文所记历日推得共王元年既可以是前 948 年，也可以是前 943 年。这就是前引董作宾所说的"朔日的干支，大约五年零一两个月可以重见一次"的现象。就是说，依据这几件器铭文所记历日推算相应月份的朔日干支与历表和历谱比勘时皆符合，其误差含当日都不超过三日（个别铭文可能达到四日）。推算其他可能属于共王时期的铭文的历朔与历表和历谱进行比勘，结果也分别合于前 948 年和前 943 年为共王元年的历朔。同样，某些属于穆王世的纪年铭文历日既符合前 1003 年为穆王元年的历朔，也符合以前 998 年为穆王元年的历朔。经研究，本书将穆王元年仍定为前 1003 年，将共王元年仍定为前 948 年。

为了克服历法方面的这一周期相似性和波动对推算月朔绝对值带来的消极影响，这就是前文中所论及的元年器铭文及王世的推定法。简单地说，就是首先根据铜器的形制花纹、铭文所记人名、历史事件等要素，尤其是前之学者的研究结论，初步确定铜器铭文所属的王世及其大致的年代范围，然后再将推算所得历朔与历表、历谱进行比勘验证，求得若干相对近似值，再根据王世和王年最终确定铭文所记历日的绝对

---

① 董作宾：《武王伐纣年月日今考》，《台湾大学文史哲学报》第三期，1951 年；《董作宾先生全集》甲编第一册，第 82、83 页。

年月资料。

看起来这好像是在运用循环论证法，与西方语言哲学的释义学循环理论的做法一样。但是，只有这种循环论证才能求得王世、王年与纪年铜器铭文历朔的相互容纳，准确无误。

第四节　一些铭文的特殊历朔

前之学人早就觉察到，根据其他要素某几件器物应该属于同一王世，在西周纪年铜器铭文中，总是有那么几件铜器铭文的纪年纪时与其他纪年纪时铭文相龃龉，即排不进历谱之中，也就是人们常说的历法不相衔接。这种情况的铭文虽然不多，但是令人很困惑。这其中，有些固然是月相词语或干支误记所致，有些原因至今不明。例如，陈佩芬在《夏商周青铜器研究（西周篇下）》中说，伯吕盨铭文所记历日与西周诸王纪年皆不合历。① 本文推得伯吕盨铭文所记历日符合本文所推共王元年（前948年）六月的历朔。该年六月张表是辛丑（38）朔，董谱是辛未（8）朔，错月是辛丑朔，铭文六月壬寅（39）朔比历表早一日合历。由于比勘其他诸王世的历朔皆不合，所以，伯吕盨铭文所记应是共王元年六月的历朔。

又如师询簋铭文，何幼琦说"《师询簋》所说的元年及其后边的月、周、日，不符合任何一个王世元年的月、周、日，仅仅能符合共和十四年"。② 其实，师询簋铭文所记历日根本不符合共和十四年二月的历朔。铭文"唯元年二月既望庚寅"，既望是十四日，干支是庚寅（27），则某王元年二月是丁丑（14）朔。共和十四年（前828年）二月张表是丙寅（3）朔，董谱同，铭文二月丁丑（14）朔含当日与之相差十三日，根本不合历。且铭文明言"唯元年二月既望庚寅"，与十四年之纪年毫无关系。当然，这里只是引用何幼琦的一种看法：师询簋铭文所记历日不符合西周诸王任何一个王世元年的历朔。本书推得师询簋铭文所记历日符合懿王元年二月的历朔，张表和董谱前928年二月皆是丁丑（14）朔，完全合历，且前928年是一个共有元年。

又如散伯车父鼎铭文，马承源说："此纪年之月序月相和干支与《年表》之西周晚期月朔未能相合，又无其他相关人名，暂未能定具体王世。"③本文推得散伯车父鼎铭文所记历日符合懿王四年八月的历朔。

又如望簋，铭文"唯王十又三年六月初吉戊戌"，初吉是初一朔，干支是戊戌（35），

---

① 陈佩芬：《夏商周青铜器研究（西周篇下）》，第493—494页，文物出版社2005年版。
② 何幼琦：《西周编年史复原》，第82页。
③ 马承源：《商周青铜器铭文选》，第357页。

则某王十三年六月是戊戌朔。经过比勘,发现铭文所记历日不仅与通行的说法西周中晚期诸王的历朔不合历,而且与本文所推西周中晚期诸王的历朔也不合历。现定为孝王时。

又如无㠱簋,铭文"唯十又三年正月初吉壬寅",初吉是初一朔,则某王十三年正月是壬寅(39)朔。这个历朔不仅与通行的说法西周诸王世的历朔不合,与本文所推西周诸王世的历朔也不合。本文现将其置于孝王十三年。详见《无㠱簋铭文历朔研究》。

休盘和番匊生壶铭文也是如此。从休盘铭文"王在周康宫",有佑者益公,以及王所赐物品种类来看,当属于共以后至厉王时器。但是,比勘目前通行的说法西周中晚期诸王世的纪年和历朔皆不合,与本文所推西周中晚期诸王世的历朔也不合。可能是干支误记所致,见下文。番匊生壶,郭沫若定其为厉王之世,但是历法却不合,与其他王世的历朔也不合。对这两件器铭文纪时不合西周诸王世历朔的现象,何幼琦在他的《西周编年史复原》一书中早就指出过了。

不可讳言,在研究金文历朔的过程中,我们也屡屡被某些铭文不正确的纪时所蒙蔽,而枉费了不少时间用于反复推算和比勘验证。铭文月相词语或干支误记的事例前人也早已发现,例如吴其昌在《金文历朔疏证》一书中就多次指出。但是,就具体铭文而言历日怎样被误记了,学界往往有不同的看法。例如小盂鼎铭文:"隹八月既望,辰在□□……周王□成王……雩若翊乙酉……隹王廿又五祀。"吴其昌曰:"康王二十五年(前1054年)八月小,癸未朔。所缺□□乃甲申也。初吉二日得甲申,既望乃初吉之误也。又:是鼎前人皆云成王器,今考正实康王器。"按照吴其昌的说法,小盂鼎铭文所缺□□是"甲申"这个干支,"隹八月既望"是"隹八月初吉"的误记。事实是否如吴其昌所说,这就需要进行推算和验证。又如休盘,铭文"唯廿年正月既望甲戌",既望是十四日,干支是甲戌(11),则某王二十年正月是辛酉(58)朔。比勘历表和历谱,与通行的说法西周诸王的历朔皆不合,与本书所推诸王世的历朔亦不合。但是,根据铭文记王在周康宫,又有益公这个重要的人物,以及器形、纹饰和周王赏赐给休的物品等,将休盘看作是共王时器应该无误。本书推想铭文"唯廿年正月既望甲戌"可能是"唯廿年正月既望甲子"的误记。因为在干支表上,甲子和甲戌是紧挨着的,史官看错很有可能。校正后则某王二十年正月是辛亥(48)朔,符合共王二十年(前929年)正月的历朔。休盘铭文的确是把干支"甲子"误记为"甲戌"了,且休盘的确是共王二十年器。

师雍父鼎一铭文:"隹六月既死霸丙寅,师雍父戍在古𠂤,遹从。……遹事于舒庚,簋遹历,锡遹金,用作旅𪭗。"吴其昌曰:"宣王元年六月小,丁巳朔;既生霸十日得丙寅。'既死霸'疑是'既生霸'之范误。以既死霸推之,多所不通。"吴其昌怀疑师雍

父鼎一铭文的"既死霸"是"既生霸"的误范。又如,

晋侯稣编钟铭文:"惟王卅又三年王亲遹省东国、南国。正月既生霸戊午,王步自宗周。二月既望癸卯,王入各成周。二月既死霸壬寅,王□往东。三月方死霸,王至于□,分行。……六月初吉戊寅,旦,王各大室,即位。丁亥,旦,王鱼于邑伐宫。庚寅,旦,王各大室,司工扬父入右晋侯稣……"对晋侯稣编钟铭文里的纪时,马承源说该篇铭文干支有误倒现象,应作"既望壬寅",二十二日,既死霸癸卯,二十三日,连同六月的三个干支日,符合厉王三十三年的天象,从而证实王国维的四分一月说。美国学者倪德卫、夏含夷也有类似的说法,曰:"除了二月的癸卯(40)与壬寅(39)二日倒置,我们认为是刻铭者误刻外,这些记日的内容与王国维提出的四分月相说完全吻合……"常金仓则认为一个月只用一个月相,铭文特重书二月,很可能是闰月的提示。夏商周断代工程(简本)改二月既望"癸卯"为"辛卯"。冯时认为二月是分属两个年份的。但是,日本学者成家彻郎批评冯时任意改用不同的岁首使历法适应铭文的纪时,他认为大约到公元前800年,中国曾经使用的是大火历。本书认为,晋侯稣编钟铭文中二月既望"癸卯(40)"应是"癸巳(30)"之误。因为在甲骨干支表上癸巳和癸卯是并排紧挨着的,史官看错极有可能。本人推定晋侯稣编钟应属于厉王三十三年也即公元前846年时期的器物。[①]

铜器铭文误刻、漏刻月相词语,尤其是误刻干支的情况,在纪年铜器铭文中并不鲜见。谁没有看错或记错干支以及笔误的时候,古人亦然。前文已言及笔者在研究纪年铭文尤其是七十余件四要素俱全的纪年铭文历朔时,就发现有13例,还有3例伪刻铭文的,从而影响正常的学术研究。对于这些疑团,本着大胆假设和小心求证的原则,本书根据某些可能致误的要素进行了假设,然后再根据已有材料进行求证。其结果大多数得到了验证,因而是有说服力的可信的。详见《纪年铭文历法谜团解疑——月相词语、干支误记例剖析》一节。

第五节 研 究 成 果

首先,对七十余件四要素铭文的相对年代(王世)和绝对年代(公元纪年)都给出了明确的相对可靠的数据,同时对其中十三件有疑惑的纪年铭文也作了大胆假设和小心求证,且假设和求证业已得到验证。具体来说,本书所做的工作可以概括为三个方面的内容。

[①] 叶正渤:《亦谈晋侯稣编钟铭文中的历法关系及所属时代》,《中原文物》2010年第5期。

一、对与金文历朔研究相关的问题作了较为透彻的研究,即本书第一章的内容。

二、在对西周四要素齐全的纪年铭文作考释的基础上,着重研究探讨了西周四要素齐全铭文的历朔以及所属王世,对每一件纪年铭文都明确指出了所属王世与具体的历史时代(公元纪年),为西周历法和铜器断代研究提供了有价值的参考。

三、对其他纪年纪时要素不齐全的铭文历朔也做了研究探讨,给出了相应的数据。

其次,本书研究在以下几个方面取得了一定的收获。

一、经与历表、历谱比勘验证,证明本书对七十余件四要素铭文研究所得出的数据相对准确、精确,更可靠可信,更符合历史的事实。

二、对与金文历朔研究相关的重大历史问题也提出了证据充足的研究结果。诸如金文月相词语所指的时间,西周若干可靠的历日支点,西周诸王元年的推定,西周诸王在位的年数,关于"懿王元年天再旦于郑"问题,同篇铭文中的王名与王、天子的关系等。

三、发现西周纪年铭文的月相词语或干支记载有误以及误记之处和误记的原因,校正后比勘历表和历谱完全或基本合历,从而解决了一些纪年铭文的历史断代问题,同时发现有些纪年铭文属于伪刻等。

四、除了重点探讨七十余件四要素齐全的纪年铭文(含3篇疑为伪铭)的王世和历朔之外,同时还探讨了殷商时期、春秋时期和战国时期纪年纪时铭文的历朔,得到了可资参考的数据。

综上,本书之研究解决了金文历朔研究中若干重大学术问题以及疑难问题,取得了突破性的成果,达到了预期的研究目标和效果。

参考文献

一、专著

安徽省博物院编著、中科院考古研究所编辑：《寿县蔡侯墓出土遗物》，科学出版社，1956年。

《保利藏金》编辑委员会：《保利藏金——保利艺术博物馆精品选》，岭南美术出版社，1999年。

陈梦家：《西周铜器断代》，中华书局，2004年。（简称《断代》）

陈佩芬：《夏商周青铜器研究——上海博物馆藏品》，上海古籍出版社，2009年。

陈奇猷：《吕氏春秋校释》，学林出版社，1984年。

董作宾：《西周年历谱》，《董作宾先生全集》甲编，艺文印书馆，1977年。

董作宾：《中国年历简谱》，艺文印书馆，1991年。

杜勇、沈长云：《金文断代方法探微》，人民出版社，2002年。

冯时：《出土古代天文学文献研究》，台湾古籍出版有限公司，2008年。

冯时：《中国天文考古学》，中国社会科学出版社，2007年。

高亨：《周易古经注》，中华书局，1989年。

郭沫若：《两周金文辞大系图录考释》，上海书店出版社，1999年；《郭沫若全集·考古编》第七卷、第八卷，科学出版社，2002年。（简称《大系》）

（汉）孔安国：《孔氏传尚书》（《四部丛刊》本），中华书局，1998年。

（汉）王充：《论衡》，上海人民出版社，1974年。

（汉）许慎：《说文解字》，中华书局，1983年。

何幼琦：《西周编年史复原》，湖北人民出版社，2003年，《西周年代学论丛》，湖北人民出版社，1989年。

《汲冢周书》，《四部丛刊》本，上海商务印书馆缩印江阴缪氏艺风堂明刊本。

李仲操：《西周年代》，文物出版社，1991年。

郦道元：《水经注》，中华书局，2007年。

刘启益：《西周纪年》，广东教育出版社，2002年。

刘师培：《周代吉金年月考》，《刘师培全集》，中共中央党校出版社，1997年。

刘雨、卢岩：《近出殷周金文集录》，中华书局，2002年。（简称《集录》）

马承源主编：《商周青铜器铭文选》，文物出版社，1987年。

彭裕商：《春秋青铜器年代综合研究》，中华书局，2011年。

彭裕商：《西周青铜器年代综合研究》，巴蜀书社，2003年。

（清）段玉裁：《说文解字注》，上海古籍出版社，1984年。

（清）汪日桢：《历代长术辑要》，《丛书集成续编》第79册，台北新文丰出版公司，1988年。

（清）朱骏声撰、叶正渤点校：《尚书古注便读》，花木兰文化出版社，2013年。

陕西师范大学、宝鸡青铜器博物馆主办，夏麦陵编辑：《黄盛璋先生八秩华诞纪念文集》，中国教育文化出版社，2005年。

上海师范大学古籍整理研究所校点：《国语》，上海古籍出版社，1998年。

司马迁：《史记》，中华书局，1985年。

四川大学历史文化学院：《纪念徐中舒先生诞生110周年学术研讨会论文集》，巴蜀书社，2010年。

谭其骧主编：《中国历史地图集》第一卷，中国地图出版社，1976年。

唐兰：《西周青铜器铭文分代史征》，中华书局，1986年。

王国维：《观堂集林》，中华书局，1984年。

王国维：《竹书纪年辑校》，《王国维遗书》，上海书店，1983年。

王世民、陈公柔、张长寿：《西周青铜器分期断代研究》，文物出版社，1999年。

王先谦撰，沈啸寰、王星贤点校：《荀子集解》，中华书局，1988年。

吴其昌：《金文历朔疏证》，《燕京学报》第六期，1929年；又北京图书馆出版社，2004年。

吴镇烽：《商周青铜器铭文暨图像集成》，上海古籍出版社，2012年。

杨伯峻译注：《孟子译注》，中华书局，2005年。

杨树达：《积微居金文说》，中华书局，1997年。

叶正渤：《金文标准器铭文综合研究》，线装书局，2010年。

叶正渤：《金文月相纪时法研究》，学苑出版社，2005年。

叶正渤、李永延：《商周青铜器铭文简论》，中国矿业大学出版社，1998年。

张培瑜：《中国先秦史历表》，齐鲁书社，1987年。

张汝舟：《二毋室古代天文历法论丛》，浙江古籍出版社，1987年。

张闻玉、饶尚宽、王辉：《西周纪年研究》，贵州大学出版社，2010年。

张闻玉：《西周王年论稿》，贵州人民出版社，1996年。

张亚初：《殷周金文集成引得》，中华书局，2001年。

中国社会科学院考古研究所编：《殷周金文集成》（修订增补本），中华书局，2007年。（简称《集成》）

钟柏生、陈昭容、黄铭崇、袁国华编：《新收殷周青铜器铭文暨器影汇编》，台北艺文印书馆2006年。（简称《汇编》）

朱凤瀚：《古代中国青铜器》，南开大学出版社，1995年。

朱凤瀚、王世民：《西周诸王年代研究》，贵州人民出版社，1998年。

二、论文

安徽省文管会、安徽省博物馆：《寿县蔡侯墓出土遗物》，《考古学报》1956年第1期。

曹发展、陈国英：《咸阳地区出土西周青铜器》，《考古与文物》1981年第1期。

陈邦怀：《克镈简介》，《文物》1972年第6期。

陈久金：《西周月名日名考》，《自然科学史研究》第4卷第2期，1985年。

陈佩芬：《新获两周青铜器》，《上海博物馆集刊》第八期，2000年。

陈英杰《士山盘铭文再考释》，《中国历史文物》2004年第6期。

段绍嘉：《陕西蓝田县出土弭叔等彝器简介》，《文物》1960年第2期。

冯时：《晋侯稣钟与西周历法》，《考古学报》1997年第4期。

郭沫若：《长安县张家坡铜器群铭文汇释》，《考古学报》1962年第1期。

郭沫若：《弭叔簋及询簋考释》，《文物》1960年第2期。

何琳仪：《说"盘"》，《中国历史文物》2004年第5期。

黄盛璋：《释初吉》，《历史研究》1958年第4期。

黄锡全：《士山盘铭文别议》，《中国历史文物》2003年第2期。

《考古与文物》编辑部：《宝鸡眉县杨家村窖藏单氏家族青铜器群座谈纪要》，《考古与文物》2003年第3期。

李学勤：《古越阁所藏青铜兵器选粹》，《文物》1993年第4期。

李学勤：《论𪣻簋的年代》，《中国历史文物》2006年第3期。

李学勤：《论虎簋二题》，《考古与文物》1997年第3期。

李学勤：《吴虎鼎考释》，《考古与文物》1998年第3期。

李仲操：《谈晋侯苏钟所记地望及其年代》，《考古与文物》2000年第3期。

李仲操：《也谈静方鼎铭文》，《文博》2001年第3期。

刘朝阳：《殷末周初日月食初考》，《中国文化汇刊》第4卷，1944年。

刘怀君：《眉县出土一批西周窖藏青铜乐器》，《文博》1987年第2期。

刘雨：《金文"初吉"辨析》，《文物》1982年第11期。

罗西章：《宰兽簋铭略考》，《文物》1998年第8期。

莫非斯：《西周历朔新谱及其他》，《北平燕京大学考古学社社刊》第五期，1936年。

穆晓军：《陕西长安县出土西周吴虎鼎》，《考古与文物》1998年第3期。

倪德卫：《〈国语〉'武王伐纣'天象辨伪》，《古文字研究》第12辑。

彭裕商：《也论新出虎簋盖的年代》，《文物》1999年第6期。

祁健业：《岐山县博物馆近几年征集的商周青铜器》，《考古与文物》1984年第5期。

岐山县文化馆庞怀清，陕西省文管会镇烽、忠如、志儒：《陕西省岐山县董家村西周铜器窖穴发掘简报》，《文物》1976年5期。

钱宝琮：《汉人月行研究》，《燕京学报》第十七期。

裘锡圭：《史墙盘铭解释》，《文物》1978年第3期。

陕西省博物馆：《陕西省博物馆新近征集的几件西周铜器》，《文物》1965年第7期。

陕西省博物馆、陕西省文物管理委员会：《扶风齐家村青铜器群》，文物出版社，1963年。

陕西省文物管理委员会：《陕西省永寿县、武功县出土西周铜器》，《文物》1964年第7期。

陕西周原考古队：《陕西扶风庄白一号西周青铜器窖藏发掘简报》，《文物》1978年第3期。

陕西周原考古队：《陕西岐山凤雏村西周青铜器窖藏简报》，《文物》1979年第11期。

史言：《扶风庄白大队出土的一批西周铜器》，《文物》1972年第6期。

孙华：《晋公戈年代小议》，《文物季刊》1997年第2期。

唐兰：《略论西周微史家族窖藏铜器群的重要意义——陕西扶风新出墙盘铭文解释》，《文物》1978年第3期。

唐兰：《陕西省岐山县董家村新出西周重要铜器铭辞的译文和注释》，《文物》1976年第5期。

唐兰：《西周铜器断代中的"康宫"问题》，《考古学报》1962年第1期；又《古文字研究》第2辑，中华书局，1981年。

唐云明：《河北元氏县西张村的西周遗址和墓葬》，《考古》1979年第1期。

万树瀛：《滕县后荆沟出土不嬰簋等青铜器群》，《文物》1981 年第 9 期。

王冠英：《亲簋考释》，《中国历史文物》2006 年第 3 期。

王翰章、陈良和、李保林：《虎簋盖铭简释》，《考古与文物》1997 年第 3 期。

王辉：《虎簋盖铭座谈纪要》，《考古与文物》1997 年第 3 期。

王慎行：《吕服余盘铭考释及其相关问题》，《文物》1986 年第 4 期。

王玉清：《岐山发现西周时代大鼎》，《文物》1959 年第 10 期。

文物编辑部：《晋侯苏钟笔谈》，《文物》1997 年第 3 期。

文物编辑部：《陕西眉县出土窖藏青铜器笔谈》，《文物》2003 年第 6 期。

吴镇烽、王东海：《王臣簋的出土与相关铜器的时代》，《文物》1980 年第 5 期。

吴镇烽、朱艳玲：《斯簋考》，《考古与文物》2012 年第 3 期。

夏含夷：《此鼎铭文与西周晚期年代考》，转引自朱凤瀚、张荣明：《西周诸王年代研究》，贵州人民出版社，1998 年。

夏含夷：《上博新获大祝追鼎对西周断代研究的意义》，《文物》2003 年第 5 期。

夏商周断代工程专家组：《夏商周断代工程 1996—2000 年阶段成果概要》，《文物》2000 年第 12 期。

徐天进：《日本出光美术馆收藏的静方鼎》，《文物》1998 年第 5 期。

杨桂梅：《蔡侯申尊》，中国国家博物馆网站。

杨坤：《士山盘铭文正诣》，《中国历史文物》2004 年第 6 期。

杨亚长：《金文所见之益公、穆公与武公考》，摘录于 CSSCI 学术论文网：http://www.ccscipaper.com 和免费论文下载中心：http://www.downpaper.com。

叶正渤：《此鼎、此簋铭文历朔研究》，《中国文字研究》第十六辑，2012 年。

叶正渤：《从历法的角度看逨鼎诸器及晋侯稣钟的时代》，《史学月刊》2007 年第 12 期。

叶正渤：《从原始数目字看数概念与空间方位的关系》，《南阳师范学院学报》2003 年第 5 期。

叶正渤：《关于日与日界》，《汉字文化》2011 年第 6 期。

叶正渤：《汲冢周书·克殷解·世俘解合校》，《古籍整理研究学刊》2010 年第 4 期。

叶正渤：《厉王纪年铜器铭文及相关问题研究》，《古文字研究》第 26 辑，中华书局，2006 年。

叶正渤：《略论西周铭文的纪时方式》，《徐州师范大学学报》（哲社版）2000 年第 3 期。

叶正渤：《西周共和行政与所谓共和器的考察》，《纪念徐中舒先生诞辰 110 周年学术研讨会论文集》,巴蜀书社,2010 年。

叶正渤:《亦谈亲簋铭文的历日和所属年代》,《中国历史文物》2007 年第 4 期。

叶正渤:《亦谈晋侯稣编钟铭文中的历法关系及所属时代》,《中原文物》2010 年第 5 期。

叶正渤:《〈逸周书〉与武王克商日程、年代研究》,《南京社会科学》2001 年第 8 期。

叶正渤:《月相和西周金文月相词语研究》,《考古与文物》2002 年第 3 期。

玉清:《台北龚氏珍藏——西周晋公戈》,华声论坛网,http://bbs.voc.com.cn/forum-57-1.html。

张长寿:《论井叔铜器——1983—1986 年沣西发掘资料之二》,《文物》1990 年第 7 期。

张光裕:《虎簋甲、乙盖铭合校小记》,《古文字研究》第 24 辑,中华书局,2002 年。

张光裕:《思源堂新藏西周蓍簋铭文识小》,《王叔岷先生学术成就与薪传研讨会论文集》,台湾大学中国文学系,2001 年。

张懋镕:《宰兽簋王年试说》,《文博》2002 年第 1 期。

张新斌:《武王伐纣与牧野大战的历史地理问题》,《黄河文化》2011 年第 2 期。

张永山:《亲簋作器者的年代》,《中国历史文物》2006 年第 3 期。

张钰哲、张培瑜:《殷周天象和征商年代》,《人文杂志》1985 年第 5 期。

赵永福:《陕西长安张家坡西周墓清理简报》,《考古》1965 年第 9 期。

周宝宏:《西周金文词义研究(六则)》,《古文字研究》第 25 辑,中华书局,2004 年。

周增光:《发现番匊生鼎》,《文物春秋》2007 年第 6 期。

朱凤瀚:《师酉鼎与师酉簋》,《中国历史文物》2004 年第 1 期。

朱凤瀚:《士山盘初释》,《中国历史文物》2002 年第 1 期。

三、作者论著(古文字学方面)

(一) 专著

1.《商周青铜器铭文简论》(叶正渤、李永延合著),中国矿业大学出版社,1998 年。1999 年获江苏省政府社科优秀成果评选三等奖。

2.《金文月相纪时法研究》,学苑出版社,2005 年。2008 年获江苏省高校人文社会科学优秀成果评选二等奖。

3.《叶玉森甲骨学论著整理与研究》,线装书局,2008 年。2011 年获江苏省政府社科优秀成果评选二等奖。

4.《金文标准器铭文综合研究》,线装书局,2010年。2012年获江苏省高校社科成果评选三等奖。

5.《金文四要素铭文考释与研究》,台湾新北市花木兰文化出版社,2015年。

6.《古代语言文字学论著序跋选编》,合著,第一作者,线装书局,2015年。

(二) 论文

1997年

《小臣静簋铭文献疑》,《南京师范大学学报》1997年第2期。

《说"X"》,《淮阴师专学报》1997年第3期。

1999年

《"归福"本义考源》,《辞书研究》1999年第5期。

2000年

《略论西周铭文的记时方式》,《徐州师范大学学报》2000年第3期。

2001年

《略析金文中的"月"》,《徐州师范大学学报》2001年第2期。

《我方鼎铭文新释》,《故宫博物院院刊》2001年第3期。

《弋其卣三器铭文与晚殷历法研究》,《故宫博物院院刊》2001年第6期。

《从甲骨金文看汉民族时空观念的形成》,《语言研究》2001年增刊。

2002年

《月相和西周金文月相词语研究》,《考古与文物》2002年第3期。

《貋簋铭文研究》,《古文字研究》第24辑,中华书局,2002年。

《西周金文月相词语与静簋铭文的释读研究》,《文博》2002年第4期。

2003年

《从原始数目字看数概念与空间方位的关系》,《南阳师范学院学报》2003年第5期。

2004年

《卜辞"来艰"研究》,《殷都学刊》2004年第1期。

《关于"亚"字符号的文化解析》,《东南大学学报》2004年第4期。

《关于几片甲骨刻辞的释读》,《古文字研究》第25辑,中华书局,2004年。

《20世纪以来西周金文月相问题研究综述》,《徐州师范大学学报》2004年第5期。

2005年

《〈殷虚书契前编集释〉研究》,《汉字研究》第一辑,学苑出版社,2005年。

《造磬铭文研究》，《中国文字研究》第 6 辑，广西教育出版社，2005 年。
《甲骨文否定词研究》，《殷都学刊》2005 年第 4 期。
《释疋（正）与𤴕（围）》，《考古与文物》增刊《古文字论集（三）》，2005 年。

2006 年
《厉王纪年铜器铭文及相关问题研究》，《古文字研究》第 26 辑，中华书局，2006 年。
《西周标准器铭文疏证（一）》，《中国文字研究》第 7 辑，广西教育出版社，2006 年。
《叶玉森古文字考释方式浅论》，《江苏大学学报》2006 年第 3 期。

2007 年
《亦谈录簋铭文的历日和所属年代》，《中国历史文物》2007 年第 4 期。
《毓祖丁卣铭文与古代"归福"礼》，《古籍整理研究学刊》2007 年第 6 期。
《从历法的角度看逨鼎诸器及晋侯稣钟的时代》，《史学月刊》2007 年第 12 期。

2008 年
《叶玉森与甲骨文研究》，《镇江高专学报》2008 年第 2 期。
《西周标准器铭文疏证（二）》，《中国文字研究》第 11 辑，广西教育出版社，2008 年。
《宣王纪年铜器铭文及相关问题研究》，《古文字研究》第 27 辑，中华书局，2008 年。

2010 年
《周公摄政与相关铜器铭文》，《古文字研究》第 28 辑，中华书局，2010 年。
《西周纪年考》，[日] 吉本通雅著，叶正渤摘译，《辽东学院学报》2010 年第 2 期。
《亦谈晋侯稣编钟铭文中的历法关系及所属时代》，《中原文物》2010 年第 5 期。
《共和行政及若干铜器铭文的考察》，《纪念徐中舒先生诞辰 110 周年纪念文集》，巴蜀书社，2010 年。

2011 年
《西周标准器铭文疏证（三）》，《中国文字研究》第 14 辑，广西教育出版社，2011 年。
《亦谈伯歼父簋铭文的时代》，《长江文明》第 7 辑，2011 年。
《穆王时期重要纪年铭文历朔考（一）》，《中国文字研究》第 15 辑，广西教育出版社，2011 年。
《页方彝铭文献疑》，《考古与文物》2011 年第 4 期。

2012 年

《伯犴父簋铭文试释》,《考古与文物》2012 年第 3 期。

《释𠧪(犴)》,《古文字研究》第 29 辑,中华书局,2012 年。

《逨鼎铭文历法解疑》,《盐城师范学院学报》2012 年第 6 期。

2013 年

《晋公戈铭文历朔研究》,《殷都学刊》2013 年第 1 期。

《此鼎、此簋铭文历朔研究》,《中国文字研究》第 17 辑,广西教育出版社,2013 年。

《蔡侯盘、蔡侯尊铭文历朔与时代考》,《中原文物》2013 年第 5 期。

2014 年

《西周若干可靠的历日支点》,《殷都学刊》2014 年第 1 期。

《〈殷墟书契后编〉所见象刑字浅析》,《古文字研究》第 30 辑,中华书局,2014 年。

2015 年

《江苏响水方言古音遗迹考》,《盐城师范学院学报》2015 年第 1 期。

《师兑簋二器铭文历法解疑》,《中国文字研究》第二十二辑,2015 年。

2016 年

《释"中、矣、的"——兼论古代射矦礼》,《中原文化研究》2016 年第 2 期。

附录一

西周诸王元年的推定

西周诸王元年的推定,从本课题研究的实际来说,并非是按照西周诸王的顺序进行的,而是本着先易后难的原则,既根据传世文献的记载,同时又根据纪年铭文的历朔记载进行比勘验证而推得的。具体的做法如下。

由于共和以后我国的历史已经有明确的年代记载,所以,西周宣王和幽王在位年数主要根据传世文献的记载。厉王在位的年数本人在此之前业已做了探讨,厉王在位的年数既参考传世文献的记载,但主要根据纪年铜器铭文的历日记载进行比勘验证推得:厉王元年是公元前878年,厉王在位三十七年,但厉王纪年是五十一年,包括共和行政十四年在内。

然后,据几件学界意见比较一致的属于共王时期的纪年铭文,推得共王的元年是公元前948年。但是,由于月首干支有五年零一两个月可以重复再现、月相以及月首干支每隔三十一年多一些和九十三年也可以重复再现的规律,所以,前943年也符合若干纪年铭文的历朔。结合其他王世综合考虑,本文将前948年定为共王元年。共王在位年数传世文献没有明确记载,至多是二十年,但趞曹鼎铭文显示只有十五年,本书定共王在位二十年。

其后,据传世文献穆王在位五十五年的记载向前逆推,得到穆王元年是前1003年或前998年,验之穆王时期纪年铭文的历日记载,历朔皆合,本书定前1003年为穆王元年。

昭王在位十九年,这是传世文献的普遍说法。皇甫谧《帝王世纪》五十一年之说恐怕不可信。董作宾以为昭王在位十八年,也只能作为参考。由穆王元年向前逆推,得到昭王元年是前1022年或前1016年。昭王时期的纪年铭文不仅很少,而且不十分确定,所以,需要将传世文献的记载与纪年铭文的历日比勘验证的结果结合起来考虑。现定前1022年为昭王元年,昭王在位十九年。

由于成王和康王时期的纪年铭文极少,所以,成王和康王的在位年数主要参考传世文献的记载,验之以少数纪年铭文的历日记载。大抵上,成王元年是前1092年,在位三十年;康王元年是前1062年,康王在位四十年。

武王元年的确定,是根据铜器铭文的纪时结合传世文献的记载,验之历表而得到的。以灭商之年的前1093年为武王元年,武王在位实际是一年。

共王以后诸王的在位年数,正如皇甫谧《帝王世纪》所说:"周自恭王至夷王四世年纪不明。"除共王而外,懿王、孝王和夷王的纪年亦多不明确。这样,只能根据纪年铭文的历日记载推算它们的共有元年,同时结合传世文献的记载。结果如下:

懿王在位的年数,传世文献有说是二十五年。但是,懿王元年的求得,要参考古本《竹书纪年》"懿王元年天再旦于郑"的记载。不过,据此运用现代天文学知识推求懿王元年的具体年份,也有几种不同的说法。董作宾说是前966年,韩国学者方善柱认为是前899年4月20日在河南西南南阳县能看到日环食现象,刘朝阳以为是前926或前903年,张培瑜提出懿王元年为前926年或899年,葛真核算出前899年或925年确实发生了日全食。说法很多,不一一介绍。目前通行的说法懿王元年是前899年,但是,很难得到历表和纪年铭文的验证。本文根据几件纪年铭文推得一个共有元年是前928年,以此为懿王元年。至前909年,懿王在位二十年。

夷王在位的年数,本文主要根据几件纪年铭文推得一个共有元年是前893年,以此作为夷王元年。至前879年,夷王在位15年。据今本《竹书纪年》和《左传》的记载,夷王身体不好,在位年数不会太长,所以,三十几年说恐怕不可信。

孝王在位的年数更是不明确。传世文献有十年、十五年等说法。孝王时期的纪年铭文不仅不明确,同时也很少,所以,只能采取两头挤的做法。现据走簋、无㠱簋和望簋铭文推得一个共有元年是前908年,定为孝王元年,至前894年,孝王在位15年。

厉王元年,主要根据《史记·周本纪》的记载以及有关铜器铭文的历日记载推算而得,是前878年。宣王和幽王元年则主要根据传世文献的记载,验之以铜器铭文的历日记载。至此,西周诸王元年的绝对年代大致求得。具体如下:

西周(前1093——前771年)

武王(前1093—前1093年),灭殷后在位一年;

成王(前1092—前1063年),在位三十年(含周公摄政七年);

康王(前1062—前1023年),在位四十年;

昭王(前1022—前1004年),在位十九年;

穆王(前1003—前949年),在位五十五年;

共王(前948—前929年),在位二十年;

懿王(前928—前909年),在位二十年;

孝王(前908—前894年),在位十五年;

夷王(前893—前879年),在位十五年;

厉王(前878—前828年),在位三十七年,纪年是五十一年(含共和行政十四年);

宣王(前827—前782年),在位四十六年;

幽王(前781—前771年),在位十一年。

西周积年:共323年。

武王元年(前1093—前1093年),灭商后在位一年。

《尚书·武成》等传世文献所记武王伐纣过程,大多语焉不详。唯《逸周书·克殷》、《世俘》两篇记载较为详细。不过,《克殷》和《世俘》的时间记载很乱,事件前后明显不相衔接,可能是错简所致。笔者曾加以合校,作《〈克殷解〉、〈世俘解〉合校》一文,并据《世俘》《武成》《泰誓》及利簋、朕簋铭文等文献进一步排定武王克商日程与年代,重新做了探讨。

一月己巳朔(周正)

一月壬辰旁死魄,二十四日　《尚书·武成》:"惟一月壬辰旁死魄。"《世俘》:"惟一月丙辰旁生魄。"干支、月相名与《世俘》皆不同。

若翼日癸巳,二十五日　《武成》:"越翼日癸巳,王朝步自周,于征伐商。"《世俘》:"王乃步自于周,征伐商王纣。"干支与《世俘》不同。

二月戊戌朔(周正)　《世俘》:"越若来二月既死魄(霸)。"二十三日,干支应是庚申。

戊午,二十一日　《尚书·泰誓中》:"惟戊午,王次于河朔,群后以师毕会。"《武成》:"既戊午,师逾孟津。"

己未,二十二日　《泰誓下》:"时厥明,乃大巡六师,明誓众士。"

癸亥,二十六日　《武成》:"癸亥,陈于商郊,俟天休命。"

越五日甲子,二十七日　《世俘》:"越五日甲子,朝至,接于商,则咸刘商王纣。"《武成》:"甲子昧爽,受率其旅若林,会于牧野。咸刘商王纣。"《牧誓》:"时甲子昧爽,王朝至于商郊牧野。利簋铭文:"隹甲子朝,武王征商,岁鼎,克闻夙有商。"

丁卯,三十日　《世俘》:"(太公)望至,告以馘俘。"

三月戊辰朔(周正)　《世俘》:"戊辰,王遂御,循自祀文王,时日王立政。"

辛未,初四　利簋铭文:"王在阑师,王赐有事利金。"

壬申,初五　《世俘》:"壬申,荒新至,告以馘俘,侯来命伐靡。"

乙亥,初八　朕簋铭文:"王有大礼,王同三方,王祀于天室。"

丁丑,初十　朕簋铭文:"王飨大宜。"

辛巳,十四日　《世俘》:"辛巳,(侯来)至,告以馘俘。"

甲申,十七日　《世俘》:"甲申,百弇以虎贲誓,命伐卫。"

四月丁酉朔(周正)

庚子，初四　《世俘》："庚子，陈本命伐磨，百韦命伐宣方，新荒命伐蜀。"

乙巳，初九　《世俘》："乙巳，陈本命新荒，蜀、磨至，百韦至，武王狩。时四月既旁生魄"，初九。《武成》："厥四月，哉生明，王来自商，至于丰。"既旁生魄，即哉生明，亦即既生霸，霸指月光，非指月黑。

乙未，十一日　《世俘》："维四月乙未日，武王成辟四方，通殷命有国。"乙未，疑是"丁未"之误。《武成》正作"丁未"。

丁未，十一日　《武成》："丁未，祀于周庙。"

越六日庚戌，十四日　《世俘》："越六日庚戌，武王朝至，燎于周。"《武成》："越三日庚戌，柴、望，大告武成。"

若翼日辛亥，十五日　《世俘》："若翼日辛亥，祀于位，用籥于天位。"《世俘》："辛亥，荐俘殷王鼎。"《武成》："祀于天位。"

壬子，十六日　《世俘》："壬子，王服衮衣，矢琰，格庙。"

癸酉，十七日　《世俘》："癸酉，王奏庸，大亨一终、三终。"癸酉，应是癸丑之误。

甲寅，十八日　《世俘》："甲寅，谒戎殷于牧野，王佩赤白旗。"

越五日乙卯，十九日　《世俘》："越五日乙卯，武王乃以庶祀馘于国周庙。"

乙卯，十九日　《世俘》："乙卯，钥人奏《崇禹》、《生开》，三钟，终。王定。"

笔者在《逸周书与武王克商日程、年代研究》一文中曾探讨排比过武王克商的日程，一月、二月用殷正，且朔日干支与此稍异。在深入研究了西周金文月相词语的含义和所指时间之后，发现《世俘》一月、二月皆用月相词语纪时，而月相词语只有西周才使用，殷商是不用月相词语纪时的，董作宾、陈梦家皆已论之。这就是说，《世俘》《武成》等文献里所记的一月、二月，用的都是周正，而非殷正。《尚书·武成》："惟一月壬辰旁死魄。"孔安国传："此本说始伐纣时。一月，周之正月。"殷以夏历十二月为正月，即所谓的建丑；周以夏历十一月即冬至所在月为正月，即建子，当为史官追记。武王征商，从周一月二十五日开始，至四月十九日止，历时约三整月。

根据上文排比的日程表，我们可以得到文王受命十又三年（文王已于受命之九年卒，武王沿用文王纪年。近日赵平安教授告知，《清华简·保训》篇"惟王五十年"的记载，据说是周文王在位的年数。这下问题更复杂了）一月至四月的朔日干支：一月己巳朔，二月戊戌朔，三月戊辰朔，四月丁酉朔，与张表公元前1092年二至五月的朔日干支完全吻合，与董谱该年二至五月份的朔日干支亦完全相同。这可能是由于闰月安排的不同，因而产生错月相合的情况。

张钰哲和张培瑜曾研究说："用岁星在天空的位置来纪年可能也是很早的，所以'岁在鹑火'很可能就是周人流传下来的记述武王伐纣是哪一年的说法。"然后他们又据《太平御览》"商纣之时，五星聚于房"，《淮南子》"武王伐纣，慧星出"的天象记载，计算了从公元前1130至公元前1000年间每年岁星在天空中的真实位置,其中有前1094年。由于周正一月、二月对于夏历来说属于前一年份,即古本《竹书纪年》:"十一年庚寅,周始伐商。"三月、四月败之于牧野属于当年,即今本《竹书纪年》:"十二年辛卯,王率西夷诸侯伐殷,败之于坶野。"同时参考了张钰哲和张培瑜的研究,将武王伐纣年定为前1094年,将灭商年推定为前1093年。这个年份就是西周起年,也是武王元年。

武王在位的年数,文献记载不一。"十四年,王有疾,周文公祷于坛墠,作《金滕》","十七年,命王世子诵于东宫","冬十有二月,王陟,年九十四","成王,名诵。元年丁酉春正月,王即位,命冢宰周文公总百官"。《史记·周本纪》:"成王少,周公乃摄行政当国。"从十一年庚寅(27)周始伐商,十二年辛卯(28)武王伐殷,败之于牧野,到十七年丙申(33)崩,下接成王元年丁酉(34),所记年代相接,说明武王在位六年。但是,《史记·周本纪》集解:"皇甫谧曰:武王定位年,岁在乙酉。六年庚寅崩。"皇甫谧以庚寅(27)年为武王崩年,向前逆推六年至乙酉(22)为武王定位年,也即即位之年,与今本《竹书纪年》记载不同。可见无论是今本《竹书纪年》,还是皇甫谧的《帝王世纪》都是经后人整理过的。

但是,《尚书·洪范》:"惟十又三祀,王访于箕子。"《金滕》:"既克商二年,王有疾,弗豫。"《逸周书·武儆》:"惟十又二祀四月,王告梦。丙辰,出金枝郊宝开和细书,命召周公旦,立后嗣,属小子诵文及宝典。"《逸周书·作雒》:"武王克殷,……。武王既归,乃岁十二月崩镐,肂于岐周。"好像是说武王克殷既归之年十二月即亡故。那么,武王十一年实始伐商,十二年克殷,既归且病,当年十二月病故。从克殷之年算起,武王在位实际只有一年,即前1093年。成王于前1092年即位且改元,由周公摄政,总百官。

成王元年(前1092—前1063年),在位三十年(含周公摄政七年)。

今本《竹书纪年》:"元年丁酉春正月,王即位,命冢宰周文公总百官。"《逸周书·武儆解》:"属小子诵。"《史记·周本纪》:"后而崩,太子诵代立,是为成王。成王少,周初定天下,周公恐诸侯畔周,公乃摄行政当国。"今本《竹书纪年》:"三十七年夏四月乙丑,王陟。"《通鉴外纪》:"成王在位三十年,通周公摄政三十七年。"武王崩於公元前1093年12月,则成王元年是前1092年,至前1063年,在位三十年。

庚嬴鼎铭文"唯廿又二年四月既望己酉",既望是太阴月的十四日,干支是己酉(46),则某王二十二年四月是丙申(33)朔。铭文中的丁巳(54),是四月二十二日,非定点月相之日,故只用干支纪日,且在既望之后,既死霸之前,符合西周铜器铭文的纪时体例。本器或以为成王时器,或以为康王时器,或以为昭王时器,或以为穆王时器,或以为懿王时器,意见分歧较大。本文试以目前通行的说法(即"夏商周断代工程"的说法)西周诸王年代为依据,以张表和董谱所列周代历表和历谱为工具进行比勘验证。比勘的结果与通行的说法以上西周诸王的历朔皆不合历。庚嬴鼎铭文符合前1071年四月的历朔,该年四月张表是丁酉(34)朔,铭文四月丙申(33)朔比历表迟一日合历。董谱闰三月是丙申朔,四月是丙寅(3)朔,也完全合历。据此向前逆推二十二年(均含当年在内),则某王元年是前1092年。

庚嬴卣铭文"惟王十月既望,辰在己丑,王格于庚嬴宫……",既望是十四日,辰在己丑(26),则十月是丙子(13)朔。比勘历表和历谱,前1068年十月张表是丙午(43)朔,错月是丙子(13)朔,错月与庚嬴卣铭文合历。董谱正是丙子(13)朔,完全合历,则庚嬴卣铭文所记历日符合成王二十五年十月的历朔。

何尊铭文"唯王初迁宅于成周。复禀珷王礼,福自天。在四月丙戌,王诰宗小子于京室……。唯王五祀",成王元年是前1092年,则成王五年是前1088年,该年四月张表是乙亥(12)朔,董谱同,铭文丙戌(23)是四月十二日,非月相之日,故只用干支纪日。卿方鼎铭文"唯四月,在成周。丙戌,王在京宗,赏贝",所记历日与何尊铭文是同一日。

《汉书·律历志》:"成王三十年四月庚戌朔,十五日甲子哉生霸,故《顾命》曰:'惟四月哉生霸,王有疾,不豫。甲子,王乃洮沬水,作《顾命》。翌日乙丑,成王崩。'"《尚书·顾命》:"成王将崩,命召公、毕公率诸侯相康王,作《顾命》。""惟四月,哉生魄,王不怿。甲子,王乃洮颒水。……越翼日乙丑,王崩。……丁卯,命作册度。越七日癸酉,伯相命士须材。"据《汉书·律历志》四月是庚戌(47)朔。

成王三十年是前1063年,该年四月张表是庚辰(17)朔,董谱同,错月是庚戌(47)朔,与《汉书·律历志》所记同。十五日是甲子(1),十六日乙丑(2),成王崩。丁卯(4)十八日,命作册度。越七日癸酉,二十四日,伯相命士须材。《顾命》所记历日与历表、历谱完全吻合。可见含周公摄政七年在内,成王在位只有三十年。只有既符合《汉书·律历志》(据《尚书·顾命》)的历日记载,同时又符合庚嬴鼎铭文和何尊等铭文所记历日,才能确定成王元年。而前1092年即符合以上相互制约的诸条件,因此定前1092年为成王元年。

康王元年(前1062—前1023年),在位四十年。

今本《竹书纪年》:"元年甲戌春正月,王即位,命冢宰召康公总百官。"《史记·周本纪》:"成王崩,太子钊立。"今本《竹书纪年》:"二十六年秋九月己未,王陟。"

小盂鼎铭文"唯八月既望,辰在甲申……。酓(禘)周王、[珷]王、成王,囗囗祭王献,献邦宾。……唯王廿又五祀",既望是十四日,干支是甲申(21),则某王二十五年八月是辛未(8)朔。吴其昌以为八月既望是初吉之误,则八月是甲申(21)朔。康王廿五祀是前1038年,验之张表、董谱合历,则康王元年就是前1062年,至前1023年,康王在位四十年。

今本《竹书纪年》记康王在位二十六年，但是，本文根据若干铜器铭文的历日记载推得共王元年是前 948 年，进而又推得穆王元年是前 1003 年，昭王元年是前 1022 年，据小盂鼎铭文推得康王元年是前 1062 年，则康王在位是四十年。这是用两头挤的办法推得的。惟师遽簋盖铭文"唯王三祀四月既生霸辛酉"，与西周诸王年历皆不合。吴镇烽等将其列为共王时器（见《图像集成》）。

昭王元年（前 1022—前 1004 年），在位十九年。

今本《竹书纪年》："元年庚子春正月，王即位，复设象魏。"《史记·周本纪》："康王卒，子昭王瑕立。昭王之时，王道微缺。昭王南巡狩不返，卒于江上。其卒不赴告，讳之也。"今本《竹书纪年》："十九年春，有星孛于紫微。……祭公、辛伯从王伐楚。……天大曀，雉兔皆震，丧六师于汉。……王陟。"王国维校曰：《御览》八十四引《帝王世纪》"昭王在位五十一年"，《外纪》同，又引皇甫谧曰："在位二年。"现推定为十九年。

穆王元年（前 1003—前 949 年），在位五十五年。

《史记·周本纪》："昭王南巡狩不返，卒于江上。……。立昭王子满，是为穆王。穆王即位，春秋已五十矣。"古本《竹书纪年》："穆王元年，筑祇宫于南郑。""自周受命至穆王百年，非穆王寿百岁也。"今本《竹书纪年》："元年己未春正月，王即位，作昭宫。""冬十月，筑祇宫于南郑。""五十五年，王陟于祇宫。"《史记·周本纪》："穆王在位五十五年。"

师虎簋铭文"唯元年六月既望甲戌"，既望，月相词语，太阴月的十四日，干支是甲戌（11），则穆王元年六月是辛酉（58）朔。本文推得穆王元年是前 1003 年，该年六月张表是庚寅（27）朔，错月是庚申（57）朔，铭文六月辛酉（58）朔比庚申早一日合历。董谱是庚申（57）朔，铭文早一日合历。这绝不是一种巧合吧。吴其昌说是宣王元年，比勘历表和历谱，师虎簋铭文所记历日不符合宣王元年（前 827 年）六月的历朔。

静簋铭文"唯六月初吉，王在蒡京。丁卯，王令静司射学宫，小子及服及小臣及尸仆学射。雩八月初吉庚寅……"，根据铭文穆王元年（前 1003 年）六月是辛酉（58）朔，丁卯（4）是初七，张表是初六，董谱是初七，非月相之日，故只用干支纪日。八月张表是己丑（26）朔，比铭文八月初吉庚寅（27）迟一日合历。董谱八月是己未（56）朔，错月是己丑（26），比铭文八月庚寅（27）朔迟一日合历。由此证明穆王元年就是前 1003 年，静簋铭文所记是穆王元年事。穆王时的标准器长由盉铭文"唯三月初吉丁亥，穆王在下淢……"，穆王二年是前 1002 年，三月张表是丙戌（23）朔，董谱同，比铭文三月丁亥（24）朔迟一日合历，证明长由盉铭文所记历日符合穆王二年三月的历朔。

舀鼎铭文有两处纪时："唯王元年六月既望乙亥"，"唯王四月既眚霸，辰在丁酉"。

铭文"唯王元年六月既望乙亥",既望是十四日,干支是乙亥(12),则某王元年六月是壬戌(59)朔。铭文"唯王四月既眚霸,辰在丁酉",既生霸是初九,干支是丁酉(34),则某年四月是己丑(26)朔。比勘历表和历谱,只要符合某年六月是壬戌朔,某年四月是己丑朔,则就可以确定为某王元年。

前1003年六月,张表是庚寅(27)朔,错月是庚申(57)朔,董谱是庚申朔,比铭文六月壬戌(59)朔迟二日合历。次年四月张表是丙辰(53)朔,董谱同,错月是丙戌(23)朔,比铭文四月己丑(26)朔迟三日,近是。

曶鼎铭文开头言"唯王元年六月既望乙亥,王在周穆王大[室]",周穆王大室,一般认为是供奉穆王神主和祭祀穆王的场所,说明此时穆王已故,此器之铸必在穆王之后。但是,比勘其他各王相关年月的历朔皆不合。古本今本《竹书纪年》皆曰"穆王元年,筑祇宫于南郑",周穆王大室或即位于祇宫之内。陈梦家指出:"宫与庙是有分别的。宫、寝、室、家是生人所住的地方,庙、宗、宗室等是人们设为先祖鬼神之位的地方。"①据此,则周穆王大室就是穆王住的地方,铭文"唯王元年六月既望乙亥,王在周穆王大[室]"之王,皆是穆王也,穆王是生称。

比勘历表和历谱,曶鼎铭文所记历日既与通行的说法懿王元年(前899年)不合,与笔者所推懿王元年(前928年)也不合,反与笔者所推穆王元年(前1003年)二年的历朔相合相近,则曶鼎当属于穆王世之器。本人在《金文标准器铭文综合研究》中认为是懿王时器的说法应予以纠正。

吴方彝盖铭文"唯二月初吉丁亥,……唯王二祀",初吉是初一朔,则穆王二祀二月是丁亥(24)朔。穆王元年是前1003年,穆王二年是前1002年,该年二月张表是丁巳(54)朔,董谱同,错月是丁亥(24)朔,与铭文二月初吉丁亥相合。

趞觯铭文"唯三月初吉乙卯(52)……唯王二祀",初吉是初一朔,则穆王二祀三月是乙卯(52)朔。前1002年三月,张表是丙戌(23)朔,董谱同,错月是丙辰(53)朔,铭文乙卯(52)比丙辰迟一日合历,则穆王元年是前1003年。

親簋铭文"唯廿又四年九月既望庚寅",既望是十四日,干支是庚寅(27),则穆王二十四年九月是丁丑(14)朔。根据穆王元年是前1003年推算,则穆王二十四年前980年,,该年九月张表是丙子(13)朔,董谱是乙亥(12)朔,铭文九月丁丑(14)朔比张表早一日,比董谱早二日合历。

卫簋铭文"惟廿又七年三月既生霸戊戌",既生霸是初九,干支是戊戌(35),则穆王廿七年三月是庚寅(27)朔。穆王元年是前1003年,穆王二十七年是前977年。该

---

① 陈梦家:《西周铜器断代》,第36页。

年三月张表、董谱皆是辛卯(28)朔,铭文庚寅(27)朔比历表、历谱三月辛卯朔迟一日合历。

　　斯盂是一件新公布的器物①,铭文"唯廿八年正月既生霸丁卯",既生霸是初九,干支是丁卯(4),则穆王二十八年正月是己未(56)朔。根据穆王元年是前1003年推算,则穆王二十八年是前976年。前976年正月,张表是丁亥(24)朔,错月是丁巳(54)朔,铭文正月己未(56)朔比张表错月又早二日合历。董谱该年正月是丙戌(23)朔,错月是丙辰(53)朔,铭文错月又早三日合历,近是。这早二日或迟二日合历的情况是历先天或后天所致,正如十五的月亮有时十七圆一样,是历先天二日的结果,属于正常现象。但是,将推算的结果与历表历谱比勘时,误差如果达到或超过三日(含当日是四日),那就不准了,说明不合历了。

　　虎簋盖铭文"唯卅年三(四)月初吉甲戌",初吉是初一朔,干支是甲戌(11),则穆王三十年四月是甲戌(11)朔。根据穆王元年是前1003年推算,穆王三十年则是前974年。该年四月张表正是甲戌(11)朔,与虎簋盖铭文所记四月初吉甲戌完全吻合。董谱是癸酉(10)朔,比甲戌(11)迟一日合历。

共王元年(前948—前929年),在位二十年。

　　《史记·周本纪》:"穆王立五十五年,崩,子共王繄扈立。"今本《竹书纪年》:"元年甲寅春正月,王即位。……十二年,王陟。"王国维《今本竹书纪年疏证》:《御览》八十四引《帝王世纪》"共王在位二十年",《外纪》"在位十年",又引皇甫谧"在位二十五年"。今据铜器铭文推算,共王在位至少有十五年,结合传世文献推算,共王在位是二十年。

　　伯吕盨铭文"唯王元年六月既眚(生)霸庚戌,伯吕又作旅盨,其子孙万年永宝用",既生霸是初九,干支是庚戌(47),则某王元年六月是壬寅(39)朔。陈佩芬在《夏商周青铜器研究(西周篇下)》中说,伯吕盨铭文所记历日与西周诸王纪年皆不合历。其实非是。笔者曾据共王时的五祀卫鼎、九年卫鼎等器铭文推得共王元年是前948年,该年六月张表是辛丑(38)朔,铭文壬寅(39)比辛丑早一日合历。董谱是辛未(8)朔,错月是辛丑朔,铭文壬寅(39)比辛丑(38)错月又早一日合历,则伯吕盨铭文所记历日就是共王元年六月的历朔。笔者据上述几件铜器铭文及共王元年的时间反推穆王元年是前1003年,经过比勘,伯吕盨铭文所记历日不符合穆王元年的历朔。伯吕盨铭文所记历日非共王世莫属。这个伯吕也许就是历仕穆王、共王时期的甫侯。今本《竹书纪年》:"(五十一年)穆王命甫侯(伯吕)于丰,作《吕刑》。"作《吕刑》是穆王五

---

① 《考古与文物》2012年第3期,第127页。

附录一　西周诸王元年的推定　347

十一年,穆王在位五十五年,所以伯吕在共王世还能供职。共王元年是前948年,而不是前922年。共王在位二十年。

元年师事簋铭文"唯王元年四月既生霸,王在減居。甲寅,王格庙,即位",铭文既生霸之后无干支,所以不知既生霸所逢的干支。根据西周金文的纪时体例考察,四月既生霸所逢的干支肯定是在甲寅(51)之前的庚戌(47)、辛亥、壬子、癸丑(50)四日之内。既生霸是初九,那么元年四月朔日则是壬寅(39)、癸卯、甲辰和乙巳(42)四日中的某日。

五年师事簋铭文"唯王五年九月既生霸壬午",既生霸是初九,干支是壬午(19),则某王五年九月是甲戌(11)朔。只要同时符合元年四月朔日是壬寅、癸卯、甲辰或乙巳中的某一日,五年九月朔日是甲戌(11)或近似者这两个条件,就可以基本确定两器所属的时代。

据此比勘张表和董谱,前948年四月,张表是壬寅(39)朔,符合元年师事簋铭文所记四月朔日在壬寅、癸卯、甲辰或乙巳中的某一日。退后五年是前944年,该年九月张表是丁丑(14)朔,比铭文甲戌(11)朔早三日,近是。董谱是丙子(13)朔,比铭文甲戌朔早二日合历。由此推得某王元年是前948年。

伯吕盨、五祀卫鼎、五年师事簋、七年趞曹鼎、八祀师䶊鼎、九年卫鼎、十五年趞曹鼎和休盘都是共王时期的器物,如果将根据以上诸器铭文所记历日推算得到的相应月份的朔日干支与张表、董谱进行比勘对照,就可以获得比较准确的共王元年的数据,现推算如下。

伯吕盨:"唯王元年六月既眚(生)霸庚戌(47)",则共王元年六月是壬寅(39)朔。

五祀卫鼎:"唯正月初吉庚戌(47)……唯王五祀",则共王五祀正月是庚戌(47)朔。

五年师事簋:"唯王五年九月既生霸壬午",则共王五年九月是甲戌(11)朔。

七年趞曹鼎:"唯七年十月既生霸",既生霸之后无干支记载,所以这一条无直接作用。

八祀师䶊鼎:"唯王八祀正月,辰在丁卯(4)",则共王八祀正月有丁卯(4)日。

九年卫鼎:"唯九年正月既死霸庚辰(17)",则共王九年正月是戊午(55)朔。

十五年趞曹鼎:"唯十又五年五月既生霸壬午(19)",则共王十五年五月是甲戌(11)朔。

休盘:"唯廿年正月既望甲子(1)(校正后)",则共王二十年正月是辛亥(48)朔。

笔者采用人类遗传基因DNA检测方法,反复比勘上述几个数据,查检同时符合上述几件铜器铭文历日记载的年份,比勘验证的结果,发觉只有前948年和前943年这两个年份同时符合以上若干资料,结合穆王时器的历朔研究,定前948年为共王元年。

现将比勘的情况列表如下：

元年	前948年	铭　文	张　表	董　谱	比勘结果
元年	前948年	六月壬寅(39)朔	辛丑(38)	辛未(8)	铭文完全合历
五年	前944年	正月庚戌(47)朔	庚辰(17)	庚辰(17)	铭文错月合历
五年	前944年	九月甲戌(11)朔	丁丑(14)	丙子(13)	铭文早二日合历
八祀	前941年	正月甲子(1)朔	癸巳(30)	癸巳(30)	铭文错月合历
九年	前940年	正月戊午(55)朔	丁巳(54)	丁亥(24)	铭文早一日合历
十五年	前934年	五月壬午(19)朔	庚辰(17)	庚辰(17)	铭文早二日合历
二十年	前929年	正月辛亥(48)朔	癸丑(50)	癸未(20)	铭文早二日合历

需要说明的是，十五年趞曹鼎铭文"唯十又五年五月既生霸壬午"，可能是"五月初吉壬午"的误记。按照铭文五月应该是甲戌(11)朔，但是比勘张表和董谱则是壬午(19)朔。从甲戌到壬午相差九日，正是既生霸的日序。校正以后铭文与历表和历谱完全合历，可见，很可能是铭文把"初吉"误记成"既生霸"了。

休盘铭文"唯廿年正月既望甲戌"，应该是"唯廿年正月既望甲子"的误记。因为在干支表上，甲子和甲戌是紧挨着的，史官看错很有可能。校正后，既望是十四日，干支是甲子(1)，则某王二十年正月是辛亥(48)朔。共王元年是前948年，则共王二十年是前929年。该年正月张表是癸丑(50)朔，比校正后铭文辛亥(48)朔早二日合历。董谱是癸未(20)朔，错月是癸丑朔，错月又早二日合历。这样，休盘铭文不合历的现象涣然冰释，原来是休盘铭文把干支"甲子"误记为"甲戌"了，且休盘的确是共王二十年器。

懿王元年(前928—前909年)，在位二十年。

《史记·周本纪》："共王崩，子懿王囏立。懿王之时，王室遂衰，诗人作刺。"古本《竹书纪年》："懿王元年，天再旦于郑。"今本《竹书纪年》："元年丙寅，春正月，王即位……天再旦于郑。……二十五年，王陟。……懿王之世，兴起无节，号令不时，挈壶氏不能共其职，于是诸侯携德。"学术界根据古本《竹书纪年》"懿王元年，天再旦于郑"的记载，又根据现代天文学推算认为懿王元年是公元前899年，董作宾认为"懿王元年天再旦于郑"是公元前966年。笔者近日研究认为懿王元年是前928年，至前909年，懿王在位二十年。

师询簋铭文"唯元年二月既望庚寅，王格于大室，焚(荣)入右(佑)旬(询)"，既望是十四日，干支是庚寅(27)，则某王元年二月是丁丑(14)朔。

本文近据若干铭文所记历日推得懿王元年是前928年，该年二月张表、董谱正是丁丑(14)朔,完全合历。

师颖簋铭文"唯王元年九月既望丁亥,王在周康宫。旦,王各大室。司空㵋伯入右师颖,立中廷,北向……",既望是十四日,干支是丁亥(24),则某王元年九月是甲戌(11)朔。说者或以为是厉王元年器,或以为是宣王时器。比勘张表和董谱,结果皆不合历。

陈梦家说凡铭文有"王在周"或"王在周康宫"者大多属于西周中期,当然也有一部分可能属于西周晚期。本文推得懿王元年是前928年,该年九月张表是甲辰(41)朔,董谱同,错月是甲戌(11)朔,错月合历,则师颖簋铭文所记历日当是懿王元年九月的历朔。

懿王时期的标准器匡卣、匡尊铭文"唯四月初吉甲午,懿王在射庐",初吉是初一朔,则懿王某年四月是甲午(31)朔。查检张表和董谱,匡卣铭文之四月是懿王三年四月。懿王三年(前926年)四月,张表、董谱正是甲午(31)朔,完全合历。这绝不是一种巧合,而只能说明懿王元年就是前928年,同时也说明初吉就是初一朔,是定点月相日。符合懿王世历朔的还有三年卫盉、散伯车父鼎(四年八月)、散季盨、士山盘(十六年九月)等器铭文所记历日。懿王在位二十年。

孝王元年(前908—前894年),在位十五年。

《史记·周本纪》:"懿王崩,共王弟辟方立,是为孝王。"今本《竹书纪年》:"九年,王陟。"《御览》八十四引《史记》:"孝王在位十五年。"今本《史记》无此语。

走簋,铭文"唯王十又二年三月既望庚寅",既望是十四日,干支是庚寅(27),则某王十二年三月是丁丑(14)朔。比勘历表和历谱,前897年三月,张表正是丁丑(14)朔,与铭文完全合历。董谱是丙子(13)朔,比铭文丁丑朔迟一日合历,则孝王元年就是前908年。

无曩簋,铭文"唯十又三年正月初吉壬寅",初吉是初一朔,干支是壬寅(39),则某王十三年正月是壬寅朔。比勘历表和历谱,前896年正月,张表是壬寅(39)朔,董谱是壬申(9)朔,错月也是壬寅朔,与铭文完全合历,则某王元年是前908年。前908年同时也是根据走簋、望簋铭文所记历日推得的孝王元年。至前894年,孝王在位十五年。

望簋,铭文"唯王十又三年六月初吉戊戌",初吉是初一朔,干支是戊戌(35),则某王十三年六月是戊戌朔。比勘历表和历谱,前896年六月,张表是己巳(6)朔,董谱同,错月是己亥(36)朔,比铭文六月戊戌(35)早一日合历,则孝王元年是前908年。

夷王元年(前893—前879年),在位十五年。

《史记·周本纪》:"孝王崩,诸侯复立懿王太子燮,是为夷王。"今本《竹书纪年》:"八年,王有疾,诸侯祈于山川。"《左·昭二十六年传》:"至于夷王,王愆于厥身,诸侯莫不并走其望,以祈王身。"《纪年》:"王陟。"《史记》正义、《御览》八十四引《帝王世纪》:"十六年,王崩。"《外纪》"十五年。"

逆钟,铭文"唯王元年三月既生霸庚申,弔(叔)氏在达庙,叔氏令史盨召逆……",既生霸是初九,干支是庚申(57),则某王元年三月是壬子(49)朔。比勘张表和董谱,前893年三月,张表是癸丑(50)朔,董谱同,铭文壬子(49)朔比历表历谱迟一日合历,则夷王元年是前893年。逆钟铭文所记历日符合夷王元年三月的历朔。

谏簋,铭文"唯五年三月初吉庚寅",初吉是初一朔,则五年三月是庚寅(27)朔。比勘历表和历谱,前889年三月,张表是庚申(57)朔,董谱同,错月是庚寅(27)朔,完全合历,则夷王元年是前893年。至前879年,夷王在位十五年。

厉王元年(前878—前828年),在位三十七年,纪年是五十一年(含共和行政十四年)。

《史记·周本纪》:"夷王崩,子厉王胡立。厉王即位三十年,好利,近荣夷公。""三十四年,王益严,国人莫敢言,道路以目。""三年,乃相与畔,袭厉王。厉王出奔于彘。""共和十四年,厉王死于彘。"今本《竹书纪年》:"二十六年,大旱,王陟于彘。"

师毁簋铭文"唯王元年正月初吉丁亥,白龢父若曰:师毁,乃祖考又(有)爵(劳)于我家……",初吉是初一朔,则某王元年正月是丁亥(24)朔。郭沫若、董作宾定本器为西周厉王时器,陈梦家定本器为孝王时器。厉王元年是前878年,该年正月张表是戊午(55)朔,错月是戊子(25)朔,错月又早一日合历。董谱前878年正月正是丁亥(24)朔,完全合历。比勘张表和董谱,与孝王、夷王、宣王、幽王元年正月皆不合历。

元年师兑簋铭文"唯元年五月初吉甲寅,王在周……",初吉是初一朔,则某王元年五月是甲寅(51)朔。

三年师兑簋铭文"唯三年二月初吉丁亥,王在周,格太庙,伯佑师兑,入门立中廷。王呼内史尹册命师兑:'余既命汝胥师龢父,司左右走马,今余唯申乃命,命汝司走马,易女……'"

学术界皆知元年师兑簋铭文所记历日与三年师兑簋铭文所记历日不相衔接,但是,根据铭文所记事件来看应该是前后相衔接的。吴其昌认为元年师兑簋铭文的月相词语"初吉"是"既望"的误记。从元年五月初吉到三年二月初吉正好是21个整月,通过排比干支表,可以验证铭文所记历朔是否正常。

王年	正月	二月	三月	四月	五月	六月	七月	八月	九月	十月	十一	十二
二年					甲寅	甲申	癸丑	癸未	壬子	壬午	辛亥	辛巳
二年	庚戌	庚辰	己酉	己卯	戊申	戊寅	丁未	丁丑	丙午	丙子	乙巳	乙亥
三年	甲辰	甲戌										

按大小月相间排比干支表,从元年五月初吉甲寅(51)到三年二月初吉结果并不是丁亥(24),而是甲戌(11)朔。甲戌距丁亥含当日是十四日,笔者根据作册魃卣和晋侯稣编钟铭文研究认为十四日应该是既望。由此想到,"二月初吉丁亥"会不会是"二月既望丁亥"之误?假设铭文是"三年二月既望丁亥",既望是十四日,干支是丁亥(24),则三年二月是甲戌(11)朔。这个结果与上文排比干支表所得三年二月甲戌(11)朔,完全吻合。其次,张表、董谱厉王三年(前876年)二月皆是乙巳(42)朔,错月则为乙亥(12)朔,比校正后的三年二月甲戌(11)朔早一日合历。比勘孝王、夷王、宣王和幽王时期相应年份月份的历朔,皆不合历。由此可以推定:1. 三年师兑簋铭文"二月初吉丁亥"的确是"二月既望丁亥"之误记;2. 校正后元年师兑簋和三年师兑簋铭文所记分别符合厉王元年五月和三年二月的历朔。根据铭文,厉王元年五月是甲寅(51)朔,厉王三年二月是甲戌(11)朔。这是当时历朔的实际。吴其昌认为元年师兑簋"初吉"是"既望"的误记,其实是三年师兑簋铭文把"既望"误记成"初吉"。

根据四十二年、四十三年逨鼎铭文的纪年和历日记载研究,本文研究认为厉王在位是三十七年,但厉王纪年是五十一年,含共和行政十四年在内。

宣王元年(前827—前782年),在位四十六年。

今本《竹书纪年》:"周定公、召穆公立太子靖为王。"《史记·周本纪》:"共和十四年,厉王死于彘。太子静长于召公家,二相乃共立之为王,是为宣王。"今本《竹书纪年》:"四十六年,王陟。"《史记·周本纪》:"四十六年,宣王崩,子幽王宫涅立。"

叔专父盨,又名郑季盨。铭文"唯王元年,王才成周。六月初吉丁亥,弔(叔)专父作奠(郑)季宝锺……",初吉是初一朔,则某王元年六月是丁亥(24)朔。

宣王元年(前827年)六月,张表是戊午(55)朔,错月是戊子(25)朔,比铭文丁亥(24)朔早一日合历。董谱是己未(56)朔,错月是己丑(26)朔,比铭文丁亥早二日合历。

幽王元年(前781—前771年),在位十一年。

《史记·周本纪》:"四十六年,宣王崩,子幽王宫涅立。"今本《竹书纪年》:"元年庚申春正月,王即位。""十一年春正月,日晕。""申人、鄫人及犬戎入宗周,弑王及郑桓公。"《史记·周本纪》:"申侯与缯、西夷、犬戎攻幽王,遂杀幽王骊山下。"所以,幽王在位十一年。

现在,我们将西周元年器铭文所记月相词语和干支换算成月首朔日干支,列表如下:

器　名	所记历日	正月	二月	三月	四月	五月	六月	七月	八月	九月	十月	十一	十二
师颎簋	既望丁亥									己巳			
师虎簋	既望甲戌						辛酉						
曶鼎	既望乙亥						壬戌						
曶鼎	既生霸丁酉				己丑								
伯吕盨	既生霸庚戌						壬寅						
师询簋	既望庚寅		丁丑										
逆钟	既生霸庚申				壬子								
师旋簋	既生霸				甲寅								
师毁簋	初吉丁亥	丁亥											
师兑簋	初吉甲寅					甲寅							
叔专父盨	初吉丁亥						丁亥						

　　从以上推算西周元年器铭文所记历日可以看出,有四件器铭文元年六月朔日的干支不同,说明这四件器不可能属于同一王世。不过,师虎簋铭文六月辛酉(58)朔和曶鼎铭文六月壬戌(59)朔,仅一日之差,皆符合穆王元年六月的历朔。穆王元年六月朔日干支本当相同,这里有一日之差,有可能是史官看错干支所误。

　　然后再与其他器物铭文的月首干支相联系,看是否有共有元年,大抵上就可以确定某器与某器属于某一王世或不属于某一王世。这里既运用了排除法,也运用了证实法。

　　笔者以前推定西周诸王元年有与此不合者,现予以校正,皆以此为准。

附录二
西周若干可靠的历日支点

青铜器铭文中的纪时是当时历法的真实记录。西周金文的纪时主要由王年、月份、月相词语和干支四部分组成,也有由三部分或二部分组成,有些还有王名记载。王名的记载,提供了可靠的断代依据。经过研究,厉王时期的裘盘、晋侯稣编钟、伯宽父盨、四十二年逑鼎乙、四十三年逑鼎辛,宣王时期的兮甲盘、虢季子白盘、不嬰簋二、吴虎鼎等铭文中的历日记载均已得到验证,它们是西周时期重要而又可靠的历日支点。

笔者研究认为,西周金文月相词语纪时是定点的,分别指太阴月中明确而又固定的一日。具体来说,初吉指初一朔,既生霸指初九,既望指十四日,既死霸指二十三日,方死霸指二十四日。将推算的结果与历表、历谱比勘验证时不允许有三日及以上(含当日是四日)的误差。① 西周历法采用张培瑜的说法,即西周使用的是以建子为岁首的阴阳合历,各王各年皆按周正建子进行推算,不赞同那种忽而用周正建子,忽而用殷正建丑,甚至还有用建亥或夏正建寅的随意做法。本文据以为验证推算结果的工具书是学术界认可的比较科学的张培瑜先生的《中国先秦史历表》和董作宾的《西周年历谱》,②间以清汪日桢的《历代长术辑要》作为辅助参照。如果说用一根衡量的标尺去验证推算的结果或许有偶然性,那么,用两根标尺去进行验证就具有一定的客观性和必然性,因此,验证的结果相对可信可靠。

厉王时期

一、元年师㝨簋

铭文"唯王元年正月初吉丁亥,白龢父若曰……",初吉是初一朔,③干支是丁亥

---

① 叶正渤:《金文月相纪时法研究》,第187页,学苑出版社2005年版。
② 张培瑜:《中国先秦史历表》,齐鲁书社1987年版;董作宾:《西周年历谱》,《董作宾先生全集》甲编第一册,台北艺文印书馆1978年版。
③ "初吉"是初一朔,有古训为证。《诗·小雅·小明》"二月初吉,载离寒暑",毛传:"初吉,朔日也。"

(24),则某王元年正月是丁亥朔。郭沫若、董作宾定本器为西周厉王时器,陈梦家定本器为孝王时器。笔者研究认为,厉王在位是三十七年,但厉王纪年是五十一年,含共和行政十四年在内。据《史记·周本纪》推算,厉王元年是公元前878年。该年正月,张表是戊午(55)朔,错月是戊子(25)朔,比铭文错月又早一日合历。董谱前878年正月正是丁亥(24)朔,完全合历。

二、师晨鼎

郭沫若以为本器属于厉王三年,陈梦家以为属于懿王时器,还有人认为是夷王时器。本器铭文与师俞簋铭文的纪时同年同月同日,同地点,同佑者,可见两器是同时所作。

铭文"唯三年三月初吉甲戌",初吉是初一朔,干支是甲戌(11),则某王三年三月是甲戌朔。厉王元年是前878年,厉王三年则是前876年。前876年三月,张表是乙亥(12)朔,比师晨鼎铭文甲戌朔早一日合历。董谱正是甲戌朔,完全合历。师晨鼎铭文所记历日符合厉王三年三月的历朔。比勘发现,师晨鼎铭文历朔既不合于懿王世,亦不合于夷王和宣王三年三月的历朔。

三、伯克壶

伯克壶,又称伯克尊。铭文"唯十有六年七月既生霸乙未",既生霸是初九,干支是乙未(32),则某王十六年七月是丁亥(24)朔。厉王十六年(前863年)七月,张表、董谱皆是丁亥朔,与铭文完全合历。说明伯克壶铭文所记历日就是厉王十六年七月的,同时也说明既生霸就是初九。伯克壶铭文所记历日与克钟、克盨铭文所记历日并不衔接,说明它们不属于同一王世。研究发现,克盨铭文所记月相词语有误,校正后才与克钟铭文所记历日相衔接,它们属于宣王时期的。参见下文。

四、此鼎、此簋

此鼎和此簋的造型、纹饰是西周晚期厉王、宣王时期流行的形式。翏是宣王时期的史官,见于无叀鼎,发掘报告定为宣王时器。①

铭文"唯十又七年十又二月既生霸乙卯",既生霸是初九,干支是乙卯(52),则十二月是丁未(44)朔。厉王元年是前878年,厉王十七年是前862年。该年十二月,张表是己酉(46)朔,铭文丁未朔比张表己酉朔迟二日合历。董谱是己卯(16)朔,错月是

---

① 岐山县文化馆庞怀清,陕西省文管会镇烽、忠如、志儒:《陕西省岐山县董家村西周铜器窖穴发掘简报》,《文物》1976年第5期。

己酉朔,铭文也迟二日合历。迟二日合历是允许的,就像十五的月亮有时十七圆那样,是历先天二日所致,属于正常现象。所以,比勘的结果表明此鼎、此簋铭文所记历日符合厉王世的历朔。

五、袁盘

学界已从器形、纹饰等方面论证袁盘属于西周晚期器物,或曰厉王世,或曰宣王世。铭文"惟廿又八年五月既望庚寅,王在周康穆宫",既望是十四日,干支是庚寅(27),则某王廿又八年五月是丁丑(14)朔。厉王二十八年是前851年。[①] 该年五月张表是己卯(16)朔,铭文比历表迟二日合历。董谱是戊寅(15)朔,铭文比历谱迟一日合历。袁盘铭文所记历日是明确的,且已得到验证,可以作为厉王二十八年五月的历日支点。

本篇铭文所记地点与下文逨鼎铭文所记相同,皆为周康穆宫,又有史减这个史官,史减也见于厉王时期的其他铭文中。所以,袁盘可以定为厉王时期的器物。"夏商周断代工程"简报亦将其列入厉王二十八年时器。不过,"夏商周断代工程"是以厉王奔彘当年为共和元年且改元,因此,厉王元年就是前877年。这样,厉王二十八年就是前850年。前850年五月,张表是癸卯(40)朔,董谱同,错月是癸酉(10)朔,距铭文丁丑(14)朔含当日有五日之差,根本不合历。将袁盘铭文所记历日验之宣王世,也不合历。

六、鬲攸比鼎

吴其昌、郭沫若、董作宾等从器形、历法角度皆以为本器属于厉王世。铭文"唯卅又一年三月初吉壬辰",初吉是初一朔,干支是壬辰(29),则厉王三十一年三月是壬辰朔。厉王三十一年是前848年,该年三月张表正是壬辰(29)朔,董谱同,与铭文"唯卅又一年三月初吉壬辰"完全合历,证明初吉的确是初一朔。验之宣王三十一年三月的历朔,不合历。

七、大祝追鼎

铭文"唯卅又二年八月初吉辛子(巳)",初吉是初一朔,则某王三十二年八月是辛巳(18)朔。厉王三十二年(前847年)八月,张表是甲申(21)朔,董谱同,甲申距铭文辛巳(18)朔含当日相差四日,实际是三日,近是,这之前可能有三个连大月。

---

① 叶正渤:《金文标准器铭文综合研究》,第192页,线装书局2010年版。

笔者根据晋侯稣编钟铭文所记历日推得厉王三十三年（前846年）正月是庚戌（47）朔。大祝追鼎铭文所记历日是三十二年八月初吉辛巳（18），则八月是辛巳朔。根据铭文排比干支表，八月辛巳（18）朔，九月辛亥（48）朔，十月庚辰（17）朔，十一月庚戌（47）朔，十二月己卯（16）朔，三十三年正月己酉（46）朔，与晋侯稣编钟铭文三十三年正月庚戌（47）朔仅一日之差，可以说完全衔接，这期间当有一个连小月二十九日。比勘的结果再一次证明大祝追鼎铭文所记历日符合厉王三十二年（前847年）八月的历朔。

验之宣王三十二年（前796年）八月的历朔与铭文不合历，说明绝不属于宣王时器。

八、晋侯稣编钟

晋侯稣编钟铭文有纪年、五个月相词语、六个纪日干支，连续近六个月的时间，这对于确定器物所属的时代和研究西周历法相当重要。铭文先言"二月既望癸卯"，继言"二月既死霸壬寅"，说明既望在既死霸之前，这也是大多数学者的看法。但按干支表，"癸卯"（40）在"壬寅"（39）后一日，与月相词语的先后次序不符合。因此说者或认为这两个干支误倒，或认为"癸卯"可能是误记，或认为铭文重书"二月"，可能是闰月的表示，或认为重书二月表示分属于二年。笔者研究认为，"癸卯"（40）当是"癸巳"（30）的误记。在竖排的干支表上（如甲骨干支表），癸卯和癸巳是并排紧挨着的，史官看错极有可能。根据这种看法，以"六月初吉戊寅"为六月初一朔这一定点月相日向前逆推，得到晋侯稣钟铭文六个月的朔日干支如下：

六月初吉戊寅，则六月戊寅朔；五月大，则五月是戊申朔；四月小，则四月是己卯朔；三月大，则三月是己酉朔；二月小，则二月是庚辰朔；正月大，则正月是庚戌朔。依此，进一步推得晋侯稣钟铭文中的五个月相词语所指的时间是：

正月是庚戌（47）朔，铭文"正月既生霸戊午（55）"则是正月初九；二月是庚辰（17）朔，铭文"二月既望癸卯［校正为'癸巳'（30）］"，则是二月十四日，铭文"二月既死霸壬寅（39）"，是二月二十三日；三月是己酉（46）朔，铭文"三月方死霸"则是三月二十四日（"方死霸"即文献中的"旁死霸"）；铭文"六月初吉戊寅（15）"，是六月初一。铭文中的六月丁亥是初十，庚寅是十三日，皆非定点月相之日，因此只用干支纪日，且在下一个月相日之前，完全符合西周铭文的纪时体例。从正月初九到六月初一这五个月的朔日干支相连续，表明"癸卯"确实是"癸巳"的误记。这几个月中没有闰月，也不是二年中的事，且这几个月是大小月相间的。

晋侯稣编钟铭文所记某王三十三年前六个月的朔日干支，与张表、董谱中厉王三十三年（前846年）前六个月的朔日干支含当日只有一日之差。为便于比较，罗列如下：

叶推：正月庚戌(47)，二月庚辰(17)，三月己酉(46)，四月己卯(16)，五月戊申(45)，六月戊寅(15)；

张表：正月辛亥(48)，二月辛巳(18)，三月庚戌(47)，四月庚辰(17)，五月己酉(46)，六月己卯(16)；

董谱：正月壬子(49)，二月辛巳(18)，三月辛亥(48)，四月庚辰(17)，五月庚戌(47)，六月己卯(16)。

张表和董谱分别是根据现代天文历法知识推算而得到公元前846年前六个月的朔日干支，笔者则是根据对月相词语的理解和晋侯稣编钟铭文所记历日推算而得到的。尤其是张表，学术界认为是科学的，是比较可靠的。一连六个月的朔日干支如此近似，这绝不是偶然，只能说明晋侯稣编钟所记的就是西周厉王三十三年即公元前846年前六个月的历日，同时也证明笔者对西周金文月相词语所指时间的理解及定点的看法是完全正确的。① 晋侯稣编钟铭文中"惟王卅又三年，王窥(亲)遹省东国、南国"之王，非厉王莫属，绝不是宣王。

晋侯稣编钟铭文所反映的历朔，与厉王三十三年也即前846年前六个月的历朔相吻合。这也说明厉王元年确实是前878年，而不是前877年。司马迁《史记》的记载是可信的。

九、伯寛父盨

发掘简报称这两件盨形制、铭文，当属厉王时器。② 铭文"唯卅又三年八月既死辛卯，王在成周。伯寛(宽)父作宝盨，子＝孙＝永用"，西周晚期在位超过三十三年之久的只有厉王和宣王。寛，上从穴，下从见，《龙龛手鉴》："音宽。"伯寛父，作器者人名。铭文"既死"，或以为是"既望"的误刻，既望是十四日，干支是辛卯(28)，则八月是戊寅(15)朔。厉王三十三年(前846年)八月，张表、董谱正是戊寅朔，完全合历。可见本器与晋侯稣编钟同是厉王三十三年之器。③ 铭文"既死"的确是"既望"的误刻，且铭文所记历日符合厉王三十三年八月的历朔。

验之宣王三十三年(前795年)八月，张表是壬子(49)朔，董谱同，错月是壬午(19)朔，与铭文戊寅(15)朔含当日相差五日，不合历，说明不属于宣王时器。

---

① 叶正渤：《亦谈晋侯稣编钟铭文中的历法关系及所属时代》，《中原文物》2010年第5期；又见叶正渤：《金文标准器铭文综合研究》，第206—207页。

② 陕西周原考古队：《陕西岐山凤雏村西周青铜器窖藏简报》，《文物》1979年第11期。

③ 叶正渤：《金文月相纪时法研究》，第187页。

十、卅二年逨鼎乙

铭文"惟卅又二年五月既生霸乙卯,王在周康穆宫……"

十一、卅三年逨鼎辛

铭文"惟卅又三年六月既生霸丁亥,王在周康穆宫……"

四十二年、四十三年逨鼎诸器与逨盘,2003年1月19日陕西省宝鸡市眉县杨家村一西周青铜器窖藏出土,共计27件。向之说者或以逨盘铭文历数西周自文王、武王而至厉王,遂以铭文中之天子为宣王;或以铭文中的历法与宣王时不合,而归之于厉王。马承源先生说"文、武、成、康、邵、穆、龚、懿、考、㦜、剌等十一位王名是西周正式称谓,且王名是生称。"① 西周王名生称、死谥相同,王国维、郭沫若、陈梦家等均有论述,笔者在《厉王纪年铜器铭文及相关问题研究》一文中已作了全面研究。② 逨盘铭文虽无历日记载,但从逨盘和逨鼎铭文的内容来看,卅二年逨鼎乙与卅三年逨鼎辛之铸应稍晚于逨盘,且是同一人所铸之器,皆属厉王世。

向之说者或以为逨鼎诸器属之于宣王世,然与宣王四十二年(前786年)及四十三年(前785年)历法又不合。③ 笔者在推算此二器铭文的历日关系时,发现四十二年五月既生霸"乙卯"(52)是"乙丑"(2)之误,校正后与厉王四十二年(即共和五年,前837年)五月和厉王四十三年(即共和六年、前836年)六月的历朔完全合历。

铭文"唯四十二年五月既生霸乙卯,王在周康穆宫","唯四十三年六月既生霸丁亥,王在周康穆宫。"从四十二年五月既生霸乙卯到四十三年六月既生霸丁亥是13个月零1日(均含当日在内)。根据日差法,总天数为:59×6+29+1=384天。但是,按照干支表从上一年五月既生霸乙卯推算到下一年六月既生霸丁亥,发现实际是394天,整整多出了十日。从五月既生霸乙卯排比干支表,到六月既生霸干支是丁丑(14),而不是铭文六月既生霸丁亥(24),也提前了十日,说明四十二年五月既生霸乙卯(52)是乙丑(2)的误记,而不是四十三年六月既生霸丁亥的误记。既生霸是初九,校正后,上年五月是丁巳朔,次年六月是己卯朔。

叶推:四十二年五月丁巳(54)朔,四十三年六月己卯(16)朔;

张表:共和五年五月丁巳(54)朔,共和六年六月庚辰(17)朔;

---

① 《陕西眉县出土窖藏青铜器笔谈》,《文物》2003年第6期。关于逨盘、逨鼎诸器出土情况参阅《考古与文物》2003年第3期,《文物》2003年第6期,以及《盛世吉金》。
② 叶正渤:《厉王纪年铜器铭文及相关问题研究》,《古文字研究》第26辑,中华书局2006年版。
③ 《考古与文物》2003年第3期,《文物》2003年第6期。

董谱：共和五年五月丁巳(54)朔,共和六年六月辛巳(18)朔。

通过比勘验证可以看出,校正后笔者所推四十二年五月的朔日干支与张表、董谱完全相同,共和六年六月的朔日干支笔者所推比张表迟一日,比董谱迟二日,也合历,清汪日桢《历代长术辑要》共和六年六月正是己卯(16)朔,与笔者所推完全一致。这说明四十二年逑鼎乙和四十三年逑鼎辛铭文所记就是厉王四十二年(即共和五年,前837年)五月和厉王四十三年(即共和六年、前836年)六月的实际历日,同时也再次证明既生霸就是初九。

验之宣王世的历朔,根本不合历(过程略)。所以,从历法的角度来考察,逑鼎诸器以及逑盘非厉王世莫属。这里再次证明,所谓共和行政,实际并没有改元,也没有单独纪年,更谈不上当年改元,共和时期用的仍是厉王的纪年。厉王实际在位是三十七年,但纪年是五十一年,厉王元年是前878年。①

以上分析可证衮盘、晋侯稣编钟、逑盘、卌二年逑鼎乙、卌三年逑鼎辛,都是厉王时期的标准器。以上诸篇铭文所记历日,皆可作为厉王时期可靠的历日支点。

宣王时期

十二、兮甲盘

今本《竹书纪年》："(宣王)三年,王命大夫仲伐西戎；五年夏六月,尹吉甫帅师伐猃狁,至于太原。"铭文"唯五年三月既死霸庚寅,王初格伐猃狁于余吾。兮田(甲)从王……",所记当指此事。其所记历日明确,真实可靠,对于西周历法研究具有支点作用。既死霸是二十三日,干支是庚寅(27),则宣王五年三月是戊辰(5)朔。宣王五年(前823年)三月,张表是丁卯(4)朔,比铭文戊辰迟一日合历。董谱是丙寅(3)朔,比铭文丁卯朔迟二日合历。证明兮甲盘铭文所记历日是宣王五年三月的历朔,同时也证明本人关于既死霸指太阴月二十三日的看法也是正确的。②

十三、虢季子白盘

本篇铭文亦与抗击猃狁有关。铭文"惟十又二年正月初吉丁亥",十二年正月是丁亥(24)朔。宣王十二年(前816年)正月,张表是戊子(25)朔,铭文丁亥迟一日合历。董谱正是丁亥朔,完全合历。这不仅证明虢季子白盘铭文所记就是宣王十二年

---

① 叶正渤：《从历法的角度看逑鼎诸器及晋侯稣钟的时代》,《史学月刊》2007年第12期；《金文标准器铭文综合研究》,第225页。
② 叶正渤：《金文标准器铭文综合研究》,第233页。

正月的历朔,而且也证明笔者认为初吉指初一朔的看法是完全正确的。

十四、不嬰簋一盖

铭文记不嬰与猃狁战于高陵,当晚于虢季子白盘铭文所记子白抗击猃狁事。虢季子白率师伐猃狁是在宣王十又二年正月之前,据历法来看,不嬰簋之铸则是在十三年的九月。铭文"唯九月初吉戊申",则该年九月是戊申(45)朔。宣王十三年(前815年)九月,张表是丁未(44)朔,董谱同,铭文早一日合历。证明初吉的确指初一,月相词语确实是定点的。

1980年12月山东省滕县城郊公社后荆沟大队出土一件簋可以与之相配。不嬰簋二铭文与器一盖铭文相同,所记历日相同。[①]

十五、克钟

铭文"唯十又六年九月初吉庚寅",初吉是初一朔,则宣王十六年九月是庚寅(27)朔。宣王十六年(前812年)九月,张表是庚申(57)朔,董谱同(按:董谱误作庚辛),错月是庚寅朔,与铭文正合。所以,克钟所记的历日符合宣王十六年九月的历朔。此外,铭文"王在周康剌宫",剌宫,应该是位于康宫里面专门供奉厉王神主的庙室。由此所透露出来的信息提示人们,克钟诸器只能是厉王之后的宣王时器。

十六、克盨

铭文"唯十又八年十又二月初吉庚寅",初吉指初一朔,则某王十八年十二月是庚寅(27)朔。吴其昌、郭沫若定其为厉王之世,陈梦家说"此器作于夷王十八年,约当公元前870年左右"。验之张表和董谱,既不合夷王十八年,也不合厉王十八年。

吴其昌说克盨铭文"初吉"是"既望"之误,比勘克钟铭文与克盨铭文所记历日,惊人地发现克盨铭文所记月相词语"初吉"果真如其所说是"既望"之误,校正后两器铭文所记历日完全衔接,克钟、克盨诸器属于同一王世。

设克盨铭文是"唯十又八年十又二月既望庚寅",既望是十四日,干支是庚寅(27),则某王十八年十二月是丁丑(14)朔。从十六年九月到十八年十二月,按大小月相间排比干支表如下:

[①] 万树瀛:《滕县后荆沟出土不嬰簋等青铜器群》,《文物》1981年第9期。

	正月	二月	三月	四月	五月	六月	七月	八月	九月	十月	十一	十二	十三
十六年									庚寅	庚申	己丑	己未	
十七年	戊子	戊午	丁亥	丁巳	丙戌	丙辰	乙酉	乙卯	甲申	甲寅	癸未	癸丑	癸未
十八年	壬子	壬午	辛亥	辛巳	庚戌	庚辰	己酉	己卯	戊申	戊寅	丁未	丁丑	

在这近三年中当安排一个闰月三十日。校正十八年十二月的月相词语后所得到的朔日干支，与排比干支表所得到的干支完全相同，皆是丁丑(14)，与三年师兑簋铭文的"既望"误记作"初吉"相同。校正后得到两个相互制约的历日数据分别是：十六年九月庚寅(27)朔，十八年十二月丁丑(14)朔，完全衔接。

验之厉王世，皆不合历。验之宣王世，宣王十六年是前812年，该年九月张表是庚申(57)朔，董谱同，错月是庚寅(27)朔，与克钟铭文错月相合。宣王十八年是前810年，该年十二月，张表是戊寅(15)朔，比校正后的克盨铭文丁丑(14)早一日合历。董谱是丁未(44)朔，错月是丁丑(14)朔，与校正后的克盨铭文完全合历。由此看来，十六年克钟和十八年克盨铭文所记历日符合宣王世的历朔。十八年克盨铭文之"十二月初吉庚寅"，可能是蒙十六年克钟铭文"九月初吉庚寅"而误记，应为"十二月既望庚寅"。

十七、吴虎鼎

铭文"隹十又八年十又三月既生霸丙戌，王在周康宫夷宫"，夷宫，即夷宫，是供奉夷王神主之宫室。铭文又言"王命膳夫丰生……。申厉王命"，申，申述。很显然，时王与厉王不是同一个人。据文献记载，厉王之后唯有宣王在位超过十八年以上。因此，此器当属于宣王之世。

铭文"隹十又八年十又三月既生霸丙戌"，既生霸是初九，干支是丙戌(23)，则该年十三月是戊寅(15)朔，十三月是年终置闰。周宣王十八年(前810年)十二月，张表是戊寅朔，十三月是丁未(44)朔，与本器错一月又一日合历。前810年十二月董谱是丁未(44)朔，比张表又早一个月，该年无闰月。可见，西周时期实际历日比张表早一个月。由此可以基本确定，吴虎鼎铭文所记就是西周宣王十八年十三月的实际历日和干支。

或以为吴虎鼎属于厉王时器，厉王十八年(前861年)张表无十三月，十二月是癸酉(10)朔，与铭文戊寅(15)朔相距六日。前860年正月张表是癸卯(40)朔，历朔不合。可以认为，吴虎鼎是宣王时期标准器之一，[①]同时也证明既生霸就是太阴月之

---

① 叶正渤：《金文标准器铭文综合研究》，第245页。

初九。

综上所论，共有 17 件铭文历朔已经得到验证，可以作为西周历朔的支点。总述如下：

1. 厉王元年正月丁亥(24)朔，前 879 年 12 月 3 日，历先天 1 日。（元年师兑簋）
2. 厉王三年三月甲戌(11)朔，前 876 年 2 月 7 日，历合天。（师晨鼎、师𫓧簋）
3. 厉王十六年七月丁亥(24)朔，前 863 年 6 月 11 日，历合天。（伯克壶）
4. 厉王十七年十二月丁未(44)朔，前 862 年 10 月 24 日，历先天 2 日。（此鼎）
5. 厉王二十八年五月丁丑(14)朔，前 851 年 3 月 30 日，历先天 2 日。（裘盘）
6. 厉王三十一年三月壬辰(29)朔，前 848 年 1 月 28 日，合历。（䚄攸比鼎）
7. 厉王三十二年八月辛巳(18)朔，前 847 年 7 月 11 日，历先天 3 日。（大祝追鼎）
8. 厉王三十三年正月庚戌(47)，前 847 年 12 月 7 日，历先天 1 日；

    二月庚辰(17)，前 846 年 1 月 6 日，历先天 1 日（校正后）；

    三月己酉(46)，前 846 年 2 月 4 日，历先天 1 日；

    四月己卯(16)，前 846 年 3 月 6 日，历先天 1 日；

    五月戊申(45)，前 846 年 4 月 4 日，历先天 1 日；

    六月戊寅(15)，前 846 年 5 月 4 日，历先天 1 日。（晋侯稣编钟）

9. 厉王三十三年八月戊寅(15)朔，前 846 年 7 月 3 日，历合天。（伯宽父盨。六至八月有三个连大月）
10. 厉王四十二年五月丁巳(54)朔（校正后），（共和五年）前 837 年 4 月 25 日，校正后历合天。（四十二年逨鼎乙）
11. 厉王四十三年六月己卯(16)朔，（共和六年）前 836 年 5 月 12 日，历先天 1 日。（四十三年逨鼎辛）
12. 宣王五年三月戊辰(5)朔，前 823 年 2 月 20 日，历后天 1 日。（兮甲盘）
13. 宣王十二年正月丁亥(24)朔，前 817 年 12 月 6 日，历先天 1 日。（虢季子白盘）
14. 宣王十三年九月戊申(45)朔，前 815 年 8 月 19 日，历后天 1 日。（不娶簋一盖）
15. 宣王十六年九月庚寅(27)朔，前 812 年 8 月 15 日，错月合历。（克钟）
16. 宣王十八年十二月丁丑(14)朔（校正后），前 810 年 10 月 22 日，错月历又先天 1 日。（克盨）
17. 宣王十八年十三月戊寅(15)朔（年终置闰），前 810 年 11 月 21 日，错月历又后天 1 日。（吴虎鼎）

以上十七件纪年铭文所记历日可以作为西周可靠的历日支点来看待，有四条理由。

一、纪年铜器铭文所属的时代可靠。该十七件纪年铜器铭文所属的时代范围大体上属于厉王和宣王时期,学术界没有太大的争议。经过历朔研究,证明学界同仁的看法是对的。

二、王年记载基本明确可靠。宣王在位的年数和具体时间,史有明载。宣王元年是前827年,宣王在位四十六年。至于厉王在位的年数和具体时间,学术界的看法也是比较一致的。但是,也有一些不同看法。经研究,基本上可以认为厉王元年是前878年,厉王在位三十七年,厉王纪年是五十一年,包括共和行政十四年在内。

三、用来作为比勘验证研究结果的工具书比较科学可靠。张培瑜的《中国先秦史历表》和董作宾的《西周年历谱》是目前公认的比较科学可靠的周代年历表(谱)。将推算的结果(数据)与两部历表历谱进行比勘验证,就在客观上降低了合历的偶然性,而增加了合历的必然性,从而证明了资料的准确性。

四、本文研究月相词语所指时间的结论可靠。对金文月相词语的含义和所指时间历来众说纷纭,但是,经过若干件纪年铭文历朔的比勘验证,证明本文的基本观点是正确可靠的。月相词语所指时间是定点的,各指太阴月中固定而又明确的一日。

有以上四个方面的可靠性作为研究的前提,研究得出的结论必然可靠可信。

此外,从上列得到验证的若干历朔可以看到,西周历法虽然没有我们今天这样精密,但亦已非常接近,历有先天、后天一日或二日的情况,但并不像某些人所说的那样粗疏。而历先天、后天的现象,即使在今天也常发生,十五的月亮有时十七圆,就是历先天二日的结果。

上列诸例也说明,在厉王纪年51年、宣王在位46年的近百年里,西周历法并没有发生明显的变化,仍是以子月为岁首,用月相词语纪日。同时,上列得到验证的西周历日也证明,金文月相词语初吉、既生霸、既望和既死霸都是定点的,各指太阴月中固定而又明确的一日,笔者对月相词语的研究结论是正确的可信的。

最后要强调的是,通过以上历法方面的验证,可见西周共和时期虽然行政但并没有改元,也没有单独纪年,使用的仍是厉王的纪年,厉王元年是前878年。这是西周年代学上的一个重要的年代支点。

附录三

若干纪年铭文历法疑团解析
——月相词语、干支误记例剖析

学术研究有时需要大胆的假设,如果这种假设得到了验证,那么它就是真理,就像哥德巴赫猜想那样。

学者们早已研究发现,西周纪年铭文有一些月相词语、干支误记,或整篇铭文为伪刻,而且为数不少。这对人们运用纪年铭文的历日记载推求当时的历朔,尤其是历史断代,的确带来不小的麻烦。下面是本文在研究金文历朔过程中记下的所遇到的误记例,现将它们集中在一起,以飨读者。

● 鯀卣

铭文"唯九月初吉癸丑,公彭祀,雩旬又一日辛亥",辛亥(48)在癸丑(50)前二日,而不是旬又一日。癸丑(50)之后旬又一日(含当日)当是癸亥(60),而不是辛亥(48),因知本篇铭文干支误记,把"癸亥"误记成"辛亥"了。初吉是初一朔,干支是癸丑(50),则某年九月是癸丑朔。或者此处的"雩"是"在"的意思,而不是"过了"的意思;"旬"或是"本旬"之意;"又一日"或是"隔一日"之意。不然,本篇铭文的纪时很难理解。

● 荣仲方鼎

铭文"王作荣仲宫,在十月又二月生霸吉庚寅",本篇铭文月相词语错乱。铭文"在十月又二月"不成文句,一般只说"在十又二月"。生霸,当是"既生霸"的漏刻。吉,也许是"初吉"的误记。铭文无王年记载。设为前者,既生霸,初九,干支是庚寅(27),则某年十二月是壬午(19)朔。

● 十五年趞曹鼎

铭文"唯十又五年五月既生霸壬午",可能是"五月初吉壬午"的误记。按照铭文历日记载推算共王十五年五月应该是甲戌(11)朔,但是比勘张表和董谱则是壬午(19)朔。从甲戌到壬午正是九日,所以笔者有此怀疑。

结合器形特征来考察,十五年趞曹鼎肯定属于共王十五年(前934年)器,比勘其他几件器物铭文所记历日,与张表和董谱皆基本合历,唯有十五年趞曹鼎铭文相差九日。所以,这九日很可能是铭文把月相词语"初吉"误记成"既生霸"了。

● 休 盘

铭文"唯廿年正月既望甲戌",既望是十四日,干支是甲戌(11),则某王二十年正月是辛酉(58)朔。比勘历表和历谱,与通行的说法西周诸王的历朔皆不合,与笔者所推西周诸王世的历朔亦不合。但是,根据铭文记王在周康宫,又有"益公"这个重要的人物,以及器形、纹饰和周王赏赐给休的物品等来看,将休盘看作共王时器应该无误。由此笔者推想,铭文"唯廿年正月既望甲戌"可能是"唯廿年正月既望甲子"的误记。因为在干支表上,甲子和甲戌是紧挨着的,史官看错很有可能。如果是,既望是十四日,干支是甲子(1),则某王二十年正月是辛亥(48)朔。本文据伯吕盨、五祀卫鼎和九年卫鼎铭文所记历日推得共王元年是前948年,共王二十年是前929年。该年正月张表是癸丑(50)朔,比校正后铭文辛亥(48)朔早二日合历。董谱是癸未(20)朔,错月是癸丑朔,比铭文错月又早二日合历。这样,休盘铭文不合历的现象涣然冰释。

● 史伯硕父鼎

铭文"唯六年八月初吉己巳",初吉是初一朔,干支是己巳(6),则某王六年八月是己巳朔。经比勘历表和历谱,发现史伯硕父鼎铭文所记王年历日与笔者近日根据若干纪年铭文所推西周诸王元年的年份皆不合。细审史伯硕父鼎铭文摹本,怀疑铭文"己子(巳)"恐是"乙巳(42)"的误摹。若是,则某王六年八月是乙巳(42)朔。比勘历表和历谱,与幽王、宣王、厉王、夷王等王世六年八月的历朔皆不合,却与前923年八月的历朔相合。前923年八月,张表是甲辰(41)朔,铭文八月乙巳(42)朔比张表早一日合历,董谱正是乙巳(42)朔,完全合历,则某王元年是前928年。前928年是笔者近据师询簋、四年癲盨、散伯车父鼎和士山盘等器铭文所记历日推得共有的懿王元年。由此可以推定史伯硕父鼎铭文所记历日符合懿王六年(前923年)八月的历朔,且铭文应该是"唯六年八月初吉乙巳"。

● 十三年癲壶

铭文"唯十又三年九月初吉戊寅",初吉是初一朔,干支是戊寅(15),则某王十三年九月是戊寅朔。将所推结果与目前通行的说法进行比勘,发现不合历。又与自己研究西周诸王年代进行比勘,结果与其他诸王王世的历朔也不合。既然四年瘭簋铭文的纪时符合懿王四年(前925年)二月的历朔。按理说十三年瘭壶铭文的纪时也应与懿王十三年(前916年)九月的历朔相合。

笔者将所推十三年瘭壶铭文的历朔九月戊寅(15)朔与懿王十三年即前916年九月的历朔相比勘,该年九月张表是甲午(31)朔,错月是甲子(1)朔,董谱正是甲子朔,铭文戊寅(15)朔距甲子含当日相差十五日,显然不合历。不过,比勘的结果引起笔者的怀疑,铭文月相词语"初吉"会不会是"既望"的误记?如果是,则铭文校正后是九月既望戊寅(15),既望是十四日,干支是戊寅(15),则九月是乙丑(2)朔。懿王十三年(前916年)九月,张表是甲午(31)朔,错月是甲子(1)朔,董谱是甲子朔,铭文比历表历谱早一日合历。这样,十三年瘭壶铭文所记历日就符合懿王十三年九月的历朔,且四年瘭簋和十三年瘭壶铭文所记历日都符合懿王世的历朔,两器属于同一王世。可见十三年瘭壶铭文"唯十又三年九月初吉戊寅",当是"唯十又三年九月既望戊寅"之误记。

● 元年师兑簋、三年师兑簋

元年师兑簋铭文"唯元年五月初吉甲寅",初吉是初一朔,干支是甲寅(51),则某王元年五月是甲寅朔。三年师兑簋铭文"唯三年二月初吉丁亥",初吉是初一朔,干支是丁亥(24),则某王三年二月是丁亥朔。

根据铭文记载,从元年五月初吉甲寅,到三年二月初吉是丁亥,而按照大小月相间排比干支表,实际是甲戌(11)朔。甲戌距丁亥(24)含当日相差十四日。这就是人们常说的元年师兑簋与三年师兑簋铭文干支不相连续的现象。但是,根据铭文所记周王对师兑的任命来看,明明是师兑于元年受命"胥师龢父司左右走马、五邑走马",三年时周王说"余既命汝胥师龢父,司左右走马。今余唯申就乃命,命汝摄司走马"。铭文除了漏写"左右"走马或"五邑"走马外,很明显三年是对元年任命的重命。既然元年之任命在前,三年重命在后,那么,元年簋之铸就应该在三年簋之前,且二器属于同一王世。说者或以为师兑簋二器属于厉王时器。

厉王元年(前878年)五月,张表是丙辰(53)朔,铭文甲寅(51)朔比丙辰迟二日,基本合历。董谱厉王元年五月是乙酉(22)朔,错月是乙卯(52)朔,比铭文甲寅(51)朔早一日合历。厉王三年(前876年)二月,张表是乙巳(42)朔,董谱同,与铭文二月初吉丁亥(24)含当日相距十九日,显然不合历。根据排比干支表,三年二月应该是甲戌(11)朔,甲戌距铭文二月丁亥(24)朔含当日相差正好是十四日。由此看来,三年师兑簋铭文"二月初吉丁亥"很有可能是"二月既望丁亥"之误记。

若铭文是三年二月既望丁亥(24),既望是十四日,则三年二月是甲戌(11)朔,与上文排比干支表所得三年二月甲戌(11)朔,完全吻合。可见的确是"既望"误记为"初吉"。再来比勘一下历表,厉王三年二月,张表、董谱皆是乙巳(42)朔,错月则为乙亥(12)朔,比校正后的三年二月甲戌(11)朔早一日合历。

由此可见,元年师兑簋和校正后的三年师兑簋铭文所记历日分别符合厉王元年五月和厉王三年二月的历朔。根据铭文,厉王元年五月是甲寅朔,厉王三年二月是甲戌朔。

● 番匊生壶

铭文"唯廿又六年十月初吉己卯",初吉是初一朔,干支是己卯(16),则某王二十六年十月是己卯朔。比勘的结果与通行认为的其他王世的历朔皆不合历。于是,笔者怀疑铭文"己卯"会不会是"己丑"(26)之误记?若是,则完全符合厉王二十六年十月的历朔。校正后某王二十六年十月是己丑朔,厉王二十六年是前853年,该年十月张表是丁巳(54)朔,错月是丁亥(24)朔,铭文己丑(26)朔比历表早二日合历。董谱是戊午(55)朔,错月是戊子(25)朔,铭文比历谱早一日合历。如是,番匊生壶铭文所记历日便有着落。误记月相词语和干支的现象在铭文中是存在的,且己卯和己丑在竖排干支表上是紧挨着的,史官看错极有可能。

● 晋侯稣编钟

铭文"惟王卅又三年,王亲遹省东国、南国。正月既生霸戊午,王步自宗周。二月既望癸卯,王入格成周。二月既死霸壬寅,王僨往东。三月方死霸,王至于……六月初吉戊寅,旦,王格大室即位……",铭文先言"二月既望癸卯",继言"二月既死霸壬寅",说明既望在既死霸之前。但按干支表"癸卯"(40)在"壬寅"(39)后一日,与月相词语的次序不符合。笔者认为"癸卯"当是"癸巳(30)"的误记。从"六月初吉戊寅"为六月初一朔这一定点月相日向前逆推,得到晋侯稣钟铭文六个月的朔日干支如下:六月戊寅(15)朔,五月戊申(45)朔,四月己卯(16)朔,三月己酉(46)朔,二月庚辰(17)朔,正月庚戌(47)朔。

比勘张表、董谱厉王三十三年(前846年)前六个月的朔日干支如下:

铭文:正月庚戌(47),二月庚辰(17),三月己酉(46),四月己卯(16),五月戊申(45),六月戊寅(15);

张表:正月辛亥(48),二月辛巳(18),三月庚戌(47),四月庚辰(17),五月己酉(46),六月己卯(16);

董谱:正月壬子(49),二月辛巳(18),三月辛亥(48),四月庚辰(17),五月庚戌(47),六月己卯(16)。

比勘的结果,与历表和历谱仅有一日之差,完全合历,这些数据可以说是比较精确的。由此可以断定,铭文"二月既望癸卯"应是"二月既望癸巳"之误记。

● 善夫山鼎

铭文"唯卅又七年正月初吉庚戌",初吉是初一朔,干支是庚戌(47),则某王三十七年正月是庚戌朔。厉王三十七年是前842年,该年正月张表是戊子(25)朔,董谱同,戊子(25)距铭文庚戌(47)朔含当日相差二十三日,显然不合历。相距二十三日会不会是铭文把月相词语"既死霸"误记成"初吉"了? 若是,则铭文就是"唯卅又七年正月既死霸庚戌"。既死霸是二十三日,则某王三十七年正月是戊子(25)朔,与张表、董谱厉王三十七年正月的历朔完全吻合,则铭文所记就是厉王三十七年正月的历朔,而此时厉王尚未出奔于彘。这也不会是一种巧合吧。由于铭文"正月初吉庚戌"是"正月既死霸庚戌"之误记,遂使该器所属时代长期以来成为西周青铜器铭文历史断代上的一个疑团。

宣王三十七年是前791年,该年正月张表是癸巳(30)朔,铭文庚戌(47)朔距癸巳(30)含当日相差十八日,显然不合历。董谱是壬戌(59)朔,铭文庚戌距壬戌含当日相差十三日,显然也不合历。就是说,善夫山鼎铭文所记历日不符合宣王三十七年正月的历朔。善夫山鼎铭文所记历日校正后只符合厉王三十七年正月的历朔。

● 卌二年逑鼎乙、卌三年逑鼎辛

卌二年逑鼎乙铭文"唯四十二年五月既生霸乙卯,王在周康穆宫"、卌三年逑鼎辛铭文"唯四十三年六月既生霸丁亥,王在周康穆宫",从四十二年五月既生霸乙卯到四十三年六月既生霸丁亥,是十三个月零一日(含当日在内)。根据日差法计算总天数为: $59×6+29+1=384$ 天。但是,从上年五月既生霸乙卯排比干支表,到次年六月既生霸干支是丁丑(14),而不是铭文的六月既生霸丁亥(24),铭文所记整整多了10天。经比勘发现四十二年五月既生霸"乙卯"(52)是"乙丑"(2)的误记,校正后四十二年五月和四十三年六月的月首干支与张表、董谱厉王四十二年和四十三年的历朔完全吻合。四十二年五月既生霸乙丑(2,校正后),则五月是丁巳(54)朔;四十三年六月既生霸丁亥(24),则六月是己卯(16)朔。

铭文:四十二年五月丁巳(54)朔,四十三年六月己卯(16)朔;

张表:共和五年五月丁巳(54)朔,共和六年六月庚辰(17)朔;

董谱:共和五年五月丁巳(54)朔,共和六年六月辛巳(18)朔。

通过比勘验证可以看出,校正后笔者所推四十二年五月的朔日干支与张表、董谱完全相同,皆是丁巳(54)朔;四十三年六月的朔日干支笔者所推比张表迟一日,比董谱迟二日,非常接近,清汪日桢《历代长术辑要》共和六年六月正是己卯(16)朔,与笔者所推完全一致。这说明四十二年逑鼎乙和四十三年逑鼎辛铭文所记就是厉王四十二年(即共和五年,公元前837年)五月和厉王四十三年(即共和六年、公元前836年)六月的实际历日,四十二年五月既生霸乙卯(52)的确是乙丑(2)之误记。共和行政,但并没有改元和单独纪年,仍使用厉王的纪年。厉王实际在位是三十七年,但厉王纪年是五十一年。

● 大　鼎

铭文"唯十又五年三月既霸丁亥",漏刻月相词语。"既霸丁亥"当是"既死霸丁亥"之漏刻。既死霸是二十三日,干支是丁亥(24),则某王十五年三月是乙丑(2)朔。张表厉王十五年(前864年)三月是甲午(31)朔,错月是甲子(1)朔,铭文乙丑(2)朔与历表错月又早一日合历。董谱是乙未(32)朔,错月是乙丑(2)朔,完全合历。可见,铭文"既霸丁亥"就是"既死霸丁亥"之误。大鼎铭文所记历日符合厉王十五年三月的历朔。

● 伯寛父盨

铭文"唯卅又三年八月既死辛卯,王在成周","既死",周法高、刘启益改作"既望",所以应是既望之误刻。既望是十四日,干支是辛卯(28),则某王三十三年八月是戊寅(15)朔。说者或以为是厉王时器,厉王三十三年(前846年)八月张表、董谱正是戊寅(15)朔,完全合历。再联系晋侯稣编钟铭文所记历日进行验证,厉王三十三年五月是戊申朔,六月是戊寅朔,七月是戊申朔,八月是戊寅朔。这是当时的实际历朔,在这中间有三个连大月,三个连大月在古今历法上是经常出现的。可见伯寛父盨为厉王三十三年器,是合乎历日记载的,同时也说明铭文"既死"的确是"既望"之误刻。

说者或以为"既死"是"既死霸"之省,既死霸辛卯(28)是二十三日,则某王三十三年八月是己巳(6)朔。厉王三十三年(前846年)八月张表、董谱是戊寅(15)朔,戊寅(15)距己巳(6)含当日相差十日,显然不合历,说明"既死"不是"既死霸"之省。本文又比勘宣王三十三年八月的历朔,也不合历。

● 克盨

铭文"唯十又八年十又二月初吉庚寅",吴其昌说克盨铭文"初吉"是"既望"之误。克钟铭文"唯十有六年九月初吉庚寅",初吉是初一朔,干支是庚寅(27),则某王十六年九月是庚寅朔。按吴其昌之说,设克盨铭文是"唯十又八年十又二月既望庚寅",既望是十四日,干支是庚寅(27),则某王十八年十二月应该是丁丑(14)朔。宣王十六年(前812年)九月张表是庚申(57)朔,董谱同,错月是庚寅(27)朔,与克钟铭文合历。宣王十八年(前810年)十二月张表是戊寅(15)朔,比校正后的克盨铭文丁丑(14)朔早一日合历。董谱该年十二月是丁未(44)朔,错月是丁丑(14)朔,与校正后的克盨铭文合历。由此看来,十六年克钟和十八年克盨铭文所记历日符合宣王之世,属于同一王世。十八年克盨铭文之"十二月初吉庚寅",可能是蒙十六年克钟铭文"九月初吉庚寅"而误记。

将上述推算的结果与厉王十六年九月和十八年十二月之历朔相比勘,皆不合历。

● 瘨 鼎

铭文"唯三年四月庚午,王在丰,王乎虢叔召瘨,赐驹两,拜稽[首敢对扬天子休]……",漏刻"首敢对扬天子休"一整行。

附录四

传世文献纪年纪时资料

（一）《尚书》纪年纪时资料

1. 《泰誓上》："惟十有一年，武王伐殷。"

   "一月戊午，师渡孟津，作《泰誓》三篇。惟十有三年春，大会于孟津。"

   《泰誓中》："惟戊午，王次于河朔，群后以师毕会。"

   《泰誓下》："时厥明，王乃大巡六师，明誓众士。"

2. 《牧誓》："时甲子昧爽，王朝至于商郊牧野，乃誓。"

3. 《武成》："惟一月壬辰，旁死魄。越翼日，癸巳，王朝步自周，于征伐商。"

   "厥四月，哉生明，王来自商，至于丰。乃偃武修文，归马于华山之阳，放牛于桃林之野，示天下弗服。"

   "丁未，祀于周庙，邦甸、侯、卫，骏奔走，执豆、笾。越三日，庚戌，柴、望，大告武成。既生魄，庶邦冢君暨百工，受命于周。"

4. 《洪范》："惟十有三祀，王访于箕子。"

5. 《金縢》："既克商二年，王有疾，弗豫。"

6. 《康诰》："成王既伐管叔、蔡叔，以殷余民封康叔，作《康诰》《酒诰》《梓材》。"

   "惟三月哉生魄，周公初基作新大邑于东国洛，四方民大和会。"

7. 《召诰》："成王在丰，欲宅洛邑，使召公先相宅，作《召诰》。"

   "惟二月既望，越六日乙未，王朝步自周，则至于丰。惟太保先周公相宅，越若来三月，惟丙午朏。越三日戊申，太保朝至于洛，卜宅。厥既得卜，则经营。越三日庚戌，太保乃以庶殷攻位于洛汭。越五日甲寅，位成。若翼日乙卯，周公朝至于洛，则达观于新邑营。越三日丁巳，用牲于郊，牛二。越翼日戊午，乃社于新邑，牛一，羊一，豕一。越七日甲子，周公乃朝用书命庶殷侯甸男邦伯。厥既命殷庶，庶殷丕作。"

8. 《洛诰》："周公拜手稽首曰：'朕复子明辟。王如弗敢及天基命定命，予乃胤保大相东土,其基作民明辟。予惟乙卯,朝至于洛师。……'"孔疏:"周公追述立东都之事,我惟以七年三月乙卯之日,朝至于洛邑。"

"王命周公后,作册逸诰,在十有二月。惟周公诞保文武受命,惟七年。"孔传:"成王既受周公诰,遂就居洛邑,以十二月戊辰(5)晦到。"

9.《多方》:"成王归自奄,在宗周,诰庶邦,作《多方》。"

"惟五月丁亥,王来自奄,至于宗周。"孔传:"周公归政之明年,淮夷奄又叛。……王亲征奄,灭其国,五月还至宗周。"

10.《顾命》:"成王将崩,命召公、毕公率诸侯相康王,作《顾命》。"

"惟四月,哉生魄,王不怿。甲子,王乃洮颒水。……。越翼日乙丑,王崩。太保命仲桓、南宫毛俾爰齐侯吕伋,以二干戈、虎贲百人逆子钊于南门之外。延入翼室,恤宅宗。丁卯,命作册度。越七日癸酉,伯相命士须材。"孔疏:"正义曰:'成王崩年,经典不载,《汉书·律历志》云,成王即位三十年四月庚戌朔,十五日甲子哉生魄,即引此《顾命》之文。'以为成王即位三十年而崩,此是刘歆说也。孔以甲子为十六日,则不得与歆同矣。郑玄云:'此成王二十八年。'传惟言'成王崩年',未知成王即位几年崩也。《志》又云:'死魄,朔也。生魄,望也。'明死魄生从望为始,故始生魄为月十六日,即是望之日也。"

11.《毕命》:"康王命作册毕,分居里,成周郊,作《毕命》。"

"惟十有二年,六月庚午,朏。越三日壬申,王朝步自宗周,至于丰。"

(二)《逸周书》纪年纪时资料

1.《世俘》:"维四月乙未日,武王成辟,四方通殷,命有国。惟一月丙午,旁生魄,若翼日丁未,王乃步自于周,征伐商王纣。越若来二月既死魄,越五日,甲子朝,至接于商。则咸刘商王纣,执矢恶臣百人。太公望命御方来,丁卯至,告以馘俘。戊辰,王遂御循追祀文王。时日王立政。吕他命伐越、戏、方,壬申荒新至,告以馘俘。侯来命伐,靡集于陈。辛巳,至,告以馘俘。甲申,百嗜以虎贲誓命伐卫,告以亳俘。庚子,陈本命,伐磨百韦,命伐宣方、新荒,命伐蜀。乙巳,陈本命新荒蜀磨……时四月,既旁生魄,越六日,庚戌,武王朝,至燎于周,维予冲子绥文。……若翼日辛亥,祀于位,用钥于天位。……辛亥,荐俘殷王鼎。……壬子,王服衮衣……癸丑,荐殷俘王士百人。……甲寅,谒戎殷于牧野,王佩赤白旂,钥人奏,武王入,进万献。明明三终。乙卯,钥人奏崇禹生开三终,王定。越五日乙卯,武王乃以庶祀馘于国周庙,翼予冲子,断牛六,断羊二。商王纣于南郊。时甲子夕,商王纣取天智玉琰五,环身,厚以自焚。"

2.《作洛》:"武王克殷……既归,乃岁十二月崩镐,琂于岐周。……元年夏六月,葬武王于毕。"

3.《柔武》:"维王元祀一月既生魄,王召周公旦曰:'呜呼!维在文考之绪功,维周禁五戎,五戎不禁,厥民乃淫。'"《周书序》曰:"文王既没,武王嗣位,告周公禁五戎,作《柔武》。"

4.《大开武》:"维王一祀二月,王在酆。密命访于周公旦,曰:'呜呼!余夙夜维商,密不显,谁和?若岁之有秋,今余不获其落,若何?'"

5.《小开武》:"维王二祀一月既生魄,王召周公旦曰:'呜呼!余夙夜忌商,不知道极,敬听以勤天下'。周公拜手稽首曰:'在我文考,顺明三极,躬是四察,'"《周书序》曰:"武王忌商,周公勤天下,作大小《开武》二篇。"

6.《宝典》:"维王三祀,二月丙辰朔,王在镐,召周公旦曰:'呜呼!敬哉!朕闻曰:何修非躬?躬有四位九德'。"《周书序》曰:"武王谇周公维道以为宝,作《宝典》。"

7.《酆谋》:"维王三祀,王在酆,谋言告闻,王召周公旦曰:'呜呼!商其咸辜,维日望谋建功,谋言多信,今如其何?'周公曰:'时至矣。'"

8.《寤敬》:"维四月朔,王告儆,召周公旦曰:'呜呼!谋泄哉!今朕寤有商惊予,欲与无口则,欲攻无庸,以王不足,戒乃不兴,忧其深矣。'"《周书序》曰:"武王将起师伐商,寤有商儆,作《寤儆》。"

9.《武儆》:"惟十有二祀四月,王告梦。丙辰,出金枝郊宝开和细书,命召周公旦,立后嗣,属小子诵文及宝典。"

10.《五权》:"维王不豫于五日,召周公旦曰:'呜呼!敬之哉!昔天初降命于周,维在文考克致天之命。汝维敬哉!'"《周书序》曰:"武王疾……命周公辅小子,告以正要,作《五权》。"

11.《作雒》:"武王克殷,乃立王子禄父,俾守商祀,建管叔于东,建霍叔于殷,俾监殷臣。武王既归,成(乃)岁十二月崩镐,肆予岐周。周公立,相天子。……元年夏六月,葬武王于毕。二年,又作师旅。"

(三)《汉书·律历志》所排武王伐纣年历

周正月辛卯(28)朔,二月庚申(57)朔,闰二月庚寅(27)朔,三月己丑(56)朔,四月己丑(26)朔。

(四)《汉书·律历志》所排其他年历

1. 武王即位十一年,周公摄政五年,正月丁巳(54)朔旦冬至,《殷历》以为六年戊午(55)。

2. 后二岁,得周公七年"复子明辟"之岁。是岁二月乙亥(12)朔,庚寅(27)望。

三月甲辰(41)朔。是岁十二月戊辰(5)晦。(则十二月是己亥(36)朔。

3. 成王元年正月己巳(6)朔,此命伯禽俾侯于鲁之岁也。后三十年四月庚戌(47)朔。

4. 康王十二年六月戊辰(5)朔,庚午(7)朏。

5. 凡伯禽至春秋,三百八十六年。

(五) 传世文献所记西周诸王在位年数

武王:二年(一说六年)
成王:三十七年(含周公摄政七年)
康王:二十六年
昭王:十九年(一说五十一年)
穆王:五十五年
共王:二十年
懿王:二十五年
孝王:十五年
夷王:十六年(一说十五年)
厉王:三十七年(含共和行政十四年,纪年应是五十一年)
宣王:四十六年
幽王:十一年

西周积年: 309 年。以上仅供参考。

皇甫谧《帝王世纪》曰:自克殷至亲灭周之岁,凡三十七王,八百六十七年。

按:西周含文王是 13 王,积年 352;不含文王是 12 王,积年 341;东周是 22 王,积年 515,两周总积年是 867。皇甫谧《帝王世纪》说两周总王数"凡三十七王"有误,西周 13 王加东周 22 王,总数是 35 王。其说可能包括周公摄政和共和行政在内。其实,周公摄政和共和行政既没有称王,也没有改元,仍沿用时王的纪年。所以,三十七王之说不可据。

索 引

一 划

乙鼎 …………………… 305

二 划

二十七年卫簋 …………… 64
二祀邲其卣 ……………… 33
十三年瘨壶 ……………… 109
十三年瘨壶 ……………… 365
十五年趞曹鼎 …………… 25
十五年趞曹鼎 …………… 364
十五年趞曹鼎 …………… 85
七年师兑簋盖 …………… 135
七年趞曹鼎 ……………… 88
七年趞曹鼎 ……………… 213
卜鼎（蒍夫人孀鼎） …… 279
几父壶 …………………… 230
九年卫鼎 ………………… 84
九里墩鼓座 ……………… 274

三 划

三年卫盉 ………………… 98

三年柞钟 ………………… 179
三年瘨壶 ………………… 102
三年瘨壶 ………………… 222
士上卣 …………………… 191
士上盉（臣辰盉） ……… 191
士上尊（辰臣父簋尊） … 191
士山盘 …………………… 111
大矢始鼎 ………………… 225
大盂鼎 …………………… 21
大盂鼎 …………………… 246
大祝追鼎 ………………… 150
大鼎 ……………………… 126
大鼎 ……………………… 369
大簋（大作大中簋） …… 209
大簋盖 …………………… 125
大簋盖 …………………… 257
与子具鼎 ………………… 301
与兵壶 …………………… 291
矢令方尊（彝） ………… 188
矢令方彝 ………………… 241
上鄀公敊人钟 …………… 280
上鄀公敊人簋盖 ………… 280
上鄀公簠 ………………… 281
上鄀府簠 ………………… 281
小子𠭯卣 ………………… 38

小子𤝤簋	37	井侯方彝	240
小臣传卣(小臣传簋)	194	井鼎	248
小臣守簋盖	221	天亡簋	20
小臣宅簋	242	夫跌申鼎	273
小臣邑斝	34	元年师兑簋、三年师兑簋	129
小臣伯鼎	245	元年师兑簋、三年师兑簋	366
小臣䑈犀尊	38	元年师旋(事)簋	78
小克鼎	259	元年师旋簋	213
小盂鼎	22	无叀鼎	233
小盂鼎	49	无㠱簋	114
义盉盖	201	五年师旋(事)簋	79
之利钟	307	五年琱生尊(盧)	231
之乘辰钟(足利次留元子钟)	273	五年琱生簋(召伯虎簋)	231
尸(夷)伯簋	226	五年琱生簋、六年琱生簋	164
己公方鼎(婡奚方鼎)	192	五祀卫鼎	77
子禾子缶	311	不寿簋	193
子犯钟	298	不栺方鼎	203
□子季□□盆	300	不嬰簋	232
子璋钟	287	不嬰簋盖	167
卫簋	215	太师虘簋	123
		太师簋(子仲姜盘)	299
四 划		中方鼎	243
		毛畀(叟)簋	236
丰卣	191	长子䵼臣簋	278
丰尊	190	长由盉	203
王子午鼎	277	长由盉	22
王子吴鼎	277	兮甲盘	163
王子婴次钟	304	公父宅匜	297
王臣簋	176	公朱左自(官)鼎	310
王孙寿甗	299	公贸鼎	201
王孙诰钟	275	公姞鬲	248
王孙遗者钟	271	公鼎	227
井南伯簋	230	公簋	227

索 引

六年宰兽簋 …………………………… 82
六年琱生簋(六年召伯虎簋) ……… 232
六祀邲其卣 …………………………… 35
文嬃己觥 ……………………………… 39
文盨 ………………………………… 258
尹姞鬲 ……………………………… 202
以邓匜 ……………………………… 276
以邓鼎 ……………………………… 276
邓子盘 ……………………………… 286
邓公孙无忌鼎 ……………………… 286
邓公簋盖 …………………………… 302
邓伯氏姒氏鼎 ……………………… 302

五 划

邛仲之孙伯戈盆 …………………… 281
左执君鼎 …………………………… 289
东周左师壶 ………………………… 304
东姬匜 ……………………………… 276
申文王之孙州萊簠 ………………… 285
申簋盖 ……………………………… 216
史伯硕父鼎 ………………………… 105
史伯硕父鼎 ………………………… 365
史颂鼎 ……………………………… 234
史颂簋 ……………………………… 234
史兽鼎 ……………………………… 245
史懋壶 ……………………………… 220
冉钲铖 ……………………………… 307
四十二年、四十三年逨鼎 ………… 159
四年瘨盨 …………………………… 101
四祀邲其卣 ………………………… 34
禾簋 ………………………………… 313
令狐君嗣子壶 ……………………… 308

乐子簠 ……………………………… 300
卯簋盖 ……………………………… 217
永盂 ………………………………… 216
司马楙编镈 ………………………… 305
召卣 ………………………………… 242
召尊 ………………………………… 242
召圜器(召卣) ……………………… 190
发孙虏鼎 …………………………… 275
发孙虏簋 …………………………… 275

六 划

弋(戴)叔朕鼎 ……………………… 288
匡卣、匡尊 …………………………… 25
匡卣、尊 …………………………… 219
戎生编钟 …………………………… 262
考叔𰀁父簠 ………………………… 277
老簋 ………………………………… 251
扬簋 ………………………………… 223
耳尊 ………………………………… 197
亚鱼鼎 ……………………………… 36
臣卫父辛尊 ………………………… 245
达盨盖 ……………………………… 99
成铃方彝 …………………………… 37
成嗣子鼎 …………………………… 31
成钟 ………………………………… 230
夹伯壶盖 …………………………… 211
夹簋 ………………………………… 211
此鼎、此簋 ………………………… 141
师毛父簋 …………………………… 214
师汤父鼎 …………………………… 213
师酉鼎 ……………………………… 75
师酉簋 ……………………………… 76

师酉簋	252	齐太宰归父盘	303
师虎簋	53	齐生鲁方彝(盖)	83
师询簋	92	齐侯壶(齐侯钟)	303
师奎父鼎	214	齐鞄(陶、鲍)氏钟	293
师秦宫鼎	253	次卣	202
师旅鼎(师旗鼎)	243	次尊	202
师晨鼎	133	汤叔盘	237
师𩛥鼎	215	守宫盘(守宫尊)	221
师道簋	227	农卣	254
师趛鬲	223	孙叔左簋	308
师趛鼎	223	孙叔师父壶	282
师趛盨	252	阪方鼎	40
师遽方彝	198		
师遽簋盖	47	**七　划**	
师𣪘簋	128		
师𡩜簋	136	卅二年逨鼎乙	368
师颖簋	96	卅三年逨鼎辛	368
师痶簋盖	64	麦方彝	240
师痶簋盖	215	走簋	112
吕方鼎	204	克钟	167
吕服余盘	218	克镈	169
同簋盖	217	克盨	170
休盘	365	克盨	369
休盘	90	豆闭簋	214
仲冉父簋	253	辰在寅簋	254
仲改卫簋	276	邳伯罍	309
仲柟父鬲	253	吴王光鉴	268
仲柟父甗	253	吴方彝(盖)	59
仲偁父鼎	225	吴虎鼎	175
华母壶	300	吴生残钟	260
伊簋	146	县改(妃)簋	207
伊彝	210	员方鼎	192
向𣪘簋	261	我方鼎	32

我簋盖 …………………………… 165
利鼎 ……………………………… 252
利簋 ……………………………… 20
何次簋 …………………………… 276
何尊 ……………………………… 21
何簋 ……………………………… 229
作册大方鼎 ……………………… 199
作册矢令簋 ……………………… 189
作册折方彝 ……………………… 196
作册折尊 ………………………… 196
作册折觥 ………………………… 196
作册魆卣 ………………………… 199
作册吴盉 ………………………… 72
伯中父簋 ………………………… 256
伯宽父盨 ………………………… 369
伯氏始氏鼎（邓伯氏鼎）……… 259
伯戈盘 …………………………… 281
伯吉父鼎 ………………………… 260
伯吉父簋 ………………………… 260
伯亚臣镈 ………………………… 294
伯吕盨 …………………………… 73
伯克壶 …………………………… 139
伯姜鼎 …………………………… 220
伯寛（宽）父盨 ………………… 155
伯晨鼎 …………………………… 257
伯庶父簋 ………………………… 260
□伯鼎 …………………………… 300
伯鲜鼎 …………………………… 224
伯鲜甗 …………………………… 225
伯稣鼎 …………………………… 228
余赒逮儿钟（俦儿钟）………… 272
免卣 ……………………………… 220
免盘 ……………………………… 255

免尊 ……………………………… 220
免簋 ……………………………… 255
免簠 ……………………………… 219
夆叔匜 …………………………… 297
夆叔盘 …………………………… 296
应侯之孙丁儿鼎盖 ……………… 302
应侯见工钟 ……………………… 218
应侯见工簋 ……………………… 217
应侯鼎 …………………………… 261
应姚簋 …………………………… 261
冶仲考父壶 ……………………… 274
灶乎簋 …………………………… 235
沇儿钟 …………………………… 271
沇儿簋 …………………………… 271
穸鼎 ……………………………… 219
君夫簋盖 ………………………… 210
即簋 ……………………………… 209
䇂作父辛簋 ……………………… 246
陈公子叔邍（原）父甗 ………… 292
陈侯因脊敦 ……………………… 312
陈侯鼎 …………………………… 292
陈逆簠 …………………………… 308
陈璋方壶（陈骍壶）…………… 309

八　划

者尚余卑盘（周丁亥盘）……… 299
者盨钟（一）…………………… 268
者盨钟（二）…………………… 268
者沪镈 …………………………… 312
拍敦 ……………………………… 300
其次句镭 ………………………… 270
敡尊 ……………………………… 208

事族簋	236	郑虢仲簋	229
叔尸(夷)钟	303	宗周钟	22
叔专父盨	162	宜侯夨簋	21
叔朕簋	288	宜侯夨簋	247
叔㳥鼎	301	宜桐盂	270
叔䜭父鼎	236	宜㚔父簋	236
虎簋盖	69	录伯威簋盖	251
贤簋	196	孟縢姬缶	278
罗子箴盘	279	姑冯昏同之子句鑃(姑冯句鑃)	270
邵黛钟	298	驹父盨盖	258
昌鼎	224		
邾公孙班钟	305	**九　划**	
邾公牼钟	295		
牧簋	122	莒公孙潮子镈	314
乖伯归夨簋	227	荣仲方鼎	364
季子镈(□□镈)	288	荣仲鼎	195
季姬方尊	211	荣簋	247
侃孙奎母盘	304	南宫柳鼎	226
命簋	194	相侯簋	247
卻朐簋	218	柞伯鼎	256
糸氏刱簋	237	柞伯簋	247
周乎卣	210	剌鼎	23
曶壶盖	205	剌鼎	249
曶鼎	23	要君盂(娄君盂)	304
曶鼎	56	𣄰(友)簋	202
曶簋	205	威方鼎	206
庚儿鼎	273	威簋	205
庚季鼎(南季鼎)	227	柯(何)尊	189
庚壶	294	柯(何)簋	240
庚嬴卣	197	眈(畯)簋	107
庚嬴鼎	44	钟伯侵鼎	300
郑大内史叔上匜	290	钟离簋	301
郑师邍(原)父盨	290	段簋	203

保凡钟	272	晋侯对鼎	239
保卣	189	晋侯对铺	239
保员簋	245	晋侯对盨	238
保尊	190	晋侯对盨	238
追尸(夷)簋	235	晋侯斯壶	239
禹簋	219	晋侯喜父盘	240
郐王义楚耑(觯)	272	晋侯喜父鉴	239
郐王子旃钟	272	晋侯僰马壶	261
郐太子鼎	273	晋侯僰马壶盖	261
郐(徐)赚尹鼜鼎(汤鼎)	314	晋侯稣编钟	153
郐䜣尹钲城	271	晋侯稣编钟	367
匍盉	211	晋侯斯簋	239
哀成叔鼎	313	晋姜鼎	260
闻尊	212	格伯作晋姬簋	253
逆钟	118	格伯簋	218
觉公簋	245	配儿钩鑃	269
说盘	187	原氏仲簠	292
弭伯簋(弭伯师耤簋)	216	郚公镈	296
弭叔簋(弭叔师察簋)	221	佣伯鼎	251
弭叔盨盖(弭叔作叔班盨)	221	佣叔壶	68
鶰羌钟	311	隽卣作兄癸卣	36
		射壶	282
十 划		徐太子伯辰鼎	273
		徐厘尹晋鼎	279
班簋	244	殷穀盘	254
敖叔簋盖	237	殷簋	224
郜公平侯盂	280	颂鼎	181
郜公平侯鼎	280	栾书缶	309
郜公誠鼎	281	高卣盖	247
晋公戈	265	效卣	200
晋公盦(盆)	297	效尊	200
晋侯对匜	239	唐子仲濒儿匜	287
晋侯对鼎	238	唐子仲濒儿盘	287

索 引 381

唐子仲濒儿鈚(瓶)	287	望簋	117
竞卣	207	梁其壶	233
竞簋	206	梁其鼎	232
旅伯簋	212	宿儿缶	292
旅鼎(旗鼎)	192	谏簋	119
旅鼎(旗鼎)	243	隈凡伯怡父鼎	301
害簋	255		
宽儿鼎	291	**十二划**	
宴簋	233		
宰椃角	41	越王者旨于赐钟	307
殳簋盖	252	彭子仲盆盖	278
殷鼎	224	散氏盘	257
		散伯车父鼎	103
十一划		散季簋(散季盨)	104
		敬事天王钟	277
黄韦舲父盘	294	葬子䀇盏	278
黄太子伯克盆	294	雁侯见工钟	254
黄太子伯克盘	294	雁侯簋	235
敔簋	200	銍叔簋	254
敔簋盖	200	斱盂	66
㒭鼎	256	僎匜	230
㒭簋	226	遇甗	208
逨盘	25	铸叔皮父簋	303
奢簋	193	椆伯諆卣	41
辅师嫠簋	228	御正卫簋	193
鄂君启车节	314	御正良爵	193
郘公鼎	301	番匊生壶	144
契可忌豆	314	番匊生壶	367
舲簋	212	善夫山鼎	156
康鼎	217	善夫山鼎	368
商卣	242	善鼎	207
商尊	241	曾子口臣(簠)	285
商鞅量	310	曾子恤簠	285

曾子原彝簋 …… 235	虞侯政壶 …… 298
曾仲大夫螃簋 …… 238	啟钟 …… 228
曾伯从宠鼎 …… 302	啟巢镈 …… 269
曾伯霖簋 …… 284	嗣子壶 …… 311
寓鼎 …… 195	敔簋 …… 198
寓鼎 …… 241	微繺鼎 …… 259
瘵鼎 …… 305	貉子卣 …… 246
叡先伯簋 …… 258	貉子卣 …… 248
寯鼎 …… 199	貄簋（戊辰彝）…… 39
𪐨(寑)孳鼎 …… 40	禀君季怠盂 …… 282
	新邑鼎（柬鼎）…… 241
十三划	塞公孙𪧲父匜 …… 277
	寝𡊣鼎 …… 32
献簋 …… 197	裹鼎 …… 148
楚子暖簋 …… 310	裹盘 …… 147
楚王钟（楚邛仲嬭南和钟）…… 274	絺簋 …… 201
楚王酓忎盘 …… 313	
楚王酓章钟 …… 313	**十四划**
楚王酓章镈 …… 313	
楚王酓忎鼎 …… 313	静方鼎 …… 183
楚王领（颌）钟 …… 309	静卣 …… 204
楚公逆钟 …… 259	静簋 …… 204
楚公逆钟 …… 261	墙盘 …… 24
楚屈子赤目簋 …… 275	嘉子伯易口簋 …… 278
楚屈子赤角簋盖 …… 276	嘉子孟嬴䚄缶 …… 278
楚嬴匜 …… 275	蔡大司马燮盘 …… 284
楚嬴盘 …… 238	蔡大膳夫趣簋 …… 283
楚簋 …… 224	蔡太师鼎 …… 283
戟簋 …… 251	蔡公子叔汤壶 …… 283
蓍簋 …… 195	蔡公子壶 …… 238
遹簋 …… 236	蔡叔季之孙𩰫匜 …… 283
尉比盨 …… 143	蔡侯匜 …… 284
尉攸比鼎 …… 149	蔡侯甬钟（吴王光钟）…… 283

蔡侯纽钟	283
蔡侯盘	284
蔡侯盘、蔡侯尊	263
蔡侯簠	284
蔡簋	222
赵孟	257
鄩簋器盖	233
臧孙钟	269
鄱子妆簠	286
鄱子鹽白钟	286
鲦卣	364
鲦簋残底	195
鄱子成周钟	288
鄘子受钟	275
鲜钟	225
鲜簋	185
鲜簋	24
獄盘	208
獄簋	208
獣（胡）叔鼎	231
陈子匜	292
陈纯釜	312
陈侯午敦	312
陈侯匜	293
陈侯因齐敦	311
陈侯盘	293
陈侯霈簠	293
陈逆簋	312
陈贻簋	308
盠方尊	250
盠方彝	250
盠驹尊	250

十五划

樊季氏孙仲鼎	299
嬰簋	256
镐鼎	305
德方鼎	20
虢季子白盘	166
虢季编钟	235
遹簋	23
遹簋	249
親簋	62

十六划

趞鼎	173
散簋	202
遱邡钟	272

十七划

趞卣	244
趞尊	244
趞簋	250
懋尊、懋卣	206
虡鼎（郑臧公之孙鼎）	291
繁卣	194
盨公买簠	286
爕簋	223

十八划

鬣鎛	293

趩觯	60	瘐鼎	222
嚣伯盘	237	瘐鼎	370
鬹妞方鼎	249	瀍公宜佫(旨)鼎	289

十九划

鼃大宰簠	304	髄簋	255
鼃(邿)公华钟	295	鄫(莒)大史申鼎	279
鼃(邿)叔之伯钟	296	鄫(莒)叔之仲子平钟	297
縊伯盘	237	鄫(莒)侯小子簋	279
		旟鼎	244
		鷛休簋	262
		鷛兑簋	236

二十划

鼂簋	197

二十五划

二十一划

		蠿卣	256
鼉方尊	246	虪(申)公彭宇簋	302

后　记

　　按照论文或专著的一般体例,既然前面有前言,那么后面就应该有一篇后记。所以,那就写吧。当我拿起笔来撰写后记的时候,真不知从何下笔,还是从本课题说起吧。

　　"金文历朔研究",这是个老课题。历朔,指历法方面的月首朔日。研究古代历法,如果能够准确地确定逝去岁月的月首干支以及置闰的情况,那么古代的历法状况也就基本上明确了。比如清代汪曰桢编撰的《历代长术辑要》便是这样的一部著作。现在这方面的著作比较多,科学性也比较强,如董作宾先生的《中国年历简谱》,张培瑜先生的《中国先秦史历表》和《三千五百年历日天象》等,直接拿来参照使用即可,不需要我们再从头做起了。本课题研究金文历朔,最终目的不是为了研究商周天文历法,那是天文历法学家的专业。本人研究金文历朔,一是因为觉得这个问题始终没有得到很好的解决,有进行继续研究的必要;二是想通过对商周历法知识尤其是西周历法知识的了解,进一步深入探讨商周青铜器纪时铭文的历史时代,即绝对年月和所属王世;同时探讨西周的历史分期,因为这些问题同样也没有得到很好的彻底的解决。要解决这些问题,前提是对第一个问题的解决。研究商周时期尤其是西周的历朔,所依据的材料首先是铜器铭文中的纪时术语,其次是传世文献中有关时间记载和某些纪时术语,以及对这些纪时术语具体含义和所指时间的正确理解。这些在前言中已做了详细说明,这里就不再赘述。

　　本课题之研究,由来已久,至少从1999年就开始了。从发现学术界还没有正确解决金文月相纪时的问题后,本人就决心凭一己之力探讨这一问题,于是成天泡图书馆,查阅搜集资料,继而撰写了《略论西周铭文的纪时方式》和《月相和西周金文月相词语研究》等论文,出版了《金文月相纪时法研究》等专著。2010年课题获准立项以后,更加快了研究的步伐。除了正常的上课及必要的事务处理以外,几乎没有节假日。记得有一年大年初一的下午我就来工作室了,还有一年是正月初四的下午来工作室开始工作的。因为适逢寒假,没有暖气,就用一台小电热器取暖。经过约三年时间的努力,终于按时完成了预期的研究目的,取得了较大的突破。按时结项,验收等级良好。

人们常说,在成功者的背后,站着一个默默无闻的奉献者。的确如此,在我的背后也站着一位默默无闻的奉献者,她就是我的爱人张培红女士。在她没退休之前,如果她白天值班,就把饭菜做好,我下课后回家热一下就可以吃。她退休后,就成了专职太太,承担起全部的家务活,好让我专心从事教学和研究工作。我真心地感谢她!

本课题是国家哲学社会科学规划办2010年度社科基金项目的最终研究成果。于此,特别感谢国家哲学社会科学规划办公室给予的立项资助,感谢诸位不知姓名的通讯评审专家和会评专家的支持和帮助,也感谢诸位成果鉴定专家的认可和鉴定意见。还要感谢江苏师范大学图书馆相关老师的帮助。由于大家的帮助和支持,本课题才能如此之快地完成。

课题既已完成,成果已经出来并顺利通过验收,再就是联系出版单位。经过申请,得到上海市文化发展基金会2014年第二批出版资助,由上海古籍出版社出版。这要感谢顾莉丹编辑的关心与支持,是在她的热心帮助下本书得以顺利出版。

一个课题做完,另一个后期资助课题又开始了。一个按照劳动法早该退休的人,依然坐在那张早已淘汰的木椅上,趴在那张早已淘汰的办公桌上,面对那台早已淘汰的二代计算机,在那早该淘汰的发出吱吱作响的吊扇声中,做着那曾经被砸碎的旧学问:用旧的文字写成的旧书,旧书里记载的旧的历史文化,旧书里宣扬的旧的思想观念和旧的做人做事的道理。学问虽然陈旧,但却有很强的生命力,历经数千年而不衰。何故?植根于民族心理的传统文化乃人间之正道,非欲砸遂可砸得烂者也。"野火烧不尽,春风吹又生"。当春风吹拂神州大地,她便又复活了,继续滋润着吾人。既然如此,我作为一名研究文史的大学教授则欣然为之!

摘下老花眼镜,稍微休息一下,耳边仿佛响起那清脆而又熟悉的声音:"爷爷!来南京吧!逗逗想你啦!"这是孙女在呼唤爷爷。"啊哦,爷爷也想你啦!"我戴上老花眼镜,正准备收拾东西,眼前显示屏上的光标忽闪忽闪地跳动着,似乎在提醒我:文章还没有做完。那就继续吧!

一会儿,伴随着一阵急促的下课铃声,一群群叽叽喳喳的学生走过我的工作室窗前,向食堂方向走去。这下真的该下班了!夫人早就把饭做好了,等我回去吃呢!

叶正渤　谨记
2015年1月10日

又记:

2016年元月,我已经完全退休。最后一位研究生王森同学毕业且考取博士,可谓功德圆满。我现在经常居住在南京,开始享受生活,享受天伦之乐,和业已能说会道的二孙女一起玩耍。

最后,感谢顾莉丹在编辑出版此书过程中所付出的辛勤劳动和精益求精的精神。

2016 年 9 月 7 日

图书在版编目(CIP)数据

金文历朔研究／叶正渤著. —上海：上海古籍出版社，2016.11
ISBN 978-7-5325-8215-0

Ⅰ.①金… Ⅱ.①叶… Ⅲ.①金文—研究 Ⅳ.①K877.34

中国版本图书馆 CIP 数据核字(2016)第 214766 号

金文历朔研究

叶正渤 著

上海世纪出版股份有限公司
上　海　古　籍　出　版　社 出版

（上海瑞金二路 272 号　邮政编码 200020）

(1) 网址：www.guji.com.cn
(2) E-mail:guji1@guji.com.cn
(3) 易文网网址：www.ewen.co

上海世纪出版股份有限公司发行中心发行经销
常熟人民印刷有限公司印刷

开本 787×1092　1/16　印张 24.75　插页 5　字数 320,000
2016 年 11 月第 1 版　2016 年 11 月第 1 次印刷
ISBN 978-7-5325-8215-0
H·1561　定价：98.00 元

如有质量问题，请与承印公司联系